Jörg Radtke und Bettina Hennig (Hg.)
Die deutsche „Energiewende" nach Fukushima

Beiträge zur sozialwissenschaftlichen Nachhaltigkeitsforschung

Band 8

Herausgegeben von

Prof. Dr. Felix Ekardt
Forschungsstelle Nachhaltigkeit und Klimapolitik, Leipzig, und Universität Rostock

Prof. Dr. Udo Kuckartz
Philipps-Universität Marburg

Prof. Dr. Uwe Schneidewind
Wuppertal Institut für Klima, Umwelt, Energie

Prof. Dr. Markus Vogt
Ludwig-Maximilians-Universität München

Entstanden in Kooperation mit der
Heinrich Böll Stiftung und ihren
Landesstiftungen in Niedersachsen
und Bremen

HEINRICH BÖLL STIFTUNG

Bibliografische Information Der Deutschen Bibliothek
Die Deutsche Bibliothek verzeichnet diese Publikation in der Deutschen
Nationalbibliografie; detaillierte bibliografische Daten sind im Internet
über <http://dnb.ddb.de> abrufbar.

Metropolis-Verlag für Ökonomie, Gesellschaft und Politik GmbH
http://www.metropolis-verlag.de
Copyright: Metropolis-Verlag, Marburg 2013
Alle Rechte vorbehalten
ISBN 978-3-7316-1028-1

Jörg Radtke und Bettina Hennig (Hg.)

Die deutsche „Energiewende" nach Fukushima

Der wissenschaftliche Diskurs zwischen
Atomausstieg und Wachstumsdebatte

Metropolis-Verlag
Marburg 2013

Inhalt

Felix Ekardt, Udo Kuckartz, Uwe Schneidewind, Markus Vogt
Zum Geleit: Sozialwissenschaftliche Nachhaltigkeitsforschung 9

Philip Manow
Die Energiewende – Beiträge der Wissenschaft
Veranstaltervorwort 11

Jörg Radtke und Bettina Hennig
Einleitung: Die „Energiewende" in Deutschland als
Gegenstand interdisziplinärer Forschung 13

Armin Grunwald und Jens Schippl
Die Transformation des Energiesystems als gesellschaftliche
und technische Herausforderung
Zur Notwendigkeit integrativer Energieforschung 21

Hans Dieter Hellige
Transformationen und Transformationsblockaden im deutschen
Energiesystem
Eine strukturgenetische Betrachtung
der aktuellen Energiewende 37

Martin Jänicke
Die deutsche Energiewende
im Kontext internationaler Best Practice 77

Udo E. Simonis
Energiewende auch in Japan?
Zu den Chancen eines Exit aus der Atomenergie 107

Harald Heinrichs
Dezentral und partizipativ?
Möglichkeiten und Grenzen von Bürgerbeteiligung zur
Umsetzung der Energiewende 119

Jörg Radtke
Bürgerenergie in Deutschland –
ein Modell für Partizipation? 139

Conrad Kunze
Von der Energiewende zur Demokratiewende
Ein Plädoyer für eine umfassendere Analyse der Energiewende
in Verbindung mit der allgegenwärtigen „Krise" 183

Dominik Möst, Theresa Müller, Daniel Schubert
Herausforderungen und Entwicklungen in der deutschen
Energiewirtschaft
Auswirkungen des steigenden Anteils erneuerbarer Energien
auf die EEG-Umlagekosten und die Versorgungssicherheit 201

Dirk Fornahl, Florian Umlauf
Forschungs- und Innovationsförderung im Bereich
ausgewählter erneuerbarer Energieträger
Eine ökonomische Analyse der Förderung erneuerbarer
Energieträger durch die Bundesregierung 231

Gerolf Hanke, Benjamin Best
Die Energiewende aus wachstumskritischer Perspektive 255

Claudia Kemfert
Die wirtschaftlichen Chancen einer klugen Energiewende 285

Ludwig Schuster
Eine Frage des Geldes
Zur Notwendigkeit geeigneter monetärer Rahmenbedingungen
für die Energiewende und den Möglichkeiten ihrer Gestaltung 303

Jan Hildebrand, Anna Schütte und Amelie Fechner/
Petra Schweizer-Ries
Der „Faktor Mensch" im Kontext der Energiewende
Vorstellung umweltpsychologischer Forschungsansätze   325

Sabine Schlacke, James Kröger
Der Beitrag des Rechts der erneuerbaren Energien zur
Energiewende   343

Stefan Gößling-Reisemann, Sönke Stührmann,
Jakob Wachsmuth und Arnim von Gleich
Vulnerabilität und Resilienz von Energiesystemen   367

Stephan Bosch
Geographie der erneuerbaren Energien
Räumliche Grenzen eines nachhaltigen Energiesystems   397

Felix Ekardt
Kritik und Alternativen: Die deutsche Energiewende, die keine
ist.
Zugleich zu einigen Friktionen des Nachhaltigkeitsdiskurses   423

Zu den Autor/innen   433

Die Energiewende – Beiträge der Wissenschaft

Veranstaltervorwort

Philip Manow

In der öffentlichen Wahrnehmung zuletzt häufig überlagert von der Finanz- und Eurokrise vollzieht sich seit 2011 eine radikale Neuausrichtung bundesdeutscher Energiepolitik. Mit einem ausgesprochen ehrgeizigen Zeitplan – bis 2022 – will die viertgrößte Volkswirtschaft der Welt den vollständigen Atomausstieg realisieren. Diese Reaktion der christlich-liberalen Koalition auf die Reaktorkatastrophe von Fukushima macht gewaltige Investitionen in erneuerbare Energien und in neue Stromnetze erforderlich, umfangreiche Planfeststellungsverfahren werden notwendig, es besteht erheblicher technischer Innovationsbedarf. Politisch, wirtschaftlich, administrativ, finanziell und technisch stellt die Energiewende eine außerordentliche Herausforderung dar. Wie Deutschland diese meistert (oder nicht), wird weltweit genau beobachtet. Im Erfolgsfall ist zu erwarten, dass andere Länder der deutschen Energiewende nachfolgen.

Angesichts der nationalen wie internationalen Bedeutung des deutschen Atomausstiegs und angesichts der vielfältigen politischen, ökonomischen, ökologischen Aspekte, die mit der Energiewende angesprochen sind, war das Institut für Politikwissenschaft der Universität hoch erfreut über die Initiative von Herrn Jörg Radtke, zu diesem Thema eine multidisziplinäre Ringvorlesung zu veranstalten. Die Beiträge im vorliegenden Band gehen im Wesentlichen auf die Vorträge im Rahmen der Ringvorlesung 'Die Energiewende – Beiträge aus der Wissenschaft' zurück, die im Sommersemester 2012 an der Universität Bremen stattfand. Als

Direktor des Instituts für Politikwissenschaft als offiziellem Ausrichter der Ringvorlesung – in Zusammenarbeit mit der Heinrich-Böll Stiftung – möchte ich sehr herzlich Herrn Jörg Radtke für sein hohes Engagement sowie allen Referenten und Referentinnen für Ihre Beiträge und deren zügige Überarbeitung danken. Alle zusammen haben es ermöglicht, dass mit dem vorliegenden Band eine erste umfassende Bestandaufnahme der deutschen Energiewende vorgelegt werden kann.

Bremen, im September 2012   Prof. Dr. Philip Manow

Zum Geleit: Sozialwissenschaftliche Nachhaltigkeitsforschung

*Felix Ekardt, Udo Kuckartz,
Uwe Schneidewind und Markus Vogt*

Nachhaltigkeit, also die Forderung nach dauerhaft und global durchhaltbaren Lebens- und Wirtschaftsweisen, wird mehr und mehr als zentrale Herausforderung unserer Zeit begriffen. Die Realisierung von Nachhaltigkeit bedarf in weitem Umfang wissenschaftlicher Analysen und Konzepte. So wie heute (mit Wurzeln schon im englischen Empirismus des 17. Jahrhunderts) Wissenschaft oft schlicht mit Naturwissenschaft gleichgesetzt wird, denken viele freilich bei Nachhaltigkeitswissenschaft allein an die Naturwissenschaften. Zweifellos ist naturwissenschaftliches und technisches Wissen über Problemzusammenhänge im Umgang mit der Natur, mit Ressourcen, mit dem Globalklima, mit Ernährungssicherung oder Armutsbekämpfung wesentlich, ebenso wie das Arbeiten an technischen Lösungskonzepten. Mindestens ebenso wichtig sind jedoch für die Nachhaltigkeit bestimmte geistes- respektive sozialwissenschaftliche Problemstellungen. Denn über naturwissenschaftlich-technische Fragen hinaus fordert Nachhaltigkeit eine tief greifende Transformation gesellschaftlicher Leitwerte und -modelle, neue Maßstäbe für Fortschritt und Innovation sowie ein inter- und transdisziplinäres Denken und Gestalten in Querschnittszusammenhängen.

Zentrale Problemstellungen für dauerhaft und global durchhaltbare Lebens- und Wirtschaftsweisen betreffen z.B. die definitorische Klärung des Wortes Nachhaltigkeit; ferner die deskriptive Bestandsanalyse, wie nachhaltig Gesellschaften gemessen daran bisher sind und welche Entwicklungen und Tendenzen sich insoweit bisher beschreiben lassen; außerdem die ebenfalls deskriptive Frage, welche äußeren Hemmnisse und inneren Antriebe für die Transformation hin zur Nachhaltigkeit oder ihr Scheitern wesentlich und ursächlich sind und welche Aussagen sich zur menschlichen Lernfähigkeit treffen lassen; die normative Frage, warum Nachhaltigkeit erstrebenswert sein sollte und was daraus folgend ihr genauer Inhalt ist und was sich über nötige Abwägungen und Institutionen aussagen lässt; um die Mittel respektive Governance-Instrumente, die das in normativer Hinsicht ermittelte Ziel effektiv umsetzen können, einschließlich Bottom-Up-Prozesse etwa in pädagogischer Hinsicht oder in der unternehmerischen Selbstregulierung, der Frage nach Hindernissen/Akteuren/Strategien sowie nach den gegebenen technischen Möglichkeiten. Die eben aufgeführten Fragestellungen eint dabei, dass sie (gänzlich oder in zentralen Teilen) nicht-naturwissenschaftlicher Art sind. Die vorliegende Schriftenreihe möchte Monographien und Sammelbänden, die sich solchen oder ähnlichen Themen widmen, ein Forum bieten.

Avisiert sind damit ökonomische, ethische, juristische, pädagogische, politologische, theologische, soziologische, religionswissenschaftliche, psychologische, historische, kulturwissenschaftliche usw. Abhandlungen zur Nachhaltigkeit. Eine besondere Rolle sollen transdisziplinäre Ansätze spielen, also Ansätze, die nicht von Fächergrenzen, sondern von Sachproblemen und von Theorie-Praxis-Verschränkungen her operieren. Charakteristisch für die Reihe ist ferner, dass sie – anders als die sehr wirkungsmächtige Traditionslinie des Empirismus – rationale/objektive/ wissenschaftliche Abhandlungen nicht allein für Faktenfragen für möglich erachtet, sondern auch Sollens- bzw. normativen Fragen eine solche Behandlung jedenfalls teilweise zutraut. Wichtig ist den Herausgebern zuletzt, dass die vorliegende Reihe für Pluralismus steht und auch unbequemen, unerwarteten und heterodoxen Ansichten und Methoden ausdrücklich Raum gibt. In Zeiten, in denen gerade (auch) die Nachhaltigkeitsforschung immer stärker durch Auftraggeberinteressen und -vorfestlegungen geprägt wird – auch seitens öffentlicher Forschungsauftragsgeber –, erscheint eine solche Offenheit im Interesse der Erkenntnisfindung ebenso wie breite gesellschaftliche Partizipation geboten.

Einleitung:
Die „Energiewende" in Deutschland als Gegenstand interdisziplinärer Forschung

Jörg Radtke und Bettina Hennig

Seit dem Beschluss zur Energiewende der Bundesregierung im Jahre 2011 nach dem verheerenden Atomreaktorunglück von Fukushima in Japan sind bald zwei Jahre vergangen. Einerseits ist bislang zu bilanzieren, dass das Thema damit endgültig und großflächig in der Gesellschaft „angekommen" ist. Andererseits werden an dem Beschluss und der dahinter stehenden Idee, eine Umstellung der Energie- bzw. im Wesentlichen der Stromproduktion in Deutschland zu überwiegenden Teilen aus erneuerbaren Energie anzustreben, Zweifel und Kritik laut: Befürchten die einen, die Energiewende könnte unterkomplex ausfallen und zentrale Problemfelder wie den Klimawandel oder den Ressourcenschwund zu unentschlossen angehen, kritisieren andere, dass die Risiken einer vorschnellen Energiewende in Hinblick auf Versorgungssicherheit, Preis- und Systemstabilität nicht ausreichend berücksichtigt würden. Auch die technologischen, ökologischen und sozioökonomischen Ambivalenzen einer verstärkten Einbindung erneuerbarer Energien ins Versorgungssystem auf den drei zentralen Feldern Strom, Wärme, Mobilität werden – medial und politisch in erster Linie mit Bezug zur Biomasse, zur Wind- und Solarenergie – seit einigen Jahren intensiv und kontrovers diskutiert.

Nach der langen und zähen Diskussion eines „ob" rücken also zunehmend Fragen des „wie" in den Vordergrund. Dies bringt einerseits den Vorteil mit sich, dass die Diskussion sowohl an Breite, als auch an Tiefe gewinnt. Andererseits geht damit wohl zunehmend das Risiko einher, dass gerade im tagespolitischen und medialen Diskurs auch vereinfachende, teilweise auch populistisch gefärbte Auffassungen an Boden gewinnen und stellenweise ein „Schwarzweiß"-Denken jenseits einer differenzierten Debatte entsteht. Hier wäre als Beispiel die jüngst vielerorts zu beobachtende Tendenz zu nennen, die Energiewende allein aus der Perspektive steigender Strompreise zu hinterfragen und sie gleichzeitig vereinfachend als einzigen erklärenden Faktor zu diskutieren. Damit wird außer Acht gelassen, inwieweit andere zwingende Ziele einer nachhaltigen Energiewende wie etwa der Klima- und Ressourcenschutz unter Umständen auch etwaige Preissteigerungen rechtfertigen könnten.

Der vorliegende Band stellt den Versuch dar, solchen Vereinfachungen entgegenzuwirken und einen angemessen differenzierten Blick durch vielfältige wissenschaftliche Beiträge auf das Phänomen der Energiewende zu ermöglichen. Bei dieser Herangehensweise wird deutlich, wie verschieden die Zugänge sind, die das Thema mit seinem Querschnittscharakter bietet. Jenseits eines Ausbuchstabierens von Detailfragen werden hierbei ganz unterschiedliche Fragestellungen und Diskursstränge aus zahlreichen Fachdisziplinen vorgestellt. Der Band steht damit für einen möglichst breiten Untersuchungsansatz und sucht dementsprechend viele Aspekte, Fragestellungen und Themen zu erfassen.

Die Energiewende als „Bunte Kuh" in der Wissenschaft

Hervorgegangen ist die Mehrzahl der Beiträge dabei aus einer Ringvorlesung an der Universität Bremen im Sommer 2012, bei der Wissenschaftler aus verschiedensten Fachbereichen zusammenkamen, welche sich derzeit und zukünftig mit den Auswirkungen der Energiewende beschäftigen. Die Vielfalt der Energiewende wurde auf diese Weise wie ein Mosaik in ihren verschiedenen Ausformungen zusammengesetzt. Die Herausgeber teilen dabei das der Konzeption der Ringvorlesung zugrunde liegende Paradigma, dass der bevorstehende Umbau des Energiesystems weit mehr bedeuten wird als nur eine Umstrukturierung der bestehenden Technologien und Auswirkungen auf benachbarte soziotechnische Systeme. Vielmehr ist davon auszugehen, dass es kaum gesellschaftliche Bereiche geben dürfte, welche nicht durch diesen Transformationsprozess berührt werden – und dementsprechend einer ebenso breit angelegten wissenschaftlichen Begleitung bedürfen.

Das Themen- und Fragenspektrum spannt sich dabei schon auf der praktischen Ebene der Umsetzung über so disparate Felder wie den rein technologischen Ausbau der Erneuerbaren (etwa in Form der verschiedenen technischen Anlagentypen und -konfigurationen, des Ausbaus der Stromnetze und Energiespeichersysteme oder Elektromobilität), über die Frage nach ökonomischen Grundlagen und Folgefragen der Energiewende (etwa nach Kosten der Energiewende, Grenzen des wirtschaftlichen Wachstums oder Erhöhungen sowie Auswirkungen der Strom- und Benzinpreise) bis hin zu raumplanerischen, infrastrukturellen und geographischen Aspekten (etwa Fragen nach Energieautonomie, Smart Grids und Dezentralität, Veränderungen des Raumes in Bedeutung und Nutzung). Hinzu treten als begründungstheoretisches Fundament sowie zur Bestimmung der gesellschaftlichen Rahmenbedingungen einer nachhaltigen Energiewende gerechtigkeitstheoretische, psychologische, historische und kulturelle Themenkomplexe (z.b. ethisches Anforderungsportfolio und grundrechtliche Vorgaben an eine Energiewende, Wirksamkeitsbedingungen für gesellschaftliche Transformationsprozesse, Bedeutung historisch-kulturell gewachsener Strukturen und Pfadabhängigkeiten), ebenso wie Aspekte der Steuerung und Vermittlung der mit der Energiewende einhergehenden Änderungen für jeden Einzelnen (Governance der Energiewende, rechtliche und politische Umsetzung der einzelnen Aspekte, pädagogisch-didaktische Konzepte, Information und Partizipation der Bürger u.v.m.).

Der vorliegende Band widmet sich vielen dieser Themen aus einem breit angelegten Blickwinkel, wie es der Schriftenreihe zur sozialwissenschaftlichen Nachhaltigkeitsforschung entspricht: Stehen in den öffentlichen und wissenschaftlichen Debatten oftmals eher naturwissenschaftliche und technische Aspekte der Energiewende im Vordergrund, soll hier den nach dem hier vertretenen Verständnis nicht minder relevanten Fragestellungen geisteswissenschaftlicher Art (also ökonomischer, politologischer, juristischer, psychologischer, historischer usw.) Raum geboten werden. Hierbei wurde versucht, neben dem breiten Spektrum verschiedener Disziplinen bewusst unterschiedliche Ansichten zu den verschiedenen Problempunkten aufzunehmen, um die darin liegende Vielfalt angemessen abzubilden. Entsprechende Querverweise in den Beiträgen ermöglichen es dabei, den Band als Ganzes zu lesen und sowohl einen guten Überblick als auch in einzelnen Punkten einen vertiefenden Einblick in aktuelle wissenschaftliche Debatten zu gewinnen. Eine weitere

Hilfestellung bieten die einleitenden Kurzfassungen jedes Beitrags, sodass ein rascher Überblick über Themen und Thesen ermöglicht wird.

Die Energiewende als gesamtgesellschaftliche Aufgabe

Letztlich ist der Band wie die gesamte Schriftenreihe im Kern einer transdisziplinären Perspektive verpflichtet: Erkenntnisleitend sind nicht bestimmte vorherrschende disziplinäre Perspektiven oder gar Dogmen, sondern ein transdisziplinärer Blick von den jeweiligen Sachproblemen aus. Der in diesem Band gebotene Überblick versteht sich dabei auch als Anregung für weitere wissenschaftliche Forschung und Auseinandersetzung mit den zahlreichen angesprochenen Themenfeldern. Es sollte hier insbesondere ein erster Versuch unternommen werden, die große Bandbreite an Ansatzpunkten darzustellen. Bei alledem bleibt zu betonen, dass eine in den einzelnen Fachwissenschaften selbst teilweise bereits praktizierte breite und offene Herangehensweise allein nicht das Optimum der Öffnung darstellen kann. Vielmehr ist weiterhin und zunehmend eine aktive Zusammenarbeit von Wissenschaftlern und politischen, zivilgesellschaftlichen sowie wirtschaftlichen Organisationen und Foren über Fachgrenzen hinweg erforderlich, damit nicht nur wechselseitige Einblicke ermöglicht werden, sondern wechselseitige Lernprozesse und gemeinsame Wissensgenerierung auch tatsächlich ermöglicht werden.

Eventuell wird hierbei – auch in der Wissenschaft – künftig ein noch umfassenderes Umdenken stattfinden müssen, als dies bisher erahnt werden kann. Da davon auszugehen ist, dass die Herausforderungen einer Energie-Transformation an Staat und Gesellschaft stark zunehmen werden und zudem noch die zunehmende europäische und internationale Tragweite bedacht werden muss, wird eine geringfügige Veränderung in Form von neuen Themenschwerpunkten und -programmen kaum ausreichend sein, um weiträumige und langfristige Lösungsansätze für eine nachhaltige Energie-Politik im 21. Jahrhundert erarbeiten zu können. Es entstehen also nicht nur neue Aufgaben und Forschungsfelder für die Wissenschaft, sondern es sind auch Veränderungen der wissenschaftlichen (theoretischen) Herangehens- und (methodisch-praktischen) Arbeitsweisen erforderlich. Zudem müssen neue Formen der Kooperation, Vernetzung und der Verständigung erprobt werden. In alledem wird deutlich, dass sich die Wissenschaften ebenso wie alle anderen Gesellschaftsbereiche auch den Herausforderungen stellen müssen, die ein epochales Projekt wie eine ernstgemeinte Energiewende als Teil einer großen Nachhaltigkeitstransformation mit sich bringt.

Eine solche, übergreifende Sichtweise auf die zukunftspolitischen Herausforderungen unserer Zeit nehmen auch mit den Fragen der Nachhaltigkeits- und Energiewende befasste deutsche Berater- und Gutachtergremien immer stärker ein: Auch hier wird immer wieder deutlich, dass in der wissenschaftlichen und politischen Begleitung einer tiefgreifenden Gesellschaftstransformation eine verstärkte transdisziplinäre Ausrichtung unabdingbar für die Erarbeitung trag- und zukunftsfähiger Lösungsansätze ist. Sowohl das gesamtgesellschaftliche Nachhaltigkeitsparadigma als auch ein quasi-staatliches Projekt wie die Energiewende machen diese Notwendigkeit deutlich. Die so formulierte Herausforderung für Wissenschaft, Forschung und Lehre wird in Deutschland vom Wissenschaftlichen Beirat der Bundesregierung Globale Umweltveränderungen (WBGU) sowie dem Sachverständigenrat für Umweltfragen (SRU) immer wieder hervorgehoben[1]. Hierzu zählen für die Beratergremien wissenschaftliche Unterstützung für die Entwicklung und Verbreitung von sozialen und technischen Innovationen, Förderung von Transformationsforschung sowie weitere ökonomische Theorieentwicklung, welche sich verstärkt mit den ökologischen Grenzen des Wachstums auseinandersetzt. Zudem wird eine gesellschaftliche Beteiligung an diesen Diskursen gefordert. Diesen Anforderungen versucht dieses Kompendium in ersten Anfängen zu entsprechen.

Der Beitrag dieses Sammelbandes

Die zuvor erwähnten Themen einer Weiterentwicklung der ökonomischen Theorie sowie Analysen zur Partizipation der Bevölkerung stellen besondere Schwerpunkte des Bandes dar. Damit werden Kernelemente der aktuellen Debatte um die Energiewende aufgegriffen.

Daneben wird ein breites Spektrum weiterer fachwissenschaftlicher Zugänge aufgezeigt, was den Diskurs um die Energiewende durch einige Aspekte bereichern soll, die bislang in der Debatte oftmals unterrepräsentiert erscheinen. Dies spiegelt sich in dem vorliegenden Band in Bei-

---

[1] Vgl. Hauptgutachten 2011 des WGBU und Umweltgutachten 2012 des SRU.

trägen aus der Ökonomie[2], der Technikforschung[3], der Rechtswissenschaft[4], den Geschichts- sowie Politik- und Sozialwissenschaften[5] – aber auch aus der Philosophie[6], der Geographie[7] und der Psychologie[8] wider. Auch innerhalb der Beiträge werden häufig über die eigenen Fachgrenzen hinaus transdisziplinäre Perspektiven eingenommen, was den wissenschaftlichen Blick nochmals erweitert. Der Band erhebt dabei freilich keinen Anspruch auf Vollständigkeit, was angesichts der Komplexität des Themas wohl auch per se eine Unmöglichkeit darstellt.

Es bleibt schließlich zu hoffen, dass die hier und andernorts formulierten Anforderungen an die Wissenschaften auch in politischen, gesellschaftlichen und sozioökonomischen Prozessen sowie bei der Umsetzung der so erarbeiteten Erkenntnisse und Leitlinien für eine zukünftige (nicht nur Energie-)Politik eine Rückkopplung erfahren.

Resümieren wir die in diesem Sammelband dargestellten Beiträge, so wird zum einen die große Bandbreite an wissenschaftlich und gesellschaftlich relevanten und höchst spannenden Aspekten der Energiewende deutlich. Zum anderen fallen aber auch unterschiedliche Herangehensweisen, Perspektiven und Grundauffassungen und damit auch unterschiedlich strukturierte und gewichtete Schlussfolgerungen, Lösungsansätze und Schwerpunktsetzungen in der strategischen Antwort auf einzelne Fragestellungen auf. So tritt insbesondere als zentrale Friktion der Unterschied zwischen der Grundannahme der Möglichkeit und Sinnhaftigkeit einer wachstumsorientierten ökologischen Industriepolitik einerseits und andererseits einer diesbezüglich grundsätzlichen Infragestellung der ökonomischen Rahmenbedingungen sowie der daraus abgeleiteten Forderung einer Postwachstumsperspektive stellenweise deutlich hervor.[9]

---

[2] Siehe hierzu die Beiträge von Möst/Müller/Schubert, Fornahl/Umlauf, Hanke/Best, Kemfert und Schuster.

[3] Siehe hierzu die Beiträge von Grunwald/Schippl sowie Gößling-Reisemann/Stührmann/Wachsmuth/von Gleich.

[4] Siehe hierzu den Beitrag von Schlacke/Kröger.

[5] Siehe hierzu die Beiträge von Hellige, Jänicke, Simonis, Heinrichs, Radtke und Kunze.

[6] Siehe hierzu den Beitrag von Ekardt.

[7] Siehe hierzu den Beitrag von Bosch.

[8] Siehe hierzu den Beitrag von Hildebrand/Schütte/Fechner/Schweizer-Ries.

[9] Siehe etwa die Beiträge von Jänicke, Simonis und Kemfert sowie die Beiträge von Ekardt, Kunze und Hanke/Best.

Ungeachtet aller Unterschiede und differierender Meinungen wird indes auch ein Grundkonsens aller Beiträge deutlich: Einig sind sich Herausgeber und Autoren darin, die Energiewende nicht nur als technische, sondern insbesondere als gesamtgesellschaftliche Aufgabe und Herausforderung anzusehen, wobei neben ökologischen, technischen, sozialen und wirtschaftlichen Aspekten auch vielen anderen gesellschaftlichen Bereichen, Themen, Akteuren und Betrachtungsweisen eine herausragende Bedeutung zukommt – die vermutlich an dieser Stelle noch nicht umfassend abgeschätzt werden können. Abschließend kann damit als übergreifendes Credo festgehalten werden, dass die Energiewende sehr viel mehr als *nur* einen Umbruch von alter zu neuer Technologie darstellt.

Last but not least...

Ein besonderer Dank gilt der Heinrich Böll Stiftung Bremen sowie dem Institut für Politikwissenschaft der Universität Bremen, ohne deren finanzielle Hilfe die Realisierung der Ringvorlesung sowie des Sammelbandes nicht möglich gewesen wäre. Die Herausgeber sind davon überzeugt, dass durch den gewählten interdisziplinären Ansatz auch ein breites Publikum erreicht wird, was ihnen in Anbetracht der herausragenden Wichtigkeit des Themas ein besonderes Anliegen ist.

Ein weiterer Dank geht an den Metropolis Verlag, der mit der Schriftenreihe „Beiträge zur sozialwissenschaftlichen Nachhaltigkeitsforschung" eine herausragende Plattform bietet, um interdisziplinären Themen im Umwelt-, Nachhaltigkeits- und Energiebereich ein Forum zu geben sowie den Reihenherausgebern, die diesen Band aufgenommen haben.

Schließlich ist den Referentinnen und Referenten bzw. Autorinnen und Autoren besonders zu danken, da sie erst diesen Band ermöglicht und die Idee eines solchen Ansatzes unterstützt haben, indem sie ihre Beiträge ohne Vorbehalte zur Verfügung gestellt und sich viel Zeit für dieses vielgestaltige Unterfangen genommen haben. Ohne die geteilte Überzeugung, gemeinsam mehr zu erreichen – sowohl in der Wissenschaft wie auch bei den Herausforderungen der zukünftigen Energiewende – wäre dieser Band nicht möglich gewesen.

Bremen, im Juni 2013   Jörg Radtke und Bettina Hennig

Die Transformation des Energiesystems als gesellschaftliche und technische Herausforderung

Zur Notwendigkeit integrativer Energieforschung

Armin Grunwald und Jens Schippl

Infrastrukturen sind mehr als Agglomerate von technischen Artefakten, sie sind *sozio-technische Systeme*. Sie können nur dann ihren Zweck erfüllen, wenn Angebot und Nachfrage aufeinander abgestimmt sind, wenn sie von Menschen funktionsgerecht genutzt werden, wenn sie sich in die bestehenden Routinen funktionierender gesellschaftlicher Abläufe einordnen lassen und wenn sie keine allzu störenden Nebenwirkungen haben. Um zukünftige (nachhaltige) Energie-Infrastrukturen zu erforschen und zu gestalten, bedarf es daher neben der technischen Kompetenz auch der Einsicht in organisatorische und gesellschaftliche Verhältnisse wie z.b. politisch-rechtliche Rahmenbedingungen, ökonomische Randbedingungen, organisatorische und institutionelle Steuerungsfähigkeit, individuelle und soziale Verhaltensmuster und ethische Bewertungskriterien. Der Beitrag interpretiert die Energiewende als laufende und tief greifende Transformation des Energiesystems, die damit sowohl als gesellschaftliche wie auch als technische Herausforderung zu verstehen ist. Wissenschaft ist hier zwar einerseits in ihren klassischen Ausprägungen wie etwa der technischen Forschung gefragt. Allerdings reicht diese nicht, sondern es muss eine integrative, d.h. inter- und auch transdisziplinäre Erforschung der Möglichkeiten und Bedingungen der Transformation hinzukommen. Der Beitrag zeigt, wie das gelingen kann.

I. Problemstellung[1]

Angesichts des beschleunigten Kernenergieausstiegs und der politischen Bestrebungen einer weit reichenden Verringerung des Anteils fossiler Energieträger wird sich das System der Energieversorgung in Deutschland und sicher auch in vielen anderen Ländern drastisch ändern müssen. Heute machen fossile und nukleare Energieträger zusammen rund 85 % der Primärenergieversorgung aus. Bis zum Jahre 2022 sollen die Kernkraftwerke abgeschaltet werden, bis 2050 der Anteil fossiler Energieträger auf maximal 20 % sinken. Die damit verbundene Transformation des Energiesystems ist notwendigerweise mit einem *dramatischen Umbau der Infrastruktur verbunden*. Es reicht dabei nicht, die hinter der Energieinfrastruktur stehenden Bereitstellungstechnologien wie Kohle- oder Kernkraftwerke durch erneuerbare Energiequellen zu ersetzen und überall die Energieeffizienz zu erhöhen. Vielmehr wird die technische Umstellung mit erheblichen Veränderungen für die Gesellschaft verbunden sein, da das Energiesystem wie Infrastrukturen generell ein *sozio-technisches System* ist (Abschnitt II). Dementsprechend ist die Transformation des Energiesystems eine doppelte, nämlich technische und gesellschaftliche Herausforderung (Abschnitt III). Ihr Erfolg hängt nicht nur von technischen, sondern auch von nicht-technischen Faktoren wie adäquater Regulierung, einem regen Innovationsgeschehen, Veränderungsbereitschaft auf Seiten der Energieverbraucher und der Akzeptanz neuer Infrastrukturen ab.[2] Dementsprechend muss Forschung für die Transformation des Energiesystems sowohl die technischen als auch die nicht-technischen Faktoren umfassen und integrativ angelegt sein (Abschnitt IV). Als Beispiel für ein derartiges Vorhaben wird die Helmholtz-Allianz „Zukünftige Energie-Infrastrukturen" vorgestellt (Abschnitt V).

---

[1] Dieser Beitrag baut auf Publikationen der Autoren auf, vor allem auf Schippl/ Grunwald 2012 und Grunwald 2012, aus denen auch einige Passagen übernommen wurden. Er verdankt viele Anregungen den Kolleginnen und Kollegen aus der Helmholtz-Allianz ENERGY-TRANS, insb. Ortwin Renn (vgl. zur Helmholtz-Allianz den Abschnitt V).

[2] Vgl. insbesondere zu Fragen der Akzeptanz und der Beteiligung der Verbraucher auch die Beiträge von Radtke, Heinrichs und Hildebrand/Schütte/Fechner/Schweizer-Ries, zum (technischen und ökonomischen) Innovationsprozess aus unterschiedlichen Perspektiven die Beiträge von Jänicke, Kemfert, Schuster, Ekardt und Hanke/Best sowie zu den derzeitigen rechtlichen Regulierungsanstrengungen den Beitrag von Schlacke/Kröger in diesem Band.

II. Das Energiesystem als sozio-technisches System

Die Gesellschaft benötigt unmittelbar weder Kraftwerke noch Solarzellen noch Hochspannungsleitungen, sondern Steckdosen und Tankstellen, aus denen sicher, verlässlich, und zu vernünftigen Preisen Energie der gewünschten Form entnommen werden kann. Die komplexen, vor allem technischen und logistischen Systeme, die sich hinter den Steckdosen und Tankstellen befinden, sind aus Sicht der Verbraucher nicht interessant, solange sie die gewünschten Dienst- und Versorgungsleistungen störungsfrei erbringen. Die Bereitstellungs- und Verteilungstechnologien und die Infrastrukturen „hinter" den Tankstellen und Steckdosen sind damit nur *Mittel zum Zweck*, nicht der Zweck selbst. Sie interessieren „uns" als Nutzer des Energiesystems vielfach nur, wenn sie entweder nicht funktionieren oder in irgendeiner Form „stören", d.h. wenn sie Emissionen verursachen, die Landschaft verschandeln oder Umweltschäden und Gesundheitsrisiken verursachen.

Wenn hieraus jedoch gefolgert würde, dass das Energiesystem nichts anderes ist als eine große Maschinerie, die im Transformationsprozess bloß durch eine andere und hoffentlich bessere Maschinerie ersetzt werden könnte, wäre dies zu einfach, ja irreführend. Bereits das bestehende Energiesystem ist ein *sozio-technisches* System[3], und in einem nach Maßgabe der deutschen Energiewende entstehenden zukünftigen Energiesystem muss, so die These, das „sozio" noch stärker betont werden.

Sozio-technische Systeme sind dadurch gekennzeichnet, dass technische Artefakte und menschliche Handlungsmuster aufeinander abgestimmt sein müssen, um im Zusammenwirken die gewünschten Funktionalitäten zu erzielen. Das jetzige Energiesystem besteht in technischer Hinsicht aus Kraftwerken verschiedenster Art, Hochspannungsleitungen, Verteilnetzen, Umspannstationen, Speicherkraftwerken, Erdölraffinerien, Pipelines, Großtankern, Förderanlagen für Öl, Gas und Kohle, Tagebau für Uran und Braunkohle, um nur einige Elemente zu nennen. An der Schnittstelle zum Verbraucher liegen vor allem die bereits genannten Tankstellen und Steckdosen.

Bereits die Aufzählung der genannten technischen Elemente macht deutlich, dass ein darauf aufbauendes Infrastruktursystem nicht rein technisch funktionieren kann, sondern dass eine Fülle von „sozio"-Anteilen

---

[3] Ropohl 1979; vgl. Verbong/Loorbach 2012.

hinzukommen muss. Einige Beispiele sind: der internationale Handel mit Öl, Gas und Kohle bedarf kooperativer vertraglicher Regelungen, ziviler politischer Rahmenbedingungen und funktionierender staatlicher Autoritäten (die beiden Ölkrisen 1973 und 1980 zeigen die Folgen adverser politischer Konstellationen); die energetische Nutzung der Kernkraft ist gegen den (teils erbitterten) Widerstand großer Bevölkerungsteile nicht auf Dauer möglich, wie das deutsche Beispiel zeigt; die Idee, das Kohlendioxidproblem bei neuen Kohlekraftwerken an der Wurzel zu behandeln, also das Gas im Kraftwerk abzuscheiden und unterirdisch zu verpressen (CCS-Technologie), ist wenigstens in Deutschland vorläufig am Widerstand möglicherweise betroffener Regionen gescheitert; komplexe Kraftwerke, insbesondere Kernkraftwerke, bedürfen komplexer Bedienung, Wartung und unabhängiger Überwachung sowie eines adäquaten Krisenmanagements für den Fall der Fälle. Auch der Normalbetrieb ist durchzogen von „sozio"-Anteilen: an den Strombörsen wird Handel getrieben und werden Preise beeinflusst; Manager und Ingenieure entscheiden im Zusammenwirken mit technischen Steuerungselementen über das Herunter- oder Hochfahren von flexiblen Kraftwerkselementen oder über den Einsatz von Pumpspeicherkraftwerken; über politisch festgelegte Beimischungsverordnungen entsteht ein Treibstoff namens E10 und führt zu kontroversen gesellschaftlichen Debatten; Wertschöpfungsketten verändern sich mit dem zunehmenden Einzug des Internets in die Energiewelt; Stadtwerke und Energieversorgungsunternehmen bieten den Verbrauchern neue Tarifmodelle an.

Dass nach wie vor der Eindruck vorherrscht, das Energiesystem sei ein technisches System und die Energiewende ein (zumindest vorwiegend) technisches Problem, dürfte auch damit zusammenhängen, dass Verbraucher von den Vorgängen „hinter der Steckdose" bzw. „hinter der Tankstelle" weitgehend abgeschirmt waren und sind, keinen aktiven Einfluss hatten und haben sowie bestenfalls über die Nachrichten im Fernsehen oder anderen Massenmedien von Ereignissen Kenntnis erhielten und erhalten, die Einfluss auf die Sicherheit ihrer Energieversorgung oder die Kosten haben könnten. Dieser Sachverhalt, dass die Welten „vor" und „hinter" Steckdose und Tankstelle als getrennt erschienen und vielfach noch erscheinen, verdeckt den Blick für „sozio-technische" Aspekte an der Welt „hinter" Steckdose und Tankstelle.

Aber das wird nicht so bleiben, da die Trennung beider Welten sich nicht aufrechterhalten lassen und der Anteil des „sozio" am zukünftigen

Energiesystem steigen wird. Dies liegt zum einen an notwendigen Veränderungen im Bereich „hinter der Steckdose". Neue Akteure, vor allem viele kleine in das Netz einspeisende Anbieter müssen über Regeln, Verträge, Abmachungen über Rechte und Pflichten, Haftungsfragen etc. sozial und rechtlich „verwoben" werden.[4] Die Dezentralisierung bringt es mit sich, dass Verantwortlichkeiten und Zuständigkeiten neu verteilt werden müssen: Stadtwerke und lokale Initiativen übernehmen Verantwortung in Bereichen, die bislang eher zentral geregelt waren.[5] Zum anderen jedoch, und dies erscheint als die größere Herausforderung, werden Verbraucher nicht in der rein passiven Rolle als Abnehmer und Zahler von Energiedienstleistungen, die über viele Jahre hinweg ein „infrastrukturelles Paradigma" darstellte, verbleiben können. Wer Solarzellen auf dem Dach hat und Sonnenenergie ins Netz einspeist, ist bereits jetzt nicht nur Verbraucher, sondern auch Anbieter, nicht nur Konsument, sondern auch Produzent (wofür das Kunstwort „Prosumer" steht). Technisch als „Demand Side Management" bezeichnet, werden Verbraucher, wenn auch vielleicht nur Großverbraucher, in die Steuerung des Gesamtsystems einbezogen werden müssen, um der fluktuierenden Angebotsseite besser begegnen zu können. Stichworte wie Smart Grid, Smart Home, oder Internet der Energie zielen in der Regel auf die Schaffung und Realisierung von Lastverschiebungen, d.h. auf eine aktive Beeinflussung der Stromnachfrage. Verbraucher werden sich zwischen mehr Optionen und Modellen ihrer Energieversorgung entscheiden können (und müssen!). Wenn es zu einer starken Expansion der Elektromobilität kommt, werden sich neue Handlungsmuster im Alltag ausprägen müssen, da E-Mobile auch bei weiterem Fortschritt der Speichertechnologien sich nicht in wenigen Minuten betanken lassen und auch vollgetankt nicht 600 oder 1000 km weit fahren können. Auch könnte es sein, dass Autobatterien als Zwischenspeicher genutzt werden (Vehicle to Grid) – Autobesitzer könnten ihre Batterie zur Verfügung stellen, dafür finanzielle Anreize erhalten, müssten aber auch auf ein Stück Autonomie verzichten. An vielen Stellen werden die „Karten neu gemischt", werden neue Akteurskonstellationen in Verbindung mit veränderten technologi-

---

[4] Vgl. zu rechtlichen Fragestellungen der Energiewende auch den Beitrag von Schlacke/Kröger in diesem Band.
[5] Vgl. hierzu auch den Beitrag von Radtke in diesem Band.

schen Möglichkeiten und Randbedingungen neue und komplexere soziotechnische Systeme der Energieversorgung bilden.

III. Die doppelte Herausforderung der Transformation

Infrastrukturen sind, gerade weil sie so stark mit gesellschaftlichen Praktiken durchsetzt sind, tendenziell widerständig gegen Veränderung. Hier sind vor allem einerseits „Trägheiten" aufgrund der Gewöhnung an traditionelle Infrastrukturen (z.b. an die das benzin- oder dieselgetriebene Auto tragende Infrastruktur) zu nennen; andererseits sind ökonomische Interessen der Betreiber und Nutznießer der bestehenden Infrastrukturen (z.b. aufgrund der langen Abschreibungszeiten von Kraftwerken mit teils extrem hohen Investitionskosten) sowie die ganz erheblichen Kosten für die Einrichtung neuer Infrastrukturen (z.b. im Rahmen einer Wasserstoffwirtschaft) von erheblicher, jegliche Transformation erschwerender Bedeutung.[6]

In Deutschland sind hohe Standards der Energieversorgung erreicht, woran sich die Gesellschaft seit Jahrzehnten gewöhnt hat. Ausfälle im Stromnetz kommen praktisch nicht vor. Strom kann dem Netz jederzeit in (praktisch) beliebiger Menge in gleich bleibender Qualität entnommen werden. Unterschiedliche Lastgänge, die vom Verbraucherverhalten verursacht werden, werden vom System abgepuffert. Übertragen auf Treibstoffe für Mobilität gilt ähnliches. Dass einmal eine Tankstelle „ausverkauft" ist, dürfte man in Deutschland in den letzten Jahrzehnten kaum je erlebt haben. Energieverbraucher haben eine hohe individuelle Autonomie in der Nutzung von Energie. Dies erleichtert nicht gerade eine Transformation, die voraussichtlich oder wenigstens möglicherweise zu einer Entfernung von diesem als angenehm empfundenen Zustand hoher Autonomie und hohen Komforts führen wird und daher von Vielen als negativ, zumindest aber als ambivalent wahrgenommen werden kann. Die seit einiger Zeit laufende Debatte um den Treibstoff E10 und die Diskussion um einen möglichen Anstieg der Strompreise nach beschleunigtem Ausstieg aus der Kernenergie zeigen deutlich, dass Veränderungen an einem als angenehm und komfortabel empfundenen Zustand auch dann nicht

---

[6] Zu Pfadabhängigkeiten und Transformationsblockaden im Energiesystem auch der Beitrag von Hellige in diesem Band.

auf Gegenliebe stoßen, wenn die hinter diesen Veränderungen stehenden Entscheidungen großenteils und grundsätzlich einer breiten Mehrheitsmeinung entsprechen. Auch in anderer Hinsicht steht die Transformation des Energiesystems vor großen Herausforderungen. Ist das bisherige Energiesystem bereits technisch und regulatorisch komplex, so wird sich dies durch die Energiewende noch einmal deutlich verschärfen. Gerade die stärkere Einbindung von kleineren, dezentralen Produzenten und die möglicherweise notwendige Beteiligung von Nutzern am Management des Gesamtsystems erfordern neue Regelungen und Anreizstrukturen, aber auch neue Wege der Datenübertragung, -interpretation und -vorhaltung, die jeweils die Komplexität des Gesamtsystems erhöhen. Eine erheblich größere Anzahl mitsteuernder Akteure muss bewältigt werden, ohne die Stabilität des Gesamtsystems zu gefährden. Mit neuen Organisationsformen und Akteurskonstellationen können zahlreiche Wechselwirkungen und Effekte einhergehen, die nicht beabsichtigt, nicht vorhergesehen und auch nicht erwünscht sind. Dominoeffekte können dazu führen, dass kleine Änderungen größere Störungen im Gesamtsystem und in den daran angeschlossenen Nachbarsystemen nach sich ziehen. Gerade im Zusammenwirken komplexer Technik und komplexer „human factors" kann es zu systemischen Risiken kommen, die die Funktionsfähigkeit des Gesamtsystems oder seiner Teilsysteme betreffen.[7] Ein anschauliches Beispiel ist die starke Abhängigkeit eines Smart Grid von Informations- und Kommunikationstechnologie, allgemeiner die verstärkte Nutzung des Internets und digitaler Technologien für die Steuerung der Energieversorgung. Sie machen das Energiesystem anfälliger für Hacker, die entweder versuchen könnten, das System oder Teile davon lahmzulegen (Blackout) oder auf sensible Daten zuzugreifen. Auch hier gilt es, die nicht-technischen Rahmenbedingungen anzupassen, entsprechende Regulierungsansätze zu entwickeln, die Robustheit und Resilienz des Systems zu erhöhen sowie Kompetenzen und Verantwortlichkeiten angemessen zuzuordnen.[8]

Beide Themenbereiche zeigen beispielhaft die Notwendigkeit, sich explizit und pro-aktiv mit den nicht-technischen Anteilen des Energiesystems zu befassen. Exzellente Technik ist zwar notwendige, aber nicht

---

[7] Schippl/Grunwald 2012.
[8] Vgl. Renn 2008.

hinreichende Bedingung für einen gelingenden Transformationsprozess. Weitere Felder in dieser Richtung sind die Entwicklung von Anreizsystemen zur Einrichtung von systemstabilisierenden Elementen wie Speichern und zu ihrer Integration in die Gesamtsteuerung, die Entwicklung neuer Geschäftsmodelle und Dienstleistungen im Energiebereich, die Weiterentwicklung von Planungsrecht und Beteiligungsverfahren, um sozialverträglich neue Infrastrukturen einrichten zu können und die Ausarbeitung von vielversprechenden Innovationspfaden.[9] Die bisherige wie zukünftige Entwicklung des Systems wird von den Wechselwirkungen zwischen technischen und nicht-technischen Faktoren, zwischen Innovationen und gesellschaftlichen Entwicklungen geprägt, was in der Literatur vielfach mit dem Begriff der „Ko-Evolution" umschrieben wird.[10] Der Begriff betont die Notwendigkeit, technische und nichttechnische Aspekte sowohl bei der Erforschung als auch bei der Governance von sozio-technischen Transformationen zusammenzudenken.[11]

Die Transformation des Energiesystems kann sicher nur als ein ständiger Lernprozess verstanden und betrieben werden, in dem als einziges eine grobe Orientierung in Richtung auf nachhaltige Entwicklung erhalten bleibt und alles andere im Laufe der Transformation selbst verändert werden kann.[12] In der Suche nach Lösungen werden sowohl die Wissens- als auch die normativen Anteile einer Weiterentwicklung unterworfen. Technisch ermöglichte Innovationen müssen dabei nach dem Gesagten grundsätzlich in ihrem gesellschaftlichen Kontext gesehen werden. Die Transformation des Energiesystems ist damit in der Tat eine doppelte Herausforderung, technisch wie gesellschaftlich.

IV. Herausforderungen an integrative Energieforschung

Die Möglichkeiten der Wissenschaften, zur Transformation beizutragen, erschöpfen sich also keineswegs im Bereitstellen neuer Technologien und in der wirtschaftswissenschaftlichen Erforschung von neuen Ge-

---

[9] Dies erfolgt z.B. im Rahmen von Konzepten wie „Change Management", „Transition Management" (Kemp/Rotmans 2004; Voss et al. 2009) und „Reflexive Governance" (Voss et al. 2006).
[10] Rip 2007; Geels 2005.
[11] Schippl/Grunwald 2012.
[12] Vgl. Grunwald 2012.

schäftsmodellen und Dienstleistungen. Sozial- und Geisteswissenschaften sind gefragt, sobald es um die gesellschaftlichen, politischen, kulturellen, psychologischen und ethischen Fragen geht. Denn ein erfolgreiches Design der benötigten Innovationen und Prozesse für den Umbau des Energiesystems und eine entsprechende Gestaltung der Schnittstellen zu Nutzern und Bürgern setzt auch solches Wissen voraus. Während die Energieforschung bisher vielfach auf die Entwicklung neuer Technologien fokussiert ist, sind mögliche Veränderungen auf der „Sozio"-Seite des Energiesystems nicht im Mittelpunkt des Interesses. Auch prospektive Ansätze wie Szenarien oder Delphis, oft unter dem Begriff „Foresight" zusammengefasst, nehmen vielfach vornehmlich Technologien und Infrastrukturen in den Blick.[13] Damit sich Innovationen durchsetzen und wirken können, müssen sie aber auch von der Gesellschaft akzeptiert und von den Nutzern angenommen werden. Hierzu bedarf es also mehr als rein technischer Ansätze, Wissensbestände unterschiedlicher Disziplinen müssen zusammengebracht werden, interdisziplinäre und integrative Forschung ist erforderlich. Nicht nur innovative Technologien, sondern auch neue Ansätze der Planung, Steuerung, Anpassung, Kommunikation und Partizipation sind erforderlich. Einige Beispielfelder für sozialwissenschaftliche Beiträge zu einer dazu beitragenden integrativen Energieforschung sind:

Erarbeitung und Analyse der sozio-kulturellen Voraussetzungen für und Einflussfaktoren auf die Entwicklung von integrativen Energieszenarien: Technische Komponenten des Energiesystems sind auf vielfältige Weise in gesellschaftliche Prozesse eingebettet, deren Verständnis Voraussetzung für einen erfolgreichen Transformationsprozess sind. Der Einbezug gesellschaftlicher Prozesse in modellierte Systeme, z.B. über sozialwissenschaftliche Akteursanalysen, oder von Stakeholdern in den Modellierungsprozess selbst muss das Systemverständnis über eine rein techno-ökonomische Systemanalyse hinaus erweitern. Ein dabei entstehendes Forschungsfeld besteht in der Entwicklung integrativer, d.h. technische und gesellschaftliche Zukunftsvorstellungen konsistent verbindender Zukünfte.[14]

Analyse der Governance-Strukturen und -Prozesse im Energiebereich: Der Energiesektor wird bislang durch einige wenige, eng miteinander

---

[13] Vgl. Möst et al. 2009.
[14] Grunwald 2012.

verknüpfte Akteure (Energieversorgungsunternehmen, Kraftwerksbauer) dominiert. Diese etablierten Strukturen werden bereits jetzt, stärker noch in der Zukunft vor erhebliche Herausforderungen gestellt. Zentralisierte Strukturen mit Großkraftwerken werden durch stark dezentralisierte Formen der Energieversorgung ergänzt oder auch ersetzt. Das erfordert neue Innovationsnetzwerke wie auch Anpassungsprozesse bei den relevanten Akteuren in der gesamten Wertschöpfungskette, genauso wie neue Institutionen und Regelmechanismen. Forschungsthemen ergeben sich u.a. in Bezug auf die Entwicklung einer integrativen und partizipativen Risikobewertung, auf Organisationsmodelle, die in ihrem eigenen Regelwerk mehr Flexibilität und Anpassungsfähigkeit entwickeln, und auf Anreizsysteme, die sich positiv auf Anpassungs- und Optimierungsprozesse auswirken.

Analyse des Nutzerverhaltens angesichts der Transformationsprozesse in der Energieversorgung: Die Kauf- und Investitionsentscheidungen sowie das Nutzungsverhalten der Konsumenten bestimmen die Nutzeneffizienz des Energiesystems und damit den Versorgungsbedarf. Sie haben damit großen Einfluss auf den notwendigen Umfang und die Strukturen des Versorgungssystems. Insbesondere bei dezentralen Versorgungstechnologien werden die Unterschiede zwischen verschieden Konsumentengruppen bezüglich ihres Investitions- und Nutzungsverhalten für die Planung an Bedeutung gewinnen. Zur notwendigen Erforschung von Verbraucherverhalten und Konsum gehört die Analyse der sozialen, psychologischen und lebensstilbezogenen Determinanten der Entscheidungen der Verbraucher, die Entwicklung von zielgruppenspezifischen Kommunikations- und Interventionsstrategien zur Förderung energiesparenden Verhaltens und zur langfristig wirksamen Veränderung der Alltagsroutinen und Gewohnheiten sowie zur Vermeidung von Rebound-Effekten.

Analyse der Planungsprozesse und der sozialen Akzeptanz von Infrastrukturmaßnahmen: Erneuerbare Energien und Maßnahmen zur Steigerung der Energieeffizienz werden in der Bevölkerung vorwiegend positiv bewertet. Dennoch entsteht bei konkreten, vor allem landschaftsverändernden Infrastrukturmaßnahmen rasch Widerstand. Die Transformation kann aber nur gelingen, wenn die Bevölkerung nicht nur grundsätzlich der Energiewende gegenüber positiv gestimmt ist, sondern auch die damit verbundenen konkreten Maßnahmen mit trägt. Erforderlich sind neue, effektive und effiziente Verfahren der Bürgerbeteiligung verbunden mit einer Modernisierung des bestehenden Planungsrechts. Forschungsfragen erstrecken sich z.b. auf Informationsstrategien und neue Partizipationsverfahren, auf deliberative Verfahren des Argumentaustauschs und der argumentativen Abwägung sowie auf Erweiterungen bisheriger Planungsverfahren.

Im folgenden Kapitel wird mit der Helmholtz-Allianz ENERGY-TRANS ein Forschungsverbund skizziert, der viele der genannten Herausforderungen und Fragestellungen in interdisziplinärer und integrierter Weise adressiert.

V. Die Helmholtz-Allianz ENERGY-TRANS

Im Herbst 2011 wurde die Helmholtz-Allianz ENERGY-TRANS eingerichtet. Ihr ausführlicher Titel lautet „Zukünftige Infrastrukturen der Energieversorgung. Auf dem Weg zur Nachhaltigkeit und Sozialverträglichkeit" und macht damit die neue Perspektive der Allianz deutlich: Das Energiesystem in Deutschland (in seinem europäischen und internationalen Kontext) wird nicht primär von der Angebotsseite, der Bereitstellung technischer Artefakte (Maschinen, Kraftwerke, Leitungen, Steuerungselemente etc.) her betrachtet, sondern vor allem von der gesellschaftlichen Bedarfs- und Nutzerseite her. Ausgehend von den erwarteten Funktionen und Leistungsparametern der zukünftigen Infrastruktur der Energieversorgung wird die Einbettung der zukünftig zum Einsatz kommenden technischen Mittel in den organisatorischen, wirtschaftlichen, sozialen und kulturellen Kontext beleuchtet. Das Interesse richtet sich auf die oben skizzierten Wechselwirkungen zwischen Entwicklungen auf der technischen und auf der gesellschaftlichen Seite des Energiesystems, einerseits auf wissenschaftliche Erkenntnis zielend, andererseits aber auch mit Blick auf handlungsorientiertes Wissen.

Die Allianz gliedert sich in fünf Forschungsfelder und Querschnittsaktivitäten, die im Folgenden kurz vorgestellt werden (vgl. darüber hinaus www.energy-trans.de).

A. Technisch-gesellschaftliche Entwicklungen: Neue technische Entwicklungen werden im Hinblick auf ihre sozio-technischen Potenziale, auf ihre Interaktionen mit anderen Systemkomponenten, sowie im Hinblick auf ihre ökologischen und ökonomischen Auswirkungen untersucht. Beispiele sind Technologien zur Energiespeicherung, zur Steigerung der Energieeffizienz von Gebäuden oder auch die Elektromobilität. Ziel ist es, das Spektrum an möglichen und plausiblen zukünftigen Ausprägungen des Energiesystems einzuengen, und zwar nicht nur im Sinne der Extrapolation technischer Potenziale, sondern durch Einbettung möglicher technischer Entwicklungen in Szenarien der gesellschaftlichen Entwicklung. So entstehen explizit sozio-technische Zukünfte des Energiesystems. Eine konkretere Analyse des Transformationsprozesses erfolgt durch die detaillierte Modellierung solcher Zukünfte für ausgewählte Regionen in Deutschland. Gleichzeitig soll aber auch die Relevanz von Entwicklungen auf der europäischen Ebene für die deutsche Energiewende berücksichtigt werden.

B. Innovationsprozesse in der Transformation des Energiesystems: Neue Ideen müssen nicht nur entwickelt werden, sie müssen sich auch durchsetzen, um wirksam zu werden. Generell scheitert jedoch ein Großteil der Innovationen und nur ein kleiner Teil setzt sich tatsächlich durch. Um die Umsetzung neuer und im Kontext der Energiewende gewünschter Ideen unterstützen zu können, ist es erforderlich zu verstehen, wie Innovationen in die Gesellschaft diffundieren. Im bisherigen, eher zentral organisierten Energiesystem dominieren relativ wenige Akteure den Anlagenbau, die Energiebereitstellung und die Übertragung. Diese Situation ändert sich bereits seit mehreren Jahren. Diese sich wandelnden Akteurkonstellationen und ihr Einfluss auf die Energiewende sind Gegenstand der Forschung. Dem Wechselspiel zwischen strukturellen Änderungen, strategischen Handlungen und Erwartungen der Akteure kommt dabei eine besondere Bedeutung zu. Die Strategien und Erwartungen etablierter sowie neuer Akteure müssen analysiert und verstanden werden.

C. Governance und Regulierung: Begreift man das Energiesystem als komplexes sozio-technisches System, stellen sich besondere Herausforderungen an die Governance und Regulierung, zum einen in Richtung auf möglicherweise auftretende systemische Risiken, zum anderen in der Frage nach adäquaten und zielführenden Anreizsystemen. Mit neuen Organisationsformen und Akteurskonstellationen in einem dezentraler werdenden und immer stärker durch Informations- und Kommunikationstechnologie durchsetzten technischen Kontext können zahlreiche Wechselwirkungen und Effekte einhergehen, die nicht beabsichtigt und auch nicht erwünscht sind. Hier gilt es, neben der Erforschung derartiger Risiken entsprechende Regulierungsansätze zur Vorbeugung oder zur Steigerung der Resilienz der Systeme zu entwickeln. Ein Beispiel für die Reduzierung von Risiken kann das Schaffen von Anreizsystemen zum Einsatz von Speichertechnologien sein, welche der Stabilität des Gesamtsystems dienen. Hier lässt sich eine Brücke zu ökonomischen Überlegungen, beispielsweise zu Fragen der Kosteneffizienz entsprechender Innovationen schlagen.

D. Nutzerverhalten: Private Haushalte spielen in vielen Konzepten zur Energiewende eine wichtige Rolle, da bei ihnen Lastverschiebungspotenziale realisiert werden sollen, welche die Stabilität des Gesamtsystems stützen und den Bedarf an neuen Übertragungsnetzen verringern könnten. Damit würde die Energieversorgung in die Alltagroutinen der Privathaushalte eingreifen und deren Autonomie reduzieren. Das gilt für die angebots- bzw. preisgesteuerte Nutzung von Haushaltgeräten, kann aber auch dezentrale Anlagen zur Wärmeversorgung betreffen, die in privaten Haushalten untergebracht sind, aber von einem Energieversorger zentral kontrolliert werden. Beide Modelle sind stark von der Akzeptanz der Verbraucher abhängig, die sicherlich nicht nur von wirtschaftlichem Kalkül abhängt, sondern auch von der generellen Bereitschaft Souveränität und Autonomie abzugeben. Der Bestand an empirisch stabilem Wissen zu diesem Kontext ist bisher eher lückenhaft und entspricht nicht der großen Bedeutung dieser Schnittstellen für die zukünftige Ausgestaltung des Energiesystems.

E. Planung und Konfliktregulierung: Planung und Implementierung neuer Energieinfrastrukturen wie Übertragungsnetze, Windparks, oder unterirdische Speichermöglichkeiten sind von entscheidender Bedeutung für die Energiewende, gleichzeitig ist aber mit Widerstand und öffentlichen Protesten bei ihrer Realisierung zu rechnen. Dabei ist davon auszugehen, dass die Einbeziehung der Öffentlichkeit aus mindestens zweierlei Gründen vorteilhaft für das Vorhaben sein kann. Zum einen soll so die Qualität von Entscheidungsprozessen verbessert werden, was bei langfristig wirksamen Infrastrukturentscheidungen von besonderer Bedeutung ist. Zum anderen wird die Akzeptanz der Ergebnisse von Entscheidungsprozessen erhöht. Auch im Hinblick auf den Umbau des Energiesystems sind neue Verfahren und innovative Ansätze erforderlich, die Konflikten vorbeugen oder zu deren konstruktiver Lösung beitragen. Sowohl informelle Ansätze der (frühzeitigen) Bürgerbeteiligung (z.B. Bürgerforen, Bürgerkonferenzen etc.) als auch Planungsverfahren und Planungsrecht mit den formalen Planungsverfahren (Raumordnungsverfahren, Planfeststellungsverfahren) müssen im Kontext der Energiewende weiterentwickelt werden.

Querschnittsaktivitäten: Um die genanten vielfältigen Ansätze zu integrieren und das erforderliche Maß an Konsistenz zwischen den Einzelprojekten zu gewährleisten, beinhaltet die Allianz auch verschiedene Querschnittsaufgaben. Die Querschnittaktivität „Nachhaltigkeits-Monitoring" soll Kriterien und Indikatoren zur Nachhaltigkeitsbewertung von Entwicklungen im Energiesystem bereitstellen, die die Kernziele Versorgungssicherheit, Wirtschaftlichkeit und Umweltverträglichkeit widerspiegeln und ein Stück weit messbar machen. Ziel ist es, einen gemeinsamen Referenzrahmen für Nachhaltigkeitsbewertungen innerhalb der Allianz zu entwickeln. Das Querschnittsthema „Foresight-Integration" zielt auf die Konsistenz der eingesetzten methodischen Zugänge ab. Wichtige Aufgabe ist es, die Vergleichbarkeit zwischen verschiedenen Szenario-Ansätzen und anderen Methoden sicherzustellen. Dazu gehört auch das Zusammenführen qualitativer und quantitativer Ansätze, die beide, je nach Problemstellung, ihre Berechtigung bzw. ihren „optimalen Einsatzbereich" haben. Ein weiteres Querschnittthema beschäftigt sich mit den Definitionen oder Abgrenzungen von sozio-technischen Systemen und den daraus folgenden methodischen Implikationen für eine interdisziplinäre Energieforschung. Schließlich ist ein Querschnittsthema der integrativen Sicht auf die Steuerung und Governance sowie die dabei verwendeten Instrumente gewidmet.

Es sollte deutlich geworden sein, wie wichtig neues Wissen in den verschiedenen genannten Bereichen ist, um die Anforderungen an die sozio-technische Transformation des Energiesystems besser verstehen und erfüllen zu können. Integrative Forschung zur Transformation soziotechnischer Systeme ist demnach sicherlich mehr als Begleitforschung, es handelt sich vielmehr um Forschung innerhalb des sich bereits jetzt transformierenden Systems zu systemrelevanten Elementen und Schnittstellen, um den Transformationsprozess zu beobachten und zu unterstützen.

Literatur

Elzen, B./Geels, F./Green, K. (Hg.) (2004): System Innovation and the Transition to Sustainability: Theory, Evidence and Policy, Cheltenham, S. 137 ff.

Geels, F.W. (2012): Processes and patterns in transitions and system innovations: Refining the co-evolutionary multi-level perspective, Technological Forecasting and Social Change 72(6), S. 681 ff.

Grunwald, A. (2011): Energy futures: Diversity and the need for assessment, Futures 43(2011), S. 820 ff.

Grunwald, A. (2012): Technikzukünfte in der Energiewende – mehr als Zukünfte der Energietechnik, in: Ders. (Hg.), Technikzukünfte als Medium gesellschaftlicher Technikdebatten, Karlsruhe (i.E.).

Kemp, R./Rotmans, J. (2004): Managing the Transition to Sustainable Mobility, in: Elzen, B./Geels, F./Green, K. (Hg.), System Innovation and the Transition to Sustainability: Theory, Evidence and Policy, Cheltenham, S. 137 ff.

Möst, D./Fichtner, W./Grunwald, A. (Hg.) (2009): Energiesystemanalyse. Tagungsband des Workshops „Energiesystemanalyse" vom 27. November 2008 am KIT Zentrum Energie, Karlsruhe.

Renn, O. (2008): Risk Governance. Coping with uncertainty in a complex world, London.

Rip, A. (2007): Die Verzahnung von technologischen und sozialen Determinismen und die Ambivalenzen von Handlungsträgerschaft im ‚Constructive Technology Assessment', in: Dolata, U./Werle, R. (Hg.), Gesellschaft und die Macht der Technik. Sozioökonomischer und institutioneller Wandel durch Technisierung, Frankfurt, New York, S. 83 ff.

Rohracher, H. (2008): Energy systems in transition: contributions from social sciences, International Journal of Environmental Technology and Management, Vol. 9, Nos. 2/3, 2008, S. 144 ff.

Ropohl, G. (1979): Eine Systemtheorie der Technik. Zur Grundlegung der Allgemeinen Technologie, Frankfurt.

Schippl, J./Grunwald, A. (2012): Energieinnovationen zwischen Gesellschaft und Technik: Die HGF-Allianz Energy-Trans. Konferenzbeitrag, Graz.

Voß, J.-P./Bauknecht, D./Kemp, R. (Hg.) (2006): Reflexive Governance for sustainable development, Cheltenham.

Verbong, G./Loorbach, L. (Hg.) (2012): Governing the Energy Transition. Reality, Illusion or Necessity?, New York, London.

Transformationen und Transformationsblockaden im deutschen Energiesystem

Eine strukturgenetische Betrachtung der aktuellen Energiewende

Hans Dieter Hellige

Der aktuelle Transformationsprozess im deutschen Energiesystem wird von zwei gegensätzlichen Strategiekonzepten bestimmt: Einem stromlastigen zentralistischen Energiepfad, der die dezentrale Erneuerbaren-Produktion in den europaweiten regenerativen, fossilen und atomaren Elektrizitäts-Großhandelsmarkt integriert und der, IKT-gestützt, die Energieströme vorrangig als großskalige Kapitalströme organisiert. Und einem primär als Versorgung konzipierten dezentralen Energiepfad, der die benötigten Strom-, Wärme-, Kälte- und sonstigen Energiebedarfe so weit wie möglich mit einem lokalen bzw. regionalen Energiemix decken will, und der den erforderlichen überregionalen Energieausgleich als einen ebenfalls IKT-vermittelten kooperativen Verbund von Regelenergie- und Speicherkapazität-Anbietern anlegt. Die folgende historische Längsschnittbetrachtung früherer Transformationsprozesse des deutschen Energiesystems möchte nun zeigen, dass die derzeitige Transformationsblockade zu einem wesentlichen Teil auf Pfadabhängigkeiten und technologischen Schließungen der Vergangenheit beruht und dass die Transformation zu einer klima-, umwelt- gesellschaftsverträglichen Energieversorgung nur gelingen kann, wenn die historisch bedingten technischen Strukturprobleme und Verkrustungen der sozialen Architektur des Energiesystems überwunden werden, die schon frühere Anläufe zu einer Energiewende scheitern ließen.

I. Einleitung

Der gegenwärtige Transformationsprozess des deutschen Energiesystems wird noch immer überwiegend als bloße Auswechslung der Leitenergien Atomkraft und Kohle diskutiert und zwar vorrangig unter Mengen- und Kostenaspekten. Doch die umfassende Umstrukturierung des „Energiemixes" unter Nachhaltigkeitsaspekten impliziert auch einen grundlegenden Wandel des Pfadkonzeptes, der Energiemarktstrukturen sowie der Akteursfigurationen und Governanceprozesse im Energiebereich. So erfordert der Übergang zu einer klimaverträglichen, Ressourcen schonenden Energieversorgung eine Transformation des bisher vorherrschenden Technologiepfades der Großnetzbildung in Teilsektoren des Energiesystems in Richtung auf eine lokale und regionale Integration von Energieumwandlungsprozessen. Von zivilgesellschaftlichen Anbietern erneuerbarer Energien sind hier im letzten Jahrzehnt wichtige Impulse ausgegangen, ein wirklicher Wandel wird aber noch weitgehend von den etablierten Akteuren blockiert oder unterlaufen.[1] Die gegenwärtige Energiewende leidet offensichtlich unter strukturellen Verkrustungen einer institutionell verfestigten sozialen Architektur der Energieversorgung, die das Ergebnis lang zurückliegender Pfadentscheidungen, technologischer Schließungen und Fehlentwicklungen sind. In dem folgenden Überblick über die Langzeitdynamik des Energiesektors in Deutschland sollen deshalb die pfadgenerierenden gesellschaftlichen Kräfte und deren Einfluss auf die technischen und sozialen Architekturen und Lock-in-Effekte des Energiesystems herausgearbeitet werden. Dabei stehen vor allem zwei herausragende Pfadkonzepte im Zentrum der Betrachtung:

– Das zunächst dominierende dezentrale Versorgungsmodell, das in klein dimensionierten Systemen eine mengenorientierte Skalenökonomie und nach Möglichkeit eine lokale bzw. regionale Kopplung von

---

[1] Vgl. zu lokalen und regionalen Konzepten und Praktiken etwa auch die Beiträge von Radtke, Heinrichs, Schuster, Gößling-Reisemann/Stührmann/Wachsmuth/von Gleich sowie Hildebrand/Schütte/Fechner/Schweizer-Ries in diesem Band.

Energieprozessen mit dem Ziel eines hohen Gesamtwirkungsgrades anstrebt und

- das später vorherrschende zentralistische großwirtschaftliche Konzept, dessen skalenökonomische Strategie auf Aggregatgrößensteigerungen und Großraumvernetzung setzt, die in energetisch weitgehend unverbundenen Teilsektoren des Sekundärenergiemarktes erfolgen.

Die rückblickende Betrachtung unter Nachhaltigkeitskriterien tritt dabei der weithin vorherrschenden Fortschrittsauffassung entgegen, wonach die Geschichte der Energieversorgung in den letzten beiden Jahrhunderten eine einzige von technisch-ökonomischer Effizienzlogik getriebene Aufwärtsentwicklung darstellt, die mit kleinen Anlagen mit schlechtem Wirkungsgrad begann und zu immer effizienteren größeren Energieumwandlungsaggregaten und Versorgungsnetzen als dem gegenwärtigen Höhepunkt der Entwicklung geführt hat. Die energiegeschichtliche Forschung der letzten Jahrzehnte hat vielmehr gezeigt, dass sich die Konkurrenz der zwei gegensätzlichen Pfadkonzepte durch die ganze Energiegeschichte des Industriezeitalters hindurch zog und dass es im Wesentlichen ökonomische und machtpolitische Faktoren waren, die den Ausschlag für die energietechnischen Pfadentscheidungen gaben.[2] In den folgenden Abschnitten sollen die wichtigsten Etappen des Ringens zwischen den beiden Pfadkonzepten skizziert und damit wesentliche historisch bedingte Strukturprobleme, Hemmnisse und Vorbelastungen des aktuellen Transformationsprozesses aufgezeigt werden. Denn die Feststellung eines führenden Energiewirtschaftlers über die ungelösten Aufgaben der Energieversorgung aus dem Jahre 1933 ist auch heute noch aktuell: „Das Ziel richtiger Energiewirtschaftspolitik (bildet) die volle Ausschöpfung aller Möglichkeiten der Energieerzeugung, des -transportes und -verkaufs. Dies umso mehr, als die öffentliche Energiewirtschaft trotz 50- oder gar 100-jährigem Bestehen nur über eine geringe Zahl tragender Ideen verfügt, deren sie durchaus noch nicht Herr wurde."[3]

---

[2] Die folgenden Ausführungen stützen sich auf eigene frühere Arbeiten und Archiv- und Literaturstudien sowie vor allem auf die herausragenden Studien von Gilson und Stier, deren Ergebnisse viel zu wenig in die Energiedebatten eingeflossen sind.
[3] Schulz 1933, S. 114.

II. Die dezentrale Frühphase der Gas- und Elektrizitätsversorgung

Die zunächst ausschließlich dezentrale Struktur des modernen Energiesystems ergab sich unmittelbar aus den technisch-ökonomischen Restriktionen des Frühstadiums der beiden leitungsgebundenen Sekundärenergien Gas und Elektrizität. Deshalb erfolgte die Einführung der auf der Steinkohlenentgasung und Koksvergasung beruhenden Gasversorgung in Deutschland nach der kurzen Phase isolierter Einzelanlagen ab 1830 zumeist in der Form der städtischen Zentralentechnik mit dem Gaswerk und Gasometer als Produktions-, Speicher- und Verteilzentrum.[4] Wegen der hohen Kosten und geringen Reichweite von Niederdruck-Gasleitungen blieb der Versorgungsradius lange Zeit auf kleine und mittlere Städte bzw. Bezirksnetze in Großstädten begrenzt.[5] Das Leitbild der Gasindustrie war deshalb eine gegenüber der Einzelfeuerung und Petroleumbeleuchtung höherwertige, umweltfreundlichere Licht-, Wärme- und Kraftversorgung für Haushalte, Gewerbe sowie für die städtischen Infrastruktureinrichtungen, insbesondere die öffentliche Straßenbeleuchtung. Neben Wasserversorgungs- und Entsorgungsbetrieben wurden die Gaswerke so ein weiterer Bereich einer am Grundbedarf orientierten „kommunalen Daseinsvorsorge", die in der zweiten Hälfte des 19. Jahrhunderts auch Telefonzentralen und Elektrizitätswerken als Vorbild dienten.

Im Gegensatz zur ausgeprägten Lokalbindung der Gasindustrie zielten die Leitbilder der Pioniere der elektrischen Energieversorgung von Beginn an auf eine weiträumige Vernetzung nach dem Vorbild des Telegraphensystems. Elektrizität erschien als die „vorteilhafteste Zwischenmaschine", die weit entfernte „Naturmotoren" per „Krafttelegraphie" zu einem Gesamtsystem verknüpft. Das Stromnetz wurde auch als eine Art Girosystem gesehen, bei der die Elektrizität als universelles Zahlungsmittel zwischen Energieproduzenten und -konsumenten fungiert. Früh tauchten auch Visionen einer elektrischen „Großwirtschaft" auf, in der in einer einzigen Großanlage alle Kraftquellen eines Landes aus entfernten Kohlerevieren und von Großwasserkräften zentral gesammelt und dann an die Abnehmer verteilt werden.[6] Aber diesen weit ausgreifenden zentralistischen Visionen setzten die hohen Übertragungsverluste des noch

---

[4] Dies galt selbst für die frühen, von ausländischen Gasfirmen gegründeten Werke.
[5] Morgenroth/Ludwig 1927, S. 573 ff.
[6] Siehe die Belege hierzu in Hellige 1985, S. 114 ff.

bis nach 1900 dominierenden niedrig gespannten Gleichstroms enge Grenzen. Die deutschen Kraftwerks- und Starkstromanlagenhersteller übernahmen deshalb das Vermarktungsmodell der Edison-Zentrale, das eine halbwegs robuste klein dimensionierte Technik in möglichst vielen Exemplaren zu installieren trachtete. Die soziale Architektur der frühen Elektrifizierung wurde so ebenfalls von der Stadt- bzw. Stadtteil-Zentrale und einem vorwiegend kommunalen Regulierungsregime bestimmt.

Die ungünstige Ausnutzungsdauer der hauptsächlich der Beleuchtung dienenden dezentralen Anlagen führte zu einer Reihe von Folgeinnovationen, mit denen die energetischen und betriebswirtschaftlichen Defizite auf ein erträgliches Maß reduziert werden konnten. Dazu gehörten betriebstechnische Anpassungen wie die Verwendung eines an den jeweiligen Strombedarf anpassbaren Satzes kleiner Maschinen und vor allem die Stromspeicherung mit Akkumulatorenbatterien, mit denen sich Lastspitzen abfangen ließen. Um die große Differenz zwischen Spitzenlasten und Lasttälern zu verringern, gingen etliche Betreiber der öffentlichen Licht- und Kraftstromversorgung seit den 1890er Jahren eine strategische Verbindung mit dem Verkehrsbereich ein. Dies geschah zum einen in Form städtischer Straßenbahnen und U-Bahnen und zum anderen durch die Mitversorgung von mit Bleiakkus betriebenen Elektromobilen, die bis ca. 1910 noch zahlreicher als Benzinautos waren.[7]

Ein zusätzlicher Ansatz zur Vervollständigung der unvollkommenen Systemlösung der frühen dezentralen Elektrizitätsversorgung bestand in der energetischen Diversifikation. So wurde eine Verbesserung der Brennstoffausnutzung nach 1890 durch erste Verkopplungen von Elektrizitäts-, Heiz-, Kälte- und Lüftungsanlagen in Wohnhäusern, Warenhäusern und Gewerbegebäuden erreicht. Nach 1900 entstanden bereits erste, meist in historischen Stadtkernen gelegene öffentliche Fernheiznetze auf der Basis von Heizkraftwerken. Diese besaßen nicht nur gegenüber Kondensationskraftwerken einen deutlich höheren Gesamtwirkungsgrad, sondern wirkten sich gegenüber den üblichen Einzelfeuerungen auch positiv auf Stadtklima und Wohnverhältnisse aus. Wegen der hohen Kosten der Dampf- bzw. Heißwasserleitungen kamen für die „Städteheizungen" ausschließlich „Nahkraftwerke" in Betracht, sie wurden daher meist im kommunalen Querverbund betrieben. Mangel an professioneller Aufgeschlossenheit, höhere Investitionskosten und eine Reihe

---

[7] Beckmann 1914, S. 1053 ff., 1066 ff.

technischer Anlaufprobleme verzögerten jedoch die Entfaltung der Kraft-Wärme-Kopplung (KWK) in der öffentlichen Versorgung.[8] Dagegen erlebte die KWK in der industriellen Eigenstromversorgung einen schnellen Durchbruch, denn wegen des gleichzeitigen hohen Bedarfes an Strom und Prozesswärme zogen die Industriebetriebe von Beginn an das im Gegendruckbetrieb arbeitende Heizkraftwerk dem nur Strom produzierenden Kondensationsverfahren vor. Aufgrund ihres hohen Anteils an der gesamten Stromerzeugung – er betrug vor 1914 nahezu 80 % – machte die industrielle Selbstversorgung damit die lokal integrierte gekoppelte Energieproduktion zum vorherrschenden Typus der gesamten Energieversorgung.[9] In der Industrie bildete sich so eine energietechnische Kultur heraus, die sich von der starken Stromfixierung der öffentlichen Energieversorgung unterschied, woraus sich in der Folgezeit Interessenkollisionen und sogar eine Spaltung im deutschen Energiesystem entwickelte.

Die mit energetischen Prozesskopplungen erreichbaren Effizienzsteigerungen wurden nach 1900 in dem Leitbild der „Wärmewirtschaft" gebündelt, deren Anhänger sich in der Folgezeit in der Ingenieurbewegung der „Wärmewirtschaftler" zusammenschlossen. Ihr Ziel war die Ablösung der reinen Elektrizitätswerke durch verbrauchsnahe „Energiewerke" bzw. „Nahkraftwerke", die durch KWK die gesamte Strom-, Wärme- und Kälteproduktion in verbrauchsnahen Anlagen im Interesse einer maximalen Brennstoffausnutzung kombinierten. Doch diese alternative Pfadkonzeption einer dezentralen Kopplung von Energieprozessen stieß bei Elektroingenieuren und Elektrizitätswirtschaftlern nur auf eine geringe Resonanz, da die Nutzung von „Abwärme" und Heizungsfragen außerhalb ihrer disziplinären Matrix lagen. Vor allem aber, weil die reinen „Stromverkäufer" trotz schlechterer thermischer Wirkungsgrade schneller höhere betriebswirtschaftliche Erträge erzielten, während sich die volkswirtschaftlich höherwertige Kraft-Wärme-Kopplung erst nach längerer Zeit rentierte.[10] Die Chancen für das dezentrale Pfadkonzept verschlechterten sich, als die Einführung des Wechsel- bzw. Drehstromsystems die lokale Barriere der Elektrizitätsversorgung überwand und nun die Großkraftwirtschafts-Visionen der Frühzeit realisierbar wurden.

---

[8] Gilson 1994, S. 125 ff.; Hellige 1984, S. 285 f.
[9] Ott/Herzig 1986, S. IX f.
[10] Gilson 1994, S. 128 ff.; Hellige 1984, S. 286 ff.

III. Die Aufstiegsphase des großwirtschaftlichen Zentralisierungsmodells

Den Anstoß zum Übergang von der dezentralen Mengen- zur zentralistischen Größenskalierungsstrategie gaben die positiven Erfahrungen, die Betreiber von Wechsel- und Drehstromanlagen sowohl beim Einsatz längerer Verteilungsleitungen als auch mit der dadurch möglichen Verwendung größerer Maschineneinheiten machten. Die dabei erzielten energetischen und betriebswirtschaftlichen Effizienzgewinne bei der Stromproduktion und -verteilung konnten über Strompreissenkungen und neue Elektrizitätsanwendungen zur Anhebung des Stromverbrauchsniveaus und zur Erweiterung des Versorgungsradius genutzt werden, was wiederum die Entwicklung noch größerer Umwandlungsaggregate ermöglichte. Mit den verlustärmeren höher gespannten Kraftübertragungen ließen sich auch weiter von einander entfernte städtische Zentralen miteinander verbinden, so dass sie sich wechselseitig Reserveleistung vorhalten kon ıten. Darüber hinaus führte die Zusammenschaltung mehrerer Elektrizitätswerke zu einer Erhöhung des Durchmischungsfaktors beim Verbrauch und damit zu einer besseren Ausnutzungsdauer.

Die aus der Vergrößerung und Verkopplung von Elektrizitätsanlagen resultierenden sukzessiven technischen und betriebswirtschaftlichen Verbesserungen wurden 1909-18 von dem Leiter der AEG-Kraftwerksabteilung Georg Klingenberg in den Designprinzipien des auf Fernversorgung zielenden stadtfernen Großkraftwerks verallgemeinert und in einigen architektonisch anspruchsvollen Musterzentralen realisiert.[11] Kerngedanke seiner Designphilosophie war die eigendynamische Selbstverstärkung der für das Systemwachstum entscheidenden technisch-ökonomischen Designmerkmale und Leitkriterien, nämlich die fortschreitende auf eine permanente Verbilligung der Stromerzeugung ausgerichtete Größerdimensionierung der Maschinensätze und der Kraftwerksleistungen sowie, unmittelbar daraus folgend, die Tendenz zu einer immer stärkeren Zentralisierung der Elektrizitätsversorgung. Die Notwendigkeit zur permanenten Skalierung des Systems leitete er dabei aus der aus dem Verbrauchsanstieg seit 1900 extrapolierten Verdopplungsrate des Elektrizitätsbedarfs alle 4-5 Jahre ab.[12] Diese eingängige Verknüpfung von Wachstumsrate und Größensteigerungs- und Zentralisierungs-Idee wurde

---

[11] Systematische Darstellung des Konzeptes bei Gilson 1994, S. 80 ff.
[12] Klingenberg 1916, S. 715.

im Unterschied zur Primärenergie sparenden Kraft-Wärme-Kopplung, die wegen ihrer Heterogenität und Interdisziplinarität in der Engineering Community nur geringen Widerhall fanden, sehr bald ein Kernbestand des energietechnischen Denkstils. In der Grundidee dem Adam Smithschen Wachstumsmodell von Rationalisierung, Verbilligung und Marktausweitung folgend, löste sich die Stromproduktion damit von einer bedarfsorientierten Energieversorgung, sie wurde zu einer Elektrizitäts-Warenproduktion mit all ihren Wachstums-, Konzentrations- und Verselbstständigungstendenzen. Energie galt so nicht mehr als endliche, schützenswerte Ressource, sondern als eine Ware wie jede andere, die größtmögliche Gewinne bringen sollte.[13] Mit ihrer auf Aggregatvergrößerungen ausgerichteten Skalenökonomie geriet sie damit aber unter den Druck steigender Fixkostenbelastung, die nur durch stark steigende Ausnutzungsdauern aufgefangen werden konnte. Dazu erzwangen die jeweils immer auf Stromverbrauchszuwachs angelegten vergrößerten Kraftwerksneubauten wegen der anfänglichen Unterauslastung zur schnellen Refinanzierung der Investitionen eine gezielte Ankurbelung von Verbrauch und Anschlussbewegung und beschleunigten so die Elektrifizierung der Gesellschaft. Doch indem sich die Elektrizitätswirtschaft ihren ständig expandierenden Absatzmarkt selber schuf und sich nach und nach von den noch vorhandenen technisch-ökonomischen Lokalschranken befreite, scherte sie auch aus dem Kreis ortsgebundener, im kommunalen Querverbund betreibbarer gekoppelter Energieproduktion aus. Daraus entwickelte sich eine dauerhafte Marktspaltung von Elektrizitäts- und Wärmesektor mit der Folge eines vermehrten Primärenergieverbrauches und deutlich höherer Umweltbelastungen. Die „Systembuilder" der elektrischen Großversorgung hatten so mit dem System zugleich betriebswirtschaftliche Eigendynamiken und System- und Wachstumszwänge geschaffen, an denen sich die gesamte Energiewirtschaft bis heute abarbeiten sollte.[14]

---

[13] Siehe den Bericht von Direktor Meng bei der Hauptversammlung der VdEW, 12.-14.6.1912, Mitteilungen 131 der Vereinigung der Elektrizitätswerke, Jg. XI, 1912, S. 241 f.

[14] Dieser folgenreiche Zusammenhang in der Systemkonstruktion wird in Hughes' ansonsten Schule bildendem innovationstheoretischen Ansatz unterschätzt, vgl. Hughes 1983.

Da kleinere Anlagenhersteller bei größeren Kraftwerken nicht mehr mithalten konnten, profitierten von der Größensteigerung nur wenige Großunternehmen, so dass es um 1900 zu einem rapiden Konzentrationsschub in der Elektroindustrie und der mit ihr stark liierten privatwirtschaftlichen Elektrizitätswirtschaft kam. Treiber in diesem Prozess waren vor allem die Universalfirmen Siemens und AEG, die durch die führende Stellung im Starkstromanlagen- und Gründergeschäft wie auch in der elektrotechnischen Massenproduktion alle Skalen- und Synergieeffekte ausschöpfen konnten und dadurch bereits vor dem Ersten Weltkrieg auf ein Duopol zusteuerten. Durch diese Branchenkonstellation entstand in der Elektrowirtschaft ein Entwicklungsblock aus sich wechselseitig fördernden Investitions- und Konsumgüterherstellern und Infrastruktur-Betreibern, der ein eigendynamisches Wachstum erzeugte und einen Schumpeterschen Schwarm neuer Elektrizitätsanwendungen und innovativer Massenprodukte hervorbrachte. Durch eine enge propagandistische Verknüpfung dieser neuen Produktwelt mit der großwirtschaftlichen Elektrifizierung sowie mit suggestiven Visionen einer allelektrischen Versorgung und der Erschließung unerschöpflicher Energieressourcen bestimmte dieser Entwicklungsblock auch sehr bald den öffentlichen Elektrizitätsdiskurs. Dagegen kamen die rational begründeten thermodynamischen Berechnungen und energetischen Ressourcenschonungs-Leitbilder der „Wärmewirtschaftler" nicht an.

In diesem großindustriellen Milieu entstand nach 1900 auch das Konzept der „Großraumverbundwirtschaft" als eines privat- oder gemischtwirtschaftlich organisierten Ensembles weniger Riesenkraftwerke, die auf größtmöglicher Stufenleiter in nahezu automatischem Betrieb ganze Länder mit Licht, Kraft und Elektrowärme versorgen. Die Großkraftwerke sollten vorrangig in den Kohlerevieren, bei Großwasserkräften oder in Verbrauchsschwerpunkten errichtet werden und als „Landeszentralen" von wenigen Stellen aus Deutschland einheitlich versorgen.[15] Doch die großen Montankonzerne überließen der Elektroindustrie nicht das ganze Geschäft mit der Kohleveredelung. Durch den Erwerb und Ausbau des RWE im Jahre 1902 wurden sie ein weiterer Treiber der Großkraftversorgung und der Bildung von „Elektrizitätsprovinzen", so dass es vor allem im Rheinland und in Westfalen noch vor 1914 zu einem heftigen Wettbewerb zwischen den beiden Monopolgruppen um den An-

---

[15] Georg Dettmar vom VDE 1912, zitiert nach Gilson 1994, S. 87.

schluss von Versorgungsgebieten kam. In Westfalen bildete sich in Abwehr der RWE-Expansion ein von der AEG unterstützter Zusammenschluss kommunaler Kraftwerke mit einem alternativen gemeinnützigen Versorgungsmodell: Das Gemeinschaftsnetz sollte als „ein großes Ausgleichsreservoir" dienen, in das jeder Stromlieferant einspeisen durfte und aus dem jeder interessierte Konsument Strom beziehen konnte.[16] Doch das hier erstmals erwogene regionale Energieaustausch-Konzept konnte sich nicht durchsetzen. Die kommunalen Elektrizitätswerke kamen vielmehr in dem sich verschärfenden Anschlusswettlauf in den Sog der Expansionsbestrebungen der Großversorger. Diese veranlassten viele Stadtgemeinden mit den „goldenen Zügeln von Dividenden, Aufsichtsratstantiemen und Konzessionsabgaben"[17] zum Anschluss, so dass das die öffentliche Elektrizitätswirtschaft bis dahin dominierende kommunale Versorgungsmodell einen ersten Rückgang verzeichnete. Zusätzlich kam das dezentral integrierte Pfadkonzept unter Konkurrenzdruck durch die intensiven Bemühungen der Elektrizitätskonzerne, in den noch weitaus größeren Markt der Industrieversorgung einzudringen.

Marktbarrieren verhinderten auch eine energetische Zusammenarbeit der beiden führenden Sekundärenergieträger, obwohl Gasmotoren eine wichtige Rolle bei der Spitzenstromlieferung hätten spielen können und Gas auf dem Wärmemarkt meist viel energieeffizienter war als die Elektrowärme mit ihren extrem schlechten Wirkungsgraden. Die Ursache hierfür lag vor allem in dem scharfen Konkurrenzverhältnis beider Branchen, das mit dem viel späteren Eintritt der Elektrizitätsversorgung in den seit langem von der Gasindustrie beherrschten städtischen Beleuchtungs- und Energiemarkt entstanden war. Vor allem auf Betreiben großer Montankonzerne, die über die umfangreiche Eigennutzung hinaus das riesige öffentliche Absatzpotenzial von Kokerei- und Gichtgasen erschließen wollten, folgte der Gassektor dem Trend zur Fernversorgung. So begann schon vor dem Ersten Weltkrieg die durch den Übergang zu höheren Arbeitsdrücken mögliche Ausbreitung der Gasfernversorgung in verdichteten Stadtregionen, die ihren Höhepunkt aber erst in den 20/30er Jahren

---

[16] Hierzu vor allem Todd 1984 und die Aktennotiz der Besprechung Walther Rathenaus mit Hugo Stinnes vom 8.12.1906 sowie weitere Dokumente im Stadtarchiv Bochum, Kreisausschuss des Landkreises Bochum, Spezialakten betr. Elektrizitätswerk, Bd. 495.

[17] Hennicke/Johnson 1985, S. 15.

mit der Bildung größerer Regionalnetze erlebte. Die örtlichen Gaswerke blieben zwar weitgehend erhalten, sie entwickelten sich jedoch nach und nach zu reinen Gasverteilern der Ferngasverbundwirtschaft. Damit wurde die auf Größensteigerungen und Großnetzbildung ausgerichtete Skalenökonomie in weitgehend separierten Teilsektoren zur bestimmenden Tendenz der Energiewirtschaft in Deutschland. Dies führte neben der gegenseitigen Abschottung des industriellen und öffentlichen Versorgungsbereiches zu einer weiteren, energetische Kopplungen behindernden sektoralen Spaltung im deutschen Energiemarkt.

IV. Die Durchsetzungsphase des zentralistischen Pfadkonzepts

Vor 1914 hatte sich im deutschen Energiesystem eine heterogene soziale Architektur ohne eine systemführende Instanz herausgebildet. Zwar dominierte mit den vielen kommunalen Elektrizitäts- und Gaswerken und vor allem mit der industriellen Kraftwirtschaft noch eindeutig das dezentrale integrierte Pfadkonzept. Doch dieses wurde von einer schnell expandierenden Großkraftwirtschaft attackiert, die im Westen und Südwesten, in Preußen und Schlesien bereits durch Gebietsmonopole abgesicherte „Elektrizitätsprovinzen" errichtete.[18] In Bayern und Baden traten erstmals die Teilstaaten als Akteure in Erscheinung, um als Betreiber von Großwasserkräften die Landesversorgung dauerhaft zu sichern. Hier entstand das Konzept einer Kopplung von Wasserkraft- und Kohlestrom mit Vorrang des regenerativen Energieträgers, das in der Folgezeit auch für den Preußischen Staat ein Anlass für den Einstieg in die Elektrizitätsversorgung wurde. In Württemberg bildete sich im Gegensatz zu den Großwasserkraftwerken ein am Bedarf und kommunalen Interessen orientiertes dezentrales Versorgungssystem heraus, das unter Nutzung lokaler Wasserkraft Strom billiger und breiter in der Fläche anbot, als es die großen Staatswerke vermochten. Es trotzte lange der verbrauchssteigernden Dynamik der Großkraftwirtschaft, wurde aber, obwohl voll funktionsfähig, als „Elektrizitätsbalkan Deutschlands" gescholten, und später gleichgeschaltet.[19]

---

[18] Dieser Prozess ist am gründlichsten bei Stier 1999 dargestellt.
[19] Stier 1999, Kap. 4.

Da diese durch langfristige Konzessionsverträge abgesicherte zersplitterte Versorgungslandschaft die unter geringer Auslastung leidenden großen Elektrizitätsunternehmen am weiteren Ausbau der Großkraftverbundwirtschaft hinderte, bewogen Vertreter der Elektrowirtschaft die Reichsbehörden zur Errichtung eines Reichselektrizitätsmonopols und zu einer darauf gestützten Konzentration der gesamte Stromversorgung auf einige Zentralen der „Reichs-Kraftwerke" und wenige privat- bzw. gemischtwirtschaftliche Pachtgesellschaften für die Verteilung. Die Liaison aus Reichsfiskus und Elektrizitätskonzernen scheiterte mit ihrer Gesetzesinitiative jedoch an einem breiten Widerstand von Kommunen, indu-striellen Eigenversorgern und vor allem vom Preußischen Staat, der selber in diesem wichtigen Infrastrukturbereich aktiv werden wollte, um die Elektrifizierung der von der Privatwirtschaft völlig vernachlässigten ländlichen Regionen voranzutreiben.[20] Angesichts der divergierenden Interessen der verschiedenen Stromproduzentengruppen und Fiskal- bzw. Regulierungsinstanzen war eine gesamtstaatliche Energiepolitik illusorisch. Es kam zu einer massiven Transformationsblockade, bei der sich vor 1914 weder der zentralistische noch der dezentrale Energiepfad durchzusetzen vermochte.

Der Erste Weltkrieg verschob die Gewichte zwischen den Kontrahenten durch einen außerordentlichen Zentralisierungsschub. Für den gewaltigen Energiebedarf der Rüstungsbetriebe und vor allem für die Produktion von Aluminium, Ersatzstoffen und Kriegschemikalien wurden die seinerzeit größten Dampfkraftwerke der Welt auf Braunkohlebasis errichtet und durch ein „Netz von Starkstromstraßen" verbunden. Mit ihren Weltrekorden bei der Standortleistung und Größe der Turbinensätze sowie mit ihren Hochspannungs-Fernleitungen verkörperten sie das Klingenberg-Konzept der Großkraftversorgung in ihrer reinsten Form. Doch rentabel waren sie anfangs allein durch die Kriegswirtschaft, das größte unter ihnen drohte wegen unerwartet hoher Baukosten und abzusehender Unterauslastung schon bald ein Verlustgeschäft zu werden, es wurde deshalb an das Reich abgestoßen, dem es als Grundstock für die Errichtung einer eigenen Großkraftwerksbasis diente.[21]

Getragen von starken etatistischen und kriegssozialistischen Strömungen, weiteten Reich und Bundesstaaten insgesamt ihr elektrizitätswirt-

---

[20] Stier 1999, S. 57 ff., 360 ff.; Hellige 2003, S. 91 ff.

[21] Stier 1999, S. 373 ff.

schaftliches Engagement im Laufe des Krieges immer weiter aus. Obwohl ihr Anteil zunächst noch weit unter dem der industriellen und kommunalen Kraftwerksbetreiber lag, war der Eintritt der staatlichen Akteure in den Kreis der Großversorger folgenreich für die Machtbalance zwischen den beiden Energiepfaden. Denn als konkurrierende Marktteilnehmer in der öffentlichen Energieversorgung verloren die obersten Regulierungsinstanzen ihre ordnungspolitische Neutralität. Eigene unternehmerische und fiskalische Interessen ließen sie nun näher an die Seite der privat- und gemischtwirtschaftlichen Elektrizitätskonzerne heranrücken, so dass diese bei kriegswirtschaftlichen Interventions- und Regulierungsmaßnahmen eindeutig bevorzugt wurden.[22] Doch trotz starker Förderung des Ausbaus der Großkraftwirtschaft reichte der staatliche Machtzuwachs nicht aus, um den Pfadkonflikt bereits in den Kriegs- und Nachkriegsjahren zugunsten des zentralistischen Versorgungsmodells zu entscheiden. Denn die energiepolitische Gestaltungskompetenz des Staates wurde zunächst eher geschwächt, da der durch seine neue Doppelrolle nun in Zielkonflikte zwischen seinen unternehmerischen, fiskalischen und regulatorischen Interessen geriet und weil er selber in den heftigen Anschlusswettbewerb der großen öffentlichen Elektrizitätsgesellschaften und Industriekraftwerke hineingezogen wurde. Vor allem wurde der Dauerkonflikt zwischen Reich und Bundesstaaten in die Energiepolitik hineingetragen, der eine gesamtstaatliche Neuordnung der deutschen Energie- bzw. Elektrizitätswirtschaft lange Zeit unmöglich machte.[23]

Dass es nicht zu einer raschen Verdrängung des dezentralen ressourcenökonomischen Energieverbundes durch den stromwirtschaftlichen Großverbund kam, lag aber auch an der durch den Weltkrieg radikal verschärften Ressourcenknappheit bei Energieträgern und Rohstoffen. Durch sie rückten „energetische Imperative" in der Engineering Community wieder ins Zentrum der Aufmerksamkeit. Angesichts der extremen Kohlenknappheit verstärkten die Wärmewirtschaftler ihre Kritik an der energietechnischen und betriebswirtschaftlichen Fehlentwicklung der Fernkraftversorgung. Sie rechneten den Großversorgern vor, dass die durch Großkraftwerke erzielte Senkung des spezifischen Kohleverbrauchs und der Stromerzeugungskosten durch die Übertragungsverluste von ca. 15 % und die sehr hohen Kosten der Fortleitung mehr als aufge-

---

[22] Stier 1999, S. 518
[23] Kehrberg 1997, S. 63 ff.; Stier 1999, S. 230 ff.

wogen würde, ja dass sie wegen der Zurückdrängung der industriellen KWK und der völligen Außerachtlassung des Wärmebedarfes der Haushalte, der 4-6 mal so viel Kohlen verbrauche, gegenüber einem dezentralen integrierten Energiesystem eine weitaus schlechtere Energiebilanz aufweise.[24] Deshalb forderten sie, alle Anlagen grundsätzlich im kombinierten Kraft-Heizbetrieb zu betreiben, mit dem ein Gesamtwirkungsgrad von 80 % und mehr erzielt werde, während die großen Kondensations-Kraftwerke bestenfalls 15-20 % erreichten.[25] Kommunalen Kraftwerksbetreibern gelang es damals tatsächlich, mit neuen, wieder in Stadtnähe gerückten mittelgroßen Anlagen den von hohen Fixkosten belasteten Fernstrompreis zu unterbieten und teilweise sogar die Elektrizitätsversorgung mit einer Abdampflieferung für Gewerbebetriebe oder einer Stadtteil- bzw. Städteheizung zu verbinden.[26]

Den Höhepunkt ihres Einflusses auf den Energiediskurs erreichten die Anhänger einer vorrangig auf Bedarfsorientierung und Ressourcenschonung setzenden Energieversorgung 1919/20 in den Debatten um eine gesamtstaatliche Neuordnung des Energiesektors durch ein „Reichs-Energiegesetz" und ein „Reichs-Elektrizitätsgesetz". Diese zielten auf eine gemeinwirtschaftliche Organisation der Kohle-, Gas- und Elektrizitätswirtschaft, um so die endlichen Energievorräte bestmöglich zu verwerten, statt sie durch Konkurrenz und Verbrauchsanreize sinnlos zu vergeuden.[27] Doch diese erste und bislang letzte Chance einer umfassenden integrierten Regelung des deutschen Energiesystems scheiterte an der Ablehnungsfront der Elektrizitäts-Großversorger in Reich, Einzelstaaten und Privatwirtschaft. Infolge staatskapitalistischer Eigeninteressen und institutioneller Differenzen ohne tatsächliche Gestaltungskompetenz ausgestattet, kippten Reichsfiskus und Länderbehörden ein Energie-Mantelgesetz und begnügten sich mit einem Elektrizitätsgesetz, das ohne jemals verabschiedete Ausführungsbestimmungen nur auf dem Papier stand. Die staatlichen Instanzen überließen die Steuerung der Energiepolitik so

---

[24] E. Voigt auf der VdEW-Hauptversammlung 1916, in Mitt. d. VdEW Nr. 184, S. 9-13; Gilson 1994, S. 128 ff.

[25] A. Margolis in Mitt. d. VdEW Nr. 330, 1923, S. 38 f.

[26] Siehe den Artikel „Großkraftwerk Klingenberg" in Elektrizitätswirtschaft, 26 (1927), Nr. 436, S. 282; Gilson 1994, S. 196 f.

[27] Wissell 1919, S. 35 ff.; Kehrberg 1997, S. 79 f.; Stier 1999, S. 383 ff.

einem gnadenlosen Verdrängungswettbewerb der Energieanbieter und Elektrizitätsversorger.

Nach dem kurzen Aufblühen gerieten Wärmeökonomie und dezentrale integrierte Versorgungskonzepte ab 1924/25 wieder in die Defensive, als der extreme Kohlenmangel der Kriegs- und Nachkriegsjahre, wie üblich auf Energiemärkten, in eine „Energieschwemme" umschlug. Angesichts der Überproduktion von Kohle sowie des neu erschlossenen Angebots von Braunkohle, Erdöl und Wasserkraft wurde den Wärmewirtschaftlern nun betriebswirtschaftlich schädliche „Kalorienjägerei" vorgeworfen, die im Gegensatz zu Produktionssteigerungen und der Rationalisierung von Produktionsprozessen keine Gewinne abwerfe.[28] Noch mehr geriet das dezentrale Pfadkonzept durch den Aufbau der Verbundwirtschaft und der sich daraus ergebenden forcierten Ausdehnung der Versorgungsgebiete der Großversorgung unter Druck. Denn die privaten und staatlichen Elektrizitätsversorgungsunternehmen (EVU) sahen sich wegen des schlechten Auslastungsgrades der Großkraftwerke und vor allem der mangelnden Rentabilität des mit großem Investitionsaufwand errichteten Hochspannungsleitungsnetzes genötigt, kommunale Kraftwerke und industrielle Eigenversorger zum Rückzug aus der Elektrizitätserzeugung zu drängen. Als Druckmittel dienten dabei die durch das Übertragungsnetz erlangte Netzhoheit, die Abhängigkeit der isolierten Anlagen von Reservelieferungen und nicht zuletzt die Nutzung der Regulationsmacht im Eigeninteresse der Staatsunternehmen.

Der Anteil der Kommunen an der öffentlichen Elektrizitätserzeugung sank so zwischen 1913 und 1930/31 von 37 % auf 13 %, während die großen EVUs im gleichen Zeitraum von 17 % auf 37 % und die Staatswerke von wenigen Prozent auf 25 % anstiegen.[29] Durch die Offensive der Verbundunternehmen stieg der industrielle Strombezug aus dem öffentlichen Netz von 30 % auf über 50 % des Industriestrombedarfes, während gleichzeitig der Anteil der Industriekraftwerke an der gesamten deutschen Stromerzeugung zwischen 1925 und 1945 von knapp 70 % auf unter 50 % sank.[30] Da die EVUs vor allem auf die Übernahme der industriellen Grundlast abzielten, war diese Anteilsverschiebung mit einer beachtlichen Reduzierung der Kraft-Wärme-Kopplung verbunden. Es

---

[28] Laaser 1925, S. 263; Hellige 1984, S. 287; Gilson 1999, S. 137 ff.

[29] Bruche 1977, S. 44; Gröner 1975, S. 68.

[30] Faradi 2004, S. 181 ff.

wurde so deutlich, dass die Rentabilität der Großkraftversorgung längerfristig nur durch eine Zurückdrängung gekoppelter Energieproduktion möglich war. Dadurch kam es aber zu einer Umkehrung der energiewirtschaftlichen Zielsetzungen der Fernversorgung: Hauptzweck war nun nicht mehr wie zu Beginn die Senkung des spezifischen Brennstoffeinsatzes durch größere Maschinen und die Verbilligung des Stroms durch größere Durchmischung und höhere Ausnutzungsdauern, sondern eine bessere Auslastung der mit hohen Fixkosten belasteten kapitalintensiven Erzeugungs- und Verteilungsanlagen.[31] Vor allem das für die Durchsetzung der Verbundwirtschaft errichtete überproportional teure Übertragungsnetz, das weit über die Hälfte der Gesamtinvestitionen der Großversorger verschlang, musste erst nachträglich durch eine Ausweitung der Abnehmerschaft wirtschaftlich gemacht werden, wodurch sich wiederum das Rentabilitätsdilemma erhöhte. Denn durch die Zentralisation und damit verbundene weitere Größensteigerungen des Erzeugungs- und Verteilungssystems wurde die technologisch bedingte hohe Kapitalintensität noch gesteigert und das Gesamtsystem immer unelastischer.[32]

Der daraus entstehende Zwang zu einem Anschluss möglichst vieler Verbraucher verschärfte in den 20er Jahren auch den Expansionswettbewerb unter den Großversorgern, es kam zu dem berüchtigten „Elektrokrieg", bei dem die großen Elektrizitätskonzerne in einem wildwüchsigen Konzentrations- und Monopolisierungsprozess die bis dahin noch unversorgten Gebiete „annektierten".[33] Der Anschluss folgte nicht energetischen, ja nicht einmal betriebswirtschaftlichen Kalkülen, sondern war in erster Linie machtpolitisch motiviert. Denn, wie der Nestor der Elektrizitätswirtschaftslehre Ruppert Schneider nachwies, brachten Größensteigerungen über 20 MW keine wesentlichen technischen und ökonomischen Skalierungsgewinne mehr, die Spitzenlast wurde nur um 5 % gesenkt und der Reservefaktor sogar wieder angehoben.[34] Der Annexionswettlauf endete 1927/28 mit dem „Reichselektrofrieden" in einer vollständigen Aufteilung der Versorgungsgebiete unter den größten EVUs, die sich mit der „AG für deutsche Elektrizitätswirtschaft" ein „Super-Gebietskar-

---

[31] Gilson 1994, S. 204 ff.

[32] Gilson 1994 S. 208 f.; Hellige 1986, S. 147.

[33] Stier 1999, S. 426 ff.

[34] Siehe die Zusammenfassung der Kritik von Schneider bei Gilson 1994, S. 209 ff.

tell"[35] schufen, das, obwohl ein privatrechtlicher Zusammenschluss, durch die Beteiligung der staatlichen Konzerne den Charakter eines Systems geschlossener elektrizitätswirtschaftlicher Territorialherrschaften bekam. Damit entschied letztlich die „Vermischung von normensetzender Kompetenz des Staates und eigener Unternehmertätigkeit"[36] über die soziale Architektur des deutschen Energiesystems der folgenden Jahrzehnte. Diese wurde geprägt von der Systemführerschaft eines Oligopols von wenigen Groß-EVUs, die, gestützt auf ihr gebündeltes Übergewicht in der Erzeugung und die Verbundleitungen als Machtfaktor, und rechtlich abgesichert durch Gebietsmonopole, in der Folgezeit die Grundlinien der Elektrizitätspolitik und indirekt auch der Energiepolitik bestimmten. Da auch die Elektrizitätswirtschaftslehre Großkraftwirtschaft und Großraumverbundwirtschaft nun als nicht mehr hinterfragbares wissenschaftliches Paradigma dogmatisierte und dezentral integrierte Versorgungskonzepte weitgehend ausklammerte, kam es Ende der 20er Jahre zu einer technologischen Schließung.[37] Der Pfadkonflikt war damit erst einmal entschieden, und dies nicht als Ergebnis einer öffentlichen energiepolitischen Debatte, sondern durch einen massiven Verdrängungswettbewerb unter Mitwirkung des Staates als Zentralisierungshelfer.

Die von den Großversorgern erreichte faktische Monopolstellung wurde durch die rechtliche Regelung des Energiesektors, die sie infolge der extremen Unterauslastung ihrer kaum amortisierten Anlagen während der Weltwirtschaftskrise selber angemahnt hatte, noch einmal deutlich gestärkt. Die NS-Regierung war selber durch den internen Zielkonflikt der NSDAP zwischen einem lokalen Autarkieansatz mit kleinindustrieller Energieproduktion und einem rüstungs- bzw. wehrwirtschaftlich orientierten Konzept eines Stromautobahnnetzes zur „Verklammerung des Reiches" gelähmt. Sie überließ das Gesetzesvorhaben daher weitgehend dem EVU-nahen Reichswirtschaftsminister Schacht.[38] Obwohl der bei seinem Programm einer durchgreifenden „Flurbereinigung" wegen des Widerstandes des Kommunalflügels der NSDAP einige Ab-

---

[35] Gröner 1975, S. 223; Stier 1999, S. 320 ff.
[36] Stier 1999, S. 324 ff., 518.
[37] Gilson 1994 S. 239 ff.
[38] Hierzu und zum Folgenden ausführlich Hellige 1985, bestätigt und ergänzt durch Stier 1999, S. 443 ff., ähnliche Ergebnisse auch bei Kehrberg, S. 154 ff., 175 ff.

striche hinnehmen musste, kamen die Elektrizitätskonzerne ihrem Ziel eines Dreiklassensystems näher, in dem die Großkraftwerksbetreiber die Grundlastversorgung erhalten, während den regionalen und lokalen Unternehmen nur die weniger lukrative Deckung der Spitzen- und Reservelast und Verteilung bleiben sollte. In der Präambel des 1935 verabschiedeten „Energiewirtschaftsgesetzes" (EnWG) wie im Regelungsinstrumentarium wurde die Verbundwirtschaft als Leitziel verankert und das vorrangig auf ein auf Anlagenvergrößerung, Marktausweitung und Großvernetzung setzendes skalenökonomisches Strategiekonzept nun gesetzlich vorbereitet. Die Tendenz zu einer verbrauchssteigernden Angebotspolitik wurde noch durch das Leitziel der rein strom- bzw. gaswirtschaftlichen Billigkeit und ein Tarifsystem verstärkt, das den Mehrverbrauch preislich begünstigte.

Andere Energiepfade, vor allem Strategien zur Energiemehrfachnutzung in Koppelprozessen waren zwar nicht ausgeschlossen, hatten aber nur geringe Durchsetzungschancen. Die Wärmewirtschaftler, die sich von der Neuordnung der Energiewirtschaft eine „Energiereform" erhofft hatten, die das „Durch- und Gegeneinander der verschiedenen Energiearten" beendete und bei dem größten Verbrauchssektor ansetzte, dem Wärmebedarf in Haushalten und Industrie, fanden mit ihren Plädoyers gegen die unwirtschaftlichen „transkontinentalen Fernkraftpläne" und für dezentrale „Nahkraftwerke" überhaupt kein Gehör.[39] Vielmehr wurde im Interesse einer optimalen Auslastung der kapitalintensiven Großkraftwerke und Verbundleitungen, die die Hauptlast von Aufrüstung und Wehrwirtschaft tragen sollten, über Ausführungsbestimmungen die Umschichtung der industriellen Eigenstromerzeugung zur öffentlichen Elektrizitätsversorgung noch forciert.[40] Das EnWG zementierte die Aufspaltung von industriellem und öffentlichem Energiesektor und verhinderte so die energetische Ausnutzung der riesigen, ohnehin anfallenden Prozesswärmepotenziale für die Allgemeinversorgung. Ebenso schottete es durch die separate Regulierung zweier Teilsektoren des gesamten Energiemarktes die verschiedenen Energieträger energierechtlich von einander ab. Als ein wesentlich auf betriebswirtschaftliche Skaleneffekte, auf Konzentration und Großnetzbildung zielendes rechtliches Förderinstrumentarium für zwei Teilmärkte war es eigentlich gar kein Energiewirt-

---

[39] Siehe dazu Hellige 1986, S. 130 f.
[40] Hierzu besonders Faradi 2004.

schaftsgesetz, denn es betrachtete die deutsche Energiewirtschaft als Ganzes, wie Erich Schulz 1935 konstatierte, nur als „die Summe von einzelnen technisch und betrieblich hoch entwickelten Gas- und Elektrizitätswerken".[41]

Noch während des Zweiten Weltkrieges kam es daher zu Initiativen von Kommunalvertretern und kritischen Energiereformern innerhalb der Ingenieur-Community für eine Revision des EnWG. Der Rüstungsminister Todt wollte gegen die „Energiepolitik mit Aktienpaketen" wieder ingenieurmäßige Optimierungsstrategien zur Geltung bringen. Er favorisierte den Ausbau von Groß- und Kleinwasserkräften, Windenergie sowie vor allem von städtischen Fernheizsystemen und industrieller KWK, die er in einem künftigen, den gesamten Energiesektor regelnden „Reichsenergiegesetz" verbindlich machen wollte.[42] Doch derartige energetisch motivierte Pläne waren angesichts der Kriegslage illusionär und hatten wegen der inzwischen erlangten Dominanz der Großversorger auch keine Chance, sie wurden von Todts Nachfolger Albert Speer auch sofort wieder fallengelassen.

Die langfristigen Planungen der Elektrizitätskonzerne und der Reichsstelle für Elektrizitätswirtschaft gingen ohnehin in die Gegenrichtung, den Aufbau einer kontinentalen „Großraum-Verbundwirtschaft". In der ersten Stufe sollten alle Stein- und Braunkohlenreviere und Großwasserkräfte des Reiches über 220 kV „Reichssammelschienen" verbunden und in der zweiten Stufe über 400 kV Höchstspannungsgleichstromübertragungen (HGÜ) die Wasserkräfte Norwegens, Frankreichs und Spaniens sowie die Kohlereviere Polens, des Balkans und der Ukraine der Versorgung des Reiches dienstbar gemacht werden. Die Planungen für ein kontinentales Stromautobahnnetz knüpften zwar an den Generalplan Olivens für ein ganz Europa umfassendes Höchstspannungsnetz von 1930 an, gaben ihm aber eine offen energieimperialistische Stoßrichtung.[43]

Nach dem Vorbild der Elektrizitätswirtschaft entwickelten auch die Ferngasversorger Pläne für die Errichtung einer nationalen „Gasverbundwirtschaft", als deren innerer Kern ein alle Kohlenreviere und Schwer-

---

[41] Schulz 1936, S. 4.
[42] Siehe dazu Hellige 1986, S. 143 ff. und Wirtschaftsgruppe Energieversorgung: Plan über den Technischen Ausbau der deutschen Elektrizitätsversorgung, 1. Bd. Ausbauplan 1941, Bundesarchiv R 43/II, Nr. 344.
[43] Fischer 1941; Menge 1941; Heeseman 1941/1959; Stier 1999, S. 440 f., 482 ff.

industrie- und Rüstungszentren des Reiches verbindender Stammring aus Hochdruckleitungen mit Speicherfunktion gedacht war. Durch Stichleitungen ins ganze Reichsgebiet sollte das „Deutsche Gasringnetz" schließlich den gesamten „deutschen Großgasraum" zusammenfassen.[44] Mit diesen wahnwitzigen Planspielen für eine nationale und kontinentale Neuordnung der „Elektro-Geographie" und des „Großgasraumes" wurde das expansive Konzept der Großraumverbundwirtschaft am Ende Bestandteil hegemonialer Herrschaftsinteressen des NS-Staates. Letztere verschwanden zwar mit dem Ende des NS-Regimes, nicht dagegen die Konzepte für eine großtechnische Großraumbewirtschaftung aller energetischen Potenziale des Kontinents.

V. Die Forcierung des großwirtschaftlichen Pfadkonzepts in der BRD

Wie nach dem Ersten Weltkrieg wurde auch nach dem Zweiten eine Neuordnung der westdeutschen Energiewirtschaft durch das inzwischen gefestigte großwirtschaftliche Energieregime verhindert und die Ordnungspolitik den „alten Cliquen-Interessen" der großen staatlichen und gemischt-wirtschaftlichen Elektrizitätskonzerne und der energieintensiven Industrie angepasst. Durch den Unternehmensstatus wirksamer politischer Kontrolle enthoben und als staatliche bzw. öffentlich-rechtliche Unternehmen von effektiver staatlicher Regulierung ausgenommen, genossen sie eine privilegierte Sonderstellung.[45] Aufgrund der von ihnen 1957 erwirkten Befreiung von kartellrechtlicher Aufsicht konnten sie ihre exklusiven Konzessionsverträge, Gebietskartelle und Demarkationsabsprachen unvermindert beibehalten. Wie es bei der Ordnungspolitik zu einer „Wiederkehr des Gleichen" kam, so gelang es den Elektrizitätskonzernen auch jetzt wieder, energiepolitische Alternativen abzublocken.[46] Angesichts der großen Kohle- und Energieknappheit bis Mitte der 50er Jahre verzeichneten KWK und Fernheizsysteme zwar einen raschen Wiederaufstieg. Fritz Marguerre erneuerte 1951 seine Forderung, statt verbrauchsferner Großkraftwerke künftig nur noch energiesparende de-

---

[44] Reichsgruppe Energiewirtschaft, Ausschuss für Gasverbundwirtschaft, Bericht vom 25.3.1938, Landesarchiv Berlin, Bestand Deutscher Gemeindetag, 4.2.1, Nr. 2.
[45] Hennicke/Johnson 1985, S. 15 ff.; Stier 1999, S. 492 ff.; Künsberg 2012, S. 205 f.
[46] Stier 1999, S. 494; Becker 2010, S. 44 ff.; Künsberg 2012, S. 63 ff.

zentrale Heizkraftwerke zu errichten und auch die industrielle Eigenerzeugung in die öffentliche Versorgung einzubeziehen.[47] Doch erneut schlug die temporäre „Energielücke" ab 1955 um in ein Überangebot an Kohle, Gas und verstärkt Erdöl, zu denen in den 60er Jahren noch Erdgas und Kernenergie hinzukamen. Angesichts des „Energieüberflusses" wurde die kurze Renaissance des dezentral integrierten Energiepfades durch die Großversorger und die ihnen folgende Energiepolitik gezielt ausgebremst. Dies geschah über die ab 1965 subventionierte Kohleverstromung, die nun forcierte Umschichtung der industriellen Eigenerzeugung auf die öffentlichen EVUs und die Behinderung örtlicher Heizkraftwerke durch eine Mindestgrößenbegrenzung bei Kraftwerksblöcken.

Der in den 20er Jahren begonnene, aber in der 30igern durch die Einführung der Hochdrucktechnik in Industriekraftwerken aufgehaltene Rückgang der Eigenstromerzeugung hatte sich im Zweiten Weltkrieg wieder verstärkt. Der eigentliche Niedergang erfolgte aber erst in den 60er/70er Jahren infolge einer gezielten Zurückdrängung durch die EVUs mit Unterstützung der Energieaufsicht. Sowohl durch intern zu Lasten der Tarifkunden subventionierte Sondervertragspreise für industrielle Abnehmer, aber auch durch ein breites Spektrum von Behinderungspraktiken, zu denen die Verweigerung von Reserveleistung bzw. überhöhte Reservestromkosten sowie die Ablehnung der Durchleitung und der Überstromabnahme gehörten, wurden viele kleine und mittlere Industriekraftwerke aus dem Markt gedrängt.[48] Dadurch halbierte sich zwischen 1950 und 1990 der Anteil der Eigenanlagen an der industriellen Bedarfsdeckung auf nur noch 25 %, ihr Anteil an der Gesamtstromerzeugung sank zwischen 1960 und 1976 von knapp 40 % auf 18 %, wobei nur noch ein Drittel mit KWK erzeugt wurde.[49] Angesichts der Ölpreiskrise in den 70er Jahren verwiesen die Industriekraftwerksbetreiber auf die mögliche Verdopplung oder Verdreifachung ihrer KWK-Strom-Leistung (11-16 GW), doch sie unterlagen trotz Unterstützung durch Kartellamt und Monopolkommission bei den Verhandlungen mit den öffentlichen Versorgern im Jahre 1979.[50] Der immer weitergehende Rückzug der Industrie

---

[47] Marguerre 1951, S. 346, 348 ff.; Zängl 1989, S. 230 ff.
[48] Hennicke/Johnson 1985, S. 23; Faradi 2004, S. 179 ff., 192 ff.
[49] Hörner 1979, S. 63 ff.; Tätigkeitsbericht der Vereinigung Industrielle Kraftwirtschaft 1983/84, S. 32 f. und vor allem Faradi 2004, S. 177 f., 192 f.
[50] Hörner 1979, S. 74; Specht 1983, S. 653 f.; siehe auch Künsberg 2012, S. 79 ff.

aus der Elektrizitätserzeugung veränderte die Akteurskonstellation grundlegend, denn als Kostgänger der öffentlichen Versorgung lag ihr Hauptinteresse nun hauptsächlich in einer tariflichen Bevorzugung der Großabnehmer und in möglichst billigen Strompreisen. Vor allem die energieintensive Großindustrie schloss eine Allianz mit den großen EVU, die durch diese Interessenbündelung ihre Machtstellung in der Energiepolitik bedeutend ausbaute. Auch in der öffentlichen Versorgung sank der Kuppelstromanteil seit den 60er Jahren beträchtlich. Zwar bauten die kommunalen EVUs in den ersten beiden Nachkriegsjahrzehnten die Heizkraftleistung kontinuierlich aus, konnten jedoch bei weitem nicht mit dem Leistungsanstieg der reinen Stromproduktion mithalten. Seit den 60er Jahren stagnierte der Anteil der öffentlichen Fernwärmeversorgung am Wärmemarkt bei 5-6 % und stieg nach den beiden Ölkrisen zeitweise auf über 8 %. Anfang der 80er Jahre wurde kurze Zeit selbst von der Bundesregierung die Nutzung der Abwärme der Kraftwerke, die rechnerisch fast dem gesamten Niedertemperaturbedarf der Bundesrepublik entsprach, als das sinnvollste Energiespar- und Arbeitsbeschaffungsprogramm gepriesen.[51] Dass dies möglich war, bewies das „Flensburger Energiekonzept", das nach skandinavischen Vorbildern eine ganze Stadt völlig auf kostengünstige, den CO_2-Ausstoß massiv senkende Fernwärme umstellte. Eine Kooperation mit einem dänischen EVU ermöglichte dabei eine saisonal optimale Austarierung von Strom- und Wärmeproduktion.[52] Doch dazu waren die deutschen EVUs nicht bereit, da sie die mit den Kernkraftwerken neu geschaffenen großen Lasttäler mit der Nachtspeicherheizung füllen wollten. Mit den gleichzeitig mit der Elektrowärme auf dem Wärmemarkt vordrängenden Erdgas-Firmen erreichten die beiden ‚Edelenergien' zusammen so in nur zwei Jahrzehnten einen Anteil von über 30 %. Damit wurde neben der dezentralen industriellen Eigenversorgung ein weiterer Bereich ressourcensparender, CO_2 reduzierender gekoppelter Energieerzeugung zugunsten einer besseren betriebswirtschaftlichen Auslastung der an großen Überkapazitäten leidenden Großkraftwerke aufgegeben. So landet, wie es selbst das Energieflussbild für 2010 belegt, trotz all der Verbesserungen des Kraftwerksprozesses noch immer nur ein kleiner

---

[51] Siehe die Quellen in Hellige 1986, S. 146 f., 155 und den Spiegel-Artikel „Fernwärme für die halbe Republik" vom 3.4.1981.

[52] Prinz 1982, S. 155 ff.

Teil der von fossilen und nuklearen Kraftwerken eingesetzten Primärenergie als Nutzenergie beim Kunden, fast ¾ gehen für Umwandlungs- und Leitungsverluste und den Eigenbedarf der Kraftwerke verloren.

Wurde das dezentrale Pfadkonzept von der staatlichen Energiepolitik und Regulierung kaum gefördert und vielfach behindert, erfuhr die Größensteigerungs- und Zentralisierungsstrategie der Großversorger sowohl durch eine konzentrationsfreundliche Genehmigungspraxis als auch durch die massive Förderung der Atomenergie intensive Unterstützung. Da die Kosten der AKWs anfangs etwa zehnmal so hoch wie die der Kohlekraftwerke waren und nur durch den Übergang zu größeren Blockeinheiten gesenkt werden konnten, kam es in zwischen 1968 und 1974 zu einem schnellen Upscaling von 300-MW- zu 1000- und 1300-MW-Blöcken, dem auch die Kohlekraftwerke bis auf 700 MW und 1000 MW folgten.[53] In den Planungen wurden 1970 für AKWs bereits 2000- und 3000-MW-Blöcke angepeilt, in den USA und der Sowjetunion erwartete man seinerzeit sogar 5000- bis 10000-MW-Einheiten in den 90er Jahren. Die Grundlage für diese Größensteigerung bildeten Modellrechnungen, die die sprunghaften Schübe in Trendkurven glätteten und mit der seit den 50er/60er Jahren zum „ehernen Gesetz" erhobenen Verdopplungsrate des Stromverbrauches im Zehnjahreszeitraum verknüpften.[54] Doch zunehmende Inflexibilität in der Fahrweise, die entstehende Hyperkomplexität der Regelung und vor allem die überproportional steigenden Investitionskosten bewirkten, dass sich der reale Prozess nicht an die Modellkonstruktion hielt und die Blockgrößen in der Regel bei 1000 MW stagnierten und 1300-1450 MW nicht mehr überschritten.[55]

Insgesamt war die auf Größensteigerungen basierende skalenökonomische Strategie, die zeitweise zu *relativen* Einsparungen im Brennstoffverbrauch und bei den Baukosten der Erzeugungsanlagen geführt hat, an ihre Grenzen gekommen. Die ungenutzten verfügbaren Reserven sanken nicht, wie erwartet, auf 10-15 %, sondern stiegen gerade aufgrund der Größensteigerungen seit den 70er Jahren wieder an und lagen mit über 30-40 % in den 80er Jahren über den Werten der 30er. Der spezifische Wärmeverbrauch verbesserte sich nicht proportional zum Größenanstieg der Kraftwerksaggregate, sondern stagnierte seit Mitte der 70er Jahre.

---

[53] Siehe hierzu vor allem Radkau 1989a, S. 382 f.; Radkau 1989b, S. 349 ff.
[54] Steiner 1953, S. 284; weitere Belege bei Hellige 1985, S. 113 f.
[55] Radkau 1989b, S. 350; Hellige 1985, S. 112 ff.

Auch die Anlagekosten sanken nicht durch den Bau immer größerer Blöcke; im Gegenteil, die aufgrund langer Planungs- und Bauzeiten überproportional steigenden Kosten im Großanlagenbau machten frühere Einsparungen wieder zunichte.[56] Diese eindeutigen Anzeichen für „diseconomies of scale" führten jedoch nicht zu einem Strategiewechsel zu kleineren Anlagen. Denn die großen Atom- und Kohleblöcke, die von kleineren Herstellern nicht gebaut und von kleineren EVUs nicht betrieben werden konnten, sicherten der in der „Kraftwerksunion" 1968 zusammengelegten Kraftwerkssparte von Siemens und AEG und den Groß-EVU weiterhin die Monopolstellung.[57] Denn Größensteigerung der Kraftwerksaggregate, monopolistische Konzentration der Herstellerindustrie und Zentralisierung der Elektrizitätsversorgung standen noch immer wie schon in den Anfängen der Großkraftwirtschaft in einem engen strategischen Zusammenhang. Zur Absicherung der Rentabilität der unter Leistungsüberhang und extrem hohen Fixkosten leidenden Großblöcke erwirkten Hersteller und Betreiber über das Bundeswirtschaftsministerium 1964 den „300-Megawatt-Erlass", der den Bau kleinerer Kraftwerke untersagte. Die Regelgröße sollte 1973 sogar noch auf 600 MW für konventionelle und auf 1200 MW für Kernkraftwerke angehoben werden, doch dies ließ sich nicht mehr durchsetzen.[58]

Dennoch war es den Großversorgern gelungen, Energieregulierung, Energieprognosen und Energiepolitik weitestgehend auf das großwirtschaftliche zentralistische Pfadkonzept auszurichten.[59] Die Betreiber verbrauchsferner Großkraftwerke und der übergeordneten Übertragungsnetze verfügen seitdem unangefochten über die Systemführung, während kommunale und regionale Versorger, meist zu bloßen Verteilern degradiert, nur eine Randstellung einnehmen. Die im Zuge der von der EU erzwungenen marktliberalen Deregulierung erfolgte Neufassung des Energiewirtschaftsgesetzes von 1998 hob zwar die Gebietskartelle und Demarkationsabsprachen auf, sodass die rechtlich fixierten elektrizitätswirtschaftlichen Territorialherrschaften der Groß-EVU formal aufgelöst wurden. Doch beeinträchtigten der Wettbewerb und die Entkopplung von Er-

---

[56] Siehe dazu Hellige 1985, S. 123 ff. und 1986, S. 142 ff.; Hennicke/Johnson 1985, S. 44, 146 ff.

[57] Bruche 1977, S. 95; Radkau 1989a, S. 302 ff.

[58] Zängl 1989, S. 267 ff.; Hennicke/Johnson 1985, S. 99 f.

[59] Siehe Traube/Ullrich 1982, Teil I.

zeugung, Netzbetrieb und Absatz kaum ihre Führungsrolle im Energiesystem und ihre auf Marktbeherrschung und Leitungshoheit im Übertragungsnetz beruhende Monopolstellung. Diese wurde 1997-2002 sogar noch durch die größte Fusionswelle der deutschen Elektrizitätsgeschichte und eine massive Lobbyarbeit extrem gesteigert.[60] Die Marktliberalisierung verstärkte zudem die Ausrichtung auf ausschließlich betriebswirtschaftliche Renditeziele mit drastisch erhöhten Verzinsungsansprüchen und machte über die Strombörsen die Energien zusätzlich zur Spekulationsware. Sie führte zudem zur Absenkung der EVU-Investitionen in Anlagen und Übertragungsnetze auf den Stand der 60er Jahre.

Da neue Größensteigerungen keinen Sinn mehr machten und sich vor allem eine Erneuerung des AKW-Kraftwerksparks wegen der stark gestiegenen Investitionskosten betriebswirtschaftlich nicht rentierte, verharrten die Großversorger technologisch und strukturell in Stagnation und begnügten sich damit, die Machtbasis durch eine maximale Laufzeitenverlängerung zu erhalten, die ihren seit langem amortisierten Atom- und Kohleblöcken entscheidende Konkurrenzvorteile gegenüber den erst im Neuaufbau befindlichen erneuerbaren Energien sicherte. Nach dem Atomausstieg von 2002 erwarben sie zwar in größerem Umfang Konzessionen für Offshore-Windparks, betrieben die Vorhaben aber derart dilatorisch, planlos und unkoordiniert, dass sie von deren technischen, finanziellen und organisatorischen Problemen nach dem Atomausstieg von 2011 völlig überrascht wurden. Ihre große ferne Hoffnung war und ist seit den 1950er Jahren die Kernfusion, da sich deren extreme Energiedichte und Konzentration auf wenige Größtaggregate am meisten mit ihrem zentralistischen Monopolstreben deckt.

Mit diesem hartnäckigen Strukturkonservatismus unterschied sich das deutsche Energiesystem diametral von einem anderen großen Infrastruktursystem, dem weltweiten Computernetz, wo es seit den späten 60er Jahren zu einem radikalen Wandel der sozialen Architektur und einem äußerst erfolgreichen Downscaling- und Dezentralisierungsprozess kam. Auch hier herrschte seit den 50igern eine von dem Monopolisten IBM getragene Größensteigerungsstrategie vor, die ebenfalls mit einem Wachstumsgesetz, dem Grosch's Law, begründet wurde. Doch die von Großrechenzentren dominierte zentralistische Netzarchitektur wurde

---

[60] Becker 2010, S. 100 ff. Der Anteil der EVU-Großkraftwerke an der Gesamtleistung schwankte um 80 %.

durch das historisch außergewöhnliche Zusammenkommen von militärstrategischen Interessen an einer Dezentralisierung ausfallgefährdeter Zentralknoten und gegen die Großrechnerwelt aufbegehrenden Countercultures abgelöst von einer nun mit dem Moore's Law gesteuerten Miniaturisierungs- und Dezentralisierungsstrategie. So wurden im Computing und der Computerkommunikation statt der Großrechenzentren Minicomputer, PCs und Lokale Netzwerke bestimmend.

Die soziale Systemarchitektur wandelte sich mit der Verfügung der Nutzer über eigene Computerressourcen von hierarchisch-zentralistischen *Versorgungsnetzen* mit Verteilfunktion und Systemführerschaft der Großversorger zu dezentral-selbstorganisierten *Austauschnetzen* relativ gleichberechtigter Teilnehmer bzw. Server im Internet.[61] Da die Massenausbreitung des ursprünglichen Militärforschungsnetzes Internet nicht über kommerzielle Skalenökonomien oder öffentlich-rechtliche Monopole erfolgte, sondern über den Wissenschaftssektor, konnten sich hier die eigendynamischen Kräfte von User Communities voll entfalten. Erst im letzten Jahrzehnt ist mit dem „Cloud Computing" ein Architekturkonzept erschienen, das eine radikale *Re*zentralisierung der Computerkommunikation in wenigen global operierenden Großserverfarmen führender IT-Konzerne anstrebt. Bei der Strategie, die gesamte Informationsverarbeitung und -speicherung wieder aus den dezentralen Endgeräten in weit entfernte, mit einander vernetzte Großrechenzentren zurückzuverlagern, beruft man sich ausdrücklich auf das historische Vorbild des Zentralisierungsprozesses der Elektrizitätsversorgung. Doch ist es dort seit 2000 gerade zu einer gegenläufigen Entwicklung gekommen, zu einer Oppositionsbewegung gegen die zentralistischen Strukturen der etablierten Energiemonopole, wobei man sich hier vor allem auf das erfolgreiche Organisationsmodell des Internet beruft.[62]

VI. Die Erneuerung des Pfadkonflikts und der Transformationsblockade

Ausgelöst durch die Ölpreiskrisen der 70er Jahre, die Anti-AKW- und Ökologiebewegung kam es seit 1980 zu einer ersten „Energiewende"-

---

[61] Zum technischen und sozialen Architekturwechsel siehe Hellige 2008 und 2009, S. 136 ff.

[62] Siehe den Überblick in Hellige 2012.

Debatte, die auf den Ausbau klein dimensionierter dezentraler erneuerbarer Energien und lokaler Kraft-Wärme-Kopplung setzte und damit das Steuer wieder von der zentralistischen Größen- zur dezentralen Mengen-Skalierungsstrategie umwerfen wollte. Institutionell zielte die neue „Energiepolitik von unten" vor allem auf eine Rekommunalisierung der Energieversorgung auf der Grundlage von städtischen Heizkraftwerken bzw. Blockheizkraftwerken in dünn besiedelten Gebieten.[63] Die bisherige auf Absatzmengensteigerung angelegte Angebotspolitik sollte über bedarfsorientierte kommunale Energiedienstleistungen auf Energieeinsparung umgestellt werden. Doch es folgten nicht viele Kommunen den Modellprojekten von Flensburg, Heidenheim und Schönau, denn die Energieverteilerrolle war durch den Erdgasboom noch lukrativer und vor allem risikofreier geworden.

Die Windenergie und noch mehr die Solarthermie, Photovoltaik und Biomasse, die von dem atomlastigen staatlichen Förderregime gezielt vernachlässigt worden waren, spielten in den 70/80igern nur eine marginale Rolle.[64] Die noch recht disparaten Erneuerbaren-Energie-Initiativen wurden erst durch das vom Umweltminister Klaus Töpfer initiierte Stromeinspeisungsgesetz von 1991 gebündelt, das die rot-grüne Regierung 2000 mit dem „Erneuerbaren-Energien-Gesetz" und 2002 mit dem „Kraft-Wärme-Kopplungsgesetz" noch einmal deutlich ausweitete.[65] Hierdurch entstand quer zur etablierten Versorgungsstruktur mit über einer Million privater Einzelakteure und einer Vielzahl von Energiegenossenschaften ein bürgergesellschaftlicher Energiesektor, der sich sehr bald für die großwirtschaftlichen EVUs in mehrfacher Hinsicht zu einem Störpotenzial entwickelte.[66] Denn er senkt die Benutzungsdauer der Grundlastkraftwerke, so dass diese zunehmend weniger wirtschaftlich werden, und erweist sich wegen der schlechteren Vorhersehbarkeit des Energieangebotes und des gleichzeitigen Schwankens von Energieerzeu-

---

[63] Siehe hierzu vor allem die Energiewenden-Leitstudien von Krause/Bossel 1980 und Hennicke/Johnson 1985 und allgemein Mautz/Byzio/Rosenbaum 2008.

[64] Zur Windenergie siehe vor allem Heymann 1995, S. 362 ff.

[65] Vgl. zum Förderrecht der erneuerbaren Energien auch den Beitrag von Schlacke/ Kröger sowie zur zeitlichen Entwicklung und räumlichen Verteilung staatlicher Fördermittel den Beitrag von Fornahl/Umlauf in diesem Band.

[66] Vgl. zu „Bürgerenergie"-Konzepten und -Praktiken auch den Beitrag von Radtke sowie zu geldpolitischen Gestaltungsmöglichkeiten den Beitrag von Schuster in diesem Band.

gung und -verbrauch zunehmend als ein Störfaktor für die zentrale Netzregulierung. Vor allem aber stellt die Rückkehr zu dezentralen Selbstversorgungsstrukturen die bisherige top-down geregelte Arbeitsteilung der Netzinstanzen und mit ihr die Systemführung der Großversorger infrage, da sich die genossenschaftlichen Solar- und Windparks vor allem in den vielen 100%-Erneuerbaren Energieinitiativen zunehmend von dem überregionalen Elektrizitätsnetz unabhängig machen wollen. Dies birgt vor allem für die großen EVUs die Gefahr, dass sie sich langfristig von Gigawattstundenverkäufern zu reinen Residuallastanbietern mit deutlich sinkenden Renditen entwickeln.

Die sich als Gegenmodell zu den „elektrischen Weitverkehrsnetzen" verstehenden „lokalen Energienetze" sind vom Ansatz her als dezentrale selbstorganisierte Austauschnetze gleichberechtigter Energieproduzenten- und -konsumenten angelegt. Ihr Hauptziel besteht in einer möglichst weitgehenden lokalen Selbstversorgung mit erneuerbaren Energien, das sie vor allem über eine Kopplung verschiedener regenerativer Energien, eine vermehrte Integration von Kraft-, Wärme- und Kälteversorgung und nicht zuletzt durch Anreize für Energieeinsparungen anstreben. Um die Lastschwankungen von Wind- und Solarenergie durch einen optimierten „regenerativen Energiemix" auszugleichen, der erst einmal die *internen* Regel- und Speicherpotenziale ausschöpft, kooperieren sie untereinander über „virtuelle Kraftwerke/Speicher" und schließen sich teilweise zu einem regionalen Verbund mit einem kommunalen EVU zusammen.

Zusätzliche Impulse zur Dezentralisierung der etablierten Governance-Strukturen gehen in der letzten Zeit von den Kommunen selber aus, die vielfach nach Auslaufen von Konzessionsverträgen wieder aktiv ins Versorgungsgeschäft einsteigen. In der derzeitigen ökologisch motivierten Rekommunalisierungswelle übernehmen kommunale und regionale EVUs z.T. bereits eine Steuerungs- und Vermittlungsrolle zwischen den privaten und genossenschaftlichen Prosumer-Gruppen.[67] Die lokalen Energienetzwerke und Stadtwerkeverbunde werden dabei immer stärker auch von der Kommunal- und Regionalpolitik unterstützt, da sich diese von der Umlenkung der Energieflüsse von fernen Großversorgern auf die regionale Selbstversorgung mit erneuerbaren Energien zugleich eine Umlenkung der Kapitalflüsse zugunsten einer regionalen Wertschöpfung versprechen. Die „Neue Energiewirtschaft aus eigener Kraft" erweitert

---

[67] Siehe u.a. Holtmeier 2011; Matthes 2011 und Adam/Einhellig/Herzig 2012.

sich damit zu einer strukturpolitischen Förderung der „Nahwirtschaft" und zu einer zivilgesellschaftlichen Wiederbelebung vernachlässigter Regionen, wodurch die ökologisch und klimapolitisch ausgerichteten Bewegungen für eine Energie-Autonomie bzw. -Autarkie erst den notwendigen gesellschaftspolitischen Rückhalt bekommen.

In dieser zivilgesellschaftlichen dezentralen Energiekultur entstand nach 2000 auch das Leitbild einer Internet-artigen Gesamtstruktur der vielen privaten und genossenschaftlichen „lokalen Energienetzwerke". Wie das Internet der Informationen die hierarchisch-zentralistischen Computernetzwerk-Architekturen durch ein dezentral gesteuertes, weitgehend von den Nutzern selbst organisiertes Servernetz ablöste, so soll das „Internet der Energien" dem bisherigen zentral gesteuerten, überwiegend von Großaggregaten belieferten Versorgungsnetz das Modell eines dezentral gesteuerten Austauschnetzes gleichberechtigter Energieproduzenten und -konsumenten entgegenstellen.[68] Das zunächst weitgehend auf der Ebene *sozialer* Energiesystem-Architekturen diskutierte Internet-Leitbild fand in den letzten fünf Jahren über die Energieinformatik auch verstärkt Eingang in energietechnische Diskurse über Microgrid-, Local Grid- und Powerweb-Architekturen. Obwohl durchaus die technisch-physikalischen Grenzen der Internet-Metapher bei Energieversorgungsnetzen gesehen werden, bemühen sich diese Ansätze durch die Anlehnung an dezentrale Steuerungsmethoden, Funktionsschichtung, Netzneutralität, Peer-to-Peer-Prinzipien, autonome LAN-Strukturen und Energie-Gateways die erhöhten Komplexitätsprobleme eines zunehmend heterogenen, vorwiegend auf erneuerbaren Energien beruhenden hybriden Energiesystems zu lösen, um so die Resilienz des Gesamtsystems zu erhöhen.[69]

Doch parallel zu den lokalorientierten Energienetz-Initiativen kam es schon früh noch im alternativen Spektrum zu Überlegungen, alle erneuerbaren Energiequellen in einem gesamteuropäischen Supernetz auf HGÜ-

---

[68] Die Idee der Demokratisierung der Energiestruktur durch die Errichtung eines „Worldwide Energy Web" als Zusammenschluss von lokalen Energienetzwerken wurde 2002 durch Jeremy Rifkin als Programm einer auf erneuerbaren Energien beruhenden Dritten Industriellen Revolution popularisiert.

[69] Siehe hierzu besonders das Berkeley-Konzept von Katz und Culler: He/Reutzel/Jiang/Katz u.a. 2008; Katz/Culler u.a. 2011; Keshav/Rosenberg 2011; vgl. auch das Konzept von 100 dezentralen selbstbilanzierenden Smart Grids zur Entlastung des Übertragungsnetzes vom Bilanzkreis EEG bei Fenn/Metz 2012.

Basis zusammenzuschließen.[70] Das zivilgesellschaftlich orientierte Leitbild des „Internets der Energien" als Infrastruktur einer „Energiepolitik von unten" wurde dann ab 2007 von großwirtschaftlichen Akteuren aufgegriffen und im Sinne der traditionellen „Energiepolitik von oben" reinterpretiert. Aus ihrer Global-Player-Perspektive fokussieren sie die Energiewende vor allem auf großdimensionierte Wind- und Solaranlagen-Konglomerate wie den Bau des europäischen Nord- und Ostsee-Offshore-Netzes und dem noch gigantischeren Desertec-Projekt in Nordafrika und dem Nahen Osten. Überhaupt soll die Wind- und- Solarenergie-Produktion durch eine starke geografische Spreizung und die weiträumige Organisation des Energieausgleichs erst auf ein großwirtschaftliches Niveau angehoben werden. Alle regenerativen Energiegroßpotenziale, vor allem aber auch die außerdeutschen fossilen und atomaren Großkraftwerke sollen dann über Höchstspannungs-Dreh- oder Gleichstromleitungen zu einem kontinentalen „Supergrid" als Dreh- und Angelpunkt eines integrierten europäischen Energiebinnenmarktes verkoppelt werden.[71] Der gesamteuropäische Stromhandel und großskalige energietechnische Monokulturen erhalten hierbei eindeutigen Vorrang vor dem regionalen Erneuerbaren-Energiemix.[72] Träger dieser europäischen Großraumverbundwirtschaft soll, wie es das Oettinger-Konzept der EU vorsieht, eine aus Großkonzernen geformte neue „Superbranche" sein, die mit Global Playern wie Gazprom und EXXON mithalten kann.

Auch der deutsche Netzausbau, insbesondere der Netzentwicklungsplan 2012 der Bundesnetzagentur, dient zu einem großen Teil dem Wandel des Übertragungsnetzes zur Großhandelsplattform für erneuerbaren und konventionellen Strom im europäischen Binnenmarkt. Die Mehrzahl der geplanten Leitungen ist dabei stark überdimensioniert, da im Widerspruch zum Erneuerbare-Energien-Gesetz ein Parallelbetrieb der großen Kohlekraftwerke unterstellt wird, selbst wenn die Windenergie für die

---

[70] Hier sind vor allem die 100%-Erneuerbaren-Großraumszenarien von Gregor Czisch und Detlev Matthiesen von 2005 bzw. 2007 zu nennen, siehe allgemein Mautz/Byzio/Rosenbaum 2008, S. 148 ff.

[71] Siehe hier die BDI-Denkschrift von 2010 und Bundesministerium der Wirtschaft, Energiewende in Deutschland, Februar 2012.

[72] Nach der Analyse von Jarass/Obermair 2012, S. 202 dient der Leitungsneubau in Europa bislang nur zu 27 % den Erneuerbaren, zu 35 % dem Stromhandel und zu 38 % den konventionellen Kraftwerken und anderen Zielen.

Versorgung ausreichen sollte.[73] Die Realisierung eines solchen kontinentalen Stromautobahnnetzes würde aber nicht nur die Klassengesellschaft von Erzeugern und Verteilern und von Grundlast- und Spitzen- bzw. Reservelastanbietern in der Energieversorgung beibehalten und die Dominanz der Großversorger und der Übertragungsnetzebene im Energiesystem sichern, sie würde aufgrund der extrem hohen Kapitalintensität und Fixkostenbelastung auch die verbrauchssteigernde Angebotspolitik einer allelektrischen Versorgung wieder voll beleben.

Die soziale Architektur dieses großwirtschaftlichen „Internets der Energien" entspräche dem „Cloud Computing" im informationellen Internet, das die großen Contentanbieter ebenfalls aus einem freien Austauschnetz wieder zu einem zentral von wenigen Großserverfarmen aus geführten Informationsversorgungsnetz umfunktionieren wollen. Die Energiegroßversorger gedenken damit gleichsam die bisherige dezentrale Entwicklung des Internets zu überspringen, um so über das Supernetz von Stromautobahnen ihre Systemführerschaft weiterhin zu sichern. Und wie Google und Facebook möchten sie im „Energienetz 2.0" durch eine intelligente Verbrauchsüberwachung und -steuerung per „Smart Grids" ihre Kontrolle möglichst direkt oder über zuarbeitende Serviceunternehmen bis zum Endkunden ausbauen.[74] Durch die Konvergenz von Energie- und Informationstechnik in einer integrierten hierarchischen „Energiedateninfrastruktur" könnten sich so auch die Überwachungspotenziale wechselseitig verstärken, denn das „Internet der Energien" werde alle „Informationen über aktive Erzeugungsanlagen, Verbrauchverhalten und Lastflüsse erfassen, um so Stromnetze, Kraftwerke und Verbraucher effizienter steuern zu können". Wie im Web 2.0 und im Cloud Computing entstünde dann auch hier eine asymmetrische Transparenz, bei der der Strombezieher sein Nutzungsverhalten in Form von „hoch aufgelösten Zählerdaten" offenlegen muss, ohne selber Einblick in das Geschäftsgebaren der Betreiber der Marktplattformen, der Strombörsen und der Energiegroßanbieter zu erhalten.[75]

Der Streit zwischen dem großwirtschaftlichen Energieversorgungsmodell „power to the global players" und dem nahwirtschaftlichen

---

[73] Siehe den genauen Nachweis bei Jarass/Obermair 2012, S. 198 ff., 221.
[74] Siehe hierzu vor allem Luppa/Tiede 2010; Appelrath/Kagermann 2012, S. 125 ff.
[75] Luppa/Tiede 2010, S. 65; Schneider 2009, S. 37 f.; Appelrath/Kagermann 2012, S. 160 ff., 170, 172 ff.; Hellige 2012.

Selbstversorgungsmodell „power to the people" ist wie im informationellen Internet noch nicht entschieden. Der revitalisierte Pfadkonflikt zwischen der dezentralen Mengen- und der zentralistischen Größenskalierungsstrategie hat wie in früheren Jahrzehnten zu einer Transformationsblockade geführt. Städte, Kommunen und einige Bundesländer unterstützen im Interesse einer Regionalisierung der Wertschöpfungsketten die Initiativen zur Dezentralisierung der Versorgungsarchitektur. Die Sympathie der Bundespolitik, insbesondere die des traditionell eng mit den großen EVUs und den industriellen Großverbrauchern kooperierenden Wirtschaftsministeriums gehört dagegen mehr den großdimensionierten Konzepten, da diese vermeintlich schneller zum Ziel einer zu 100 % erneuerbaren Versorgung führen. Dem dient auch die Schaffung einer auf den integrierten Europäischen Strombinnenmarkt zugeschnittenen, die großen EVUs und Konzerne begünstigenden Informationsarchitektur des künftigen „Smart grid", über das regionale Energiehändler die dezentralen Erzeugungsmengen und Speicherkapazitäten zu Bündelprodukten aggregieren sollen, die dann über die Strombörsen dem Großhandelsmarkt zur Verfügung gestellt werden. Obwohl auch hierbei wieder die typischen Komplexitätsprobleme und Kostensteigerungen großtechnischer Projekte zu erwarten und bereits zu erkennen sind, werden die Risiken im Interesse der Erhaltung der großwirtschaftlichen Strukturen des Energiesystems bewusst in Kauf genommen. Und auch diesmal scheint der Pfadkonflikt zwischen dezentraler „crowd energy" und zentralistischer „cloud energy" nicht durch einen offenen Energiediskurs, sondern auf interessen- und machtpolitischer Ebene entschieden zu werden.

VII. Folgerungen für die aktuelle Transformationsblockade

Die durch die Klimadebatte und Ressourcenengpässe angestoßene und durch den „definitiven" Atomausstieg forcierte Transformation des deutschen Energiesystems zu einer überwiegend regenerativen Energieversorgung wird durch eine Reihe von strukturellen Verkrustungen und ökonomischen Eigendynamiken blockiert, die zu einem wesentlichen Teil auf Pfadabhängigkeiten und technologischen Schließungen der Vergangenheit zurückzuführen sind. Die Überwindung der Transformationsblockade kann deshalb m.E. nur gelingen, wenn die historischen Vorbelastungen und Strukturverwerfungen erkannt und aufgearbeitet werden. Dazu gehören vor allem ein Umbau der sozialen Architektur der Energieversorgung, die Aufhebung der vielfältigen sektoralen Brüche im Energiesystem und eine Umstellung der Systemregelung sowie ein Wandel des rechtlichen Regulierungssystems und der Energiepolitik.

Die im Laufe des letzten Jahrhunderts entstandene soziale Architektur des Energiesystems beruht wesentlich auf der Ausbeutung der hohen Energiedichte fossiler und atomarer Energieträger, der Dominanz zentraler Großaggregate und der Systemführung der Großversorger. Sie eignet sich damit nur schlecht für die dezentrale Nutzungsweisen erfordernde geringe Leistungsdichte der Erneuerbaren. Die Bemühungen zur Behebung dieser Inkompatibilität zielen deshalb auf eine großtechnische Bündelung von Wind- und Solaranlagen und zu regenerativen Fernversorgungssystemen, doch diese sind mit hohen technischen und wegen der Fixkostenintensität auch wirtschaftlichen Risiken behaftet. Die Rückkehr von der zentralistischen Größen- zur dezentralen Mengenskalierungsstrategie und der Übergang zu dezentralen Organisationsstrukturen erscheint deshalb unumgänglich. Nur durch die Überwindung des strukturellen Zusammenhangs von Energie- und Kapitalkonzentration können auch die in den Erneuerbaren enthaltenen Potenziale einer wieder stärker dezentralen Wertschöpfung voll genutzt werden.

Die im Interesse einer umfassenden Dekarbonisierung dringend gebotene optimierte Energieverwendung durch Nutzungskaskaden und Prozesskopplungen wird nicht nur durch die Stromlastigkeit und Großversorgungsmentalität des dominierenden Pfadkonzeptes behindert, sondern vor allem durch die mehrfachen sektoralen Spaltungen im deutschen Energiesystem. So muss für eine rationellere Energienutzung mithilfe von Power-to-Heat und Power-to-Gas-Konzepten vor allem die für das deutsche Energiesystem konstitutive Versäulung des Energiemarktes in separate Elektrizitäts-, Gas-, Mineralölmärkte mit jeweils eigenen Großnetz-Infrastrukturen durchbrochen werden, die auch wesentlich für die weitgehende gegenseitige Abschottung von Strom-, Wärme- und Verkehrsenergiemarkt verantwortlich ist. Angesichts der extrem hohen Kosten von großvolumigen Langzeitspeichern für die bei der Wind- und Sonnenenergie anfallenden Stromüberschüsse drängen sich die Kombination von Strom- und Wärme-/Kälte-Produktion und die Zusammenarbeit unterschiedlicher Energieträger als Alternativen geradezu auf. Die lokale und regionale integrierte Energieversorgung wird schließlich durch die historisch entstandene Aufspaltung in den öffentlichen und industriellen Energiesektor sowie durch die unter betriebswirtschaftlichem Kalkül von den EVUs durchgesetzte Zurückdrängung der industriellen KWK wesentlich beeinträchtigt. Da die weitere energiepolitische Privilegierung der Industrie und von Teilen der Wirtschaft auf Kosten der Haushalte und Kleinverbraucher gesellschaftspolitisch nicht länger tragfähig ist, wird sich die Industrie als größte Verbrauchsgruppe künftig wieder aktiver an der Eigenversorgung beteiligen müssen. Sie kann dabei, wie es viele historische und aktuelle Beispiele im In- und Ausland bewiesen haben, eine wichtige Rolle bei der vollen Ausschöpfung des Erneuerbaren-Energieangebotes durch „Industrielle Symbiosen", kombinierte Prozess-/Fernwärmesysteme und Hybridheizungskonzepte spielen.

Die Dezentralisierung bedingt auch eine Neuordnung der bisherigen im Verbund der vier großen Regelzonen top-down organisierten Systemregelung des Elektrizitätsnetzes. Die durch die vermehrte Bidirektionalität der Energieflüsse und Volatilität der erneuerbaren Energien komplexer gewordene Sicherstellung der Systemdienstleistungen ist langfristig nur durch zusätzliche dezentral organisierte Selbststeuerungsmechanismen zu bewältigen. Die Netzregelung im „Internet der Energien" muss von *unten* neu aufgebaut werden, soll sie nicht einem hochriskanten hyperkomplexen Energiedaten-Infrastrukturnetz anvertraut werden, das alle Energie- und Informationsflüsse und Geschäftsprozesse als Bestandteil des „global vernetzten Internet der Dinge, Daten und Dienste" organisiert.[76] Dabei wächst den lokalen Energiesystemen die Aufgabe zu, die Netzlast durch internen Austausch, lokale elektrische und thermische Speicherung, KWK- und Hybridsysteme soweit wie möglich *intern* zu regeln und für den erforderlichen Zusatzbedarf sich direkt oder indirekt an einer rentablen Bereitstellung von Residuallast zu beteiligen. Die nach wie vor für den Energieausgleich und die Sicherung der Systemdienstleistungen erforderliche Zentralebene sollte dabei idealerweise langfristig als gemeinsame Ressource der Dezentrale fungieren und nicht wie bisher die soziale Architektur des Energiesystems dominieren.

Die Governance in der deutschen Elektrizitätswirtschaft leidet seit jeher unter der Aufteilung der Zuständigkeiten für den Energiesektor auf konkurrierende *politische* Regelzonen. Zu dem historischen Dauerkonflikt von Reich/Bund, Ländern und Kommunen kommt seit den 90er Jah-

---

[76] Appelrath/Kagermann 2012, S. 10.

ren der Gegensatz zwischen dem traditionell zuständigen Wirtschaftsministerium als Hauptstütze des großwirtschaftlichen fossilen und atomaren Energieregimes und dem teils engagiert, teils halbherzig dezentrale Erneuerbaren-Strukturen fördernden Umweltministerium. Dies hat seit 2000 zu einem nicht kompatiblen rechtlichen Regelungsinstrumentarium geführt, denn aus dem Kompromiss zwischen sozialdemokratischer Energiemonopolpolitik und grüner Anti-Atom- und Erneuerbaren-Politik ergaben sich die konfligierenden Gesetzesregelungen des EnWG und des EEG. Vertreter der alten Strukturen wollen deshalb das EEG „marktwirtschaftlich" in das EWG integrieren, d.h. die Erneuerbaren deckeln und nur nach Bedarf zuschalten, um sich eine rentable Grundlast und die Systemführung zu erhalten. Als strategischer Ansatzpunkt dient dabei vorrangig der Wechsel vom Förderkonzept zum Quotenmodell, da letzteres, obwohl in mehreren Ländern gescheitert, am besten die Wiederherstellung der vollen Souveränität der Energiekonzerne verspricht. Dagegen bemühen sich die Vertreter der neuen Strukturen, allerdings bisher vergeblich, um eine Anpassung des neoliberalen EnWG an den ökologischen Geist des EEG. Dieser den energiewirtschaftlichen Strukturwandel lähmende Governance-Konflikt *EE-Konformität der Marktstrukturen* contra *Marktkonformität der EE-Stromerzeugung* ließe sich aber nur durch eine konsequent dem Klimaziel und der Ressourcenschonung verpflichtete Energiepolitik überwinden.[77]

Dazu bedürfte es seitens der Politik eines ausgewogenen Masterplans für die Energiewende und einer den Prozess steuernden neutralen Vermittlungsinstanz, die nicht vorab für die Großversorger Partei ergreift, sondern für eine Austarierung der lokalen Produktion und Speicherung mit dem überregionalen Energieausgleich sorgt. Sie dürfte nicht durch eine gezielte Standortdifferenzierung bei den erneuerbaren Energien, das Vorziehen eines überdimensionierten Stromautobahnnetzausbaus und die Förderung eines massiven Ausbaus neuer Kohlekraftwerke wie bisher dem stromwirtschaftlichen Großverbund Vorrang vor dem dezentralen integrierten Energieverbund verschaffen. Dabei wäre es vordringlich, die noch immer ungebrochene Angebotspolitik im Energiebereich endlich durch neue, den *absoluten* Verbrauch senkende Energiedienstleistungs-

---

[77] Vgl. zum Recht der Energiewende auch den Beitrag von Schlacke/Kröger sowie ausdrücklich für die Einrichtung eines Energieministeriums den Beitrag von Kemfert in diesem Band.

modelle abzulösen. Schließlich müsste das staatliche Energieregime darauf hin wirken, die bisherige Großanbieter-genehme *Energie-Teilsektoren*politik zu einer wirklichen *Energie*politik umzugestalten. Dazu wäre eine zielführende Koordination der Multiakteurskonstellation erforderlich, d.h. ein wirkliches Transition-Management statt des bislang vorherrschenden Transition-Mismanagements, das im Interesse der Industrieförderung die Lasten und Risiken der Energiewende und selbst noch die Kosten des verschleppten Netzausbaus und des Managementversagens einseitig auf Privat- und Kleinverbraucher abwälzt und so das gesellschaftliche Großprojekt des Aufbaus einer nachhaltigen Energieversorgung gegen die Wand zu fahren droht. Doch Macht und Strukturkonservatismus der EVUs und Opportunismus der Politik werden wohl auch diesmal wieder einen Sieg des stromlastigen zentralistischen Energiepfades bewirken und so das Ziel einer klimagerechten Energieversorgung der Systemdynamik großskaliger Energiekapitalströme unterordnen.

Literatur

Adam, R./Einhellig, L./Herzig, A. (2012): Energiewirtschaft in der Energiewende: Können bestehende Geschäftsmodelle überleben? Energiewirtschaftliche Tagesfragen 62, 9, S. 8 ff.

Appelrath, H.-J./Kagermann, H./Mayer, C. (2012): Future Energy Grid. Migrationspfade ins Internet der Energie, acatech-Studie, Februar 2012.

BDI (Hg.) (2010): Internet der Energie: IKT für Energiemärkte der Zukunft. Die Energiewirtschaft auf dem Weg ins Internetzeitalter, BDI initiativ 1.1.2010.

Becker, P. (2010): Aufstieg und Krise der deutschen Stromkonzerne, Bochum.

Beckmann, H. (1914): Die Bedeutung der Elektromobile für den Stromabsatz der Elektrizitätswerke, Elektrotechnische Zeitschrift, 35, 46, S. 1053 ff.; 47, 1066.

Bruche, G. (1977): Elektrizitätsversorgung und Staatsfunktion, Frankfurt a. M.

Faridi, A (2004): Der regulierende Eingriff des Energiewirtschaftsgesetzes in den Wettbewerb zwischen öffentlicher und industrieller Stromerzeugung in den 30er Jahren, Zeitschrift für Unternehmensgeschichte, S. 173 ff.

Fenn, B./Metz, D. (2012): Smart Grids 2020 – eine Vision der Chancen und Risiken für Verteilnetze, Jahrbuch Anlagentechnik für elektrische Verteilungsnetze, S. 1 ff.

Fischer, R. (1941): Großraum-Verbundwirtschaft, Zeitschrift des VDI, S. 711 ff.

Gilson, N. (1994): Konzepte von Elektrizitätsversorgung und Elektrizitätswirtschaft, Stuttgart.

Gröner, H. (1975): Die Ordnung der deutschen Elektrizitätswirtschaft, Baden-Baden.

He, M. M./Reutzel, E. M./Jiang, X./Katz, R. u.a. (2008): An Architecture for Local Energy Generation, Distribution, and Sharing, IEEE Energy, Proceedings of the IEEE Energy 2030 Conference, November 2008.

Heesemann, S. (1959): Die Charakteristik der Reichssammelschiene. Geschichte, Aufbau und Funktion, Ing. Diss. Berlin 1959 (Neufassung der Diss. von 1942).

Hellige, H. D. (1984): Die gesellschaftlichen und historischen Grundlagen der Technikgestaltung als Gegenstand der Ingenieurausbildung, Technikgeschichte, S. 276 ff.

Hellige, H. D. (1985): Die Größensteigerung von Elektrizitätsversorgungssystemen, Lehren & Lernen, Berufsfeld Elektrotechnik, H. 6, S. 111 ff.

Hellige, H. D. (1986): Entstehungsbedingungen und energietechnische Langzeitwirkungen des Energiewirtschaftsgesetzes von 1935, Technikgeschichte, S. 123 ff.

Hellige, H. D. (2003): Dauerhaftes Wirtschaften contra Wirtschaftsliberalismus: Die Entstehung von Rathenaus Wirtschaftsethik, in: Hense, K.-H./ Sabrow, M. (Hg.), Leitbild oder Erinnerungsort? Neue Beiträge zu Walther Rathenau, Berlin, S. 85 ff.

Hellige, H. D. (2008): Die Geschichte des Internet als Lernprozeß, in: Kreowski, H.-J. (Hg.), Informatik und Gesellschaft, Münster, S. 121 ff.

Hellige, H. D. (2009): Skalenökonomische Mengeneffekte der Informationstechnik und ihr Einfluss auf den Ressourcenverbrauch, in: Weller, I. (Hg.), Systems of Provision & Industrial Ecology: artec-Paper 162, S. 135 ff.

Hellige, H. D. (2012): Cloud oder Crowd im Internet der Informationen und der Energien?, artec-Paper 182.

Hennicke, P./Johnson, J./Kohler, S./Seifried, D. (1985): Die Energiewende ist möglich, Frankfurt.

Heymann, M. (1995): Die Geschichte der Windernergienutzung 1890-1990, Frankfurt a. M, New York.

Hörner, G. (1979): Möglichkeiten und Grenzen der Kraft-Wärme-Kopplung, VDI-Berichte Nr. 338, S. 61 ff.

Holtmeier, G. (2011): Stadtwerke: Neue Marktfaktoren – neue Chancen, Energiewirtschaftliche Tagesfragen 61, 7, S. 20 ff.

Hughes, T. P. (1983): Networks of Power. Electrification in Western Society 1880-1930, Baltimore.

Jarass, L./Obermair, G. M. (2012): Welchen Netzumbau erfordert die Energiewende?, München.

Katz, R./Culler, D. E. u.a. (2011): An Information-Centric Energy Infrastructure, Sustainable Computing: Informatics and Systems, 1, S. 7.

Kehrberg, J. O. C. (1997): Die Entwicklung des Elektrizitätsrechts in Deutschland, Frankfurt a. M.

Keshav, S./Rosenberg, C. (2011): How Internet Concepts and Technologies Can Help Green and Smarten the Electrical Grid, Computer Communication Review, S. 109 ff.

Krause, F./Bossel, H./Müller-Reißmann, K. F. (1980): Energiewende. Wachstum und Wohlstand ohne Erdöl und Uran, Frankfurt a. M.

Künsberg, A. v. (2012): Vom „Heiligen Geist der Elektrizitätswirtschaft", Berlin.

Laaser, E. (1925): Der Sinn der Wärmewirtschaft, Archiv für Wärmewirtschaft, S. 261 ff.

Luppa, K./Tiede, I. (2010): IKT als Basis für Smart Metering und das Internet der Energie, in: Köhler-Schute, C. (Hg.), Informations- und Kommunikationstechnologie in der Energiewirtschaft, Berlin, S. 65 ff.

Marguerre, F. (1951): Verbrauchsorientierte Elektrizitätswirtschaft, Elektrizitätswirtschaft, 12, S. 345 ff.

Matthes, F. C. (2011): Energiewende in Deutschland – Der Weg in die Umsetzung, Energiewirtschaftliche Tagesfragen 61, 9, S. 2-5.

Mautz, R./Byzio, A./Rosenbaum, W. (2008): Auf dem Weg zur Energiewende, Göttingen

Menge, A. (1942): Die Reichssammelschiene (R.S.S.), (Typoskript vom 26.4.1942, Bibliothek des Deutschen Museums München).

Morgenroth, W./Ludwig, B. (1927): Gasindustrie, Handwörterbuch der Staatswissenschaften, 4. Aufl., Bd. IV, S. 573 ff.

Ott, H. (Hg.) (1986): Statistik der öffentlichen Elektrizitätsversorgung Deutschlands 1890-1913, St. Katharinen.

Prinz, W. (1982): Das Flensburger Modell, in: Hatzfeld, H. u.a. (Hg.), Kohle. Konzepte einer umweltfreundlichen Nutzung, Frankfurt a. M., S. 155 ff.

Radkau, J. (1989a): Aufstieg und Krise der deutschen Atomwirtschaft 1945-1975, Reinbek.

Radkau, J. (1989b): Technik in Deutschland, Frankfurt a. M.

Rifkin, J. (2002): The Hydrogen Economy: The Creation of the Worldwide Energy Web and the Redistribution of Power on Earth, New York.

Schulz, E. (1933): Ungelöste Aufgaben der öffentlichen Energiewirtschaft, Archiv für Wärmewirtschaft, S. 113 ff.

Schulz, E. (1936): Staat und Energiewirtschaft, Archiv für Wärmewirtschaft, S. 1 ff.

Specht H. (1983): Eigenerzeugung elektrischer Energie. Probleme beim Fremdbezug, Elektrotechnische Zeitschrift, 104, 13, S. 652 ff.

Steiner, H. (1953): Tendenzen der Stromverbrauchsentwicklung, Elektrizitätswirtschaft, 11, S. 283 ff.

Stier, B. (1999): Staat und Strom, Ubstadt-Weiher.

Todd, E. N. (1984): Technology and interest group politics: Electrification of the Ruhr, 1886-1930, Diss., University of Pennsylvania.

Traube, K./Ullrich, O. (1982): Billiger Atomstrom?, Reinbek.

Wissell, R. (1919): Praktische Wirtschaftspolitik, Berlin.

Zängl, W. (1989): Deutschlands Strom: Die Politik der Elektrifizierung von 1866 bis heute, Frankfurt a. M.

Die deutsche Energiewende im Kontext internationaler Best Practice

Martin Jänicke

Die deutsche Energiewende steht, soweit sie die Klimapolitik betrifft, in einem internationalen Kontext vergleichbarer Leistungen anderer Pionierländer. Entsprechende Fälle von best practice werden in diesem Beitrag skizziert. Die Auswahl betrifft das neuartige Phänomen einer sich aufschaukelnden Markt- und Innovationsdynamik, die durch ehrgeizige Klimaziele ausgelöst werden kann und häufig ein policy feedback hervorruft. Der Beitrag unterstreicht die Potenziale eines dynamischen industriepolitischen Ansatzes der Klimapolitik, für den Deutschland das hervorstechendste Beispiel ist. Ungeachtet seiner Grenzen – insbesondere dort, wo es um die klimapolitische Vitalisierung von Naturkapital geht – bietet sich eine gezielte Nutzung dieses Potenzials an.

I. Einleitung[1]

Die deutsche Energiewende nach der Atomkatastrophe in Fukushima[2] hatte einen langen Vorlauf. Als Vorreiterpolitik der Klima- *und* Atompolitik beginnt sie mit der rot-grünen Bundesregierung und findet 2011 ihre parteiübergreifende Verankerung. Im internationalen Vergleich hatte sie Anstoßeffekte auf andere Länder, aber auch Rückkopplungen aus die-

---

[1] Ausführlich: Jänicke 2012 Jänicke 2010b.
[2] Eingehender hierzu der Beitrag von Simonis in diesem Band.

sem Prozess. *Klima*politisch findet die deutsche Vorreiterrolle[3] auf zwei Ebenen statt: der Ebene der internationalen Klimaverhandlungen mit ihren vielfältigen Problemen und der industriepolitischen Ebene der Förderung klimafreundlicher Technologien im internationalen Wettbewerb. Von der zweiten, deutlich dynamischeren Ebene soll hier die Rede sein. Untersucht wird das industriepolitische Umfeld der deutschen Klimapolitik im internationalen Kontext anhand von best practice. Diese betrifft Länder, die mit anspruchsvollen Klimazielen Industriepolitik betreiben. Die besondere Pointe dieser besten Praxis ist die spezifische Dynamik, die diese Politik häufig auslöst. Es geht um Innovationsprozesse, die durch das Wachstum der Märkte klimafreundlicher Technologien induziert werden. Und es geht um verstärkende politische Rückkopplungen („policy feedback") dieser Prozesse.

Klimapolitik in Kategorien der Industriepolitik ist die Übersetzung klimapolitischer Ziele in die Logik der Märkte. In diesem Sinne hat die OECD Deutschland schon 2007 charakterisiert als „a highly innovative country engaged in several initiatives to draw the maximum benefits and opportunities of globalisation to address environmental problems while boosting its environmental industry sector".[4] Wenige Jahre später ist daraus so etwa wie ein Trend geworden: „In some countries, decisions on investment in green growth and cleaner energy did not seem to have been directly related to the impacts of climate change, but to economic advantages".[5]

Bis 2011 hatten weltweit 92 Länder bzw. Provinzen (2009: 82) das in Deutschland erfolgreiche Instrument der Einspeisevergütung für Strom aus erneuerbaren Energien übernommen.[6] Im Rahmen dieses Beitrags können solch mögliche Einflüsse der deutschen Klima- und Energiepolitik auf andere Länder („lesson-drawing") nicht untersucht werden. Der dargestellte internationale Kontext unterstreicht jedoch, dass die deutschen Erfahrungen nicht isoliert betrachtet werden können.

Zunächst sollen Beispielsfälle der best practice einer politisch induzierten Diffusionsbeschleunigung klimafreundlicher Technologien vorgestellt werden.

---

[3] Kritisch zu dieser Vorreiterrolle etwa die Beiträge von Ekardt, Kunze und Hanke/ Best in diesem Band.
[4] OECD 2007, S. 43.
[5] Cecilia Tortajada, OECD Forum 2010.
[6] REN21 2012.

II. Ausgewählte Beispielfälle einer Beschleunigung des technischen Fortschritts bei klimafreundlichen Technologien

Die hier skizzierten Beispielfälle betreffen Fälle, in denen – ähnlich wie zuvor in Deutschland – eine anspruchsvolle Klimapolitik mit ihren Maßnahmen den Markterfolg einer bestimmten neuen Technologie (oder Gruppe von Technologien) erfolgreich forciert und damit eine Innovationsdynamik auslöst, die eine weitere Verschärfung bereits anspruchsvoller Klimaziele ermöglicht (siehe Tabelle 1). Die Beispiele sollen die Variationsbreite des dargestellten Phänomens wiedergeben. Sie betreffen nicht nur Strom aus erneuerbaren Energien, für dessen erfolgreiche Förderung es mittlerweile viele Beispielsfälle gibt. Vielmehr wird auch die politisch forcierte Steigerung der Energieeffizienz behandelt, die oft als der schwierigere Teil der Klimapolitik angesehen wird. Zur Illustration der Rolle des Staates – und zwar in positiver wie negativer Hinsicht – werden Beispiele einbezogen, bei denen die Förderung zunächst forciert, dann aber zurückgenommen wurde. Die Beispielsfälle stammen insgesamt sowohl aus hoch entwickelten Industrieländern wie Deutschland, Großbritannien oder Japan als auch aus Schwellenländern wie China und Indien. Es werden auch Beispiele einer klimapolitisch induzierten Innovationsdynamik auf der Ebene von Provinzen bzw. Einzelstaaten föderalistischer Länder angeführt. Im Mehrebenensystem der Klimapolitik hat diese Ebene zunehmend an Bedeutung gewonnen.

1. Die Förderung von Strom aus erneuerbaren Energien

In Tabelle 1 sind 10 Fälle von bester Praxis für den Bereich Strom aus erneuerbaren Energien zusammengestellt, bei denen eine anspruchsvolle politische Förderung eine unerwartet hohe Diffusionsdynamik auslöste, die eine positive politische Rückkopplung zur Folge hatte. Fünf dieser Fälle, die die Bandbreite des Phänomens repräsentieren, sollen hier dargestellt werden.[7]

a) Deutschland

Deutschland hat neben Großbritannien und Dänemark die strengsten

---
[7] Vgl. Jänicke 2011; Mez 2007.

Klimaziele in der EU (wenn man Luxemburg wegen der Besonderheiten seiner grenzüberschreitenden Energieverflechtung ausklammert). Es hat sich in der Folge zu einem maßgeblichen Vorreiter in diesem Politikfeld entwickelt.

Tabelle 1: Klimapolitisch induzierte Innovationsdynamik – Beispiele für Strom aus erneuerbaren Energien

Land/ Provinz	Fallbeispiel	Diffusion	Induzierte Innovation	Policy Feedback
China	Windenergie	Sehr rasche Diffusion, Export	Sekundäre Innovation	Zielverschärfung
Deutschland	Grüner Strom	Rasche Diffusion, Export	Sekundäre Innovation	Zielverschärfung
Spanien	Solarenergie	Rasche Diffusion, Export	Sekundäre Innovation	Proklamierte Zielüberschreitung
Portugal	Windenergie	Rasche Diffusion		Zielverschärfung
Indien	Splarenergie	Forcierte Diffusion	F&E-Förderung	Option. Zielversch.
Dänemark	Windenergie	Rasche Diffusion, Export	Sekundäre Innovation	Zielverschärfung
Japan	Solarenergie	Rasche Diffusion, Export	Sekundäre Innovation	Zielverschärfung
Schottland	Grüner Strom	Rasche Diffusion	F&E-Förderung	Zielverschärfung
Texas	Windenergie	Rasche Diffusion	F&E-Förderung	Zielverschärfung
Mecklenburg-Vorpommern	Grüber Strom	Rasche Diffusion	Sekundäre Innovation	Zielverschärfung

Diese Klimapolitik entstand als parteiübergreifendes Thema, bei dem paradoxerweise Umweltschutzinteressen und die Interessen von Befürwortern der Kernkraft konvergierten.[8] Die zweite günstige Ausgangsbedingung war die Tatsache, dass der Zusammenbruch der ostdeutschen Schwerindustrie nach der Wiedervereinigung zu Gratiseffekten der CO_2-Verringerung führte. Hinzu kam drittens die Tatsache, dass bereits 1991 eine Einspeisevergütung für Strom aus erneuerbaren Energien eingeführt wurde, mit der Erfahrungen gesammelt werden konnten.[9] Eine vierte Besonderheit war die Innovationsorientierung der deutschen Klimapolitik, die in den Koalitionsverträgen der rot-grünen Bundesregierung von 1998 und 2002 als „ökologische Modernisierung" zusätzlich unterstrichen wurde. Für den Vorlauf dieser Politik war fünftens von Bedeutung, dass in Deutschland zwei Enquetekommissionen – zur Atomfrage (1980) und zum Klimaproblem (1987) – der politischen Klasse eine Wissensbasis zum Thema vermittelten, die anderswo erst später entstand. Der hohe Organisationsgrad der Umweltbewegung in Deutschland ist ein weiterer Erklärungsfaktor dieser Besonderheit.

Die unerwartete Beschleunigung des Diffusionstempos bei erneuerbaren Energien (wie auch bei der Energieeffizienz von Gebäuden) war die Folge von weitreichenden Maßnahmen die die 1998 neu gewählte Bundesregierung aus SPD und Bündnis 90/Die Grünen ergriff. Es ging um die deutliche Steigerung der bestehenden Einspeisevergütungen für erneuerbare Energien. In der Folge wurde nicht nur das Kyoto-Ziel, die Treibhausgase bis 2012 um 21 % zu verringern, schon 2007 übertroffen. Auch bei den erneuerbaren Energien ergab sich dieser Überraschungseffekt (Abbildung 1).

Im Jahre 2000 hatte die Bundesregierung noch das Ziel, den Stromanteil erneuerbarer Energien bis 2020 auf mindestens 20 % zu steigern. Der Wachstumseffekt, den diese Politik auslöste, ermöglichte es, das Ziel 2009 auf mindestens 30 % herauf zu setzen. Im Energiekonzept der Bundesregierung vom September 2010 wird ein höheres Ziel von 35 % genannt.[10] Im Nationalen Aktionsplan für erneuerbare Energien (2010)

---

[8] Jänicke 2010a.
[9] Zum Fördermechanismus der Einspeisevergütung vgl. die Beiträge von Schlacke/Kröger sowie von Möst/Müller/Schubert in diesem Band.
[10] BMWi/BMU 2010.

wird offiziell ein Anteil von 38,6 % erwartet.[11] Die Branche selbst geht in einer Prognose für das gleiche Jahr von 47 % aus.[12]

Abbildung 1: Stromanteil erneuerbarer Energien in Deutschland 1998-2011, Zielvorgaben und erwarteter Anteil für 2020

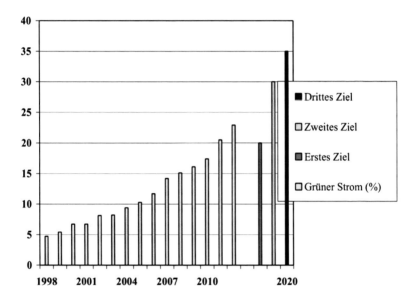

Daten: BMU 2011

Hauptgrund für diese Neuorientierung war eine besondere Dynamik des Innovationsprozesses. Man erkennt sie z.b. daran, dass die forcierte Förderung der neuen Energien nach 1998 eine starke Zunahme an neuen Patenten auf diesem Gebiet auslöste.[13] Die Wirkungsgrade der Solarenergie und der Windenergie wurden ständig gesteigert. Und die Produk-

---

[11] Bundesregierung 2010.
[12] Agentur für Erneuerbare Energien 2010.
[13] Vgl. auch den Beitrag von Fornahl/Umlauf in diesem Band zur zeitlichen und räumlichen Verteilung von Fördermitteln, bezogen auf den Bereich Forschung und Entwicklung.

tionskosten erfuhren eine starke Reduktion. Die auf dem Weltmarkt führende Industrie schuf bzw. sicherte 2011 382.000 Arbeitsplätze.[14] Dass diese Industrie am Ende mit einem Wettbewerbsdruck – insbesondere aus China – konfrontiert wurde, den sie mit ihrem eigenen Erfolg ausgelöst hatte, gehört zu den dynamischen Wechselwirkungen in diesem Bereich.

b) China

Man könnte meinen, eine solche Marktdynamik sei nur in hoch entwickelten Industrieländern möglich. Aber das Schwellenland China bietet sogar besonders markante Beispiele. Das Ausbauziel für Solarenergie für das Jahr 2020 ist dort inzwischen fünfmal angehoben worden. Bei der Windenergie startete man zunächst mit europäischer Technik, machte sich dann aber zunehmend selbstständig. Mit ehrgeizigen Ausbauzielen löste China bei der Windenergie eine Dynamik aus, die das Land geradezu überrollt hat. Die Dynamik kommt in dieser Abfolge von Zielvorgaben für das Jahr 2020 zum Ausdruck[15]:

- 20 GW war die Zielgröße im Jahre 2004
- 30 GW wurden 2007 im Langzeitprogramm für erneuerbare Energien geplant
- 100 GW wurde wenig später als neues Ziel formuliert
- 150 GW galt 2010 als „inoffizielles" Ziel
- 200 GW ist seit 2012 das Ziel.

Die unerwartete Ausbaudynamik führte also zu ständig höheren Zielen für das gleiche Jahr 2020. Im Jahre 2009 hatte China Windkraftanlagen mit einer Kapazität von 25 GW errichtet. Der Zubau dieses Jahres betrug 13 GW.[16] 2011 waren bereits über 62 GW installiert.[17] Das hohe Wachstum führte zur Diskussion eines noch weiter gehenden Ausbauziels von 150 GW für den gleichen Zeitpunkt. Nach Angaben der chinesischen Renewable Energy Industries Association kann auch dies Ziel übertrof-

---

[14] UMWELT, Mai 2012, S. 7.
[15] REN21 2009, 2010; 2012 u.a. Quellen.
[16] CleanEdge 2010.
[17] REN21 2012.

fen werden.[18] Daher die erneute Erhöhung im Jahre 2012. Angesichts solcher Wachstumsraten ist es allerdings nicht überraschend, dass Probleme der Netzanbindung erhebliche Bedeutung erhielten.

Abbildung 2: Kapazität der Windenergie 2002-2011 und Zielvorgaben für 2020 in China (REN21 2012)

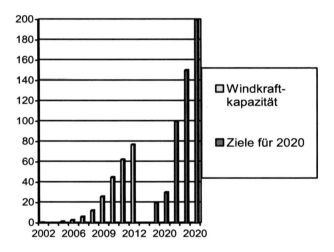

Inzwischen gibt es über 70 chinesische Hersteller, die teilweise auch Erfolge auf dem Weltmarkt erzielen.[19] Chinas erhebliche Anstrengungen im Bereich Forschung und Entwicklung ermöglichten den sekundären Innovationsprozess und die Kostendegression bei erneuerbaren Energien.

c) Indien

Indien rangiert bei der Nutzung von Windkraftanlagen weltweit auf Platz 5.[20] Besonderes Interesse verdient hier aber der strategische Ansatz des

---

[18] Global Wind Energy Council 3.2.2009.
[19] REN21 10-2009.
[20] REN21 2011.

Landes bei der Solarenergie. Indien hat frühzeitig Erfahrungen mit einem Programm zur Förderung von Strom aus erneuerbaren Energien in Orten ohne Netzanbindung gesammelt (Remote Villages Electrification Program). Viele tausend Ortschaften kamen so in den Genuss von Elektrizität. Das förderte indische Anbieter auch in der Solarenergie. Technologischen Rückständigkeiten versucht die Regierung mit Anstrengungen bei der Förderung von Forschung und Entwicklung entgegen zu wirken. Indien hat frühzeitig ein spezielles Ministerium für erneuerbare Energien geschaffen (Ministry of New and Renewable Energy). Nachdem die Regierung ihr Ziel für den Ausbau erneuerbarer Energien insgesamt verschärft hatte, verkündete sie Ende 2009 ein ehrgeiziges Programm, das für 2022 mindestens 20 GW Solarstrom im Lande anstrebt. Im Zieljahr 2022 sollen u.a. auch 20 Millionen solare Beleuchtungssysteme in ländlichen Regionen installiert sein. Das Instrumentarium ist eine Mischung aus verbindlichen Einspeiseregelungen und Subventionen. Die indische „Solar Mission" ist Teil eines klimapolitischen Pakets, das auch eine Energieeinsparung von 19.000 MW (annähernd 100 Mt. CO_2) vorsieht, u.a. durch handelbare „Energy Saving Certificates".[21]

Interessant an der im Januar 2010 vom Kabinett beschlossenen indischen PV-Planung ist nicht nur der systematische Aufbau einer eigenen Industrie, die Indien zu einem „global leader in solar energy" machen soll.[22] Erstmals wird in die Planung eine mögliche Beschleunigung durch positive Lerneffekte eingebaut: „The ambitious target for 2022 of 20.000 MW or more will be dependent on the ‚learning' of the first two phases". Dabei geht es der Regierung um wettbewerbsfähige Kosten, Innovationen und den Ausbau der Produktionskapazitäten. „(A)fter taking into account the experience of the initial years, capacity will be aggressively ramped up to create conditions for up scaled and competitive solar energy".[23]

---

[21] Ministry of Power 2010.
[22] Government of India 2010.
[23] Government of India 2010.

d) Schottland – die regionale Ebene

Die subnationale Ebene der Klimapolitik ist vor allem auf der Ebene der Provinzen bzw. Einzelstaaten von Bedeutung. Oft befinden sich solche Regionen mit einer eigenen Industriepolitik im globalen Wettbewerb mit anderen Regionen, national wie international (Beispiel Kalifornien oder das indische Gujarat). Regionale Regierungen können auch im Interesse der regionalen Beschäftigung eigenständige Aktivitäten der Wirtschaftsförderung entwickeln (Beispiel Mecklenburg-Vorpommern, dessen Stromanteil bei erneuerbaren Energien bereits 2010 52 % erreicht hat). Andere Regionen betreiben aus Gründen einer Opposition zum Nationalstaat eine eigenständige Politik (Beispiel Baskenland).[24] Klimaschutz und die Förderung erneuerbarer Energien können hiervon profitieren. Im Mehrebenensystem der Politik kann so ein „multi-level reinforcement" entstehen.[25] Die sub-nationalen Regionen können Politiken der internationalen Ebene aufgreifen; in der EU bietet sich auch die europäische Ebene an.

In Tabelle 1 sind drei unterschiedliche Fälle dieser Ebene angeführt, die die hier beschriebenen Rückkopplungen aufweisen. Schottland ist hierbei der Fall mit den weitestgehenden Zielen (siehe Abbildung 3). Die rasche Ausbreitung von „grünem" Strom hatte im Jahre 2007 bereits das ehrgeizige Ziel eines Stromanteils von 50 % (2020) begünstigt. 2010 wurde das Ziel auf 80 % angehoben. 2011 wurde ein besonders rascher Zuwachs registriert und das Ziel eines Stromanteils von 100 % verkündet.[26] Regierungschef Salmond verwies bei dieser Gelegenheit darauf, dass die R&D-Kapazität Schottlands „exponentiell wächst".[27] Allein die Windkraft an Land hat 28.000 Arbeitsplätze geschaffen.

---

[24] Vgl. insgesamt REN21 2011.
[25] Schreurs/Tiberghien 2007.
[26] Scottish Renewables 2011.
[27] EndsEuropeDaily 15.8.2011.

Die deutsche Energiewende im Kontext internationaler Best Practice 87

Abbildung 3: Stromanteil erneuerbarer Energien 2002-12 und Ziele für 2020 in Schottland (Scottish Renewables 2011, 2013)

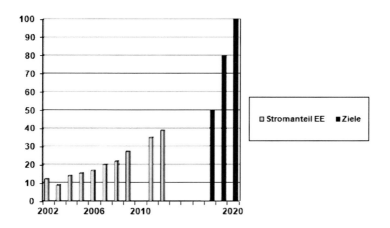

e) Japan und Dänemark als abweichende Fälle

Japan gehört in Bezug auf die Solarenergie ebenso zu den Pionierländern wie Dänemark im Hinblick auf die Windkraft.[28] Beide Länder haben aber auch die Gemeinsamkeit, dass sie die ambitionierte Förderung dieser neuen Energien nach einem politischen Kurswechsel (2001 in Dänemark, 2005 in Japan) zeitweise aufgaben. Beide nahmen nach einiger Zeit den alten Pfad nicht nur wieder auf, sondern beschleunigten nunmehr das Tempo. In Japan ging dem 2009 ein Regierungswechsel voraus. Die Regierung Hatoyama startete mit ehrgeizigen Ausbauzielen für die Solarenergie, und zwar bereits vor der Atomkatastrophe von Fukushima.[29] Die Wirkungen des zweifachen Kurswechsels sind in Abbildung 4 dargestellt.

Dänemark nahm seine Förderung der Windkraft im Zeichen der Klimakonferenz von Kopenhagen wieder auf. 2011 wurde darüber hinaus eine „Energiestrategie 2050" beschlossen, nach der die Kapazität der

---

[28] Zur Energiepolitik Japans vgl. auch den Beitrag von Simonis in diesem Band.
[29] Vgl. Valentine et al. 2011.

Windkraft bis 2020 mehr als verdoppelt werden soll. Der Stromanteil der erneuerbaren Energien soll in diesem Zieljahr 62 % erreichen. Beide Fälle lassen folgende Interpretation zu: (1.) Die starke Rolle der Politik bestätigt sich, positiv wie negativ. (2.) Die Bedeutung von Pfadabhängigkeiten wird deutlich. (3.) Der Richtungskampf in beiden Ländern wurde nicht nur entschieden, vielmehr steigerte der Sieg der klimafreundlicheren Seite das Diffusionstempo noch einmal zusätzlich. Auch die Wiederaufnahme der deutschen Politik des Ausstiegs aus der Atomenergie (2011) scheint diesem Muster zu folgen.

Abbildung 4: Anzahl neu installierter PV-Anlagen in Japan 1998-2009

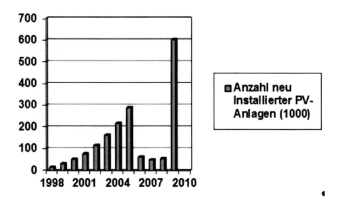

2. Energieeffizienzpolitik

Sind die erneuerbaren Energien ein glücklicher Spezialfall der Klimapolitik, der nicht verallgemeinerbar ist? Ist im Klimaschutz die Förderung der Energieeffizienz, die z.b. in der EU deutlich langsamer vorankommt, nicht prinzipiell schwieriger? Ist „grünes Wachstum" in diesem Bereich nicht ungleich einfacher zu erzielen als die entsprechende Schrumpfung beim Energieverbrauch? Die unterschiedlichen politischen Schwierigkeitsgrade sind nicht zu leugnen. Ein Grund dafür ist, dass im Bereich der erneuerbaren Energien weitgehende spezifische Verbesserungen im Sinne von radikalen Innovationen (s.u.) dominieren, während bei der Energieeffizienz inkrementelle Verbesserungen vorherrschen, die leichter durch Wachstums- oder Rebound-Effekte „neutralisiert" werden.[30] Dennoch lassen sich Gemeinsamkeiten anführen: Im Folgenden werden Beispielsfälle einer anspruchsvollen Energieeffizienzpolitik dargestellt, die zeigen, dass induzierte Innovationen und positive politische Rückkopplungen auch hier anzutreffen sind. Der gemeinsame Nenner ist eine auf Technik basierte Klimastrategie, die Märkte für energieeffiziente innovative Produkte schafft und erweitert. Die Produkte reichen von sparsamen Elektrogeräten über die Gebäudetechnik bis hin zum Energie-Contracting.

Tabelle 2: Beispiele politisch induzierter Innovationsdynamik bei der Förderung von Energieeffizienz

Land	Beispielsfall	Diffusion	Induzierte Innovation	Policy Feedback
Japan	Energieeffiziente Produkte (Top Runner)	Sehr rasche Diffusion, Export	Gezielte Innovationsförderung	Dynamische Standards
Großbritannien	THG-Reduktion Energieeffizienz-politik	Breite Diffusion, Export	Innovationsförderung	Zielverschärfung
Irland	Energieeffizienzpolitik	Breite Diffusion	Innovationsförderung	Programmerweiterung
Dänemark	Energieeffizienzpolitik	Breite Diffusion	Innovationsförderung	Verschärfte Maßnahmen
Deutschland	Energetische Gebäudesanierung	Beschleunigte Diffusion	Sekundäre Innovationen	Dynamische Standards

---

[30] Vgl. hierzu auch die Beiträge von Ekardt und Hanke/Best in diesem Band, die dementsprechend für eine Stärkung von Suffizienzstrategien plädieren.

a) Deutschland

In Deutschland ist die Energieeinsparung bzw. die CO_2-Minderung im *Gebäudebereich* ein Beispiel für die Beschleunigung von Diffusionsprozessen im Wechselverhältnis von Politik und Technik. Sie ist bereits am Wandel des öffentlichen Diskurses zu erkennen. Ging es 1998 noch um eine Teilreduzierung des Energieverbrauchs, so drehte sich die Diskussion nach 10 Jahren um die politische Förderung von Plusenergiehäusern – Gebäuden also, die selbst zur Energieerzeugung beitragen. Am Ende dieses dynamischen Lernprozesses steht die Erklärung des Präsidenten des Hauptverbandes der deutschen Bauindustrie im März 2008, der Bausektor spiele eine „Schlüsselrolle beim Klimaschutz".[31]

Die Verschärfung der Standards für den Energieverbrauch von Neubauten hatte zwar schon 1984 begonnen und wurde 1995 fortgesetzt. Aber die Schrittfolge dieser Verschärfung nahm mit der nächsten Verschärfung im Jahre 2002 zu. 2007 bzw. 2009 wurde eine weitere Verbrauchsreduzierung beschlossen, die mit der Ankündigung einer nochmaligen Verschärfung für 2012 verbunden war. Dieser Standard würde einer Einsparung von mehr als 80 % gegenüber 1984 entsprechen. Klimapolitisch wichtig waren zusätzliche Maßnahmen, die im Gebäudebestand wirkten. Dazu gehörte vor allem die 1999 beschlossene Öko-Steuer. Hinzu kamen Fördermaßnahmen für energetische Gebäudesanierungen. So wurden 2006-2009 6 Mrd. € Fördermittel in das CO_2-Gebäudesanierungsprogramm gesteckt. Nach Angaben des Bauministeriums wurden dadurch Investitionen im Umfang von 30 Mrd. € ausgelöst und 290.000 Arbeitsplätze gesichert oder geschaffen.[32] Insgesamt machten klimafreundliche Investitionen im Gebäudebereich bereits 2005 40 Mrd. € aus – ein Zehntel aller Investitionen in Deutschland. Unter Berücksichtigung der zusätzlichen Klimaschutzmaßnahmen des „Meseberg-Programms" wurde dieser Betrag auf 54 Mrd. € geschätzt.[33] Das Wachstum dieses Bereichs betrifft ein breites Spektrum von Produkten, von den Dämmstoffen bis zu den Heizungssystemen. Allein die produzierten Wärmepumpen nahmen von 2003 bis 2008 um mehr als das Sechsfache zu.

---

[31] Presseinfo 12-08 des Verbandes.
[32] BMVBS 2010.
[33] BMU/UBA 2009.

Die Veränderung ist u.a. an ihren Wirkungen auf die bis dahin steigenden CO_2-Emissionen erkennbar. Diese sanken zwischen 1996 und 2008 um rund 40 Mt. Diesem klimapolitischen Teilerfolg entsprach der erwähnte wirtschaftliche Erfolg. Öffentlich wahrgenommen wurde dieser aber erst im Kontext der Alarmmeldungen des IPCC zum Klimawandel (2007). Im gleichen Jahr wurde die erneute Verschärfung der energetischen Mindestanforderungen bei Neubauten beschlossen.

Im Energiekonzept der Bundesregierung von 2010 wurde eine weitere Zielverschärfung vorgenommen: Ab 2020 sollen Neubauten „klimaneutral" sein. Bis 2050 soll es „nahezu einen klimaneutralen Gebäudebestand" geben. Die Erneuerungsrate soll von 1 % auf 2 % erhöht werden. Bis 2020 soll der Wärmebedarf um 20 % sinken. Das bereits bewährte Gebäudesanierungsprogramm soll entsprechend fortgeführt werden.[34] Nach der Fukushima-Katastrophe wurden die jährlichen Beihilfen auf 1,5 Mrd. € festgelegt. Darüber hinausgehende Abschreibungsmöglichkeiten stehen wegen der fehlenden Einigung mit den Ländern bisher aus.

b) Großbritannien

Eine politisch forcierte Beschleunigung des technischen Wandels hin zu klimafreundlichen Energietechniken hat es auch in anderen EU-Ländern gegeben. Großbritannien, der zweite europäische Vorreiter in der Klimapolitik, hatte – ähnlich wie Deutschland – den klimapolitischen Vorteil, dass die Kohleverstromung bereits unter Premierministerin Thatcher aus politischen Gründen herunter gefahren wurde. Das nahm anspruchsvollen Klimazielen einiges an Abschreckungswirkung. Inzwischen hat das Land sein vergleichsweise anspruchsvolles Kyoto-Ziel für die Verringerung der Treibhausgase (minus 12,5 % bis 2012) weit übertroffen. 2011 wurde bereits eine Reduzierung von über 28 % erreicht. Diese geht – neben der Substitution von Kohle durch Gas – vorrangig auf Maßnahmen zur Steigerung der Energieeffizienz zurück.

Als erstes Industrieland hatte Großbritannien im Klimagesetz von 2008 für 2020 ein verbindliches Reduktionsziel von „mindestens 26 %" festgelegt (80 % für 2050). Im Mai 2009 wurde dies Ziel auf 34 % erhöht. Im Januar 2010 empfahl der „Umweltaudit"-Ausschuss des briti-

---

[34] BMWi/BMU 2010.

schen Unterhauses ein noch strengeres Klimaziel „jenseits der bereits eingegangenen Verpflichtungen". Anstelle des bisherigen Ziels, die Treibhausgase bis 2020 um 34 % zu verringern, solle die Regierung einseitig eine Reduzierung um 42 % anstreben.[35] 2011 hat die neu gewählte konservativ-liberale Regierung das Treibhausgasziel für 2025 auf 50 % erhöht (siehe Abbildung 5).

Abbildung 5: Treibausgasreduktion in Großbritannien 1990-2010 und Ziele für 2020/2025

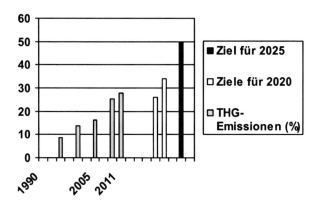

Die britischen Maßnahmen zur Steigerung der Energieeffizienz bewirkten, dass die formulierten Ziele weit übertroffen wurden. Anstelle des indikativen EU-Ziels von 9 % wird für 2016 eine Energieeinsparung von 14 % erwartet.[36] Im selben Jahr sollen alle Neubauten „zero-carbon" sein.[37] Zu den ergriffenen Maßnahmen gehörte u.a. das erfolgreiche Energy Efficiency Commitment, das die Energiewirtschaft zu Maßnahmen der Energieeinsparung bei Privatkunden verpflichtet. Bei der Industrie erwiesen sich die Climate Change Agreements als erfolgreich. Mehr als die Hälfte der Einsparungen kam von Maßnahmen der Wärmedäm-

---

[35] House of Commons 2010.
[36] Dept. of Energy & Climate Change 2011.
[37] Ecofys et al. 2006; OECD 2009.

mung. Ein anderer Effekt dieser Politik war der rasche Markterfolg von sparsamen Elektrogeräten. Die Mark Group, ein erfolgreicher Player im Gebäudebereich, expandierte später in den US-Markt.

Die britischen Erfolge bei der Steigerung der Energieeffizienz sind auch insoweit von Interesse, als sie in völligem Kontrast zum Ausbau der erneuerbaren Energien stehen, der erst 2010 mit größerem Elan angegangen wurde.

c) Irland

Irland ist das OECD-Land mit der weitestgehenden spezifischen Energieeinsparung. Die Energieintensität wurde von 1990 bis 2007 jährlich um 3,4 % verringert, weit über dem OECD-Durchschnitt von 1,5 %.[38] Neben sektoralen Struktureffekten des Wachstums wenig energieintensiver Industrien ist dies das Resultat einer entsprechenden Energiepolitik. Die Energiestrategie verhalf effizienten Technologien insbesondere in den Sektoren Industrie und Gebäude zu einem Markterfolg. Eine wichtige Rolle spielte die 2002 gegründete „Sustainable Energy Authority of Ireland" (SEAI). Das im Rahmen der EU verfolgte Effizienzziel Irlands für 2016 wird nach Regierungsangaben wie in Großbritannien übetroffen werden. Ein bereits erfolgreicher Energie-Aktionsplan von 2007 wurde 2009 verschärft. Dabei kam auch die Regierungsbeteiligung einer grünen Partei zur Geltung. Der „Strategische Plan 2010-2015" der SEAI ist das interessante Beispiel einer forcierten Modernisierung im gesamten Energiesektor auf der Basis der Erfolge im Teilbereich Energieeffizienz. Die Energieeffizienzpolitik soll – u.a. durch Einbeziehung der Energiewirtschaft und von „energy service companies" – fortgesetzt werden und allein im Gebäudebereich 25 Mrd. € einsparen.

Im Jahr 2010 wurden auch für die erneuerbaren Energien die 25-Jahres-Perspektive einer vollständig „grünen" Stromversorgung und die Vision eines Stromexports auf dieser Basis formuliert. Ein starker Player ist hierbei u.a. Siemens Ireland.[39] Für 2020 wird das konkrete Ziel formuliert: „Accelerate the growth of renewable electricity from 15 per cent of

---

[38] OECD 2009, S. 77.
[39] EndsEuropeDaily 29.3.2010.

demand in 2010 to 40 per cent".[40] Das Programm hat eine klare industriepolitische Ausrichtung: Die Energiepolitik soll die Wettbewerbsfähigkeit erhöhen, die Kosten senken, die Beschäftigung verbessern und Irland zu einem „globally recognised centre of expertise" machen.[41] Wie weit sich Irlands akute Finanzprobleme negativ auf diesen Ehrgeiz auswirken, bleibt abzuwarten.

d) Dänemark

Dänemark hat heute einen spezifischen Energieverbrauch, bezogen auf das BIP, der nur 60 % des EU-Niveaus ausmacht.[42] Das Land hat neben der Förderung der Windenergie (siehe Abschnitt II.1.e) eine bis in die 1970er Jahre zurückreichende Tradition der gezielten Steigerung der Energieeffizienz. Sie betraf zunächst bevorzugt die Kraft-Wärme-Kopplung. Hinzu kamen staatlich geförderte Maßnahmen der Effizienzsteigerung von Elektrogeräten. Dänemark war beispielsweise in den neunziger Jahren der Lead-Markt für sparsame Kühlschränke. Es wurden auch Maßnahmen zur Effizienzsteigerung der Industrie ergriffen, mit besonderen Erfolgen bei der Chemieindustrie. Sehr weitgehende Verbesserungen wurden durch eine Vereinbarung mit der Energiewirtschaft (2006) erzielt, die bestimmte Sparziele enthielt. Das Einsparziel wurde später um 100 % erhöht. Mehrfach erhöht wurden auch die Energieverbrauchsstandards für Gebäude. Ebenfalls mehrfach angehoben wurden die Energiesteuern.

e) Japan

Bekannt ist das Beispiel des japanischen „Top-Runner"-Programms, das den energieeffizientesten Spitzenreiter einer Produktkategorie zum Maßstab für einen Standard erhebt, der zeitversetzt verbindlich wird. Auch hier wird in dem Motto „Developing the world's best energy-efficient appliances" ein industriepolitischer Ehrgeiz erkennbar.[43] Die Mehrzahl

---

[40] SEAI 2010.
[41] Ebenda.
[42] Centre f. European Reform, 11.4.2012; ODYSSEE, May 2011.
[43] ECCJ 2008.

der inzwischen 23 regulierten Produkte erreichte den Spitzenstandard vorfristig bzw. überbot ihn, weshalb jeweils ein neuer Top-Runner-Standard festgelegt werden konnte. Das ergab nach Nordqvist einen *Zyklus aus Standardsetzung – Umsetzung – Evaluation – und neuer Standardsetzung*.[44] So sollten Computer bis 2005 durchschnittlich 83 % weniger Strom als 1997 verbrauchen. Das Ziel wurde bereits 2001 erreicht. Der neue Standard für 2007 – minus 69 % – wurde mit 81 % übertroffen. Darauf wurde für 2011 ein neuer Standard formuliert, der noch einmal eine spezifische Verbrauchsverringerung von 78 % erbringen soll.[45] Bei PKW wurde das bescheidenere Ziel für 2010 (minus 23 %) bereits fünf Jahre früher erreicht. Daraufhin wurde ein neuer Standard festgelegt, der noch einmal eine Einsparung von 29 % ergeben soll.[46] Das Top-Runner-Programm wird allgemein als sehr erfolgreich angesehen. Es förderte die Wettbewerbsfähigkeit bei den betreffenden Produkten. Entgegen der Befürchtung sind auch signifikant höhere Produktkosten offenbar nicht entstanden. Unmittelbar nach der Katastrophe von Fukushima wurden gezielte Maßnahmen der Stromeinsparung beschlossen.[47]

III. Theoretische Interpretation

Die folgende Interpretation der angeführten Beispielsfälle erfolgt bottom-up und sucht Erklärungen für das Explanandum beschleunigten technischen Wandels im Klimabereich unter Rekurs auf vorhandene Literatur. Ein solches Verfahren ist in der wissenschaftlichen Politikberatung verbreitet. Es unterscheidet sich von der – zumeist monodisziplinären – Überprüfung bestimmter Theorien im akademischen Betrieb.

Bevor erklärende Ansätze dargestellt werden, soll zunächst die Besonderheit von Umweltinnovationen hervorgehoben werden. Denn in diesem Fall geht es nicht nur um eine spezifisch *technik-basierte Politik* – eine Klimapolitik, die auf markfähige technische Lösungen setzt. Vielmehr hat diese es auch mit technischen Innovationen zu tun, die gewichtige Besonderheiten aufweisen. Das hier zu erklärende Phänomen

---

[44] Nordqvist 2006.
[45] METI 2010.
[46] ECCJ 2008.
[47] Zur Energiepolitik Japans vgl. auch den Beitrag von Simonis in diesem Band.

einer Verschärfung klimapolitischer Maßnahmen im Wechselspiel von Politik und Technik wird wesentlich von dieser Besonderheit geprägt.

1. Besonderheit von Innovationen im Umwelt- und Klimaschutz

Auch außerhalb Deutschlands werden Innovationen nirgends so oft thematisiert wie in der Umwelt- und Klimapolitik. Und dies hat Gründe. Umweltinnovationen im Allgemeinen und klimarelevante Innovationen im Besonderen haben gegenüber anderen Innovationen wesentliche Besonderheiten. Dazu gehört erstens, dass sie eine Bedingung langfristigen Industriewachstums sind, weil dieses eine ökologische Schadensabwehr auf immer höherem Niveau erfordert. Bereits dieses Erfordernis bedeutet Innovation in Permanenz. Da dem globalen Industrialismus heute zunehmend die billig verfügbaren Rohstoffe ausgehen, ergibt sich zweitens ein Zwang zur Steigerung der Ressourceneffizienz. Die marktkonforme technische Antwort auf beide Probleme sind Umweltinnovationen bzw. eine fortlaufende ökologische Modernisierung.[48] Das führt zu einer dritten Besonderheit ökologischer Innovationen: Mehr als die meisten technischen Neuerungen können Umweltinnovationen mit Zukunftsmärkten rechnen, und diese haben zugleich globale Dimensionen. Hinzu kommt, dass öko-effiziente Innovationen, die auch Ressourcen einsparen, einen positiven Beitrag zur Produktivität leisten. Diese Gründe erklären, warum es nicht zu einem generellen Wettbewerb zu Lasten der Umwelt (Race to the bottom) gekommen ist, sondern vorwiegend gegenteilige Entwicklungen eintraten.[49] Allerdings zeichnen sich Umweltinnovationen nun auch dadurch aus, dass sie angesichts von Marktversagen in hohem Maße auf politische Förderung angewiesen sind.[50] Zwar bringt der Markt ständig technische Neuerungen hervor, darunter solche im Umweltbereich. Die hier beschriebene Beschleunigungsdynamik wird so allerdings kaum erreicht. Der Begriff des „Green New Deal", der auf Staatsinterventionen zur Krisenlösung setzt, hat in diesem Zusammenhang Bedeutung erhalten.[51]

---

[48] Jänicke 1984, 2008; Jänicke/Jacob 2008.

[49] Vogel 1995; Hettige et al. 1996; Jänicke 1998a; Wheeler 2001; Holzinger 2005.

[50] Johnstone 2007; Ernst & Young 2006; vgl. Jänicke 1978.

[51] Vgl. UNEP 2009.

Lange Zeit haben Ökonomen die Rolle von Staat und Politik speziell bei Umweltinnovationen vernachlässigt oder die politische Regulation eher als innovationsschädlich angesehen. Empirische Studien zur Bedeutung staatlicher Regulierung für das Entstehen umwelttechnischer Innovationen lagen aber bereits in den 1980er Jahren vor.[52] Später wies neben Wallace vor allem Porter in diese Richtung.[53]

Die Klimaproblematik hat der Frage einer politischen Forcierung des technischen Wandels Gewicht verliehen. Dort wird auch sichtbar, dass es um mehr geht als um normale Innovationen, wie sie der Markt allein hervorbringt (etwa die Effizienzsteigerung bei Kohlekraftwerken). Eine entsprechende „starke" Innovationsstrategie kann in folgender Hinsicht anspruchsvoll gestaltet werden: (1.) Sie kann auf radikale Innovationen jenseits von Rebound- und Wachstumseffekten abzielen, die auf eine absolute Entkopplung der Problemvariablen von der Wirtschaftsleistung hinausläuft. (2.) Sie kann den Diffusionsgrad erhöhen; in der Klimapolitik sind z.b. technische Lösungen unzureichend, die auf Nischenmärkte oder auch nur auf den OECD-Bereich beschränkt sind. (3.) Sie kann den Innovationsprozess – vergleichbar der Steigerung der Arbeitsproduktivität – verstetigen und langfristig kalkulierbar machen. (4.) Das Ausbreitungstempo – die jährliche Diffusionsrate in einem Land – kann erhöht werden. Die befürchtete Beschleunigung der globalen Erwärmung[54] macht die Beschleunigung des Wandels hin zu kohlenstoffarmen Technologien zu einem zentralen Thema.

2. Der dreifache Zyklus der Politikakzeleration

Im Kern geht es bei dem hier behandelten Thema um die dynamische Interaktion zwischen Funktionen des „technischen Innovationssystems".[55] Dieser Begriff wird von verschiedenen Autoren verwendet, um technische, wirtschaftliche und gesellschaftliche Funktionen technischer Inovationsprozesse und ihr Zusammenwirken zu beschreiben. Sein Vor-

---

[52] Ashford et al. 1985.
[53] Porter/van der Linde 1995; Wallace 1995; siehe auch Hemmelskamp 2000; Frohwein 2005; Jacob et al. 2005; Ekins/Venn 2006; Reid/Miedzinski 2008.
[54] IPCC 2007.
[55] Bergek et al. 2008; Hekkert et al. 2007; Jacobsson/Lauber 2006; Watanabe 2009.

teil ist u.a. die Möglichkeit, spezifische technische Innovationssysteme (TIS) innerhalb des weiteren „Nationalen Innovationssystems" (NSI) herauszuarbeiten.[56] Technische Innovationen erfüllen nach diesem Ansatz Funktionen (z.b. die Hervorbringung und Verbreitung von Wissen, Marktbildung, Ressourcenmobilisierung oder Legitimation). Die Erfüllung dieser Funktionen und ihr Zusammenwirken beeinflussen die Beschleunigung (acceleration) oder Verlangsamung (deceleration) des Diffusionsprozesses. Hierbei geht es um die Möglichkeit von „virtuous cycles" oder „vicious cycles".[57] Auch der IPCC verweist in seinem Report über erneuerbare Energien auf die mögliche Interaktion von Marktzyklus und technischem Innovationszyklus und bezeichnet deren positive Dynamik als „virtuous cycle".[58]

Ausschlaggebend in diesem Prozess ist allerdings, jedenfalls bei den hier behandelten Beispielsfällen, ein dritter Zyklus: der *Politikzyklus*. Dieser wird in der Politikwissenschaft bestimmt durch die Stufen: Thematisierung (agenda setting) – Ziel- und Politikformulierung – Entscheidung – Vollzug – Ergebnis – Evaluation. Die Evaluation des Politikergebnisses führt im Regelfall zu neuer Thematisierung.[59] Die Novellierung von Gesetzen ist typisch für diesen Zyklus. Die Begriffe des „Politikzyklus" und der politischen Rückkopplung (policy feedback) wurden verwendet, um Lernprozesse innerhalb des politischen Systems zu erklären.[60] In unserem Fall geht es jedoch um Rückkopplungen zwischen technischen, ökonomischen und politischen Dynamiken.

Der *Marktzyklus* betrifft, über die Produktentwicklung, die Investitionen und die Vermarktung hinaus, die Nachfrage, den Wettbewerb, die Preisentwicklung und vor allem die induzierte Nachfrage nach – sekundären – Innovationen, die die Produktqualität verbessern und die Herstellungskosten senken. Das betrifft den dritten, den *Innovationszyklus*. Er umfasst die Erfindung (Invention) und die Entwicklung bis zur Marktreife, die eigentliche Innovation der Markteinführung und schließlich die Diffusion, deren Erfolg neue Innovationsanreize schafft.

---

[56] OECD 1999.
[57] Hekkert et al. 2007.
[58] IPCC 2011.
[59] Howlett/Ramesh 2003.
[60] Pierson 1993.

Die Märkte klimafreundlicher (low-carbon) Technologien sind im Regelfall organisierte Märkte. Sie sind politisch induziert – „policy-driven".[61] Die unter Ökonomen lange Zeit strittige Rolle der Politik im Prozess der Umweltinnovation ist inzwischen breit anerkannt.[62] Anspruchsvolle Klimastrategien sind essentiell über den Staat wirksam. Ihre Erfolge können ein positives Feedback für die Politik haben. Politik kann auch den Innovationsprozess unmittelbar fördern. Mit der Bereitstellung gezielter R&D-Mittel kann sie grundlegend neue Technik fördern.[63] Vor allem aber können gezielte staatliche R&D-Mittel den sekundären, vom Markt getriebenen Innovationsprozess stützen, der die Qualität und die Herstellungskosten der klimafreundlichen Technik im Wettbewerb verbessert. Anspruchsvolle staatliche Zielvorgaben können dem Prozess zusätzlich eine stimulierende Langzeitperspektive bieten. Die Politik steuert also Marktprozesse und Innovationsprozesse. Und beide können ein positives Feedback für die Politik ergeben: Der Markterfolg kohlenstoffarmer Technologien erbringt neben dem intendierten Klimaeffekt Beschäftigungseffekte und Anbieterinteressen, die die Politik stützen. Und der durch Markt und Staat geförderte Innovationsprozess gibt einer technikbasierten Politik zusätzliche Handlungsoptionen. Höhere Wirkungsgrade von PV-Anlagen oder von Effizienztechnologien können anspruchsvollere Klimaziele in der Sache legitimieren. Und der Markterfolg kann die politische Akzeptanz hierfür fördern.

Insgesamt wirken die drei Zyklen also dadurch, dass sie sich sowohl gegenseitig Impulse geben als auch positive Rückwirkung (Feedback) erfahren können. Als Zyklen tendieren sie dazu, den Prozess auf höherem Niveau fortzusetzen.

Die dargestellte Innovationsdynamik unterliegt naturgemäß *internationalen Rahmenbedingungen:* Dabei unterliegt der politische Prozess diesem Einfluss in doppelter Weise. Nationale Regierungen sind einem mehr oder weniger starken Einfluss durch die globale Klimapolitik ausgesetzt. Eine große Zahl von Regierungen handelt zudem unter den Bedingungen eines industriepolitischen Innovationswettbewerbs um kohlenstoffarme Technologien. Ebenso sind die nationalen Anbieter auf die-

---

[61] Ernst & Young 2006.
[62] Ashford et al. 1985; Porter/van der Linde 1995; Hemmelskamp 2000; Johnston 2007; Reid/Miedzinski 2008; AASA 2011; OECD 2011.
[63] Siehe hierzu auch den Beitrag von Fornahl/Umlauf in diesem Band.

sem Gebiet in der Regel einem internationalen Wettbewerb ausgesetzt. Und die heimischen Märkte sind von dieser Konstellation beeinflusst. Auch das nationale Innovationssystem ist nicht frei von internationalen Einflüssen und unterliegt oft einem Wettbewerb der Forschungsanbieter.

3. Kapazitätsentwicklung

Die dargestellte Entwicklung sich gegenseitig verstärkender Rückkopplungen verbessert offensichtlich die *situativen* Handlungschancen der Politik.[64] Sie steigert aber auch ihre Handlungsfähigkeit insgesamt und lässt sich insoweit auch in Kategorien der Kapazitätsentwicklung interpretieren.[65] Politische Handlungskapazität lässt sich allgemein negativ als die Grenze definieren, jenseits derer ein Erfolg von Maßnahmen nicht zu erwarten ist. Fehlendes Wissen, fehlende Finanzressourcen, ein inkompetenter Staatsapparat, ein schwaches nationales Innovationssystem[66] oder ein insgesamt unzureichendes Entwicklungsniveau sind hier zu nennen. Neben der allgemeinen negativen Bestimmung von Handlungskapazität ist auch deren positive Bestimmung relevant: Hierzu gehört die Kapazität, bestimmte Ziele zu erreichen. Positive Effekte einer entwickelten Handlungskapazität auf die Ambitionen der Politik hat Prittwitz am Beispiel der Verschärfung von Smog-Verordnungen dargestellt.[67] Die Frage der Handlungskapazität ist wichtig, weil der Realismus von Klimazielen wesentlich durch sie bestimmt wird.

4. Zur Governance klimapolitischer Akzeleration

Die angeführten Beispielsfälle von „bester Praxis" im Klimaschutz lassen – bei allem Vorbehalt, der vor allem die methodische Ausblendung von Negativbeispielen betrifft – folgende Verallgemeinerungen zu:

– Voraussetzung solcher Prozesse ist in der Regel neben einem Vorlauf an Erfahrungen und der Existenz geeigneter Anbieter das Umfeld

---

[64] Zahariadis 1999; Jänicke 1998; Zundel et al. 2003.
[65] OECD 1995; Jänicke 1998; Dalal-Clayton/Bass 2002.
[66] OECD 1999.
[67] Prittwitz 1990.

staatlicher F&E-Förderung, die den sekundären Innovationsprozess stützt (so auch im Falle von China und Indien).

- Entscheidend sind sodann kalkulierbare Klimaziele an der Kapazitätsgrenze dessen, was ein Land sich technisch zumuten kann. Die Ziele sollten *anspruchsvoll* und *realistisch* sein (die Kapazität also nicht überfordern). Die Kalkulierbarkeit der Ziele ergibt sich aus dem Umsetzungsprogramm und seinen absehbaren Wirkungen. Allen dargestellten Erfolgsfällen ist ein starkes Engagement des Staates gemeinsam. Je wirksamer die beschlossenen Maßnahmen, desto eher können Anbieter der neuen Technik mit einem Markterfolg rechnen.

- Ist die Zielverwirklichung erfolgreich, regt sie also das Wachstum der Märkte für klimafreundliche Technologien wirksam an, so ergeben sich neben den Skaleneffekten *sekundäre Innovationen*: neue Verfahren, die die Herstellungskosten senken (Beispiel: die Kostendegression der Photovoltaik in Deutschland) und Produktinnovationen, die z.B. die energetischen Wirkungsgrade des Produkts verbessern (wie bei der Windkraft in Deutschland und China). Hinzu kommen soziale Innovationen wie etwa die Institution der „100%-Erneuerbare-Energie-Region" in Deutschland.

- Mit dem Markterfolg entstehen nicht nur Arbeitsplätze, sondern auch neue Anbieterinteressen, die anspruchsvolle politische Maßnahmen mit zusätzlicher Legitimität versorgen, oft auch über sie hinaus drängen. Dies erweitert tendenziell die politischen Handlungsbedingungen und das politische Anspruchsniveau. Am Ende werden zuvor strittige Klimaziele oft breit akzeptiert. Weitergehende Zielvorgaben finden eher Akzeptanz (in Deutschland erklärten Ende 2009 laut Infratest Dimap 62 % der befragten Bürger, dass anspruchsvolle Klimapolitik ein Vorteil *für die Wirtschaft* ist).

- Hinzu treten die Wirkungen des internationalen Wettbewerbs: Wettbewerber anderer Länder können die erfolgreiche Technik weiterentwickeln und ihrerseits auf dem Weltmarkt anbieten. Daraus erwächst die Situation, dass der Vorsprung eines Pionierlandes nur um den Preis ständig neuer Innovationen zu halten ist. Dies wiederum legt noch anspruchsvollere politische Zielvorgaben nahe. So kann auch der internationale industriepolitische Wettbewerb den dreifachen Zyklus zusätzlich beschleunigen.

IV. Deutschland im Kontext der Pionierländer

Die hier beschriebenen Fälle von best practice betreffen objektive Möglichkeiten einer industriepolitisch konzipierten Klimapolitik, für deren Nutzung Deutschland in vieler Hinsicht ein Vorläufer war. Erklärt wird dies u.a. durch die angeführten günstigen Startbedingungen des Landes. Insgesamt hat Deutschland seit der rot-grünen Koalition – oft durch trial and error – Erfahrungen gemacht, die für andere Länder eine Vorbildfunktion erhielten. Vor allem in Japan und China sind intensive Kommunikationen mit Deutschland nachweisbar, die diesem „lesson-drawing" dienten. Daraus ergaben sich Rückwirkungen in Deutschland. In gewisser Hinsicht kann hier von dem wechselseitigen Verstärkungseffekt einer Art „Gruppendynamik" von Vorreiterländern gesprochen werden.

Fasst man die Veränderungen in Deutschland in dem Jahrzehnt von 2000 bis 2010 zusammen, so ergibt sich folgendes Bild: Der Anteil von grünem Strom stieg auf 20 % und die Beschäftigung im Bereich erneuerbare Energien auf über 380.000 (2011), die Treibhausgase sanken um über 24 %, obwohl Kernkraftwerke stillgelegt wurden. In der gleichen Zeit sank die Arbeitslosigkeit um weit mehr als eine Million – im Gegensatz zu fast allen OECD-Ländern. Eine völlig neue Erfahrung bietet Deutschland hierbei in Bezug auf die Wachstumsfrage: Der radikale Wandel im Energiesystem wurde mit einem durchschnittlichen BIP-Wachstum von nur einem Prozent erzielt. Innovationsprozesse dieser Art sind also keineswegs auf eine hohe Wachstumsdynamik angewiesen.

Es ist die Erfolgsbilanz in mehreren Dimensionen nachhaltiger Entwicklung, die den deutschen Fall im internationalen Vergleich hervorstechen lässt.[68] Dass diese Erfolgsbilanz bei Lichte besehen eine Reihe von Abstrichen erfordert (z.B. bei den prekären Arbeitsverhältnissen), ändert nichts an ihrer Bedeutung für das internationale „lesson-drawing" in der Klimapolitik.

Zuletzt: Die Grenzen eines industriepolitischen Ansatzes der Klimapolitik, der ja ein ausschließlich technik-basierter ist, waren ebenso wenig Thema dieses Beitrags wie die Misere der aktuellen Klimapolitik oder die Restriktionen in den weniger günstigen Fällen. Die Grenzen

---

[68] Zu dieser (Erfolgs-)Bilanz skeptisch die Beiträge von Ekardt, Hanke/Best und Kunze in diesem Band.

technik-basierter Klimapolitik sind offensichtlich[69] und sollen hier wenigstens erwähnt werden: Ohne eine – zusätzliche – umfassende Revitalisierung von Naturkapital ist Klimapolitik chancenlos. Leider ist die Instrumentalisierung der Marktlogik in dieser Hinsicht sehr viel schwieriger. Aber vielleicht ist ja die wirtschaftliche Erfolgsbilanz vieler Länder bei der industriepolitisch angelegten Klimapolitik ein Beitrag dazu, dass Fortschritte auch auf diesem steinigen Pfad möglich werden.

Literatur

Agentur für Erneuerbare Energien (2010): Erneuerbare Energien 2020. Potenzialatlas Deutschland, Berlin.

Ashford, N. A./Ayres, C./Stone, R. F. (1985): Using Regulation to Change the Market for Innovation, Harvard Environmental Law Review 2 (9), S. 419 ff.

Bergek, A./Jacobsson, S./Carlsson, B./Lindmark, S./Rickne, A. (2008): Analyzing the Functional Dynamics of Technical Innovation Systems: A Scheme of Analysis, Research Policy 37, S. 407 ff.

BMWi/BMU (2010): Energiekonzept, 7. September 2010, Berlin.

BMU/UBA (2009): Umweltwirtschaftsbericht 2009, Berlin.

Bundesregierung (2010): Nationaler Aktionsplan für erneuerbare Energien gemäß der Richtlinie 2009/28/EG sowie der Entscheidung K(2009) der Kommission vom 30.6.2009 (Entwurf), Berlin.

CleanEdge (2010): Clean Energy Trends 2010, abrufbar unter www.cleanedge.com/reports/pdf/Trends2010pdf (20.3.2013).

Dalal-Clayton, B./Bass, S. (2002): Sustainable Development Strategies, London.

Department of Energy & Climate Change (2011): UK Report on Articles 4 and 14 of the EU End-use Efficiency and Energy Services Directive (ESD), London, abrufbar unter https://www.gov.uk/government/uploads/system/uploads/attachment_data/file/48144/2289-uk-report-eu-enduse-esd.pdf (20.3.2013).

ECCJ (The Energy Conservation Center, Japan) (2008): Top Runner Program, revised edition, Tokyo.

Ecofys et al. (2006): Evaluation of the British Energy Efficiency Commitment, Ms. (within the Framework of the AID.EE Project).

Ekins, P./Venn, A. (2006): Assessing Innovation Dynamics Induced by Environmental Policy, London.

---

[69] Jänicke 2012.

Ernst & Young (2006): Eco-industry, its size, employment, perspectives and barriers to growth in an enlarged EU, Final Report, European Commission – DG Environment.

Frohwein, T. (2005): Der Einfluß umweltpolitischer Regulierung auf Innovationen, in: Hansjürgens, B./Nordbeck, R. (Hg.), Chemikalienregulierung und Innovationen zum nachhaltigen Wirtschaften, Heidelberg, S. 17 ff.

Government of India (2010): Jawaharlal Nehru National Solar Mission – Toward Building Solar India, abrufbar unter www.indiaenvironmentportal.org.in.

Hekkert, M. P./Suurs, R. A. A./Negro, S. O./Kuhlmann, S./Smits, R.E.H.M. (2007): Functions of Innovation Systems: A New Approach for Analyzing Technical Change, Technological Forecasting & Social Change 74, S. 413 ff.

Hemmelskamp, J./Rennings, K./Leone, F. (Hg.) (2000): Innovation-oriented Environmental Regulation – Theoretical Approaches and Empirical Analysis, Heidelberg, New York.

Hettige, M./Huq, M./Pragal, S./Wheeler, D. (1996): Determinants of Pollution Abatement in Developing Countries: Evidence from Southeast Asia, World Development, Vol. 24, 12, S. 1891 ff.

Holzinger, K. (2007): „Races to the Bottom" oder „Races to the top"? Regulierungswettbewerb im Umweltschutz, in: Jacob, K./Biermann, F./Busch, P.-O./Feindt, P. H. (Hg.), Politik und Umwelt. PVS Sonderheft 39, S. 177 ff.

House of Commons/Env. Audit Committee (2010): Carbon Budgets. Third Report of Session 2009-10, London: The Stationary Office Limited, 11. Jan. 2010.

Howlett, M./Ramesh, M. (2003): Studying Public Policy – Policy Cycles and Policy Subsystems, 2. Aufl., Oxford, New York.

Innovas (2010): Low Carbon and Environmental Goods and Services: An Industry Analysis, Update for 2008/9, Innovas Solutions Ltd.

IPCC (2007): Climate Change 2007 – The Physical Science Basis (Fourth Assessment Report), Cambridge, New York u.a.

Jacob, K. et al. (2005): Lead Markets for Environmental Innovations, Heidelberg, New York.

Jacobsson, S./Lauber, V. (2006): The Politics and Policy of Energy System Transformation: Explaining the German Diffusion of Renewable Energy Technology, Energy Policy 34 (2006), S. 256 ff.

Jänicke, M./Jacob, K. (2008): Eine Dritte Industrielle Revolution? Wege aus der Krise ressourcenintensiven Wachstums, in: BMU, Die Dritte Industrielle Revolution – Aufbruch in ein ökologisches Jahrhundert, Berlin, S. 10 ff.

Jänicke, M./Rennings, K. (2011): Ecosystem Dynamics: The Principle of Coevolution and Success stries from Climate Policy, International Journal of Technology, Policy and Management, Vol. 11, Nos. 3,4, S. 198 ff.

Jänicke, M. (1978): Umweltpolitik – Beiträge zur Politologie des Umweltschutzes, Einleitung, Opladen.

Jänicke, M. (1984): Umweltpolitische Prävention als ökologische Modernisierung und Strukturpolitik, IIUG discussion paper 84-1, Wissenschaftszentrum, Berlin.

Jänicke, M. (1998): The Political System's Capacity for Environmental Policy, in: Jänicke, M./Weidner, H. (Hg.), National Environmental Policies – A Comparative Study of Capacity-Building, Berlin u.a., S. 1 ff.

Jänicke, M. (1998a): Umweltpolitik: Global am Ende oder am Ende Global?, in: Beck, U. (Hg.), Perspektiven der Weltgesellschaft, Frankfurt a.M., S. 332 ff.

Jänicke, M. (2008): Megatrend Umweltinnovation, München.

Jänicke, M. (2010): Das Innovationstempo in der Klimapolitik forcieren!, Jahrbuch Ökologie, Jg. 2011, Stuttgart, S. 138 ff.

Jänicke, M. (2010a): German Climate Change Policy – Political and Economic Leadership, in: Wurzel, R. K. W./Conelly, J. (Hg.), The European Union as Leader in International Climate Change Politics, London, New York, S. 129 ff.

Jänicke, M. (2010b): Die Akzeleration von technischem Fortschritt in der Klimapolitik, Zeitschrift für Umweltpolitik und Umweltrecht, 33 (4), S. 367 ff.

Jänicke, M. (2012): Dynamic Governance of Clean-Energy Markets: How Technical Innovation Could Accelerate Climate Policies, Journal of Cleaner Production 22, S. 50 ff.

Johnstone, N. (Hg.) (2007): Environmental Policy and Corporate Behaviour, Cheltenham, Northampton.

METI (2010): Top Runner Program, revised Ed., Tokyo.

Mez, L. (Hg.) (2007): Green Power Markets: Support Schemes, Case Studies and Perspectives, Brentwood, Essex.

Ministry of Power (2010): National Mission on Enhanced Energy Efficiency to be Implemented from the 1st of April, Presse Release December 14, 2009.

Nordqvist, J. (2006): Evaluation of Japan's Top Runner Programme, July 2006, Framework of the AID-EE Project (ms).

OECD (1995): Developing Environmental Capacity, Paris.

OECD (1999): Managing National Innovation Systems, Paris.

OECD (2009): Implementing Energy Efficiency Policies: Are IEA Member Countries on Track?, Paris.

OECD (2011): Towards Green Growth, Paris.

Pierson, P. (1993): When Effects Become Causes – Policy Feedback and Political Change, World Politcs 45 (4), S. 595 ff.
Porter, M. E./van der Linde, C. (1995): Green and Competitive: Ending the Stalemate, Harvard Business Review, September-October 1995, S. 120 ff.
Prittwitz, V. v. (1990): Das Katastrophenparadox – Elemente einer Theorie der Umweltpolitik, Opladen.
Reid, A./Miedzinski, M. (2008): Eco-Innovation. Final Report for Sectoral Innovation Watch, abrufbar unter www.technopolis-group.com.
REN21 (2009): Background Paper: Chinese Renewables Status Report, October 2009, www.ren21.net/news/news38.asp.
REN21 (2010): Renewables 2010 Global Status Report, Paris.
REN21 (2011): Renewables 2011 Global Status Report, Paris.
REN21 (2012): Renewables 2012 Global Status Report, Paris.
Sabatier, P. A. (Hg.) (1999): Theories of the Policy Process, Boulder.
Schreurs, M./Tiberghien, Y. (2007): Multi-Level-Reinforcement: Explaining European Union Leadership in Climate Change Mitigation, Global Environmental Politics 7 (4), S. 19 ff.
Scottish Renewables (2011): Scotland Unlimited: Realising the Ambition, www.scottishrenewables.com/static/uploads/publications/sr_priorities_for_government.pdf.
SEAI (Sustainable Energy Authority of Ireland) (2010): Strategic Plan 2010-2015, Dublin.
UNEP (2009): Global Green New Deal – Policy Brief, Genf.
Valentine, S./Sovacool, B./K. Matsuura (2011): Empowered? Evaluating Japan's National Energy Strategy under DPJ administration, Energy Policy 39 (3), S. 1865 ff.
Vogel, D. (1995): Trading Up. Consumer and Environmental Regulation in the Global Economy, Cambridge.
Wallace, D. (1995): Environmental Policy and Industrial Innovation – Strategies in Europe, the USA and Japan, London.
Watanabe, C./Wakabayashi, K./Miyazawa, T. (2000): Industrial Dynamism and the Creation of a „Virtuous Cycle" between R&D, Market Growth and Price Reduction, Technovation 20, S. 299 ff.
Wheeler, D. (2001): Racing to the Bottom? Journal of Environment and Development, Vol. 10, No. 3, S. 225 ff.
Zahariadis, N. (1999): Ambiguity, Time, and Multiple Streams, in: Sabatier, P. A. (Hg.), Theories of the Policy Process, Boulder, S. 73 ff.
Zundel, S./Erdmann, G./Nill, J./Sartorius, C./Weiner, D. (2003): Zeitstrategien ökologischer Innovationspolitik – der Forschungsansatz, in: Horbach, J./Huber, J./Schulz, T. (Hg.), Nachhaltigkeit und Innovation, München, S. 55 ff.

Energiewende auch in Japan?

Zu den Chancen eines Exit aus der Atomenergie

Udo E. Simonis

Vor „3/11", der multiplen Katastrophe von Fukushima aus einem Erdbeben, einem Tsunami und mehreren Kernschmelzen, war Japan in hohem Maße abhängig von der Atomenergie. Zum jetzigen Zeitpunkt (Mai 2012) sind alle japanischen Atomkraftwerke abgeschaltet – allerdings nur zu Zwecken der technischen Überprüfung. Es gibt eine Regierungserklärung über die Möglichkeit eines Atomausstiegs, doch ein entsprechendes Gesetz ist bislang nicht ins Parlament eingebracht worden. Es ist unzweifelhaft, dass in Japan ein hohes Potenzial für erneuerbare Energien besteht, ungeachtet diesbezüglich verpasster Chancen in der Vergangenheit. Und vielleicht wird dieses Land, das lange eher für die zögerliche Entwicklung der eigenen regenerativen Ressourcen – wie Wind, Geothermie, Biogas, Wasser-, Sonnen- und Wellenenergie – bekannt war, sich nun endlich auf eine Kurskorrektur in seiner Energiepolitik einlassen. In jüngster Zeit zirkulieren im japanischen Politikbetrieb bereits Vorschläge für Einspeisetarif-Modelle, die – im Falle ihrer Umsetzung – zu einem Sofortprogramm für die Erneuerbaren führen könnten. Doch der letztendliche Ausgang der derzeitigen politischen Debatte ist offen. Ob die Atomkraftwerke langfristig ausgeschaltet bleiben, wird dabei von der Zivilgesellschaft abhängen, die seit der multiplen Katastrophe von Fukushima an Stärke gewonnen hat – und von den Gouverneuren der betroffenen Provinzen, die ihr explizites Einverständnis für eine Wiedereinschaltung geben müssen.

„*Es ist wichtig, dass wir diese Katastrophe niemals vergessen und die Lehren, die wir gelernt haben, an künftige Generationen weitergeben*".

Kaiser Akihito am 11. März 2012

I. Eine Voreinschätzung

Japan durchlebt seit geraumer Zeit die Folgen einer multiplen Katastrophe: die Folgen eines Erdbebens der Momenten-Magnitude von 9,0, eines gewaltigen Tsunami und der Kernschmelzen in drei Reaktoren des Atomkraftwerks Fukushima-Daiichi. „11. März 2011, 14.46 Uhr" – man nennt es inzwischen das Große Ostjapanische Beben, das die Präfekturen Iwate, Miyagi und Fukushima traf. Es war ein Beben von nur zwei bis drei Minuten Dauer, aber mit enormer Wirkkraft. Insgesamt sind rund 22.500 Tote und Vermisste zu beklagen. Mehr als 200.000 Gebäude wurden völlig zerstört oder schwer beschädigt. Mehr als 380.000 Menschen mussten vorübergehend oder auf Dauer evakuiert werden, weil ein großes Areal des Landes für lange Zeit unbewohnbar wurde. Die in Fukushima freigesetzte Menge an Radioaktivität war die historisch größte zivile Freisetzungsmenge. In noch nicht bekannter Menge und mit noch nicht abschätzbaren Effekten gelangten radioaktive Stoffe in die Nahrungskette. Der unmittelbare wirtschaftliche Schaden wurde von der japanischen Regierung zunächst auf umgerechnet 150 Milliarden Euro geschätzt; die Münchener Rückversicherung aber geht von mehr als 200 Milliarden aus. Die meisten Schäden und Opfer verursachte allerdings nicht das Beben selbst, sondern der Tsunami, der in nur 25 Minuten in mehreren Wellen auf die Ostküste der Insel Honshu traf. Mehr als 90 % der Todesfälle sind auf Ertrinken zurückzuführen. Fast zwei Drittel der Opfer waren 60 Jahre und älter. Mehr als 1.100 Kinder verloren mindestens ein Elternteil. Die mittelbaren wirtschaftlichen Schäden halten an und sind noch nicht endgültig kalkulierbar. In der Industrie kam es zu erheblichen Produktionsausfällen, in der Landwirtschaft zu teils dramatischen Ernteverlusten, die Handelsbilanz Japans geriet aus dem Gleichgewicht, die Exporte gingen zurück und wurden von den Importen übertroffen.

Was lernt man aus einer solchen multiplen Katastrophe? Wie lernt der Mensch, wie lernt ein Volk? Lester Brown, der langjährige und welterfahrene Präsident des Worldwatch-Instituts verwendet dazu in seinen

Büchern zum Plan B[1] drei strategische Metaphern: „Sandwich", „Berlin Wall" oder „Pearl Harbor" – das heißt: Lernen durch Kooperation, durch Interessenausgleich oder durch die Katastrophe.

Bei einem so lernbegierigen Volk wie den Japanern wird – das lässt sich zum Trost unterstellen – das Lernen-Wollen aus der multiplen Katastrophe groß sein. Anzeichen dafür gibt es viele. Das Erdbeben hat ein bewegendes Moment gemeinsamer Trauer ausgelöst und ein beeindruckendes Maß an sozialer Hilfsbereitschaft bewirkt. Dem Aufruf zum Energiesparen (*setsuden*) wird in bemerkenswerter Weise Folge geleistet.[2] Der Tsunami bringt große ökonomische Anstrengungen zum Wiederaufbau hervor, so wie es auch für andere historische Fälle belegt ist. Kooperation und Interessenausgleich waren und werden dabei wichtige Leitprinzipien sein.

Atomkraftwerke aber sind von Menschen gemacht – und sie sind, wie der Fall Fukushima erneut und endgültig zeigt, nicht sicher. Was also wird die tragische Verkettung von natürlicher und menschen-gemachter Katastrophe an Lerneffekten bewirken? Wird sie ein „Wunder der Erneuerung" hervorbringen, wie das nach dem Erdbeben von Yokohama und Tokio 1923, nach den Atombombenabwürfen auf Hiroshima und Nagasaki 1945, nach dem Erdbeben von Kobe 1995 der Fall war? Und lernt Japan nun vielleicht stellvertretend für all die anderen Länder, die sich von der Atomenergie abhängig gemacht haben?

Die Ereignisse in und um das Atomkraftwerk Fukushima – die Explosion, die Kernschmelze, die atomare Verseuchung – konfrontiert Reinhard Zöllner mit dem Merksatz, den Rolf Schick einmal formuliert hat: „Erdbeben sind keine Naturkatastrophen!".[3] Erdbeben sind Naturereignisse; zu Katastrophen werden sie dann, wenn die Menschen sich nicht richtig auf sie einstellen. Zur Illustration dieser These zitiert Zöllner den Seismologen Ishibashi Katsuhiko, der 1997 in der Zeitschrift Kagaku („Naturwissenschaft") in dem Artikel „Die nukleare Erdbebenkatastrophe" die geltende japanische Sicherheitsphilosophie beim Bau von Atomkraftwerken in Frage gestellt hatte. Zu deren Prämissen gehört, dass solche Kraftwerke nicht über aktiven seismologischen Verwerfungen errichtet würden und dass damit ausgeschlossen sei, dass sie von schweren

---

[1] Vgl. Brown 2008.
[2] Luhmann 2012.
[3] Zöllner 2011.

Erdbeben getroffen werden könnten. Ishibashi lieferte zahlreiche historische Belege für schwerste Beben ohne Zusammenhang mit seismologischen Verwerfungen, sodass im Grunde für alle an der Küste zur Japan-See gelegenen Atomkraftwerke mit solchen Erdbeben und darauf folgenden Tsunamis zu rechnen sei. Seine Folgerung war klar und eindeutig: „Weil man mit Katastrophenschutzmaßnahmen eine nukleare Erdbebenkatastrophe nicht verhindern kann, müssen wir uns grundsätzlich bemühen, von der Atomenergie loszukommen. (...) Dass Japan, das Großreich der Erdbeben, eine große Zahl von Atomkraftwerken betreibt, ist auch gegenüber dem Rest der Welt eine grobe Unverschämtheit".[4]

Keine andere Katastrophe ist vom Moment ihres Eintretens an mit öffentlichen und privaten Medien, mit Statistiken und Messdaten dermaßen umfassend dokumentiert worden wie die Dreifachkatastrophe aus Erdbeben, Tsunami und Kernschmelze in der japanischen Region Tohoku. Sie gründlich auszuwerten wird aber wohl erst nach jahrelanger Forschungsarbeit möglich sein. In diesem Buch werden Teile dieser Arbeit präsentiert. Im vorliegenden Beitrag soll es um die Frage gehen, ob (auch) in Japan eine Energiewende möglich erscheint, wobei uns die kulturellen und sozio-politischen Hintergründe der Katastrophe und ihre nationale und internationale Wahrnehmung besonders interessieren.[5]

II. Multiple Katastrophe und ihre Folgen

Die Dreifachkatastrophe von Fukushima wird, besonders wenn die Kernschmelze noch länger anhält, ökonomisch wie ökologisch enorme Kosten und großes menschliches und gesellschaftliches Leid zur Folge haben. Sie hat bereits zu einer Opferbereitschaft der anderswo kaum denkbaren Art geführt: dem Einsatz von freiwilligen Helfern, der mit Krankheit und Tod beglichen wird. Wird die Katastrophe aber auch bewirken, dass Japan, so wie für Deutschland derzeit breit und parteiübergreifend diskutiert, schnell und zügig aus dem Atomzeitalter aus- und ins Solarzeitalter einsteigt?

---

[4] Zitiert nach der Übersetzung von Zöllner 2011, S. 73.

[5] Die diesem Beitrag zugrundeliegende öffentliche Vorlesung an der Universität Bremen wurde am 25. April 2012 gehalten; die Textversion wurde im Mai 2012 verfasst.

Viele können es nicht begreifen – und ich gehöre dazu –, dass ein Volk, das die tödliche Gewalt der Atombombe erlitten hat (Hiroshima und Nagasaki), jemals in die so genannte friedliche Nutzung der Atomtechnik investieren konnte, dass zahlreiche Atomkraftwerke in geologisch superaktiven Regionen gebaut wurden, ohne dass die Bevölkerung dagegen aufstand oder der Oberste Gerichtshof des Landes diesem Tun Einhalt gebot. Dazu muss man sich allerdings vergegenwärtigen, dass die japanische Umwelt- und Energiepolitik schon lange von einem Auf und Ab, einem regelrechten Schlingerkurs geprägt ist.[6]

Einerseits wurde in Japan eine überdurchschnittlich hohe allgemeine Energieeffizienz erreicht, andererseits war dies mit einer höchst einseitigen Energiestruktur erkauft. Einerseits wurden bei gravierenden Konfliktfällen in Rekordzeit technische Substitutionen vorgenommen und eine Umkehr der Beweislast verfügt, andererseits wurden in großer Trägheit und entgegen aller Erfahrung mit politischen Verkrustungen unflexible Strukturen zementiert.

Als zu Beginn der 1970er Jahre die Luft in Tokio und anderen Großstädten des Landes lebensgefährlich versmogt war, wurde die Energieversorgung in kürzester Zeit von Kohle und schmutzigem Öl auf Gas und relativ sauberes Öl umgestellt. Der Einbau von Katalysatoren in Autos wurde in Japan bereits zur Pflicht, als die europäische Automobilindustrie diese Technik noch boykottierte. Und weil die Verschmutzung von Luft, Wasser, Böden und Nahrungsmitteln ungewohnte gesundheitliche Schäden hervorbrachte – wie Yokkaichi Asthma, Minamata- und Itaiitai-Krankheit – wurden japanische Richter zu radikalen Umweltschützern.

Die Kritik an der einseitigen Fokussierung der Politik auf das Wachstum des Bruttosozialprodukts (der „GNPism") wurde von Seiten des Japanischen Wirtschaftsrates auf die Entwicklung eines nationalen Nettowohlfahrtsindikators („NNW") zu lenken versucht[7], wenn auch ohne durchgreifende Konsequenzen. Trotz des weiter dominanten nationalen Wachstumsfetischismus ließ die internationale Nachhaltigkeitsdebatte in Japan selbst vielfältige Initiativen entstehen, so unter anderem einen der weltweit besten Nachrichtenkanäle, den „Japan Sustainability Newslet-

---

[6] Siehe zur japanischen Energiepolitik auch den Beitrag von Jänicke in diesem Band.
[7] NNW Measurement Committee 1974.

ter". Doch es war (und ist) der enorme Energiehunger der Wirtschaft und die vermeintliche Ressourcenarmut des Landes, die zu einer verkrusteten Energiestruktur führte – zur nahezu totalen Verengung des Energiemix auf fossil-nukleare Energieträger. Der Anteil von Windkraft, Biomasse, Geothermie und Solarenergie lag im Jahr 2011 gerade mal bei 3,4 % der Stromproduktion Japans. Nur bei Einbeziehung der Wasserkraft in die Kategorie der erneuerbaren Energien wird das Bild besser.[8]

III. Vernachlässigung des Nächstliegenden

Selbst das Nächstliegende wurde in Japan sträflich vernachlässigt: die energetische Nutzung der Erdwärme in den Regionen des Landes, in denen es überall sprudelt und wo die Badekultur mit Ofuro (privates Bad), Onsen und Sento (öffentliches Bad, heiße Quellen) historisch hoch entwickelt ist; die groß angelegte Entwicklung der Gezeitenenergie in einem Inselreich, das rundum von Meer umgeben ist; die systematische Nutzung der Sonne, die auch in Japan lange scheint; die planmäßige Nutzung des Windes, der kräftig, gelegentlich allerdings auch gewaltig bläst; die umfassende energetische Verwendung der Biomasse, die in der Land- und Forstwirtschaft wie aber auch bei den Abfällen der Industriewirtschaft in großen Mengen anfällt.

Und dann das andere, das eklatante technische Versagen in der Entwicklung und Nutzung erneuerbarer Energien: Wie konnte es geschehen, dass eine Volkswirtschaft, die rund 30 % der Weltproduktion an Halbleitern hervorbringt und mehr als 40 % aller Technologiekomponenten herstellt, die für moderne High-Tech-Geräte erforderlich sind, dieses Potenzial nicht allerorten einsetzt, wo es um die Diversifizierung der heimischen wie der globalen Energieversorgung gehen könnte – in der Photovoltaik?

Der Weg in eine strikten Nachhaltigkeitskriterien entsprechende Energieversorgung ist lang, länger als vielen (auch mir) lieb ist. Insofern dürfte der Ausstieg Japans aus der Atomtechnik, wenn er denn ernsthaft in den Blick genommen würde, wohl länger dauern. Er müsste aber nicht so lange dauern wie etwa in Frankreich. Was aber nichts daran ändert,

---

[8] Vgl. zur Entwicklung der Erneuerbaren in Japan auch den Beitrag von Jänicke in diesem Band.

dass Japan mit 54 Atomkraftwerken und mehr als 30 % an nuklearer Stromversorgungskapazität echt in der Falle sitzt. Der Großteil dieser Anlagen ist derzeit zwar abgestellt und in der technischen Überprüfung (im letzten Monat waren nur noch ein Atomkraftwerk am Netz); dies aber geschieht ganz offensichtlich in der festen Absicht, sie alsbald wieder ans Netz zu bringen.

Was die internationalen Effekte betrifft, wird die Kernschmelze von Fukushima in einigen der 32 Atomstrom-Länder das atomare Zeitalter beenden helfen: Die Schweiz ist – wenn auch mit längeren Laufzeiten – der Entscheidung in Deutschland gefolgt; die Reaktoren in Frankreich sind einem Stresstest unterworfen; der Ausbau der Atomenergie in China ist vorerst gestoppt; der Plan für erste Atomreaktoren in Polen ist bei den Nachbarn massiv unter Druck geraten, sodass nun auch nach Alternativen gesucht wird. Was aber wird, was kann in Japan geschehen? Führen die Erfahrungen mit Fukushima zu der Einsicht, dass Atomtechnik grundsätzlich problematisch ist oder dass die Technologie einfach nur verbessert werden muss? Gibt die Katastrophe auch Anlass für eine andere Art des Lernens? Helfen die neuen Erfahrungen zu der Einsicht, dass wo immer von Alternativlosigkeit geredet und entsprechend gehandelt wird, doch eine Alternative gedacht und angestrebt werden kann?

IV. Strategische Trias für den Exit

So makaber es auch klingen mag: Die japanische Energiepolitik nach Fukushima wird stark vom tatsächlichen Ausmaß und Umfang der Katastrophe selbst abhängen. Bleiben die gravierenden Folgen räumlich und sektoral begrenzt? Wie bedeutsam und anhaltend sind die Gesundheitseffekte? Was sind letztendlich die globalen Folgen? Die Fatalität bestimmter Hochrisiko-Technologien und die menschliche Wahrnehmung passen nicht zusammen, meint Volker von Prittwitz.[9] Sind auch die Japaner mit dem von ihnen selbst geschaffenen Risiko kognitiv und psychisch überfordert?

Wie immer man solche und ähnliche Fragen beantworten mag, ein simples „Weiter-So" kann es auch in einem so technikgläubigen und risiko-affinen Land wie Japan nicht geben. Zum einen werden der natio-

---

[9] Prittwitz 2011.

nalen Politik die Themen ankündigungslos auch international diktiert, nicht nur von etablierten Institutionen, sondern auch von der spontanen öffentlichen Weltmeinung. Zum anderen wird Fukushima einen bleibenden Abdruck auf der Seele Japans hinterlassen, wie es Kaiser Akihito am ersten Jahrestag der Katastrophe zum Ausdruck brachte. Doch ein strukturelles Moment gilt es auch zu bedenken: Die energetische Transformation von Wirtschaft und Gesellschaft hängt nicht nur vom Lernen-Wollen, sie hängt auch vom (möglichst schnellen) Lernen-Können ab.

Wo eine tatkräftige Anti-Atom-Bewegung nur rudimentär existiert, muss sie erst einmal expandieren und besser vernetzt werden. Wo politische und wirtschaftliche Machteliten traditionell stark sind, während die Zivilgesellschaft gegenüber der Politiker- und Managerklasse eher schwach ist, haben dezentrale technische und soziale Innovationen es grundsätzlich schwer.

Reinhard Zöllner analysierte vor kurzem die japanische Atomwirtschaft, charakterisiert dabei die „ökonomisch gelenkte Demokratie" und die Ideologisierung der Atompolitik („Atome für den Frieden"), erinnert an das Desaster des atomgetriebenen Frachtschiffs Mutsu („Japans Fliegender Holländer"), an die tragische Rolle der Wiederaufbereitungsanlage in Rokkasho und die dramatischen Unfälle in Tokaimura.[10] Er referiert aber auch die in der japanischen Öffentlichkeit diskutierten Sicherheitsbedenken und die keineswegs seltenen Proteste gegen die Atomkraft, was ihn allerdings nicht davon abhält, Japan insgesamt eine mangelhafte Diskussionskultur in Atomfragen vorzuhalten. Der vom japanischen Kabinett im Juni 2010 verabschiedete neue Energie-Grundplan enthält zwar die Prämisse der „Großen Vorbedingung der Wahrung der Sicherheit"; doch nach dem 11. März 2011 ist allzu offensichtlich, dass diese Große Vorbedingung nicht erfüllt ist.

Die japanische Energiepolitik kann aber nach Fukushima nicht mehr ohne weiteres mit dem Vertrauen der Bürger rechnen. Rund 80 % der japanischen Bevölkerung plädieren inzwischen für den schnellstmöglichen Ausstieg aus der Atomtechnik. Die Regierung und die wirtschaftlich und technisch Verantwortlichen haben in hohem Maße das Vertrauen der Bürgerinnen und Bürger verloren. Umgekehrt zeigt die temporäre Abschaltung des Großteils der Atomkraftwerke, dass selbst kurzfristig ein riesiges Energieeinsparungspotenzial gegeben ist. Und gerade des-

---

[10] Zöllner 2011.

halb sollten die drei primären, in allen theoretischen Traktaten über Zukunftsfähigkeit wie nachhaltige Entwicklung postulierten Strategien – Effizienz, Suffizienz und Konsistenz – genau jetzt in Japan koordiniert zum Zuge kommen: (a) alles vielmals besser machen, als es derzeit gemacht wird („Faktor Fünf"); (b) vieles bescheidener angehen, als bisher gewohnt oder über Jahrzehnte angewöhnt („Besser statt Mehr"); (c) die Technologien fehlerfreundlich, sozial- und umweltverträglich gestalten, den industriellen Stoffwechsel nachhaltiger machen („Industrielle Ökologie"). Diese strategische Trias könnte grundsätzlich zu einem attraktiven neuen Wohlstandsmodell für Japan werden, dem Land mit stolzer Geschichte und zugleich großer Leid-Erfahrung.

Doch was lässt die polit-ökonomische Betrachtung der Energiefrage in Japan wirklich erwarten? Der Premierminister wurde ausgetauscht, doch weder das Parlament noch die Regierung haben bis heute den Ausstieg aus der Atomtechnik beschlossen. Diese erste, weil grundsätzliche Bedingung einer Energiewende ist bisher nicht erfüllt. Und wie steht es um die konkreten Randbedingungen, die erfüllt sein müssen, damit die drei „E's" wirksam werden können: dass (a) die drastische Energieeinsparung zur höchsten Priorität, (b) die massive Steigerung der Energieeffizienz zum gesellschaftlichen Anliegen und (c) der forcierte Ausbau der erneuerbaren Energien zum zentralen Auftrag der nationalen, regionalen und lokalen Politik werden können?

In jüngster Zeit haben mehrere Studien für Deutschland, für Europa aber auch für Japan gezeigt, dass eine radikale „Energiewende" in relativ kurzer Zeit technisch möglich ist.[11] Diese Studien haben allerdings auch deutlich werden lassen, dass es dazu nicht nur erheblicher finanzieller Anstrengungen sondern auch eines radikalen Bewusstseinswandels und eines durchgreifenden Politikwechsels bedarf, der Einsicht und Einkehr fördert, der ambitionierte Ziele vorgibt, drastische Maßnahmen einsetzt, schlagkräftige Institutionen und neue demokratische Kontrollmechanismen einführt – und auch eine ehrliche Antwort auf die Grundfrage nach dem Verhältnis von Technik, Natur und Gesellschaft erfordert, weil nur so die „Ära der Ökologie"[12] Früchte bringen kann.

---

[11] Vgl. hierzu ISUSI 2003; Öko-Institut et al. 2009; SRU 2011; WGBU 2011; ZSW 2011.
[12] Radkau 2011.

Beim ersten Jahrestag der Dreifachkatastrophe von Fukushima, am 11. März 2012, fand der amtierende Premierminister Yoshihiko Noda neue Worte, die weltweit gestreut und auch in Deutschland abgedruckt wurden. Er sprach nicht vom Wiederaufbau der Region Tohoku, er postulierte die Neugestaltung von ganz Japan: „Das Ziel ist nicht die Wiederherstellung Japans, so wie es vor dem 11. März 2011 war. Es ist der Aufbau eines neuen Japans".[13] Vom Ausstieg aus der Atomenergie und vom Rückbau der Atomanlagen aber sprach der Premierminister (noch) nicht. Ganz offensichtlich ist die Macht der Atomkonzerne in Japan weiterhin enorm; sie haben nicht nur großen Einfluss auf die Medien, sondern auch auf die politischen Entscheidungsträger.

V. Ein Ausblick

Deutschlands Entscheidung zum Ausstieg aus der Atomenergie hat nach Auffassung des Literatur-Nobelpreisträgers Kenzaburo Oe auch in Japan zu einem Bewusstseinswandel geführt. Dass eine von der deutschen Regierung eingesetzte Ethik-Kommission den Ausstieg empfahl und dass dies dann von Regierung und Parlament so beschlossen wurde, habe einen ganz besonderen Impuls auf die japanische Gesellschaft gehabt. „Was so außerordentlich ist", sagte Oe, „ist, dass diese Kommission Ethik-Kommission genannt wurde".[14] Erstmals gebe es nun auch in Japan Ansätze, die Probleme der Gesellschaft von einem ethischen Standpunkt aus zu betrachten. Bislang sei Japans Atompolitik ausschließlich mit politischen und wirtschaftlichen Argumenten gerechtfertigt worden.

Diese grundlegende Erkenntnis dürfte auch für die Energiewende in Japan relevant sein, für ein Exit aus der Atomenergie. Ob also die technisch und ökonomisch bedingte Katastrophe von Fukushima – die „nukleare Erdbebenkatastrophe" (Ishibashi) – zu einer ethisch und ökologisch begründeten Erneuerung Japans, einer zukunftsfähigen Energieversorgung, zu einem „Gesellschaftsvertrag für eine Große Transformation"[15] führen wird?

---

[13] Noda 2012.
[14] Zitiert nach Frankfurter Rundschau vom 1.2.2012.
[15] WBGU 2011.

Wann, wenn nicht jetzt! Zeigen, dass es geht, das könnte auch eine angemessene Würdigung der Opfer der multiplen Katastrophe sein. Der dringliche Appell des japanischen Forums für Nachhaltiges Management vom April 2011 sieht es genau so.[16] „Und Japan wäre", so formulierte es Joachim Wille symbolhaft, „am Ende der Nacht von Fukushima wieder das Land der aufgehenden Sonne".[17]

Literatur

Ayres, R. U./Simonis, U. E. (Hg.) (1994): Industrial Metabolism. Restructuring for Sustainable Development, Tokyo.

Brown, L. (2008): Plan B 3.0. Mobilizing to Save Civilization, New York, London.

Forum für Nachhaltiges Management, Japan (2011): Fukushima Deklaration zur Klima- und Energiepolitik. Dringlicher Appell (auch in Englisch), April 2011.

Galbraith, J. K. (1970): The Day of the GNP is Over, Asahi Evening News vom 31.8.1970.

Grüner Umbau (2011): Neue Allianzen für die Umwelt, Jahrbuch Ökologie 2012, Stuttgart.

Ishibashi, K. (1997): Genpatsu shinsai. Hametsu wo sakeru tame ni, in: „Kagaku", S. 720 ff.

Institute for Sustainable Solutions and Innovations (ISUSI) et al. (2003): Energy Rich Japan-Project. Solare Vollversorgung Japans, Aachen.

Japan for Sustainability: JFS Weekly Digest, http://www.japanfs.org/en/.

Luhmann, H.-J. (2012): Japans Energiepolitik vor der Belastungsprobe. Wie Nippon ohne Kernkraftwerke über den nächsten Sommer kommen wird, Neue Zürcher Zeitung vom 4.5.2012, S. 29.

NNW Measurement Committee, Economic Council of Japan (1974): Measuring Net National Welfare, Tokyo.

Noda, Y. (2012): Ein neues Japan aufbauen, Frankfurter Rundschau vom 12.3.2012, S. 10.

Oe, K. (2012): Deutsche Ethik ist Vorbild für Japan, Dpa-Meldung vom 1.2.2012.

---

[16] Forum 2011.
[17] Zitiert nach Frankfurter Rundschau vom 13.4.2012.

Öko-Institut/Prognos AG/Ziesing, H.-J. (2009): Modell Deutschland. Klimaschutz bis 2050. Vom Ziel her denken, Freiburg i. Br.

Prittwitz, V. v. (2011): Das Katastrophenparadox. Ist die Menschheit mit der Bewältigung von Hochrisiko-Technologien kognitiv und psychisch überfordert?, Zeitschrift für Umweltpolitik & Umweltrecht, 34. Jg., Heft 2, S. 113 ff.

Radkau, J. (2011): Die Ära der Ökologie. Eine Weltgeschichte, München.

Sachverständigenrat für Umweltfragen (SRU) (2011): Wege zur 100 % erneuerbaren Stromversorgung. Sondergutachten, Berlin.

Weizsäcker, E. U. v./Hargroves, K./Smith, M. (2011): Faktor Fünf. Die Formel für nachhaltiges Wachstum, München.

Wille, J. (2011): Beschönigt und geschwiegen, Frankfurter Rundschau vom 13.4.2011, S. 11.

Wissenschaftlicher Beirat Globale Umweltveränderungen (WBGU) (2011): Gesellschaftsvertrag für eine Große Transformation. Hauptgutachten, Berlin.

Zentrum für Sonnenenergie- und Wasserstoff-Forschung Baden-Württemberg (ZSW) (2011): Ökostrom kann Kernkraft in neun Jahren ersetzen. Presseerklärung vom 4.4.2011.

Zöllner, R. (2011): Japan. Fukushima. Und Wir. Zelebranten einer nuklearen Erdbebenkatastrophe, München.

Dezentral und partizipativ?

Möglichkeiten und Grenzen von Bürgerbeteiligung zur Umsetzung der Energiewende

Harald Heinrichs

Die im Jahre 2011 überparteilich beschlossene Energiewende stellt Politik, Wirtschaft, Wissenschaft und die Gesellschaft insgesamt vor große Herausforderungen. Es wird zunehmend klarer, dass die Energiewende deutlich mehr ist als eine begrenzte technologische Anpassung. Vielmehr ist ein weitreichender Übergang zu einem neuen „Energiesystem" erforderlich. Neben vielfältigen professionalisierten Akteuren sind dabei auch die Bürger wesentlich stärker als bislang mit einzubeziehen. Ohne die Legitimation und aktive Mitwirkung der Bürgerinnen und Bürger wird die Energiewende nicht gelingen. Vor diesem Hintergrund diskutiert der vorliegende Beitrag, wie dezentral und partizipativ die Energiewende sein könnte, müsste oder sollte? Es werden die Möglichkeiten und Grenzen der Bürgerbeteiligung zur Umsetzung der Energiewende als einem sozio-technischen Transformations- und Transitionprozess diskutiert und deutlich gemacht, dass Bürgerbeteiligung notwendig aber nicht hinreichend ist für eine erfolgreiche Energiewende; Erfolg und Misserfolg der Energiewende hängen nicht zuletzt davon ab, ob die organisierten Akteure aus Politik, Verwaltung, Wirtschaft und Zivilgesellschaft ihrer jeweiligen Verantwortung gerecht werden. Am Ende dieses Beitrags werden Gestaltungsmöglichkeiten für eine optimierte Bürgerbeteiligung vorgeschlagen.

I. Einleitung

Die Kernkraftkatastrophe von Fukushima[1] hat in Deutschland zu weit reichenden energiepolitischen Veränderungen geführt. Nach jahrzehntelanger Diskussion über die Kernenergie, die spätestens seit dem Reaktorunfall von Tschernobyl 1986, wie Meinungsumfragen zeigen, bei der Mehrheit der Bevölkerung keine Akzeptanz mehr fand, revidierte die Bundesregierung im Frühsommer 2011 ihre Haltung und beschloss den Ausstieg aus der Kernkraft bis 2022. Eingebettet ist der Atomausstieg in eine breiter angelegte Energiewendepolitik, in der auch der Klimaschutz adressiert werden soll. Um die als notwendig angesehene Reduktion von Treibhausgasemissionen um 80-95 % bis 2050 zu erreichen[2], ist über den kurzfristigen Atomausstieg hinaus mittel- und langfristig der Ausstieg aus der fossilen Energiewirtschaft und ihr Ersatz durch erneuerbare Energien notwendig. Im Sommer 2011 wurde dazu ein umfassendes Gesetzespaket verabschiedet, mit dem die Energiewende – zunächst fokussiert auf den Atomausstieg – auf den Weg gebracht wurde.[3]

Deutschland hat damit den Startschuss hin zu einer kohlenstoffarmen und kernenergiefreien Gesellschaft gegeben. Die notwendigen Veränderungen, um bis zum Jahr 2022 aus der Kernenergie auszusteigen und bis zum Jahr 2050 auf fossile Energieträger weitgehend zu verzichten, haben eine enorme Reichweite: (erneuerbare) Energietechnologien und Energieeffizienztechnologien sind weiterzuentwickeln bzw. neu zu erfinden, die Stromnetze und Speicherkapazitäten sind auszubauen, signifikante Investitionen in Energietechnologien und Infrastrukturen sind erforderlich, neue Geschäftsmodelle sind zu entwickeln, das Energieverbrauchsverhalten ist zu verändern und schließlich sind die Kernkraftwerke zurückzubauen und Endlagerstandorte zu finden.

Angesichts dieser Herausforderungen ist klar, dass ein erfolgreicher Übergang in eine postfossile und kernenergiefreie Wirtschaft und Gesellschaft wesentlich mehr bedarf als energietechnischer Entwicklungen, energiewirtschaftlicher Analysen und Szenarien oder einzelner Gesetzesinitiativen. Die Komplexität der Herausforderungen, die u.a. verbunden sind mit großen Unsicherheiten sowohl in der Zuverlässigkeit von

---

[1] Vgl. hierzu den Beitrag von Simonis in diesem Band.

[2] Vgl. WWF 2009.

[3] Vgl. hierzu den Beitrag von Schlacke/Kröger in diesem Band.

alternativen Energietechnologien als auch bei der gesellschaftlichen Akzeptanz, erfordern inklusive Entscheidungsprozesse, die der Vielfalt an Werten, Interessen und Wissensansprüchen Rechnung trägt und diese zielgerichtet integriert.[4] Der Wissenschaftliche Beirat Globale Umweltveränderungen spricht angesichts der Breite und Tiefe der anstehenden Veränderungen zu Recht von einer „großen Transformation", die in den kommenden Jahren und Jahrzehnten zu bewerkstelligen sein wird.[5]

Das Gutachten „Deutschlands Energiewende", das von einer pluralistisch besetzten Expertenkommission nach der Reaktorkatastrophe in Fukushima im Auftrag der Bundesregierung erstellt wurde und eine wesentliche Grundlage für die nachfolgenden politischen Entscheidungen darstellte, betont dementsprechend zu Recht, dass die Energiewende ein „Gemeinschaftswerk" sein muss.[6] Mit der Einrichtung eines „Nationalen Forums", das neben seiner Funktion als Plattform für professionalisierte Akteure aus Wirtschaft, Politik und Zivilgesellschaft auch Bürgerdialoge initiieren soll, gibt die Kommission auch konkrete Hinweise, wie die Energiewende zu einem die Bürger in die Ausgestaltung einbeziehenden Projekt gemacht werden könnte. Die Bundesregierung hat daran anknüpfend in ihrem Eckpunktepapier „Der Weg zur Energie der Zukunft – sicher, bezahlbar und umweltfreundlich"[7] zu einem frühen Zeitpunkt der Debatte die breite gesellschaftliche Beteiligung als wesentliches Erfolgskriterium und Ziel ihrer Bemühungen dargestellt. Mit dem Bürgerdialog „Energietechnologien für die Zukunft"[8] des Bundesministeriums für Bildung und Forschung (BMBF) wurde noch im (Spät-)Sommer 2011 ein konkretes Beteiligungsprojekt realisiert.

Trotz vielfältiger politischer Debatten und Initiativen zeigt sich zwei Jahre nach der Verabschiedung der Energiewendegesetze aber ein insgesamt gemischtes Bild. Es gibt zahlreiche offene Baustellen, wie beispielsweise der schleppende Ausbau der Stromleitungen oder die unzurei-

---

[4] Vgl. zu unterschiedlichen Beteiligungskonzepten sowie zu Akzeptanzfragen auch die Beiträge von Radtke sowie Hildebrand/Schütte/Fechner/Schweizer-Ries.
[5] WBGU 2011; auch Riffkin 2011.
[6] Ethik-Bericht 2011, abrufbar unter http://www.bundesregierung.de/Content/DE/Artikel/2011/05/2011-05-30-bericht-ethikkommission.html (20.3.2013).
[7] Abrufbar unter http://www.bmwi.de/DE/Themen/energie.html (20.3.2013).
[8] Vgl. http://www.buergerdialog-bmbf.de/media/content/Buergerreport_EtfdZ.pdf (20.3.2013).

chende Koordinierung des (dezentralen) Ausbaus erneuerbarer Energien. Mit Blick auf die propagierte Beteiligung der Bürger zeigt sich, dass eine breite, systematische und anspruchsvolle Bürgerbeteiligung bislang nicht realisiert ist. Der hohe Stellenwert, den die Bürgerbeteiligung in der politischen Rhetorik hat, übersetzt sich noch nicht in die energiepolitische Praxis.

Vor dieser Ausgangslage wird im Folgenden die Frage erörtert, wie dezentral und partizipativ die Energiewende sein könnte, müsste oder sollte? Es werden die Möglichkeiten und Grenzen der Bürgerbeteiligung zur Umsetzung der Energiewende diskutiert. Zunächst werden dafür grundlegende Charakteristika sozio-technischer Transformations- bzw. Transitionsprozesse skizziert und die Relevanz der Bürgerbeteiligung dabei begründet. Anschließend werden wesentliche Erkenntnisse der Forschung zu Partizipation und Bürgerbeteiligung zusammenfassend dargestellt und auf die Energiewende bezogen. Es wird herausgearbeitet, welche Möglichkeiten die Bürgerbeteiligung für eine gelingende Energiewende bietet und gezeigt, was eine erfolgreiche Umsetzung von Bürgerbeteiligung erfordert. Es wird deutlich gemacht, dass Bürgerbeteiligung notwendig aber nicht hinreichend ist für eine erfolgreiche Energiewende; Erfolg und Misserfolg der Energiewende hängen zentral davon ab, ob die organisierten Akteure aus Politik, Verwaltung, Wirtschaft und Zivilgesellschaft ihrer jeweiligen Verantwortung gerecht werden. Am Ende dieses Beitrags werden Gestaltungsmöglichkeiten für eine optimierte Bürgerbeteiligung vorgeschlagen.

II. Transformation des Energiesystems und Bürgerbeteiligung

Für eine nachhaltige Energieproduktion, eine effektive Energieverteilung und -speicherung sowie eine effiziente und suffiziente Energienutzung sind weitreichende Veränderungen von Handlungsroutinen der beteiligten Akteure sowie ihrer Beziehungen zueinander notwendig. Dies gilt insbesondere, wenn eine stärkere Dezentralisierung von Energiesystemen im Zuge der Energiewende angestrebt wird. Neben (zentralen) nationalen und internationalen Energieproduktions- und -verteilungsstrukturen, in die etablierte und professionalisierte Energieakteure involviert sind, eröffnet die Dezentralisierung Chancen für neue Akteure und innovative Beteiligungs- und Geschäftsmodelle gerade auch auf lokaler und regionaler Ebene: Bürger sind dabei nicht (mehr) nur Energieverbraucher, sondern können zu Bürgerunternehmern und Miteigentümern in Bürgersolargenossenschaften werden; KMU's können durch neue Geschäftsmodelle die regionale Wertschöpfung nachhaltig stärken und Wettbewerbsvorteile erlangen; Finanzdienstleister können durch neue Finanzierungsinstrumente neue Märkte eröffnen und neue öffentlich-private-bürgerliche Partnerschaften zur Energiewende fördern; Stadtwerke können zum Treiber einer dezentralen Energiewende werden und Verwaltungen können durch Energiemanagement und Erweiterung von Bürgerbeteiligung dazu beitragen, dass notwendige Infrastrukturvorhaben in gemeinsamer Verantwortung gestaltet werden und Energieeffizienz als wichtiges öffentliches Thema etabliert wird.

Eine dezentralere Ausgestaltung des Energiesystems mit neuen Entwicklungschancen für die (regionale) Wirtschaft und Gesellschaft erfordert einen (fundamentalen) Wandel von etablierten Akteursrollen, -konstellationen und Rahmenbedingungen.[9] Es ist mehr als ein inkrementeller Entwicklungsprozess, es stellt einen systemischen Übergang von einer sozio-technischen Konstellation in eine andere dar. In der Perspektive der Transformationsforschung[10] und des Transitionmanagements[11] ist es dabei notwendig, wesentliche Stellschrauben des jeweiligen „Systems" integriert in den Blick zu nehmen und zu bearbeiten.

Unter Transformations- oder Transitionsprozessen im Kontext einer nachhaltigen Entwicklung werden grundlegende funktionale Übergänge in gesellschaftlichen (Teil-)Systemen verstanden.[12] Während die sozial- und politikwissenschaftliche Transformationsforschung in der Tradition von Polany's „Great Transformation"[13] Prozesse sozialen Wandels untersucht, wie beispielsweise die sozialen, politischen und ökonomischen Transformationen beim Übergang der ehemals sozialistischen Ostblock-Staaten zu Demokratie und Marktwirtschaft, hat die Perspektive des Transitionmanagements begriffliche Werkzeuge zur Analyse („Transi-

---

[9] Vgl. zur historischen Entwicklung von akteursbezogenen Transformationsblockaden im deutschen Energiesystem den Beitrag von Hellige, zu „Bürgerenergie"-Konzepten und -praktiken den Beitrag von Radtke in diesem Band.
[10] WBGU 2011, Riffkin 2011.
[11] Loorbach 2002.
[12] Loorbach 2002.
[13] Polany 2001.

tion") und Gestaltung („Management") intendierter sozio-technischer Übergänge, wie der Energiewende, generiert. In beiden Perspektiven geht es um systemische Veränderungen von einem gesellschaftlichen Zustand in einen anderen. Angestoßen durch externe Ereignisse, z.b. Umweltveränderungen, und/oder interne Entwicklungen, z.b. Wertewandel, werden parallele, miteinander wechselwirkende Veränderungsprozesse in gesellschaftlichen (Teil-)Bereichen in Gang gesetzt. Dabei sind Entwicklungen und Zielzustände nicht vorab determiniert, sondern „alte" und „neue" Strukturen und dahinter stehende Akteurskonstellationen und Machtbeziehungen befinden sich – zumindest zu Beginn – in Konkurrenz zueinander.

Im Kontext von nachhaltiger Entwicklung, bei der eine bestimmte Zielrichtung angestrebt werden soll, ist deshalb, über die reine Beschreibung und Analyse von sozialem Wandel hinausgehend, die Gestaltungsorientierung in Transformations- und Transitionprozessen wichtig. Hier hat vor allem der Ansatz des Transitionmanagements auf der Grundlage von System- und Komplexitätstheorie, wichtige konzeptionelle Vorschläge entwickelt, wie durch politische Kontextsteuerung und gesellschaftliche Selbstorganisation auf Mikro-, Meso- und Makroebene gesellschaftliches Handeln verändert und neu orientiert werden kann. Von großer Bedeutung sind dabei neben dem koordinierten Einsatz politischer Steuerungsansätze (z.b. Regulierung, ökonomische Anreize) vor allem interaktive, initiierende und moderierende Gestaltungsansätze, die auf netzwerkförmige Selbstorganisation gesellschaftlicher Akteure zielen. Kommunikation und Partizipation, Experimente in Nischen, dezentrale „bottom-up"-Prozesse, die durch adäquate politische Rahmenbedingungen auf höheren Entscheidungsebenen unterstützt werden, werden als erfolgskritisch für Transitionen angesehen. Im Zentrum steht dabei die Ansicht, dass für die (politische) Gestaltung von Transformationen die Voraussetzungen für die Veränderungen vorrangig zu adressieren sind. Deshalb stehen Lernprozesse – soziales und organisationales Lernen – im Vordergrund.[14] Der Einbezug aller Anspruchsgruppen in iterative Diskussions- und Entscheidungsprozesse wird dabei als wesentlich angesehen. Neben den organisierten Akteuren aus Politik, Verwaltung, Wirtschaft und Zivilgesellschaft, die von besonderer Bedeutung für sozio-technische Transformationsprozesse sind, sind die Bürger, als Betroffene

---

[14] Siebenhüner/Heinrichs 2010.

und Mitgestalter, in geeigneten Formaten zu involvieren. Als politischer Souverän in der Demokratie ebenso wie als Konsument in der Marktwirtschaft tragen die Bürger durch ihr zivilgesellschaftliches, politisches und wirtschaftliches Handeln zum Gelingen oder Scheitern des Übergangs in ein anderes Energiesystem bei. Aus der Perspektive der Transformations- und Transitionforschung heraus lässt sich somit theoretisch-konzeptionell gut begründen, warum die Energiewende sowohl eines übergeordneten politischen Rahmens bedarf als auch einer dezentralen, partizipativen und auch experimentellen Ausrichtung. Die hohe soziale und sachliche Komplexität erfordert Such-, Lern- und Gestaltungsprozesse zwischen vielfältigen Akteuren, von denen die Bürger eine wesentliche „Akteursgruppe" sind.

Betrachtet man die aktuelle Energiewende durch die Brille der Transformations- und Transitionforschung lässt sich feststellen, dass die Transformation nicht erst vor einem Jahr mit der Verabschiedung der Energiewendegesetze begonnen hat. Die Transformation des Energiesystems hin zu erneuerbaren Energien, Energieeffizienz und Energiesparen begann bereits in den 1970er Jahren im Anschluss an den Club-of-Rome-Bericht, wurde verstärkt durch den Störfall im Kernkraftwerk Harrisburg, konzeptionell vorbereitet durch die „Energiewende-Studie" vom Öko-Institut 1980, diskutiert in mehreren Enquete-Kommissionen zur Energie seit 1980, verschärft durch den Reaktorunfall von Tschernobyl 1986, den Klimaberichten des IPCC seit 1990, konkretisiert durch die Atomausstiegs-Vereinbarung der rot-grünen Bundesregierung 2000, und entscheidend geprägt durch die Reaktorkatastrophe von Fukushima und die anschließenden parteiübergreifenden Energiewende-Beschlüsse. Die heutige Energiewende ist somit (Zwischen-)Ergebnis eines langfristigen sozio-technischen Wandels.[15]

Im Sinne des Transitionmanagements lässt sich trotzdem argumentieren, dass im Jahr 2011 eine qualitativ neue Etappe begonnen hat. Folgende Gründe sind dafür vorrangig: (1.) Erstmals gibt es einen breiten (gesellschafts-)politischen und gesetzlich verankerten Aus- und Umstiegskonsens mit zeitlichen und inhaltlichen Zielmarken und dem Anspruch, diese kooperativ und partizipativ umzusetzen. (2.) Neben zentralen (Groß-)Vorhaben, wie beispielsweise Offshore-Windparks und

---

[15] Zur historischen Entwicklung der deutschen Energiepolitik vgl. auch den Beitrag von Hellige in diesem Band.

überregionalem Netzausbau bis hin zu internationalen Großprojekten (Desertec), werden dezentralen technischen und organisatorischen Ansätzen, wie beispielsweise Blockheizkraftwerken oder Energiegenossenschaften ein hohe Relevanz beigemessen. (3.) Klima- und energiepolitische Zielmarken auf unterschiedlichen Ebenen geben der Energiewende Rahmen und Orientierung (international: 2-Grad-Ziel; supranational: EU-Strategie 20-20-20; national: Klima-/Energiestrategie: 35-40-20); (4.) In der Bevölkerung gibt es eine insgesamt breite Zustimmung zur Energiewende.[16] Die Ausgangsbedingungen für einen intendierten, systematischen Transformations- und Transitionprozess zu einem neuen „Energiesystem", das durch eine stärkere dezentrale Energieproduktion aus erneuerbaren Energien, eine effiziente Energieverteilung und einen effizienten und sparsamen Energieverbrauch gekennzeichnet ist, erscheinen daher günstig. Notwendig dafür ist, im Sinne eines Transitionmanagements, die koordinierte Ausgestaltung von förderlichen politisch-administrativen Bedingungen, energietechnologischen Optionen, rechtlichen Rahmenbedingungen, finanziellen Instrumenten, unternehmerischen Geschäftsmodellen und – nicht zuletzt – die systematische Beteiligung der Bürger.

III. Bürgerbeteiligung und Energiewende – Grundlagen, Möglichkeiten und Grenzen

Die Diskussion um Partizipation oder genauer politische Partizipation und Bürgerbeteiligung ist nicht neu.[17] Die Geschichte der Demokratie als Form gesellschaftlicher (Selbst-)Organisation ist die Geschichte von Beteiligungsmöglichkeiten an kollektiven Meinungs-, Willensbildungs- und Entscheidungsprozessen für immer weitere Bevölkerungskreise. In (repräsentativen) Demokratien sind formelle Partizipation vor allem über Wahlen sowie informelle Partizipation über Demonstrationen und Proteste im Rahmen gewährleisteter Meinungsfreiheit zentrale gesellschaftliche Institutionen.

Gleichzeitig gab und gibt es aber immer wieder Forderungen nach einer weiteren Demokratisierung der Demokratie. Erweiterte Partizipa-

---

[16] Vgl. hierzu sowie zu Fragen der Akzeptanzforschung in Hinblick auf die Erneuerbaren auch den Beitrag von Hildebrand/Schütte/Fechner/Schweizer-Ries in diesem Band.

[17] Vgl. im Folgenden Heinrichs 2005, S. 709 ff.

tionsmöglichkeiten und eine stärkere Involvierung von Bürgern an kollektiven Entscheidungsprozessen wird als notwendig angesehen, um Entfremdung vom politischen System und Politikverdrossenheit abzumildern und tragfähige, gesellschaftlich akzeptable und akzeptierte Problemlösungen zu finden. Insbesondere ab den 60er Jahren gab es in vielen Ländern wie auch in Deutschland wissenschaftliche Debatten und praktische Aktivitäten, die sich als „partizipatorische Revolution" zusammenfassen lassen: Radikal- und basisdemokratische Ideen in politischen Fragen gehörten ebenso dazu wie die Stärkung von Mitbestimmungsrechten im Wirtschaftssektor.[18]

Diese Demokratisierungsforderungen, die nicht zuletzt von neuen sozialen Bewegungen vorangetrieben wurden, haben in der Folge fraglos zu einer Ausweitung von Partizipationsgelegenheiten für politisch interessierte Bürger und engagierte Mitarbeiter in Unternehmen geführt. Vor allem bei umweltrelevanten Großtechnik- und Infrastruktur-Projekten wurden politische Beteiligungsmöglichkeiten auch zunehmend institutionalisiert (Umweltverträglichkeitsprüfung etc.).[19] Die Partizipation bezog sich aber zunächst weitgehend auf eine Ausweitung staatlicher Informationspflichten und bürgerschaftlicher Anhörungsrechte. Seit Anfang der 90er Jahre läuft, nun international angestoßen durch die Agenda 21 der Vereinten Nationen, eine neue Partizipationswelle: „(...) Environmental issues are best handeld with the participation of all concerned citizens at the relevant level (...)" (Principle 10, Agenda 21). Das Spektrum reicht von der stärkeren Beteiligung von zivilgesellschaftlichen Akteuren (NGO's) an internationalen Konferenzen und Verhandlungen, über erweiterte Informationsrechte von Betroffenen und Bürgern Bis hin zur Beteiligung von Interessengruppen und Bürgern in lokalen Agenda-21-Prozessen.

Diesen Feststellungen zur Folge gibt es also in (westlichen) Demokratien eine fortlaufende Debatte über die Frage nach Qualität und Quantität gesellschaftlicher Partizipation an kollektiven Entscheidungs- und Gestaltungsprozessen. Was aber sind die Gründe dafür, dass eine Erweiterung repräsentativer Demokratie um partizipative Elemente diskutiert und praktisch erprobt wird? Zwei Argumentationslinien sind dafür

---

[18] Rucht 1997, S. 283 f.
[19] Abels/Bora 2004.

zentral[20]: Zum einen gibt es den ethisch-normativen Aspekt, dass es prinzipiell gut sei, wenn möglichst viele Menschen an Entscheidungen, die ihre Lebenswelt betreffen, teilhaben können. Zum anderen wird aus funktional-analytischer Perspektive darauf verwiesen, dass das repräsentative politische System die Problem-Bearbeitung nur noch unzureichend leisten könne. Beide Argumentationslinien weisen darauf hin, dass es wünschenswert und notwendig erscheint, weitere Bevölkerungs- und Akteurkreise stärker in konkrete gesellschaftspolitische Prozesse zu involvieren. Dabei ist die gewachsene sachliche und soziale Komplexität für die erhöhten Partizipationsanforderungen von besonderer Relevanz.

Für die Integration von stark differenzierten und pluralisierten Gesellschaften wird seit einiger Zeit neben staatlicher Steuerung die gesellschaftliche Selbstorganisation über Partizipation und Akteur-Kooperation als notwendige soziale Innovation gesehen. Das Spektrum an konkreten Vorschlägen für institutionelle Innovationen zur Stärkung von Partizipation und Kooperation knüpft an frühere partizipatorische Ansätze an und reicht von Selbstorganisationsstrategien nicht-staatlicher Akteure (Selbstverpflichtung, Lokale Agenda 21, Ehrenamt/Selbsthilfe) über erweiterte und frühzeitigere Beteiligungsmöglichkeiten (Öffentlichkeitsrechte bei Verwaltungshandeln, direktdemokratische Elemente wie Bürgerbegehren) bis hin zu neueren dialogischen Beteiligungsverfahren. Hierbei reicht das Spektrum von Konfliktlösungs-Verfahren (z.b. Mediation, Citizens Jury) über Planungs-Verfahren (z.B. Planungszelle, Bürgergutachten), Zukunfts-Verfahren (z.b. Zukunftswerkstatt, Szenario-Workshop), Integrations-Verfahren (z.b. Konsensus-Konferenz, Runder Tisch), Hybrid-Verfahren (z.b. Kooperativer Diskurs, Stakeholder-Dialog) bis hin zu Innovationsverfahren (z.b. Collaboratories, partizipative Produktgestaltung).

Die neueren Partizipationsverfahren unterscheiden sich signifikant von anderen formalen (Wahlen, Anhörungen) und informalen (Proteste) politischen Beteiligungsmöglichkeiten: sie haben den Anspruch dialogisch, diskursiv und deliberativ zu sein. Dialogisch bedeutet, dass sie um eine strukturierte Zwei-Wege-Kommunikation bemüht sind; diskursiv bedeutet, dass konfligierende Argumente und Geltungsansprüche aufeinander bezogen werden sollen, um Konsense beziehungsweise Konsense über Dissense zu erzielen; und deliberativ bedeutet, dass in Beratungs-

---

[20] Renn et al. 1995, S. 38 f.

prozessen zwischen heterogenen Akteuren Problemlösungen gemeinsam erarbeitet werden sollen. Damit zielen Partizipationsverfahren auf eine systematische Rationalisierung von Wissens-, Werte- und Interessenpluralismus um kooperative Entscheidungs- und Gestaltungsprozesse zu ermöglichen. Insbesondere mit Blick auf Umwelt-, Technik- und Risikoprobleme wurden seit den 70er Jahren zahlreiche Partizipationsverfahren entwickelt und erprobt. Nach Grunwald erstrecken sich die Erwartungen an diese Instrumente auf sechs zentrale Aspekte[21]:

- Verbreiterung der Wissensbasis für die Entscheidungsfindung (Ergänzung wissenschaftlicher Expertise um „lokales Wissen"/Erfahrungswissen/professionelles Wissen)

- Verbreiterung der Wertebasis, um soziale „Robustheit" von Entscheidungen zu erhöhen

- Informationsfunktion, um Bürgern informierte Bewertungen zu ermöglichen

- Erhöhung der Sozialverträglichkeit durch die Berücksichtigung und Reflektion unterschiedlicher Ansprüche

- Konfliktvermeidung und -bewältigung durch kooperative Suche nach gemeinsam getragenen sachlichen Lösungen

- Gemeinwohlorientierung, da durch rationalen Diskurs partikulare Eigeninteressen überwunden werden können.

Im Gegensatz zum freien politischen Wettbewerb der Meinungen, zum neokorporatistischen Verhandeln und zu hierarchischen Steuerungsinstrumenten wie Gesetzen, ökonomischen und erzieherisch-informativen Ansätzen, bieten Partizipationsverfahren somit Chancen für die strukturierte Integration divergierender Perspektiven und für die Erarbeitung kreativer Lösungen für kollektive Probleme. Sie können dazu beitragen, Vertrauen zu bilden, Akzeptanz zu sichern, die Koordination zwischen Akteuren zu verbessern und die Legitimation von Vorhaben zu stärken.

National wie international gibt es zwar viele Befürworter für eine partizipatorische Erweiterung der modernen Gesellschaft, gleichwohl gibt es aber auch kritische Stimmen. Allgemein stehen Vertreter liberaler Demokratietheorien, die wettbewerblichen Intressenpluralismus im re-

---

[21] Grunwald 2002, S.128 f.

präsentativen System präferieren, einem partizipatorischen Demokratieverständnis kritisch gegenüber. Und aus der Perspektive von Konsens- und Konflikttheorien lässt sich fragen, inwieweit Partizipation eher zur Stablisierung aktueller politischer Verhältnisse beiträgt, statt sozialen Wandel zu katalysieren. So wird beispielsweise mit Blick auf Partizipation in entwicklungspolitischen Kontexten davor gewarnt, dass Partizipation zur Tyrannei werden kann, wenn sie eher der Stabilisierung existierender struktureller Ungleichheiten durch Akzeptanzbeschaffung als tatsächlichem Empowerment und der Selbstorganisation der Bevölkerung dient.[22]

Und aus verwaltungswissenschaftlicher Perspektive wird angemerkt, dass für die meisten öffentlichen Angelegenheiten eine effizientes „öffentliches Management" wichtiger ist als die Beteiligung der Bevölkerung in allen möglichen Sachverhalten.[23] In diesem Zusammenhang wird auch darauf verwiesen, dass für viele Fragestellungen Bürger aufgrund mangelnder Kompetenz wenig beitragen können. In diesen Meinungen wird das politische Eliten-Modell vertreten und die Bevorzugung von bürokratisch-technokratischem Handeln bei gleichzeitiger Skepsis gegenüber dem Bürger und Souverän deutlich.

Schließlich wird gefragt nach der demokratischen Legitimation von partizipativen Prozeduren, in denen – abgesehen vom Bürgerbegehren – zumeist nicht die Gesamtbevölkerung einbezogen ist.[24] Diese kritischen Stimmen sind durchaus hilfreich, um nicht einer naiven Partizipations-Euphorie zu verfallen.[25] Es gilt, die gegebenen sozialen Ungleichheiten (Macht, Ressourcen) in der Partizipations-Diskussion nicht aus dem Blick zu verlieren, die Effizienz und Legitimation von Partizipation im repräsentativen System zu reflektieren sowie eine potenzielle Partizipations-Überforderung der Bürger im Blick zu halten.

Aber trotz der Kritik erscheint die Institutionalisierung von erweiterten Partizipationsmöglichkeiten zur gesellschaftlichen Selbstverständigung und Zukunftsgestaltung notwendig, um der gewachsenen sozialen und sachlichen Komplexität in pluralistischen Wissensgesellschaften ge-

---

[22] Cooke und Kothari 2001.

[23] Wewer 1997, S. 448 f.

[24] Brown 2004.

[25] Etwas optimistischer diesbezüglich der Beitrag von Radtke in diesem Band, der gerade hier eine Chance von Partizipationsprozessen sieht.

Möglichkeiten und Grenzen von Bürgerbeteiligung

recht zu werden. Dies gilt insbesondere für die Energiewende, als einem komplexen sozio-technischen Transformations- und Transitionprozess.

Die dargestellten zentralen Argumente für eine Erweiterung von Bürgerbeteiligung treffen – ohne wenn und aber – auf die Energiewende zu. Die Energiewende ist ein gesamtgesellschaftliches Projekt von hoher sozialer und sachlicher Komplexität, die neben der Koordination professionalisierter Akteure gerade auch eines systematischen und aktivierenden Einbezugs der Bürger bedarf. Neben klassischen in formalisierten Prozeduren zu bearbeitenden Beteiligungsthemen, wie potenzielle Standortkonflikte für Windkraft-, Biogas-, Solaranlagen[26] oder unterschiedliche Interessen und (Risiko-)Wahrnehmungen betreffende große Infrastrukturprojekte, sind auch aktivierende Beteiligungsformen (z.B. Mitwirkung an Energieeinsparung oder Gebäudesanierung) und neue Formen finanzieller und wirtschaftlicher Bürgerbeteiligung (Bürgergenossenschaften) relevant. Die folgende Tabelle gibt einen Überblick über wesentliche Beteiligungsformen und -möglichkeiten bei der Energiewende:

Beteiligungsform	Beteiligungsthema
Formale Öffentlichkeitsbeteiligung	Planfeststellungsverfahren, z.B. bei Netzausbau oder Windkraftansiedlung
Informelle Bürgerbeteiligung	z.B. bei Niedrigenergiesiedlungen oder bei kommunalem Mobilitätsmanagement
Finanzielle Bürgerbeteiligung	Bürgergenossenschaften
Wirtschaftliche Bürgerbeteiligung	„Bürgerkonsument", z.B. Gebäudesanierung, energiebewusste Kaufentscheidungen

Auf der Grundlage des Wissens aus drei Jahrzehnten Partizipationsforschung kann davon ausgegangen werden, dass eine verbesserte formale Bürgerbeteiligung ebenso wie alternative Beteiligungsformen einen

---

[26] Zu mit der Energiewende einhergehenden räumlichen Fragestellungen vgl. den Beitrag von Bosch in diesem Band.

wesentlichen Beitrag zum Gelingen der Energiewende leisten können. Aber ebenso, wie die unterstützenden Argumente für eine erweiterte Bürgerbeteiligung auf die Energiewende zutreffen, scheinen auch die kritischen Aspekte von Partizipation bei dieser Transformationsherausforderung von Relevanz. Besonders hervorzuheben ist hierbei der Aspekt der sozialen Ungleichheit: Sowohl bei der Frage, wer sich an formalen Verfahren der Öffentlichkeitsbeteiligung einbringt, als auch beim Thema finanzielle und wirtschaftliche Bürgerbeteiligung, bestehen ernstzunehmende Risiken einer Mittelschicht-Tendenz.[27] Es gilt wachsam zu sein, dass sozial benachteiligte Gruppen nicht die Leidtragenden der Energiewende werden, z.B. indem neue Stromtrassen an benachteiligten Wohngebieten vorbeigeführt werden und diese Bürger nicht von einer dezentraleren Energieproduktion profitieren.

Aber selbst eine optimal strukturierte, erweiterte Bürgerbeteiligung – die in der laufenden Energiewende noch bei weitem nicht erkennbar ist – ist aus der Sicht der Transformations- und Transitionforschung nur ein, wenn auch wichtiger, Baustein für den Transformationsprozess. Ohne eine proaktive Haltung und Verantwortungsübernahme der zentralen gesellschaftlichen Akteursgruppen aus Politik, Verwaltung, Wirtschaft, Zivilgesellschaft und koordinierende Ansätze wird die Energiewende nicht gelingen.

IV. Bürgerbeteiligung im gesellschaftlichen Kontext –
Verantwortung von Akteuren

Die Bürger können und sollen durch ihre aktive Beteiligung im Rahmen der – anzupassenden – formalen Öffentlichkeitsbeteiligung und der – zu erweiternden – Möglichkeiten zur Mitwirkung an informellen Prozessen, Verantwortung für die Energiewende übernehmen und sie teilweise zu einem „Bürgerprojekt" machen. Dabei gibt es aber auch ernstzunehmende Grenzen, die (an-)erkannt werden sollten. Einerseits, um Überforderungen, aber auch Enttäuschungen der Bürger zu vermeiden. Und andererseits, um die Verantwortung der organisierten gesellschaftlichen Akteure für die Energiewende angemessen zu adressieren. Dazu gehören

---

[27] Vgl. diesbezüglich aber auch den Beitrag von Radtke in diesem Band in Hinblick auf sog. Solar-Genossenschaften.

insbesondere: die Politik (selbst), die Verwaltungen, die Wirtschaft, Nichtregierungsorganisationen, die Medien und die Wissenschaft. Politik und Verwaltung haben in der repräsentativen Demokratie eine besondere Gemeinwohl- und Zukunftsverantwortung. Klimaschutz und Energiewende stellen in diesem Zusammenhang eine gesamtgesellschaftliche Herausforderung dar. Zweifellos ist diese Herausforderung nicht unpolitisch, jedoch ist sie als überparteilich anzuerkennen. Auch ist das Verwaltungshandeln nicht durch den Gegenstand determiniert. Die breiten parlamentarischen Mehrheiten für die Energiewendegesetze, die Klimaschutzziele und vielfältigen Aktivitäten auf den unterschiedlichen Verwaltungsebenen spiegeln im Prinzip diese Anforderung auch wider. In der politisch-administrativen Praxis werden die zentralen Zukunftsfragen von Klimaschutz und Energiewende aber allzu oft nicht als Thema kollektiver Verantwortung behandelt, sondern kurzfristigen (partei-)politischen Interessen und administrativen Priorisierungen geopfert. Politik und Verwaltung sind gefordert, proaktiver gesellschaftliche Vorbildfunktion und Einsatz bei der (Mit-)Gestaltung des Transformationsprozesses zu zeigen und als Initiatoren und Stabilisatoren auf dem Weg in ein neues Energiesystem zu fungieren. Dazu gehört ebenso die Institutionalisierung von Nachhaltigkeit, Klimaschutz und Energiewende in Verwaltungen, wie die proaktive politische Meinungs- und Willensbildung zur überparteilichen Herausforderung von Nachhaltigkeit, Klimawandel und Energiewende.[28]

Die Wirtschaft ist kein monolithischer Block, es gibt eine große Vielfalt und hohe Interessenheterogenität. Je nach Branche finden sich fundamentale Klimaskeptiker, moderate Klimaschutz-/Energiewende- und Instrumentenkritiker sowie aktive Befürworter von Energiewende und forcierter Klimaschutzpolitik. Für wirtschaftliche Akteure ergeben sich, je nach Branchenherkunft, unterschiedliche Chancen und Risiken durch die Energiewende. Gerade die Branchen, die von der Energiewende besonders betroffen sind und die größten Herausforderungen beim Klimaschutz bewältigen müssen, haben eine hervorgehobene Verantwortung. Aus ökonomischen aber auch aus ethischen Gründen sind proaktiv neue nachhaltige Geschäftsmodelle, Produkte und Dienstleistungen zu entwickeln, Energieeffizienzpotenziale zu nutzen und eine konstruktive

---

[28] Vgl. Heinrichs/Laws 2012.

Haltung gegenüber dem „Gemeinschaftswerk Energiewende" einzunehmen.[29]

Die Nicht-Regierungsorganisationen, die sich in die Debatte um Klimaschutz und Energiewende involvieren, sind als Repräsentanten der organisierten Zivilgesellschaft die Anwälte einer sozialen und ökologischen Perspektive. Sie vertreten eine große Bandbreite an klima- und energie-relevanten Arbeitsschwerpunkten: Entwicklungspolitik, Öffentlichkeitsarbeit und Bewusstseinsbildung, Natur-, Tier- und Umweltschutz und soziale Fragen. Ihre Verantwortung liegt darin, als „Watch-Dog", Treiber und Pionier für eine umwelt-, aber auch sozialverträgliche und wirtschaftlich tragfähige Ausgestaltung zu fungieren. NGO's sind gefordert, differenzierte Ansätze zu entwickeln, um Bremser der Energiewende – egal ob in Politik oder Wirtschaft – zielgerichtet zu adressieren, positive Ansätze zur unterstützten und sich in ggf. neuen Konstellationen zu engagieren.[30]

Die Wissenschaft spielt eine zentrale Rolle in der Entwicklung energietechnologischer Optionen. In Grundlagen- und Anwendungsforschung sind erneuerbare Energietechnologien weiterzuentwickeln und neue Wege zu finden. Darüber hinaus sind Wirtschafts-, Rechts- und Sozialwissenschaften gefordert, Wissen zu generieren zur wirtschaftlichen und rechtlichen Ausgestaltung der Energiewende oder auch zu Akzeptanzfragen. Bei dieser (inter-)disziplinären Wissensproduktion darf der Beitrag der Wissenschaften aber nicht enden. Die Verantwortung der Wissenschaft für die Energiewende liegt darin, sich im Sinne öffentlicher Wissenschaft einzubringen, sich auch einzumischen. Das Leitbild trandisziplinärer Wissenschaft, die sich in enger Kooperation mit der Praxis neben analytischen auch auf normative Fragen einlässt, ist hierbei hilfreich.[31] Gerade bei Transformationsprozessen wie der Energiewende, mit hoher sozialer und sachlicher Komplexität, ist die Wissenschaft als kritisch-konstruktiver Begleiter und Innovationsagent gefordert.[32]

---

[29] Vgl. Koch et al. 2012.
[30] Vgl. WWF 2009.
[31] Zur integrativen Energieforschung vgl. auch den Beitrag von Grunwald/Schippl, zur Verteilung von Forschungsmitteln aus dem Bereich Forschung und Entwicklung den Beitrag von Fornahl/Umlauf in diesem Band.
[32] Vgl. Heinrichs et al. 2011.

Die (Massen-)Medien, als die vierte Gewalt in der „Mediendemokratie", haben ihren Beitrag zum Gelingen der Energiewende zu leisten. Auch wenn die Medien – ähnlich wie die anderen genannten Akteure – sehr vielfältig sind und als gesellschaftliche Beobachtungsinstanz und Kommunikationsarena, geschützt durch die Pressefreiheit, nicht für gesellschaftspolitische Zwecke instrumentalisiert werden dürfen und sollten, so ist doch aus medienethischer Perspektive nach ihrer Verantwortung für ein gesamtgesellschaftliches Transformationsprojekt wie die Energiewende zu fragen. Ähnlich der Feststellung für die Politik, dass Klimaschutz und Energiewende überparteilich, aber nicht unpolitisch sind, wäre auch für die Medien zu diskutieren, inwieweit sie – in unterschiedlichen Facetten und Bewertungen – aber dennoch proaktiv die Transition in ein neues Energiesystem begleiten. Die Verantwortung der (Massen-)Medien würde dabei in der kritisch-konstruktiven, aber kontinuierlichen Berichterstattung liegen, um damit bei den anderen gesellschaftlichen Akteuren, insbesondere den Bürgern, zur Orientierung und Reflektion beizutragen.[33]

Diese kursorischen Überlegungen zur Verantwortung ausgewählter, für die Energiewende besonders relevanter Akteursgruppen, soll verdeutlichen, dass neben der bislang unzureichend realisierten Bürgerbeteiligung auch bei vielen anderen wichtigen gesellschaftlichen Akteuren das Handlungspotenzial zur Ausgestaltung der Energiewende nicht ausgeschöpft ist. Damit sich wechselseitig positiv verstärkende Effekte in der Logik des Transitionmanagements entwickeln, bedarf es positiver Impulse in den verschiedenen gesellschaftlichen Bereichen und Arenen. Die Bürgerbeteiligung stellt dabei (nur) ein „System-Element" dar. Die Verbesserung der strukturellen und prozessualen (politisch-administrativen) Rahmenbedingungen für eine erweiterte Bürgerbeteiligung ist deshalb notwendig aber noch nicht hinreichend: Bürgerbeteiligung wird umso fruchtbarer und nützlicher für die Energiewende sein, je konstruktiver und resonanzfähiger die professionellen Akteure aus Politik, Verwaltung, Wirtschaft, Wissenschaft und Medien agieren und ihre jeweilige Verantwortung übernehmen. Trotz der aus vielen Gründen wünschenswerten Orientierung auf eine dezentrale und partizipative Energiewende und der damit einhergehenden Fokussierung auf Bürgerbeteiligung, darf daher der Blick nicht zu stark verengt werden. Die Verantwortungsüber-

---

[33] Vgl. Heinrichs/Lüdecke 2012.

nahme und konstruktive Mitwirkung mächtiger gesellschaftlicher Akteure ist mindestens von ebenso entscheidender Bedeutung für eine gelingende Transformation des Energiesystems.

V. Ausblick: Gestaltungsoptionen für Bürgerbeteiligung in der Transformation des Energiesystems

Im vorliegenden Beitrag wurde argumentiert, dass die Energiewende einen Transformationsprozess hin zu einem anderen Systemzustand darstellt. Aus der Perspektive von Transformationsforschung und Transitionsmanagement bedarf eine systemische Veränderung des Energiesystems zielorientierter politischer (Kontext-)Steuerung und gesellschaftlicher (Selbst-)Organisation. Neue Denk- und Handlungsmuster müssen in neuen Akteurskonstellationen entwickelt, erprobt und in veränderten sozio-technischen Praktiken etabliert werden. Bürgerbeteiligung ist bei diesem sozialen Lern- und Gestaltungsprozess von hoher Bedeutung. Ohne legitimierende Akzeptanz, beispielsweise von Standortentscheidungen beim Netzausbau, oder aktive Mitwirkung, beispielsweise durch wirtschaftliche und finanzielle Bürgerbeteiligung, wird der Übergang in ein anderes, dezentraleres Energiesystem kaum möglich sein.

Bei der Ausgestaltung der Bürgerbeteiligung lässt sich zurückgreifen auf mehr als drei Jahrzehnte wissenschaftlicher Forschung und vielfältiger praktischer Erfahrungen. Konzeptionell und methodisch liegt umfangreiche Expertise zur Weiterentwicklung und Optimierung der Bürgerbeteiligung bei der Transformation des Energiesystems vor. Notwendig für eine verbesserte und intensivere Nutzung der Bürgerbeteiligung ist somit weniger neues „Wissen" als vielmehr der politische und administrative Wille, strukturelle und prozessuale Möglichkeiten der formalen, entscheidungsbezogenen Öffentlichkeitsbeteiligung anzupassen und das existierende Spektrum alternativer Beteiligungsformen, die stärker auf soziales Lernen, aktivierende Mitwirkung und bürgerschaftliche Selbstorganisation zielen, zu nutzen. Und über die Möglichkeiten von Politik und Verwaltung zur effektiveren Gestaltung von Bürgerbeteiligung hinausgehend, nehmen andere wichtige gesellschaftliche Akteure durch ihr (verantwortliches) Handeln entscheidend Einfluss.

Insgesamt lässt sich im zweiten Jahr nach der politisch beschlossenen Energiewende konstatieren, dass wesentliche Grundvoraussetzungen für die Transformation des Energiesystems prinzipiell vorhanden sind: es gibt einen parteiübergreifenden Grundkonsens, eine breite parlamentarische Mehrheit, eine in Meinungsumfragen stabile Unterstützung in der Bevölkerung, eine tendenziell positive Bewertung in signifikanten Teilen der Wirtschaft und der Medien. Trotzdem wäre es naiv, davon auszugehen, dass es „nur" noch etwas „Feintuning" an verschiedenen Stellschrauben, wie beispielsweise der Bürgerbeteiligung, bedürfe. Nach wie vor gibt es sehr heterogene Interessen von mächtigen Akteuren, die dem „Gemeinschaftswerk Energiewende" kritisch gegenüberstehen und (weiterhin) bemüht sein werden, „Sand ins Getriebe" zu streuen. Auch wenn dies aus der eher konsensorientierten Governance-Perspektive des Transitionmanagments und mit Blick auf die möglichst zügige Umsetzung der Energiewende misslich sein mag, so ist dies aus konflikttheoretischer Perspektive nicht nur unvermeidbar, sondern vielleicht sogar nützlich: Konflikte können bekanntlich produktiv sein für den gesellschaftlichen Fortschritt.[34] Im vorliegenden Fall führt dies ggf. zu einem am Ende klareren Wechsel vom alten zentralen hin zu einem neuen dezentralen Energiesystem. Über die Beteiligung im Rahmen kooperativer Transformationsproceduren hinausgehend wären die Bürger bei einer solchen Richtungsentscheidung in ihrer ursprünglichen Rolle als Wahlbürger der repräsentativen Demokratie entscheidend beteiligt.

Literatur

Abels, G./Bora, A. (2004): Demokratische Technikbewertung, Bielefeld.

Brown, M. (2004): Citizen Panels and the Concept of Representation. Arbeitspapier präsentiert auf dem Jahres-Workshop des „Science and Democracy Network", Boston.

Cooke, B./Kothari, U. (2001): Participation: The New Tyranny? London, New York.

Grunwald, A. (2002): Technikfolgenabschätzung – eine Einführung, Berlin.

Heinrichs, H. et al. (2011): Die Energiewende als transdisziplinäre Herausforderung, GAIA 3/2011, S. 202 ff.

Heinrichs, H./Laws, N. (2012): Mehr Macht für eine nachhaltige Zukunft. Politikbarometer zur Nachhaltigkeit in Deutschland, Studie im Auftrag des WWF, Berlin.

[34] Vgl. Lamla 2008, S. 207 f.

Jakobeit, C./Latif, M. (Hg.) (2012): Der gesellschaftliche Umgang mit dem Klimawandel, Baden-Baden.

Kirchner, A./Matthes, F. (2009): Modell Deutschland. Klimaschutz bis 2050, Studie im Auftrag des WWF, Berlin, Basel.

Koch, H./Pötter, B./Unfried, P. (2012): Stromwechsel. Wie Bürger und Konzerne um die Energiewende kämpfen, Frankfurt a.M.

Lamla, J. (2008): Die Konflikttheorie als Gesellschaftstheorie, in: Bonacker, T., Sozialwissenschaftliche Konflikttheorien. Eine Einführung, Wiesbaden, S. 207 ff.

Loorbach, D. (2002): Transition Management: Governance for Sustainability, Berlin.

Polanyi, K. (2001). The great transformation: The political and economic origins of our time, Boston.

Renn, O./Webler, T./Wiedemann, P. (Hg.) (1995): Fairness and Competence in Citizen Participation. Evaluating Models for Environmental Discourse, Dordrecht.

Riffkin, J. (2011): Die dritte industrielle Revolution, Frankfurt, New York.

Rucht, D. (1997): Soziale Bewegungen als demokratische Produktivkraft, in: Klein, A./Schmalz-Bruns, R. (Hg.), Politische Beteiligung und Bürgerengagement in Deutschland. Bundeszentrale für politische Bildung (BPB), Bonn, S. 382 ff.

Siebenhüner, B./Heinrichs, H. (2010): Knowledge and Social Learning for Sustainable Development, in: Gross, M./Heinrichs, H., Environmental Sociology. European Perspectives and Interdisciplinary Challenges, Dordrecht, S. 185 ff.

WBGU (2011): Welt im Wandel. Gesellschaftsvertrag für eine Große Transformation, Berlin.

Wewer, G. (1997): Vom Bürger zum Kunden? Beteiligungsmodelle und Verwaltungsreform, in: Klein, A./Schmalz-Bruns, R. (Hg.), Politische Beteiligung und Bürgerengagement in Deutschland, Bundeszentrale für politische Bildung (BPB), Bonn, S. 448 ff.

Bürgerenergie in Deutschland – ein Modell für Partizipation?

Jörg Radtke

In Deutschland finden sich immer mehr Initiativen von Bürgern zusammen, um eigene Energieanlagen in „Bürgerhand" aufzubauen – die so genannte Bürgerenergie. Bislang war über diese zivilgesellschaftliche Bewegung wenig bekannt und konnte über Einzelbeschreibungen hinaus kaum zusammenhängend analysiert und bewertet werden. In der letzten Zeit wurden jedoch neuere Erkenntnisse durch umfangreiche Studien und wissenschaftliche Untersuchungen gewonnen. Gleichwohl bleiben auch angesichts dieser groben Gesamteinschätzungen einige Fragen offen, insbesondere hinsichtlich der Hintergründe und Kontextbedingungen dieser Energie-Initiativen. In diesem Beitrag soll der Frage nachgegangen werden, inwiefern diese Energieprojekte eine Chance zur Partizipation der Bürger im Energiesektor auf lokaler Ebene darstellen und wie diese Form der Beteiligung in politischer, sozialer und gesellschaftlicher Hinsicht zu bewerten ist. Zunächst wird ein kurzer Überblick über verschiedene Formen und Ausprägungen von Bürgerenergie in Deutschland gegeben, bevor die unterschiedlichen Ausprägungen von Partizipation aufgezeigt und typisiert werden. Schließlich werden diese Partizipationstypen kritisch hinsichtlich ihrer Wirkungsweisen und der Frage, ob sich ökonomische, partizipative und gemeinwohlorientierte Ziele harmonisieren lassen, diskutiert.

I. Bürgerenergie in Deutschland – ein kurzer Überblick

Bürgerenergie bedeutet grundsätzlich, dass (zumeist erneuerbare) Ernergieanlagen entweder von Bürgern selbst betrieben werden oder aber Bürger an Investitionen in Energieanlagen beteiligt sind. Hierbei sind eine ganze Reihe an Konstellationen denkbar, die zumeist folgende grundsätzliche Merkmale betreffen:

- die Rechtsform (z.b. GmbH, Genossenschaft usw.)
- die Art der (Bürger)Beteiligung (finanziell, planerisch, operativ usw.)
- Typ und Standort der Energieanlage(n) (z.b. Photovoltaik auf Dächern, Windenergieanlagen auf Feldern oder im Wald, Wasserkraft usw.)

Diese verschiedenen Konstellationen und Modelle von Betreiberformen und Beteiligungen erschweren eine Kategorisierung sowie Bestimmung von Art und Anzahl dieser Phänomene – weshalb eine Übersicht über alle existierenden Formen in Deutschland nicht vorhanden und vermutlich auch kaum möglich sein wird.[1] Im Folgenden wird versucht, eine Typisierung der verschiedenen Formen von Bürgerenergie vorzunehmen. Hierzu wird zunächst auf Untersuchungen zu bestimmten Organisationstypen, wie etwa zu Energiegenossenschaften, zurückgegriffen.

Die Zahl der Energiegenossenschaften in Deutschland ist in den letzten Jahren enorm angestiegen, der Trend hält bislang an. Eine aktuelle Studie geht davon aus, dass derzeit über 600 Energiegenossenschaften existieren.[2]

Insgesamt sind in Deutschland mehr als 80.000 Menschen mit ca. 260 Mio. Euro in Energiegenossenschaften beteiligt.[3] Durch Rückgriff auf Fremdkapital haben die Genossenschaften zwischen 800 Mio. und 1,6 Mrd. Euro in erneuerbare Energien investiert.[4] Es wird auf diese Weise Strom für rund 83.000 Durchschnittshaushalte produziert.[5] Durch (zumeist) geringe Mindestbeteiligungsbeträge steht eine finanzielle Beteiligung an erneuerbaren Energien einer breiten Bevölkerungsschicht offen.[6]

---

[1] Vgl. für eine erste Übersicht Holstenkamp/Degenhart 2013, wobei eine Systematisierung von Beteiligungsmodellen vorgenommen wird. Die Autoren verweisen darauf, dass Daten zur Anzahl und Formen von Bürgerbeteiligunsmodellen nicht bekannt sind und sprechen von einer offenen Forschungsaufgabe (S. 6).

[2] Vgl. Klaus Novy Institut 2012, S. 12.

[3] Vgl. Deutscher Genossenschafts- und Raiffeisenverband e.V. 2012, S. 16.

[4] Ebd.; Klaus Novy Institut 2012, S. 14.

[5] Ebd.

[6] Ebd., S. 8. Nicht alle Energiegenossenschaften sind allerdings Bürgerbeteiligungsmodelle.

Allein diese Summen demonstrieren, dass es sich bei „Bürgerenergie" keinesfalls mehr um kleinere Projekte einzelner engagierter Bürger in Form einer „Graswurzel-Revolution" handelt. Wie ist aber dieser enorme Aufschwung der Bewegung zu erklären? In einer Untersuchung von Holstenkamp und Ulbrich wurde bei Solar-Genossenschaften nachgewiesen, dass deren enormer Zuwachs auf unterschiedliche Faktoren zurückzuführen ist: „Dabei sind neben der Novellierung des GenG, die einige Erleichterungen bei der Neugründung und Gestaltung von eGn mit sich gebracht hat, insbesondere die regionalen und bundesweiten Initiativen zur Bildung von PV-Genossenschaften zu nennen, die in vielen Fällen von Genossenschaftsverbänden ausgehen oder wesentlich mitgetragen werden. Hinzu kommen günstige Umstände für die Entwicklung Erneuerbarer Energien allgemein".[7] Als Initiatoren sind demnach „überwiegend Genossenschaftsbanken" zu finden, „z.T. in Kooperation, insbesondere mit Kommunen".[8]

Ein weiterer Grund für den Erfolg des Genossenschaftsmodells im Energiebereich besteht darin, dass Genossenschaften sowohl konkrete Anlageoptionen, als auch die Möglichkeit zur Mitbestimmung bieten, außerdem sind Beteiligungen mit niedrigen Beträgen möglich.[9]

Insbesondere das Modell einer genossenschaftlichen Betreibung von Solaranlagen ist sehr weit verbreitet und erfolgreich. Ein Grund dafür liegt darin, dass die finanziellen und organisatorischen Hürden für eine anfangs kleine Gruppe von Bürgern überwindbar sind, sodass die Gründung in vielen Fällen erfolgreich verläuft.[10] Investiert wird dabei „überwiegend in Aufdachanlagen auf öffentlichen Gebäuden", da hier ein „geringeres Risiko bei kleinerem Kapitaleinsatz" besteht.[11] Zudem kann bei „entsprechender politischer Unterstützung" bei öffentlichen Gebäuden keine Pachtzahlung für die Dächer entstehen.[12] Die Größe dieser Solargenossenschaften fällt aber vergleichsweise gering aus: „Die Inves-

---

[7] Holstenkamp/Ulbrich 2010, S. 38.
[8] Ebd., S. 38.
[9] Vgl. Klaus Novy Institut 2012.
[10] Eine geringere Hürde würde etwa die Gründung einer Gesellschaft bürgerlichen Rechts (GbR) mit sich bringen, die allerdings andere Nachteile (z.B. Haftung, Erweiterung der Gesellschaft) mit sich bringt.
[11] Klaus Novy Institut 2012, S. 39.
[12] Ebd.

titionsvolumina liegen mehrheitlich unter einer Million Euro. In den meisten Fällen sind bislang lediglich ein oder zwei Projekte umgesetzt worden".[13]

Allerdings sind die Mitgliederzahlen bei diesen kleinen Solargenossenschaften eher gering: Mehr als 50 % der Genossenschaften wiesen in der Untersuchung weniger als 100 Mitglieder auf.[14] Die Beschaffung von Eigenkapital – also die Gewinnung von Beteiligungen von Bürgern – stelle nur selten ein Problem dar.[15] Es sei für die Solargenossenschaften eher schwierig, genügend Projekte – also den Aufbau von Anlagen – zu akquirieren.

Während auf der einen Seite größere Projekte für Solargenossenschaften schwierig zu realisieren sind, bringt die verhältnismäßig kleine Größe auch enorme Vorteile hinsichtlich einer „breiten" Partizipation von Bürgern mit sich: Eine geringe finanzielle Mindestbeteiligung ist in den meisten Fällen möglich und nur bei nur 42 % von 86 untersuchten Satzungen werden solche überhaupt vorgeschrieben.[16] Damit weisen viele Solargenossenschaften einen sehr inklusiven Charakter auf, da sich beispielsweise auch Personen mit geringen Beträgen beteiligen können, die sozial schlechter gestellt sind.[17] Dennoch steht auch in diesen Fällen nicht jedem Bürger eine Beteiligung offen, weshalb einige Energiegenossenschaften Kleinst-Beteiligungen bzw. Ratenzahlungen in Erwägung ziehen – solche Ansätze stellen allerdings eine Randerscheinung dar.[18]

Das Besondere an dem Bürgerenergie-Phänomen besteht aber in der Initiation: Es sind die Bürgerinnen und Bürger selbst, die sich in diesem Feld engagieren und kleine Unternehmen aufbauen, welche sie selbst in den meisten Fällen ehrenamtlich leiten, um selbstständig und eigenverantwortlich die Energiewende „in die Hand zu nehmen". Damit handelt es sich zwar definitorisch um privatwirtschaftliche Unternehmungen, welche jedoch aus der Zivilgesellschaft entspringen und zudem eng ver-

---

[13] Ebd.
[14] Ebd.
[15] Ebd.
[16] Ebd.
[17] Vgl. zu der Problematik exklusiver Tendenzen in der Bürgerbeteiligung auch den Beitrag von Heinrichs in diesem Band.
[18] Vgl. etwa Artikel „Solarstrom wird zum Sozialstrom" v. 10.9.2011 unter www.ovb-online.de.

knüpft sind mit übergreifenden Motiven: sei es der Umbau des Energiesystems, die Förderung des demokratischen Grundgedankens, dem Gemeinwohl dienend, soziale Gerechtigkeit befördernd, nachhaltig zu handeln und dem Klimawandel entgegenzuwirken oder ethisch und ökologisch orientiert.

Zusammenfassend wird die Entwicklung als ein „aus der Bürgerschaft kommender Neugründungsprozess" beschrieben.[19] Zudem werden die Energie-Genossenschaften in Zusammenhang mit Vereinsgründungen und Lokale-Agenda-21-Gruppen gebracht, aus denen sie teilweise „nahtlos hervorgegangen" sind und auf diese Weise die Selbstorganisationsmöglichkeiten der Bürger vom Vereins- in das Genossenschaftswesen in der Gesellschaft eingeführt haben.[20] Dies wird als ein „Gesamttrend in der Gesellschaft" charakterisiert, „der von einer verstärkten bürgerschaftlichen Selbstorganisation geprägt ist".[21]

Die Energiewende in Deutschland wird zwar nicht vollständig von Bürgerbewegungen und kleinen Unternehmungen getragen, allerdings werden zum gegenwärtigen Zeitpunkt über 60 % der Investitionen in erneuerbare Energie (bzw. andere Substitutionen fossiler Energieträger) von den Privathaushalten geleistet.[22]

Damit wird die Energiewende „vorwiegend im Privateigentum der Bürgerinnen und Bürger vollzogen" und ist keineswegs als ein kleinräumiges, zu vernachlässigendes Phänomen weniger engagierter Bürger zu werten, sondern als eine ernst zu nehmende Säule der Transformation des Energiesystems hin zu erneuerbaren Energieträgern.[23]

Schließlich kommt es in dem Prozess noch zu einem weiteren interessanten Phänomen: Einige Energiegenossenschaften entfalten auch ein soziales Engagement, welches diese bürgerschaftlichen Vorhaben von anderen abhebt: Nach Flieger können bürgerschaftliche, sozial-ökologische und organisatorisch-institutionelle Energiegenossenschaften unterschieden werden. Beweggründe und Ausrichtung der Genossenschaft

---

[19] Klaus Novy Institut 2012, S. 12.
[20] Ebd.
[21] Ebd.
[22] Sofern auch Kleinunternehmen, Landwirte usw., die als persönlich haftende Unternehmer zählen, zu den Privathaushalten gezählt werden; vgl. Klaus Novy Institut 2012, S. 12.
[23] Klaus Novy Institut 2012, S. 12.

sind demnach in den ersten beiden Fällen eher durch übergreifende, ethisch-moralische Motive geprägt als nur durch eine reine Geldanlage.[24] Im Idealfall werden Bürgerenergie-Initiativen von Bürgern angestoßen, finanziert, umgesetzt und betrieben. Damit stellen diese Initiativen einen vergleichsweise hohen Grad an Gestaltung und Mitwirkung von Bürgern dar.

Im Folgenden sollen eigene empirische Erkenntnisse mit Kondensaten der Partizipationsforschung verglichen werden.[25]

II. Formen von „Bürgerenergie" in Deutschland

Für den Bürgerenergie-Ansatz kommen grundsätzlich mehrere Energieträger für eine Nutzung in Betracht. Die Investitionen von Energiegenossenschaften betreffen insbesondere Solaranlagen, da hier der Investitionsaufwand vergleichsweise gering ist (oftmals verwendete Bezeichnung: Bürgersolaranlagen, Solargenossenschaften).

Weitere mögliche Energieformen für Bürgerenergie-Gesellschaften stellen die Geothermie-Nutzung sowie Wasserkraft dar. Tatsächlich werden Wasserkraft[26] und Geothermie in nur wenigen Fällen genutzt. Vermutlich steht hier ein zu großer Planungs- und Investitionsaufwand gegenüber; die meisten Wasserkraftanlagen sind zudem in Hand der großen Energiegesellschaften, das Ausbaupotenzial ist begrenzt.[27] Häufiger kommt der Aufbau bzw. Betrieb eines Nahwärme-Netzes in Betracht, eine Energiegenossenschaft hat es sich sogar zum Ziel gemacht, ein regionales Stromnetz zu übernehmen.

Bioenergie und die Nutzung von kleineren Holzpellet- oder Blockheizkraftwerken finden sich dagegen weniger bei Bürgerenergie-Initiativen[28] – insbesondere die Biomasse wird in logischer Konsequenz von

---

[24] Vgl. Flieger 2010, S. 1.

[25] Die verwendeten Beobachtungen, Daten und Informationen entstammen einer eigenen Untersuchung, welche zehn unterschiedliche Energie-Initiativen in Deutschland vergleichend untersucht sowie aus einer Online-Erhebung mit Eingaben von ca. 2000 beteiligten Bürgern in ca. 70 Energie-Initiativen in Deutschland.

[26] Vgl. Studie von trend research 2010.

[27] Vgl. Studie von trend research 2010.

[28] Vgl. Holstenkamp 2012, S. 40.

Landwirten genutzt, Holzpellet-Kraftwerke und andere Bioenergieanlagen werden aber teilweise von Nahwärme-Genossenschaften als Energielieferanten betrieben.[29] In dem Fall, wo von den Bürgerenergie-Gesellschaften sowohl Erzeugung als auch Vertrieb von Strom oder Wärme übernommen werden, spricht man von Mehrspartengenossenschaften, was einen neueren Trend darstellt. In seltenen Fällen kommt es auch zu einem Engagement in benachbarten Bereichen, wie Elektromobilität, Energiemanagement oder Betreibung von Stadtwerken.[30]

Bei den Energiegenossenschaften macht die Solarstromerzeugung rund 43 % aus, gefolgt von Bioenergie, Wind- und Wasserkraft mit rund 19 %.[31] Auf die Kraft-Wärme-Kopplung (KWK) entfallen 14 %, auf den Netzbetrieb 12 %.[32]

Die typische Betreibungsform von Solaranlagen in Bürgerhand sind somit Genossenschaften, GbRs sowie Vereine (e.V.). Windenergieanlagen werden hingegen bislang noch wenig von Genossenschaften betrieben[33], allerdings wird diese Energieform – die für Genossenschaften wesentlich mehr Planungs- und Finanzierungsaufwand bedeutet – zunehmend genutzt, wobei dann der erhöhte Aufwand auch unkonventionelle Lösungen bewirken kann, wenn sich beispielsweise zwei Genossenschaften zusammenschließen.[34] Zu solchen ungewöhnlichen Vorgehensweisen kann es auch kommen, wenn Mischformen bzw. Konglomerate aus den verschiedenen Rechtsformen genutzt werden – beispielsweise indem sich eine GmbH, eine Genossenschaft und weitere Finanziers, die gemeinsam Energieanlagen betreiben, zusammenschließen. Auch die Rechtsform einer gemeinnützigen Aktiengesellschaft ist möglich.

Die so genannten Bürgerwindparks, die vor allem in Norddeutschland bestehen, werden meist von GmbH&CoKGs betrieben. Schließlich existieren noch die Beteiligungsmöglichkeiten von Umweltverbänden und größeren Energiegesellschaften (z.B. Planet Energy von Greenpeace) in Form so genannter Genussrechte und Nachrangdarlehen.

---

[29] Ebd.
[30] Ebd., S. 41.
[31] Vgl. Klaus Novy Institut 2012, S. 163 ff.
[32] Ebd.
[33] Vgl. Holstenkamp 2012, S. 39.
[34] Ebd., S. 40.

Schließlich werden auch einige Solaranlagen durch Gesellschaften bürgerlichen Rechts (GbR) betrieben. Diese Gesellschaftsform ist insbesondere für sehr kleine Projekte sinnvoll, da sie wenig Aufwand bei der Gründung der Gesellschaft erfordert.

III. Partizipation

1. Partizipation im Kontext von Energieprojekten

Was bedeutet nun politische Partizipation im Kontext von Energieprojekten? In der Literatur wird Partizipation unterschiedlich verstanden[35]:

- Kersting definiert Partizipation im Sinne von „Teilhabe" an einem Gegenstand oder Prozess „als politische Teilhabe an der Entscheidungsfindung, aber auch als Teilnahme an der Outputerstellung und zum Teil sogar als Teilhabe an den Outputs von Politik".[36]

- Teilweise wird Partizipation ausschließlich an Entscheidungsfindungsprozesse gebunden und umfasst dann alle Tätigkeiten, „die Bürger freiwillig mit dem Ziel unternehmen, auf verschiedenen Ebenen des politischen Systems zu beeinflussen".[37]

- Bei Renn werden hingegen akteursoffen „alle Formen der Einflussnahme auf die Ausgestaltung kollektiv verbindlicher Vereinbarungen durch Personen und Organisationen, die nicht routinemäßig mit diesen Aufgaben betraut sind" einbezogen.[38]

- Newig fasst mehrere Faktoren zusammen, indem er Partizipation bestehend aus den Kriterien des gemeinsamen Problemlösens durch Kommunikation und Deliberation, Teilhabe an Entscheidungen im öffentlichen Raum, Teilhabe von Personenkreisen[39] sowie Machtabgabe an beteiligte Personenkreise und ausreichender Repräsentation von legitimen Anliegen[40] zusammensetzt.[41]

---

[35] Vgl. hierzu auch den Beitrag von Heinrichs in diesem Band.
[36] Kersting 2008, S. 20.
[37] Kaase 1995, S. 521.
[38] Renn 2005, S. 227.
[39] Vgl. Renn 2005.
[40] Vgl. Schmitter 2002.

Bürgerenergie-Initiativen können in einer weiten Auslegung von politischer Partizipation unter diesem Begriff subsumiert werden. Um eine (direkte) politische Teilhabe im engeren Sinne (z.b. an politischen Entscheidungs- und Willenbildungsprozessen usw.) handelt es sich nicht. Allerdings findet eine Beteiligung von Bürgern durch eine Integration in eine Gesellschaft statt, welche wiederum Teil eines kollektiven Willensbildungsprozesses sein kann (Energieprojekt als gemeinsames Ziel einer Kommune und der lokalen Bevölkerung). Die Bürgerenergiegesellschaft kann sich somit einerseits als eigenständiger Akteur in politische Verfahren und Prozesse einbringen, sie kann andererseits aber sogar als ein Ausdruck einer partizipativen Kommunalpolitik gewertet werden (indem Bürger durch ihre Energiegesellschaft im Sinne einer „Selbstkontrolle" den an sie von der Gemeindevertretung delegierten Aufgabenbereich ausfüllen[42]). An dieser Stelle wird die Multidimensionalität des Begriffes „Partizipation" deutlich.

So definieren Holstenkamp und Degenhart Bürgerbeteiligung bei erneuerbaren Energien in der Weise, dass eine „territorial definierte Gruppe" Kapital für Erneuerbare-Energien-Projekte bereitstellt, wobei eine „adäquate Repräsentation" der Bevölkerung angestrebt wird (möglichst breite Beteiligung).[43] Sie gehen weiterhin von einer Mehrheitsbeteiligung der Bürger aus (mind. 50 %), einer gewissen Gemeinwohlrientierung (Motivation nicht rein aus Gewinnabsicht) sowie von Mitbestimmungs- und Kontrollrechten.[44] Je nachdem wie die Stimmrechte verteilt sind, kann demnach zwischen einer „demokratisch organisierten" und einer „kapital-orientierten" Gesellschaft unterschieden werden.[45] Schließlich wird unterschieden, ob Initiativen „von unten" (von den Bürgern) oder „von oben" (Bürger haben die Möglichkeit, sich zu beteiligen) organisiert sind.[46] Anhand dieser Kriterien ließen sich zwei theoretische Extremfälle beschreiben: Ein Beteiligungsangebot ohne Mehrheitsbeteiligung der Bürger mit kaum feststellbarer Gemeinwohlorientierung und

---

[41] Vgl. Newig 2011, S. 67.
[42] Vgl. diese Partizipationsform „citizen control" in der „ladder of citizen participation" bei Arnstein 1969.
[43] Holstenkamp/Degenhart 2013, S. 33.
[44] Ebd., S. 33 f.
[45] Ebd., S. 34.
[46] Holstenkamp/Degenhart 2013, S. 34.

ohne Wahlgleichheit.[47] Und ebenso würde ein umgekehrter Fall eine hochgradig partizipative, offene und bürgernahe Gesellschaft darstellen. In der Praxis werden diese Fälle nicht auftreten – die Kriterien helfen aber, eine nähere Charaktisierung vornzunehmen.

Diese weite Auslegung von Partizipation wird wohl immer dann möglich sein, wenn die Aktivitäten der Bürgerenergiegesellschaften über eine reine Geschäftstätigkeit hinausgehen. So gehen Holstenkamp und Degenhart davon aus, dass „Partizipation oder Bürgerbeteiligung im politischen Sinn (...) über eine finanzielle Teilnahme und Teilhabe hinaus diverse Formen annehmen (kann), z.b. Anhörungen in Genehmigungsprozessen, Agenda 21-Arbeitsgruppen, die sich für erneuerbare Energien einsetzen, oder die Mitgestaltung von regionalen Plänen zur Energieversorgung".[48] Damit kann Partizipation „im Sinne der Gestaltung der eigenen Lebenswelt" ausgelegt werden, wonach dann „die Beteiligung möglichst vieler Bürgerinnen und Bürger innerhalb des definierten Raumes bzw. der ‚community of interest' zum essentiellen Definitionskriterium" von Partizipation in diesem Kontext werden würde.[49] Nach Holstenkamp und Degenhart sind dann aber „kleine Gruppen interessierter Personen (...) ebenso wenig als Bürgerbeteiligung einzustufen wie andere Formen kleiner Kooperative, die Gemeinschaftsanlagen errichten und/oder betreiben, typische geschlossene Publikumsfonds oder auf Kundinnen und Kunden eines Unternehmens begrenzte Beteiligungsangebote".[50]

Bürgerenergie-Initiativen befinden sich somit an einer Schnittstelle von:

– gemein- und privatwirtschaftlichem Handeln (Gründung einer Gesellschaft),

– politischen Entscheidungen (Förderung lokaler Nachhaltigkeitsinitiativen),

– zivilgesellschaftlicher Bewegung (z.B. bürgerschaftliche Interessengemeinschaft oder Agenda-Gruppe für erneuerbare Energien) und

---

[47] Stimmen werden verhältnismäßig nach Kapitalanteil verteilt, entgegen dem genossenschaftlichen Prinzip „eine Person gleich eine Stimme".
[48] Holstenkamp/Degenhart 2013, S. 17.
[49] Ebd.
[50] Holstenkamp/Degenhart 2013, S. 18.

– staatlicher Unterstützung und Kooperation (Förderung durch Energiepolitik, Einspeisevergütungen, Standortvergaben und Kooperationen auf lokaler Ebene mit einer Stadtgemeinde).

Hierbei können viele Austauschprozesse der Information und Kommunikation sowie Verbindungen wie Kooperationen und Interessenkoalitonen zwischen den beteiligten Akteuren entstehen (vgl. Abbildung 1).

Abbildung 1: Konzeption von Bürgerenergie

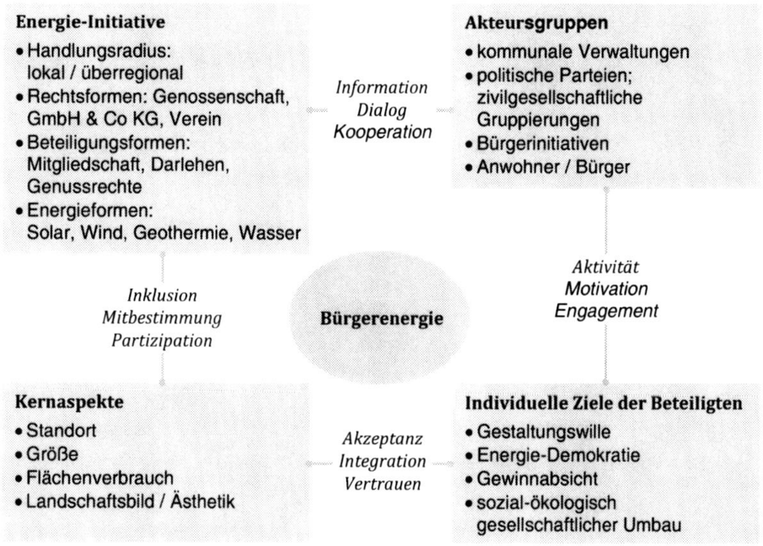

Energie-Initiative
- Handlungsradius: lokal / überregional
- Rechtsformen: Genossenschaft, GmbH & Co KG, Verein
- Beteiligungsformen: Mitgliedschaft, Darlehen, Genussrechte
- Energieformen: Solar, Wind, Geothermie, Wasser

Akteursgruppen
- kommunale Verwaltungen
- politische Parteien; zivilgesellschaftliche Gruppierungen
- Bürgerinitiativen
- Anwohner / Bürger

Information Dialog Kooperation

Inklusion Mitbestimmung Partizipation

Bürgerenergie

Aktivität Motivation Engagement

Kernaspekte
- Standort
- Größe
- Flächenverbrauch
- Landschaftsbild / Ästhetik

Akzeptanz Integration Vertrauen

Individuelle Ziele der Beteiligten
- Gestaltungswille
- Energie-Demokratie
- Gewinnabsicht
- sozial-ökologisch gesellschaftlicher Umbau

Die Partizipation der Bürger beschränkt sich somit nicht nur auf einen rein finanziellen Anteil, denn:

– Die finanzielle Beteiligung begründet Mitspracherechte innerhalb der gegründeten Energiegesellschaft, indem die beteiligten Bürger als Gesellschafter (bzw. Mitglieder in einer Genossenschaft oder Kommanditisten in einer KG) über Stimmrechte in den Versammlungen der Gesellschaft verfügen, Anträge und Ideen einbringen sowie selbst die Leitung der Gesellschaft übernehmen und/oder eine Mitarbeit ausüben können.

- Durch Aktivität und Engagement ist eine Gestaltung des Gesamtprozesses (eines gemeinsamen Energieprojektes) auch durch individuelle Tätigkeit über Vereine und Verbände, politische Parteien und Bürgergruppen möglich. Sofern es sich um ein politisches Ziel handelt, etwa im Rahmen der Energiepolitik die Förderung erneuerbarer Energien, übernehmen hier Bürger auch Interessen des Staates bzw. indirekt Aufgaben, sofern dies der Zielerreichung dient.

Damit kann eine vorläufige Definition lauten: Partizipation im Bereich erneuerbarer Energien umfasst alle Tätigkeiten, die Bürger freiwillig mit dem Ziel unternehmen, eine Förderung, Mitgestaltung und Steuerung erneuerbarer Energien zu erwirken.

Partizipation kann sich in diesem Bereich in verschiedenen Dimensionen entfalten:

- Akteur („Wer?"): individuell (als Einzelperson) oder kollektiv (z.b. Interessengemeinschaft, Bürgerenergiegesellschaft)
- Handlung („Wie?"): organisiertes und intraorganisationales (z.b. im Verein oder Verband) oder unkonventionelles Handeln (z.b. Protest)
- Raum („Wo?"): im öffentlichen Raum (z.b. Veranstaltung, Kundgebung), im politisch-administrativen System (z.b. politische Partei) oder durch Akteursnetzwerke (z.b. Wirtschaftsverbände)

Damit kann Partizipation in diesem Bereich letztlich als mehrdimensional und multipel strukturiert angesehen werden: Es sind verschiedene Wege und Arten der Beteiligung im gesamten Prozess der Etablierung erneuerbarer Energien denkbar; die Formen der Beteiligung, die Struktur der Prozesse und die involvierten Akteure selbst können ebenfalls in vielfältigen Ausprägungen vorliegen.

2. Partizipativer Prozess

Wird man Mitglied bei einer Bürgerenergie-Gesellschaft, so stellt dies zunächst eine finanzielle Beteiligung dar. Dies würde keinen Unterschied zum Erwerb einer Aktie bedeuten. Es ist bei der Bürgerenergie denkbar, dass es beim Erwerb eines Anteils bleibt; vermutlich trifft dies auch auf einen großen Teil der Gesellschafter zu. Allerdings weisen Bürgerenergie-Gesellschaften zwei Unterschiede zu konventionellen (Personen- und Kapital-)Gesellschaften auf:

Zum einen ist es in diesem Fall ein Zusammenschluss von Bürgern, die eine Gesellschaft gemeinschaftlich gründen, dies zumeist aus ethisch-moralischen bzw. ökologischen Gründen tun und nicht mit reinen Gewinnabsichten handeln, mit dem Ziel, weitere Mitglieder durch finanzielle Anteile an der Gesellschaft aufzunehmen. Dies ist sogar aufgrund der speziellen Erfordernisse einer Genossenschaft erforderlich: Als eingetragene Genossenschaften sind diese an den § 1 des Genossenschaftsgesetzes gebunden, der einen Förderauftrag der Genossenschaften beschreibt, welcher nicht darin bestehen kann, „den aus Geschäften mit einem beliebigen Personenkreis erwirtschafteten Unternehmensgewinn den Genossen in Form einer Kapitaldividende zuzuleiten"[51] – reine Dividendengenossenschaften, bei denen Renditeziele im Mittelpunkt stehen, sind also unzulässig. Zwar verwenden die in einer Untersuchung analysierten Solar-Genossenschaften ihre Gewinne zu 77 % zur Dividendenausschüttung[52], jedoch wurden als Zielsetzung zuvorderst andere Themen in den Mittelpunkt gestellt, wie etwa

- Nachhaltigkeitsziele („erneuerbare Energieerzeugung", „Beitrag gegen den Klimawandel", „Daseinsfürsorge für künftige Generationen")

- Lokale Verbundenheit („„Wir-Gefühl" stärken", „Vorbildfunktion", „Wertschöpfung in der Region halten")

Erst danach folgten kapitalorientierte Ziele wie „Umweltverträgliche Kapitalanlage ermöglichen" und noch weiter hinten in den Nennungen „Gute Dividendenzahlung".[53] Als besonders große Vorteile gelten

- die interne Gesellschaftsstruktur („Demokratieprinzip", „Glaubwürdigkeitsvorsprung der Rechtsform eG", „Die Möglichkeit, mehrere Projekte unter einem Dach zu bündeln")

- die niedrige Beitrittsschwelle („Die Möglichkeit, sich mit geringen Geldbeträgen zu beteiligen", „Haftungsbeschränkung" sowie „Leichter Ein- und Austritt").

---

[51] Volz 2011, S. 291.
[52] Ebd., S. 293.
[53] Ebd., S. 296.

Hinsichtlich dieser Zielsetzungen und Motivationen ist von einer reinen Gewinn-Gesellschaft daher nicht auszugehen. Bestätigt wird dies durch Untersuchungen des Deutschen Genossenschaftsverbandes, der feststellte, dass als leitende Motivationen der Energiegenosssenschaften insbesondere nachhaltige, regionalorientierte und demokratische Prinzipien genannt werden.[54]

Zusammenfassend kommt auch Volz zu dem Ergebnis, dass es sich aus diesen Gründen bei Energiegenossenschaften nicht um reine Dividendengenossenschaften handelt, sondern um einen gemeinschaftlichen Geschäftsbetrieb zur ideellen Mitgliederförderung: Die Mitglieder wünschen sich einen „aktiven Nachhaltigkeits- und Umweltbeitrag", der durch die CO_2-Einsparungen der erneuerbaren Energien erreicht wird.[55] Volz geht aufbauend auf den Ergebnissen sogar noch weiter: „Überdies haben die Analysen andeutungsweise aufgezeigt, dass genossenschaftliche Prinzipien und Werte vermehrt in ihrer ‚ursprünglichen Intention' in Energiegenossenschaften zur Umsetzung kommen, was die Einschätzungen in Bezug auf das Demokratie- und insbesondere das Selbsthilfeprinzip belegen".[56]

Neben diesen Grundausrichtungen der Energiegenossenschaften besteht auf individueller Ebene auch die Möglichkeit, als Mitglied bei der Gründung der Gesellschaft und im weiteren Verlauf Einfluss auszuüben, was in einigen Fällen der Bürgerenergie-Gesellschaften weit über das bei anderen Gesellschaften gewöhnliche Maß an Mitsprecherechten und Gestaltungsmöglichkeiten hinausgeht.

Diese Unterschiede von individuellen und korporativen Ausrichtungen werden in vier Cluster zusammengefasst:[57]

- Avantgardisten: wesentlicher Faktor „Energieversorgung in Eigenregie"

- Nachhaltige PV[58]-Traditionalisten: wesentliche Faktoren „Ökologische Kapitalanlage", „Ökologische Nachhaltigkeit" sowie „Solidarisches Handeln"

---

[54] Vgl. Deutscher Genossenschafts- und Raiffeisenverband e.V. 2012, S. 14 f.
[55] Volz 2011, S. 303 f.
[56] Ebd., S. 304.
[57] Volz 2011, S. 300 f.
[58] Anmerkung: Photovoltaik.

- Aktive Ökologen: wesentlicher Faktor „Ökologische Nachhaltigkeit"
- Anlageorientierte: wesentlicher Faktor „Ökologische Kapitalanlage"

Den interessierten Bürgern, die sich mit der Idee einer gemeinschaftlichen Energiegewinnung zusammenfinden, stehen, wie aufgezeigt wurde, verschiedene Rechtsformen für ihre Gesellschaft zur Verfügung.[59] Es hat sich hierbei insbesondere die Genossenschaftsform (neben GbRs und Vereinen) durchgesetzt[60], da diese viele Vorteile mit sich bringt. So sind bei diesem Modell Prinzipien wie gleiches Stimmrecht und eine Mitgliederversammlung möglich, bei der jedes Mitglied ohne besondere Hürden einen Antrag oder eine Idee einbringen kann.[61] Daneben kommt es zur Gremienbildung in Form von Vorstand und Aufsichtsrat, welche durch eine aktive große Mitgliederzahl offen, inklusiv und demokratisch ausgestaltet werden können.[62] Anders sind jedoch Fälle zu beurteilen, bei denen etwa eine GmbH ein Projekt ohne vorherige Einbeziehung von Bürgern initiiert und nachträglich eine finanzielle Beteiligung für Bürger anbietet. In diesem Falle können teilweise erst ab einem bestimmten Betrag Anteile erworben werden, die Geschäftsführung ist in vielen Fällen hauptamtlich tätig und ein Einfluss auf diese ist kaum möglich; es verbleibt als einzige Mitspracheingemöglichkeit die Gesellschafterversammlung. Sofern nur „Genussrechte" für einen bestimmten Zeitraum vergeben werden, entfällt auch dieses Gremium, da die Anteilseigner keine Mitgesellschafter werden.[63]

Energiegenossenschaften bemühen sich oftmals darum, den Einlagebetrag so niedrig wie möglich zu halten sowie eine Beschränkung der Anlagehöhe festzulegen, um eine Dominanz weniger Anteilseigner auszuschließen.[64] Bei größeren Erneuerbare-Energien-Gesellschaften und einigen Bürgerwindparks geht es hingegen vor allem darum, die finan-

---

[59] Vgl. Forschungsgruppe Umweltpsychologie 2010, S. 100.

[60] Vgl. Nolting/Rupp 2010, S. 22

[61] Hier idealtypisch formuliert, in der Praxis kann es zu erheblichen Problemen und Abweichungen kommen

[62] Gleiches gilt hier wiederum auch für andere Rechtsformen, sofern sie derart ausgestaltet sind. Ebenso existieren Beispiele für Genossenschaften, die diesen Kriterien nicht entsprechen.

[63] Dies ist – vice versa – auch bei Genossenschaften, Vereinen usw. möglich.

[64] Neben Energiegenossenschaften findet sich dies mitunter auch bei Bürgerwindparks (meist GmbH&Co KG) sowie Vereinen und GbRs.

ziellen Mittel durch eine Bürgerbeteiligung zu gewinnen. Ein weiteres Engagement der Bürger ist bei diesen Konzeptionen zumeist nicht Teil der Unternehmung. Dagegen haben kleinere Energie-Projekte, die von engagierten Bürgern ins Leben gerufen wurden, gemeinhin eher ein Interesse daran, dass viele Bürger an dem Vorhaben mitwirken. In diesem Fall ist das Energie-Projekt eher das „Projekt der Bürger", im anderen Fall sind die Mitglieder fast ausschließlich als Anteilseigner anzusehen – der Identifikationsgrad ist hier geringer einzuschätzen, zumal sie das Projekt auch nicht selbst angestoßen haben.

Abgesehen von der ökonomischen Seite und der Frage der gewählten Rechtsform soll es dem Bürger im bürgerschaftlichen Sinne auch möglich sein, seine konkreten Interessen und Ideen zu äußern, gehört zu werden und einen Meinungsaustausch zu ermöglichen. Bezogen auf ein Bürgerenergie-Projekt bedeutet dies, dass sich der Einzelne in die Organisation, Gestaltung und Strategiefindung miteinbringen kann. Ermöglicht wird dies durch regelmäßige Treffen aller interessierten Bürger, die Einrichtung von auf spezielle Themenfelder ausgerichteten Arbeitsgruppen bzw. -kreisen, die gemeinsame Erarbeitung von Ideen und Plänen usw. Zudem können verschiedene involvierte Akteure gehört (z.B. betroffene Anwohner, Politiker, Wissenschaftler oder Unternehmer) sowie ein Austausch mit anderen Projekten angeregt werden. Auf diese Weise kann durch Kollaboration der Mitglieder eine kollektiv ausformulierte Idee bzw. Strategie gefunden werden. Die Zusammenarbeit kann auch nach der Umsetzungsphase weiterhin verfolgt werden und Austauschprozesse fortgesetzt werden. Der Grad des Einflusses von Mitbestimmung von Bürgerenergie-Initiativen würde in Modellen, welche versuchen, innerhalb einer Stufenskala Partizipationsformen zu klassifizieren (sehr bekannt ist die „ladder of participation" von Sherry R. Arnstein oder auch das Modell von Maria Lüttringhaus)[65] sehr weit oben auf der Skala rangieren, da ein Projekt von Bürgern selbst angestoßen, ausgestaltet und schließlich umgesetzt wird („citizen control" bei Arnstein an höchster Stelle).

Jenseits dieses Idealtypus einer selbstbestimmten Genossenschaft kann aber angezweifelt werden, ob sich tatsächlich alle Bürger in dem angenommenen Maße beteiligen und nach der Ideen- und Gründungsphase weiterhin ein umfassendes Engagement vorhanden ist oder ob

---

[65] Vgl. Arnstein 1969, Lüttringhaus 2000 und 2003.

vielmehr die gewählten Organe wie Vorstand oder Geschäftsführung die weitere Gestaltung übernehmen. Überlegungen in der Literatur legen dies zumindest nahe: So spricht Flieger auch von einer Sozialkompetenz, welche die Kommunikations- und Diskussionsfähigkeit, Kooperations- und Teamorientierung, Bereitschaft zur partizipativen Koordination sowie die Fähigkeit zur gemeinschaftlichen Umfeldgestaltung einschließt.[66] Schließlich spielen auch die individuellen Persönlichkeitsstrukturen der Beteiligten eine Rolle, welche für eine Sensibilisierung für Kooperation erreicht werden sollte, um einen Qualifizierungserfolg hinsichtlich von Kompetenzen wie Verantwortung, Führungsstilen, Machtbildung- und -kämpfen zu erreichen.[67] Eine aktive, beteiligende und offene „Bürger"Gesellschaft braucht somit auch sozialverträgliche und inkludierende Strukturen in den internen Verhältnissen, Abläufen und hinsichtlich der handelnden Personen.

IV. Typisierung der Beteiligungsmodelle

1. Überblick

Aufgrund der beschriebenen Charakteristika von Bürgerenergie-Gesellschaften (Rechtsformen, Beteiligungsmöglichkeiten, Ausrichtung, Verankerung der Energie-Initiativen in der Gesellschaft usw.) ergeben sich verschiedene Beteiligungsmodelle, die einen mehr oder weniger hohen Grad an Partizipation und Kollaborationsmöglichkeiten der beteiligten Bürger bieten können. Dieser Partizipationsgrad ist darüber hinaus von individuellen, situativen Gegebenheiten abhängig. Im Folgenden werden die unterschiedlichen Beteiligungsarten, welche weniger von situativen Unterschieden abhängig sind, dargestellt und vergleichend analysiert. Hierbei handelt es sich um eine stark vereinfachte Darstellung. Ein Typus wird jeweils modellhaft beschrieben, kann aber gleichwohl in der Praxis aufgefunden werden. Allerdings stellen die beschriebenen Typen nur Beispiele dar, in der Praxis lassen sich auch andere Fälle finden (beispielsweise eine kleine Genossenschaft, die – entgegen dem beschriebenen Typus – wenig partizipativ und bürgernah ist oder im anderen Falle eine größere Gesellschaft, die sehr inkludierend gestaltet ist). Die Typen-

---

[66] Vgl. Flieger 1996, S. 453.
[67] Ebd., S. 457 ff.

bildung basiert auf eigenen Forschungsergebnissen[68] sowie Erkenntnissen aus weiteren Studien und Untersuchungen – Ziel ist die Abbildung von tyischen Beispielen für Bürgerenergiegesellschaften.

Die folgende Darstellung schlüsselt sich auf in fünf unterschiedliche Typen von Bürgerenergie-Gesellschaften (vgl. Tabelle 1), welche nach den Beteiligungs- und Einflussmöglichkeiten der Mitglieder sowie der Aktivität der Gesellschaft nach außen hin gestaffelt werden. Während sich der Kollaborationsgrad auf die Mitarbeit und Mitgestaltung der Mitglieder innerhalb der Gesellschaft bezieht, beschreibt der Kooperationsgrad die Aktivitäten der Gesellschaft hinsichtlich von partnerschaftlichem Handeln, Austausch- und Netzwerkprozessen usw.[69]

Typ A beschreibt eine kleine Genossenschaft, die starke lokale Bezüge aufweist. Die Einflussmöglichkeiten ergeben sich für beteiligte Bürger aus folgenden Quellen:

– Engagement innerhalb der Genossenschaft: Hier können die Mitglieder sich einerseits innerhalb der formellen Foren beteiligen und Einfluss ausüben. Dies ist durch Anträge auf den regelmäßig stattfindenden Generalversammlungen möglich. Auch können die Beteiligten selbst Mitglied in Vorstand und Aufsichtsrat werden, welche in Energiegenossenschaften auch mit vergleichsweise vielen Personen besetzt sein können. Innerhalb der Versammlungen hat jedes Mitglied das gleiche Stimmrecht unabhängig von dem finanziellen Anteil der Person. Andererseits können sich die Mitglieder auch in Arbeitsgruppen organisieren, was gerade während der intensiven Gründungszeit oftmals der Fall ist. Innerhalb dieser Arbeitsgruppen können die Mitglieder selbst Strategien, Ziele, Maßnahmen und Handlungspläne ausarbeiten und damit die zukünftige Arbeit und Konzeption der Genossenschaft wesentlich mitbestimmen. Daneben ist auch die Organisation von Workshops, Veranstaltungen, Treffen und Versammlungen denkbar, die Möglichkeiten sind meist breit gefächert.

---

[68] Qualitative Analyse von Fallbeispielen sowie Ergebnisse einer repräsentativen Umfrage sowohl mit quantitativen als auch qualitativen Daten.

[69] Vgl. George/Klement 2011, S. 103 f., welche diese Formen als mikro- und makrosoziologische Bedingungen einstufen.

Typ	Rechtsform und mögliche Größe (Investitionsvolumen und Mitgliederzahl)	Einflussmöglichkeiten der Mitglieder	Kollaborationsgrad intern	Kooperationsgrad extern	Mögliche Nutzungsform und geographische Reichweite (Beispiele)
A	Genossenschaft (klein)	• Mitglied der Genossenschaft und Anteilseigner zugleich • Mitwirkung in Vorstand, Aufsichtsrat sowie Arbeitsgruppen möglich • Anträge bei Generalversammlung möglich • gleiches Stimmrecht unabhängig von Anteilshöhe • Verbindung zu zivilgesellschaftlichen Gruppen (Verein, Verband usw.) möglich	sehr hoch	sehr hoch	• Solar (lokal) • Nahwärme (lokal)
B	Genossenschaft (mittel bis groß)	• siehe oben • keine Verbindung zu lokaler Vereinigung (Var. 1) • und/oder größere Entfernung der Mitglieder (Var. 2) • und/oder beschränkter Mitgliederkreis (Var. 3)	hoch	hoch	• Solar; Wind; Wasser; Geothermie (überregional) • Nah- und Fernwärme • Stromnetz
C	GmbH & Co KG (mittel bis groß)	• geringer Einfluss auf Geschäftsführung möglich • Stimmrechte nach Anteil gewichtet	mittel	hoch bis sehr hoch	• Wind (überregional) • weitere Energieträger
D	GmbH & Co KG i.V.m. Genossenschaft (groß)	• sehr geringer Einfluss auf Geschäftsführung möglich, da Genossenschaft = Finanzierungsgenossenschaft • es bestehen mehrere Finanzierungsgesellschaften	gering	sehr hoch	• Geothermie i.V.m. Nah- und Fernwärme (lokal) • weitere Energieträger
E	Finanzanlagen an Investitionsprojekten eines Vereins, einer GmbH, einer Genossenschaft oder AG (klein bis sehr groß)	• keine Einflussmöglichkeiten • reine Geldanlage, z.B.: • Genussrechte • Nachrangdarlehen • Klimasparbriefe • Inhaberschuldverschreibungen	nicht vorhanden	mittel bis gering	• Solar, Wind, Wasser, Biomasse, Geothermie, Nah- und Fernwärme, Stromnetz usw. (national)

Tabelle 1: Typenbildung von Energie-Initiativen[70]

[70] Das Modell ist vereinfachend gezeichnet, die gewählten Rechtsformen stellen lediglich Beispiele dar. Es fehlen darin insbesondere als Rechtsformen die GbR und der eingetragene Verein, welche den Typen A und B zugeordnet werden können und in der Praxis ebenfalls zu finden sind (vgl. Holstenkamp/Ulbrich 2010, S. 5, Übersicht aller Rechtsformen bei Holstenkamp/Degenhart 2013, S. 20 ff.). Auch

Zudem existiert in einigen Fällen auch ein – über das normale Maß hinausgehende – Engagement bei Energiegenossenschaften, z.b. indem in soziale und/oder ökologische Projekte oder Entwicklungshilfe investiert wird.[71]

- Engagement in kooperierenden Umweltverbänden oder Vereinen: Die Energiegenossenschaften sind nicht selten ein Produkt eines Ideengebers wie z.B. einer lokalen Agenda-Gruppe. Eine Zusammenarbeit findet meist dann auch nach Gründung der Genossenschaft statt. Durch diese „Parallelstruktur" ist es den Beteiligten möglich, sowohl innerhalb der Genossenschaft als auch außerhalb in einem „Think Tank" mitzuwirken. Während die Genossenschaft selbst meist mit detailliert-konkreten Fragen wie Finanzierung und Technik beschäftigt ist, können innerhalb der angeschlossenen Einrichtung übergeordnete Fragen und Ideen wie Strategien und Zukunftspläne thematisiert werden. Die Energiegenossenschaft ist dabei eventuell also nur ein „Baustein" eines Energiekonzeptes. Innerhalb dieser Einrichtungen sind oftmals integrierende Foren zu finden – ein prägnantes Beispiel sind hier die Agenda-Gruppen, aber auch lokale Umweltvereine und -verbände.

Der Kollaborationsgrad der Mitglieder innerhalb der Energie-Initiativen und die Beteiligungs- und Mitwirkungsmöglichkeiten können daher zusammenfassend bei solchen kleineren, lokal verankerten Genossenschaften als sehr hoch eingeschätzt werden.

Ebenso ist der externe Kooperationsgrad – also die Vernetzungen der Energiegenossenschaft mit anderen lokalen Akteuren wie Behörden, Unternehmen oder Vereinen/Verbänden in Form von Austausch, Kooperation und Koalitionsbildung – bei diesem Typ sehr stark ausgeprägt. Da die Energiegenossenschaft aus dem zivilgesellschaftlichtlichen Aktionspotenzial der Kommune hervorgegangen ist, ergeben sich die Verbindungen oft aus bereits bekannten Strukturen, oder Kontakte entstehen gerade aus der praktischen Tätigkeit und Veranstaltungen der Genossenschaft.

---

diese Organisationsformen können integrativ und kollaborativ sein – es kommt hierbei stets auf die jeweilige konkrete Ausgestaltung an. Es existieren auch sehr große gemeinnützige Aktiengesellschaften wie die solarcomplex AG.
[71] Vgl. Flieger 2010.

Die typische Energieform ist die Solarenergie, da diese vergleichsweise unkompliziert und unter geringem Aufwand genutzt werden kann. Aufgrund dessen, dass sich das Gesamtspektrum meist aus vielen kleinen Anlagen (Solarmodulen) zusammensetzt, ist auch ein hohes Maß an Flexibilität gegeben. Während die Windenergienutzung einen wesentlich höheren Planungs- und Finanzierungsaufwand, eventuell auch Widerstand in der Bevölkerung bedeutet, kommt als weitere Möglichkeit noch der Aufbau und die Betreibung eines Nahwärme-Netzes in Betracht, welches lokal beispielsweise eine kleine Gemeinde versorgt. Das Nahwärme-Netz kann durch ein ebenfalls im Eigentum der Genossenschaft befindliches Holzpellet-Kraftwerk oder Ähnliches mit Energie gespeist werden.

Die geographische Reichweite der Beteiligungen ist aufgrund der lokalen Verankerung in einer zumeist eher kleineren Kommune gering. Theoretisch wäre es zwar auch möglich, dass sich Personen aus größerer Entfernung beteiligen – de facto ist dies aber aufgrund der fehlenden Informationen und durchaus auch aufgrund dessen, dass sich die Energiegenossenschaft als lokal aktiver Akteur selbst definiert, nicht wahrscheinlich.

Energiegenossenschaften vom Typ A dürften insgesamt – da sehr enge Verbindungen von zivilgesellschaftlichen Vereinigungen und einer Energiegenossenschaft in der Praxis nicht immer vorkommen – nicht das Gros der Energiegenossenschaften darstellen.

Typ B beschreibt Energiegenossenschaften, bei denen Beteiligungs- und Mitwirkungsmöglichkeiten innerhalb der Genossenschaft gegeben sind wie beim Typ A.

Hierbei existieren drei mögliche Varianten:

(1.) Es besteht keine enge Verbindung zu einer weiteren zivilgesellschaftlichen Gemeinschaft, wodurch weitere Beteiligungsmöglichkeiten nicht gegeben sind. Damit beschreibt diese Variante den typischen Fall einer Energiegenossenschaft, der in vielen Fällen verbreitet sein dürfte.

(2.) Es besteht eine große Entfernung zu den Mitgliedern, da die Genossenschaft nicht lokal verortet ist (überregionale Energiegenossenschaft), also entweder mehrere Energieprojekte betreut oder ihren Unternehmenssitz in größerer Entfernung zu den beteiligten Mitgliedern hat. Aufgrund der höheren Entfernung ist es für die Mitglieder tendenziell schwieriger, in der Genossenschaft mitzuwirken. In Deutschland sind einige überregionale Energiegenossenschaften bekannt.

(3.) Die Energiegenossenschaft besitzt einen exklusiven Charakter, da sie nur für einen bestimmten Personenkreis offen ist (z.b. Belegschaftsgenossenschaft). Eine solche Genossenschaft ist bei einem Unternehmen oder einer größeren öffentlichen Einrichtung möglich, einige Fälle existieren in diesem Bereich. Aufgrund der Konzeption steht diese Genossenschaftsform nicht der gesamten Bevölkerung offen und weist keine inklusive Ausrichtung auf, eine Mitwirkung ist daher nur einem bestimmten Kreis von Personen möglich.

Typ C steht für Beteiligungsprojekte, die als GmbH&CoKG geführt werden. Dies trifft in Deutschland in besonderem Maße auf viele Bürgerwindparks zu.[72] Da bei dieser Form die beteiligten Bürger in einer Kommanditgesellschaft (KG, neben der GmbH als Beteiligungsgesellschaft geführt) organisiert sind, haben sie zwar durch diese Gesellschaft Mitspracherechte, die sie auch direkt ausüben können, allerdings kann die Gesellschaft im Tagesgeschäft durch eine externe Geschäftsführung der GmbH geleitet werden. Dies stellt einen Unterschied zu Genossenschaften dar, bei denen der Vorstand zumeist ebenfalls von den beteiligten Bürgern gestellt wird. Bürgerwindparks in der Rechtsform einer GmbH&CoKG finden sich in großer Zahl an den Küsten im Norden Deutschlands.

Typ D beschreibt einen eher ungewöhnlichen Fall, indem hier zwei Rechtsformen miteinander kombiniert werden: z.B. eine Genossenschaft mit einer GmbH&Co KG. Ähnlich dem Fall von Typ C ist die Genossenschaft wie die Kommanditgesellschaft für die beteiligten Bürger eine „Finanzierungsgesellschaft". Allerdings treten in diesem Fall neben der (Finanzierungs)Genossenschaft noch weitere Finanziers in der GmbH&Co KG auf, entsprechend verringert ist ihr möglicher Einfluss. Dieses Kopplungsmodell wird bisher kaum angewendet.[73]

Typ E schließlich steht für Anlageprodukte, welche als weitere Finanzierung von Erneuerbaren-Energie-Gesellschaften genutzt werden: „passive" Beteiligungen durch Genussrechte, Nachrangdarlehen, Klimasparbriefe usw.[74] Diese Beteiligungsangebote bedeuten für die beteiligten Bürger eine rein finanzielle Anlage und keine Mitspracherechte. Im Falle

---

[72] Vgl. Holstenkamp/Ulbrich 2010, S. 5.

[73] Auch beim Typ C kann der Einfluss der Kommanditgesellschaft geringer sein, wenn die KG nicht der einzige Komplementär ist.

[74] Vgl. hierzu Gehles 2012, S. 535 ff.

von Nachrangdarlehen durch Umweltverbände und -vereine (sowie auch Genossenschaften) können Einflussmöglichkeiten durch Aktivität im Verband für die Anleger gegeben sein, die jedoch indirekter Natur sind. Damit stellt dieser Typus mit einem hohen Verbreitungsgrad die unterste Stufe einer Beteiligung von Bürgern an Energieprojekten hinsichtlich von Mitwirkungsmöglichkeiten und Mitspracherechten dar.

2. Beispiele für die Typisierung der Partizipationsmöglichkeiten

Typ A: Sehr hohes Partizipationsniveau mit lokalem Bezug

Merkmale:

- finanzielle Beteiligung durch Eintritt in die Genossenschaft
- Mitbestimmung in der Genossenschaft möglich
- gleiches Stimmrecht für alle Mitglieder
- Kopplung von Genossenschaft an einen zivilgesellschaftlichen Verein bzw. Einrichtung
- enger lokaler Bezug zu zivilgesellschaftlichen Organisationen und/ oder staatlichen Einrichtungen

Praxisbeispiele:

(I.): Energiegenossenschaften und Energieprojekte gekoppelt an eine Lokale Agenda, einen Verein, Verband oder mit ähnlich gelagertem zivilgesellschaftlichen Hintergrund

(II.): Nahwärme-Genossenschaften

(III.): Ethisch-moralisch geprägte Energiegenossenschaften, z.B. initiiert von einer Religionsgemeinschaft oder sozialen Einrichtungen

Typ B: Hohes Partizipationsniveau ohne lokalen Bezug

Merkmale:

- finanzielle Beteiligung durch Eintritt in die Genossenschaft
- Mitbestimmung in der Genossenschaft möglich

- gleiches Stimmrecht für alle Mitglieder
- kein lokaler Bezug zu zivilgesellschaftlicher Organisation oder staatlicher Einrichtung

Typische Beispiele: überregionale Energiegenossenschaften und Belegschaftsgenossenschaften sowie andere Energiegenossenschaften

1.) inklusiver Charakter

Praxisbeispiele:

(I.): Energiegenossenschaften ohne lokalen zivilgesellschaftlichen Hintergrund (Variante 1)

(II.): Überregional agierende Energiegenossenschaften (Variante 2)

2.) exklusiver Charakter

Praxisbeispiel:

(III.): Belegschaftsgenossenschaften (Variante 3)

Typ C: Beteiligungsoption mit mittlerem Partizipationsniveau

Merkmale:

- finanzielle Beteiligung durch Eintritt in die Gesellschaft
- Mitbestimmung in der Gesellschaft möglich
- Stimmrechte staffeln sich nach Höhe der Beteiligung
- Beteiligung ist überregional möglich

Typisches Beispiel: Bürgerwindpark als GmbH&CoKG

Praxisbeispiel: Bürgerwindparks mit Beteiligungsoption durch Kommanditgesellschaften

Typ D: Beteiligungsoption mit niedrigem Partizipationsniveau

Merkmale:

- finanzielle Beteiligung durch Eintritt in die Genossenschaft

- Mitbestimmung in der Genossenschaft möglich
- gleiches Stimmrecht für alle Mitglieder
- lokaler Bezug vorhanden
- kein direkter Einfluss auf das Energieprojekt möglich, da die Geschäftsführung bei der GmbH liegt
- mehrere Finanzierungsgesellschaften vorhanden, von denen die Genossenschaft nur eine ist

Typisches Beispiel: Lokale Genossenschaft an GmbH&Co KG gekoppelt

Praxisbeispiel: Genossenschaft als Beteiligungsgesellschaft und GmbH als Betreibergesellschaft von Windenergie- oder Geothermieanlagen.

Typ E: Beteiligungsoption mit sehr niedrigem Partizipationsniveau

Merkmale:

- finanzielle Beteiligung in Form von Anlageprodukten wie Genussrechten, Nachrangdarlehen, Klimasparbriefen, Inhaberschuldverschreibungen usw.
- keine direkte Gesellschaftsbeteiligung
- keine Mitbestimmung möglich
- Beteiligung ist überregional möglich

Typisches Beispiel: Große Erneuerbare-Energiegesellschaft

Praxisbeispiele:

(I.): Große Energiegesellschaften mit verschiedenen Beteiligungsoptionen (wie z.B. Genussrechten)

(II.): Beteiligungsmöglichkeit bei kleineren Organisationen (Umweltverband, Stadtwerke usw.) (wie z.B. Nachrangdarlehen)

V. Positive und negative Auswirkungen von Partizipation in Theorie und Praxis

Im Folgenden sollen allgemeine Erkenntnisse über die Wirkungsweise von Partizipation mit dem spezifischen Modell von Bürgerenergie-Initiativen verglichen und beschrieben werden.

In der Literatur werden als zwei sehr kontrovers diskutierte Bedingungen und Effekte bei der Wirkungsweise von Partizipation Legitimation sowie Effizienz und Effektivität genannt. In neueren Beiträgen und Studien wird die Bedeutung von Effektivität und Effizienz betont, wobei der Output bzw. Outcome der Verfahren (also die konkreten und messbaren Ergebnisse) in den Fokus gerückt wird.[75]

Die einzelnen Stadien von Beteiligungsprozessen können entsprechend kritisch untersucht werden, zum Beispiel hinsichtlich ihrer Effektivität und Effizienz, also dem messbaren Grad eines gestiegenen Einflusses (von Partizipierenden) sowie der Senkung von Transaktionskosten wie Informations- und Koordinationskosten (in den Verfahren). Im Umweltbereich wird Effektivität so verstanden, dass Umweltziele, wie z.B. Vorgaben und Verbesserungen der Umweltqualität, auch tatsächlich erreicht werden sowie eine bessere Zusammenarbeit mit Behörden und Lernprozesse stattfinden.[76] Partizipation soll zu erhöhter Akzeptanz, sozialem Lernen, Konfliktlösung sowie im Falle von entsprechender Akteurspräferenz auch zu einem erhöhten Output führen, also dem Erreichen von Umweltzielen.[77] Für eine gelungene und erfolgreiche Partizipation sind weiterhin die Prozessgestaltung, Interessenlagen und Kontextbedingungen wesentlich.[78] Im erfolgreichen Falle ist die Prozessgestaltung intensiver und es können kontextbezogene Schwierigkeiten kompensiert werden[79]; auch ist es möglich, eher Konflikte zu lösen, Vertrauen aufzubauen und sachgerechte, umweltbezogene und besser akzeptierte Entscheidungen zu treffen.[80] Die Entscheidungen in partizipativen Verfahren reflektieren Werte der Öffentlichkeit, sie sind robust, prob-

---

[75] Siehe statt vieler Rowe/Frewer 2004.

[76] Vgl. Newig 2011, S. 492.

[77] Vgl. Newig/Fritsch 2009, S. 219. Siehe hierzu auch den Beitrag von Hildebrand/Schütte/Fechner/Schweizer-Ries in diesem Band.

[78] Vgl. Newig 2011, S. 495.

[79] Vgl. Newig/Kuhn/Heinrichs 2011, S. 41.

[80] Vgl. Newig 2011, S. 495.

lemlösungsorientiert und tragen zur Vertrauensbildung und Bildung der Bevölkerung bei.[81]

Das Umweltziel im Falle von Bürgerenergie-Initiativen dürfte durch letztliche Etablierung der Erneuerbaren regelmäßig erreicht werden, eine hohe Effizienz und Effektivität ist durch den ökonomischen Ansatz in Form eines gemeinsamen Unternehmens gewährleistet. Eine erhöhte Akzeptanz erneuerbarer Energien sowie Konfliktlösungen (insbesondere im Bereich der Windenergie) innerhalb der Bevölkerung sollen durch Bürgerbeteiligungsverfahren als zentrales Ziel erreicht werden. Eine Zusammenarbeit mit Behörden findet regelmäßig statt, in den Verfahren (etwa der Standortdiskussion um Windenergieanlagen) können ein Einbezug der Öffentlichkeit und die Berücksichtigung verschiedenster Akteursinteressen stattfinden.[82]

In der Literatur wird ferner eine qualifizierende Auswirkung auf die Beteiligten vermutet, indem durch Information und Diskussion ein differenziertes Denken gefördert wird, Lernprozesse vollzogen und Zusammenhänge besser verstanden werden können.[83] Auch wird die Aneignung problemspezifischen Wissens gefördert; zudem werden demokratische Werte und Prinzipien verwirklicht und demokratische Überzeugungen gestärkt.[84] Daneben sollen sich auch persönliche und soziale Qualitäten verbessern, ein höheres Engagement und Toleranz werden gestärkt und die Verfolgung egoistischer Ziele wird zu verantwortungsvollem Handeln transformiert. Zusätzlich erhalten marginalisierte Personengruppen die Möglichkeit, ihre Interessen einzubringen und ihren Stimmen Gewicht zu verleihen.[85]

Im Falle von Bürgerenergieprojekten können auch diese kognitiven und sozialen Lerneffekte erreicht werden: Die Auseinandersetzung mit erneuerbaren Energien fördert generell das Wissen in diesem spezifischen Bereich, demokratische Ideen werden in den Bürgergesellschaften

---

[81] Vgl. Newig/Kuhn/Heinrichs 2011, S. 41.
[82] Siehe hierzu auch den Beitrag von Heinrichs sowie zu Standortkonflikten den Beitrag von Bosch in diesem Band.
[83] Vgl. Gundersen 1995, S. 6, 112; Renn et al. 1995; Geißel 2008, S. 38.
[84] Ebd.
[85] Vgl. Pateman 1970; Barber 1984, S. 232; Mansbridge 1999; Fung/Wright 2001; Delli Carpini et al. 2004. Siehe hierzu jedoch auch die diesbezüglichen Bedenken im Beitrag von Heinrichs in diesem Band.

diskutiert, ausgehandelt und praktiziert – hinzu kommt die besondere Chance der Transformation von egoistischen Zielen in eine gemeinwohlorientierte Sichtweise. Tatsächlich kann der Ausgangspunkt der Partizipation in einer Bürgerenergie-Initiative in einer rein individuellen Renditeerwartung bestehen, sich dann aber durch die Erfahrung der Gemeinschaft, Wissenserwerb und Austausch der Ideen und Vorstellungen zu einer anderen Sichtweise und Erwartungshaltung, z.b. zu einem gemeinschaftlichen Gefühl und einer ökologischen Interessenlage verändern. Dies würde an der finanziellen Beteiligung und privatwirtschaftlichen Unternehmung als solcher nichts ändern – die Veränderung kann aber durch die intrinsische Motivation und Sichtweise Auswirkungen auf die interne Struktur der Gestaltung der Unternehmung haben, etwa indem es zu erhöhtem Austausch, erhöter Kollaboration, Ideeneinbringung und Aktivität der Mitglieder kommt. Die finanzielle Beteiligung wäre dann nur als Basis für ein weitergehendes Engagement anzusehen.

Daneben ist aber auch der umgekehrte Fall denkbar und in der Praxis zu beobachten: Die ursprünglich gemeinwohlorientierte und gemeinschaftlich ausgerichtete Motivation wird im Partizipationsprozess enttäuscht und das anfängliche Engagement schlägt mehr und mehr in Passivität um – übrig bleibt das individuelle Renditeenteresse, weshalb die Gemeinschaft vermutlich im Gegensatz zu vielen anderen, nicht ökonomisch basierten Beteiligungsprojekten weiterhin fortbesteht. Der Anspruch und das ursprüngliche Ideal einer partizipativen Gesellschaft sind in diesem Fall nicht langfristig verwirklicht worden. Auch diese „negativen" Begleiterscheinungen von Partizipation – in Form von Meinungsverschiedenheiten, Unsicherheiten und vor allem zu hohen Erwartungen[86], sozialer Schieflage und grundlegender Konflikte (z.B. Standortkonflikte)[87] sowie Intransparenz, Korruption und Klüngel[88] – werden in der Literatur beschrieben.

Es entspricht allerdings den wesentlichen Ergebnissen der Partizipationsforschung, dass es zu hoher Beteiligung kommt, „wenn die Angebote auf die Bedürfnisse der Bürger richtig zugeschnitten sind, also projektorientiert, thematisch gebundene und zeitlich befristete Engagement-

---

[86] Vgl. Coglianese 1997, S. 1321 ff.

[87] Vgl. Bogumil/Holtkamp 2007, S. 25 ff.

[88] Vgl. Bogumil 2004, S. 6.

formen ermöglichen (...)".[89] Aus eben jenen Gründen sind Bürgerenergie-Initiativen in Deutschland vermutlich sehr erfolgreich. Gleichzeitig gilt damit aber auch eine weitere Erkenntnis der Forschung[90], dass eine darüber hinaus gehende Erwartung – etwa in übersteigerter Form einer neuen Engagement-Kultur – als eher ernüchternd eingeschätzt werden sollte.

In der Literatur werden weiterhin hinsichtlich der Legitimität neben einer Kontrollfunktion die verschiedenen Stadien der Input-, Throughput- und Output-Legitimität unterschieden – angefangen von der Initiation der Prozesse, über die angewandten Verfahren bis hin zu den Effekten. Von Bürgerbeteiligung wird erwartet, dass sie grundsätzlich das Legitimitätsdefizit von repräsentativen Demokratien absorbiert, der Politikverdrossenheit entgegenwirkt und eine effektive Politik ermöglicht.[91]

Als negative Effekte wurde hierbei beobachtet, dass sich einzelne Interessen oft zum Nachteil des Allgemeinwohls durchsetzen[92] und Basis-Eliten und organisationsstarke Gruppen, die bereits aktiv sind, übernehmen auch diese Verfahren, was zur pseudo-demokratischen Elitenherrschaft und Dominanz von Sachinteressen führt.[93] Es fehlt weiterhin an Legitimation wie der von gewählten Volksvertretungen, während politische Laien nicht über ausreichendes Zusammenhangs- und Überblickswissen verfügen.[94]

Bei Bürgerenergie-Projekten kann eine Legitimität nur durch die Mitglieder der Gesellschaft erreicht werden. Hierbei stellt sich eine doppelte Problematik: Zum einen sind nicht alle Bürger einer Kommune, in der die Energieanlagen errichtet werden, Mitglied der Bürgerenergiegesellschaft. Zum anderen sind selbst die Mitglieder der Gesellschaft nicht alle aktiv, dadurch kann der Umstand entstehen, dass die Gesellschaft nur durch wenige geleitet und gesteuert wird. Der Vorstand einer Energiegenossenschaft oder ähnlichem wird durch Wahlen legitimiert, wobei das bekannte Problem einer geringen Wahlbeteiligung existiert. Schließlich kann innerhalb einer Kommune mit mehreren tausend Einwohnern bei

---

[89] Vgl. Holtkamp et al. 2006, S. 254.
[90] Ebd.
[91] Vgl. Papadoupolos 2004; Vetter 2002.
[92] Vgl. Raymond 2002, S. 183.
[93] Vgl. Papadoupolos 2004, S. 220.
[94] Vgl. Fraenkel 1974, S. 139.

einer Beteiligung von wenigen hundert Personen (oder auch weniger) in Energiegenossenschaften nur von einer begrenzten Legitimation durch die lokale Bevölkerung ausgegangen werden. Allerdings handelt es sich bei den Bürgerenergie-Projekten um privatwirtschaftliche Unternehmungen – im Falle von anderen Entscheidungen im Energiebereich, von denen die Öffentlichkeit betroffen ist (z.b. Standortentscheidungen bei Windenergie), bestehen Beteiligungsverfahren innerhalb des staatlichen Systems. Letztlich kann durch die Mitglieder der Energiegesellschaften nur eine „Teil-Legitimation" erreicht werden durch ausgehandelte Interessenausgleiche innerhalb der Kommune (z.b. über Standorte von Energieanlagen, Vergabe von Dachflächen usw.).

In der Literatur wird als weiterer kritischer Aspekt von Partizipation die Komplexität von Problemen hervorgehoben[95]: Bei hoher Komplexität der Thematik stehen der Prozess selbst sowie die Input-Variablen wie Information und Interessenaggregation im Vordergrund; bei niedriger Komplexität liegt der Schwerpunkt ausschließlich bei der Förderung des Outputs der Verfahren (also der Zielerreichung). Eine „Ausgewogenheit" ist somit schwer zu erreichen. Auch eine erhöhte Anzahl von Entscheidungen („clearance points") und Gegenbewegungen („Veto-Player"), mangelnde Kompatibilität in der Kommunikation (Kommunikationshemmnisse) und Flexibilität sowie die Frage, inwieweit legitime Interessen repräsentiert werden, stellen Herausforderungen für Partizipation dar. Dabei führen zu viele Veto-Spieler tendenziell zu Immobilismus[96] und bei zunehmender Größe der Verfahren und Einbeziehung zu vieler Akteure in Entscheidungsprozesse[97] wird die Zielerreichung erschwert. So ist festzustellen, dass kaum ein Einfluss partizipativer Verfahren auf den Output bzw. Outcome messbar ist[98] und bei Standortentscheidungen oftmals Ineffektivität festgestellt wird.[99]

Die in der Literatur genannten grundsätzlichen Schwierigkeiten und möglichen negativen Effekte von Partizipation können bei Bürgerenergie-Projekten teilweise auftreten, in Teilen jedoch nicht bestätigt werden: Bei Bürgerenergie-Initiativen ist eher von einem geringen Komplexitäts-

---

[95] Vgl. Newig/Fritsch 2009, S. 219 f.
[96] Vgl. Lijphart 1999, S. 258 ff.
[97] Vgl. Newig 2011, S. 493 f.
[98] Vgl. Newig/Kuhn/Heinrichs 2011, S. 41.
[99] Vgl. Holtkamp et al. 2006; Bogumil et al. 2003.

grad auszugehen, das Zentrum der Verfahren liegt dann auch bei der Erreichung des Outputs (der Betreibung von Energieanlagen).[100] Bei erhöhter Anzahl von Entscheidungen, Gegenspielern und Problemen der Kommunikation sowie der Einbeziehung sehr vieler Akteure, wie es im Falle von Windenergie gegeben sein kann, können Bürgerenergie-Projekte an ihre Grenzen geraten. Werden in solchen Fällen die Bürger-Unternehmen größer bzw. wird die Ausrichtung professioneller, kann wiederum der partizipative und integrative Charakter verloren gehen. Ob die Partizipation der Bürger den Output in Form der Energieanlagen eher fördert oder eher behindert, kann entweder eher positiv (Einlagen der Bürger ermöglichen den Aufbau) oder eher negativ (die Partizipation behindert und verlangsamt nur wegen der Mitsprache aller) ausgelegt werden. Eine Ineffektivität bei Standortentscheidungen wird wohl eher nicht gegeben sein, da Standorte mit erhöhter Akzeptanz wie im Falle von Windenergie eher die gesamte Effektivität erhöhen dürften. Ein ernsthaftes Problem und wohl die zentrale Herausforderung bei der Gründung von Bürgerenergie-Gesellschaften kann aber in Form der in der Literatur benannten organisationsstarken Gruppen bestehen, welche die Gesellschaft dominieren können, indem sie Vorstand und Aufsichtsrat bzw. im Falle einer GmbH&Co KG die Geschäftsführung besetzen. Wenn diese Gruppen geschlossen auftreten und in ihrem Handeln und Vorgehen sehr dominant sind, dann kann die Gesamtheit aller beteiligter Bürger dem entweder überwiegend passiv gegenüberstehen oder aber es kommt dazu, dass Ideen und Anträge der Mitglieder blockiert werden. In beiden Fällen wäre das Ziel von Bürgerenergie in Form von Partizipation, Mitwirkung und Inklusion verfehlt.

Zusammenfassend werden als wichtigste Bedingungen für erfolgreiche Partizipation in der Literatur ein niedriger Konfliktgrad, geringe öffentliche Aufmerksamkeit, geringe Machtasymmetrien, die Existenz von Win-Win-Potenzialen sowie eine angemessene Repräsentation gesellschaftlicher Gruppen und ein faires Partizipationsverfahren genannt.[101] Gleiches gilt für Bürgerenergie-Initiativen – mit der Ausnahme, dass eine hohe öffentliche Aufmerksamkeit eher der Idee größere Be-

---

[100] Dies bezieht sich auf die Ziel-Dimension. Im Allgemeinen weist der lokale Kontext, in dem sich Bürgerenergie-Gesellschaften bewegen, einen sehr hohen Komplexitätsgrad auf.
[101] Vgl. Newig/Fritsch 2009, S. 234.

kanntheit verschafft und somit eher das Interesse von weiteren interessierten Personen wecken dürfte.

VI. Ökonomie versus Partizipation

Inwieweit ist also mit der Bürgerbeteiligung an erneuerbaren Energien tatsächlich der Stärkung der lokalen Demokratie und Inklusion der Bürger jenseits von finanziellen Aspekten gedient? Die Grundausrichtung eines überwiegend auf ökonomische Belange ausgerichteten Partizipationsprozesses wird in der Literatur grundsätzlich nicht unbedingt als nachteilig angesehen: „Dauerhaft lässt sich der Umweltschutz im alltäglichen Leben nur verankern, wenn es gelingt, unternehmerische Rationalität mit der Rationalität der privaten Haushalte zu versöhnen, und wenn außer Eigennutzinteressen auch intrinsische Umweltschutzinteressen in den individuellen Entscheidungsprozeß einfließen. (...) Wie bei kaum einer anderen Partizipationsform kann über marktwirtschaftliche Mittel die umweltschützerische Individualsicht in einen Kollektivmechanismus verwandelt werden".[102]

Aus einer demokratietheoretischen Sichtweise heraus handelt es sich bei den Bürgerenergie-Projekten um zivilgesellschaftliche Initiativen im Sinne eines „Bottom-Up", indem die Idee einer Veränderung des Energiemarktes „von unten" zu einer „Energie in Bürgerhand" verfolgt wird. Wie aufgezeigt wurde, wird der Output bei den Initiativen regelmäßig erreicht, wenn es zur tatsächlichen Umsetzung der Maßnahmen (Aufstellung von Energieanlagen) kommt, welche dem übergeordneten Ziel der ökologischen Energieerzeugung dienen.

Es bleibt aber die Frage bestehen, ob die übergeordneten Ziele in Form von demokratischer Gesellschaft, Nachhaltigkeit und Partizipation für die Erreichung des Outputs eher hinderlich sind. Dies ist bei den Initiativen als ambivalent zu bewerten: Auf der einen Seite ist die Beteiligung von Bürgern in finanzieller Hinsicht eine effektive Maßnahme, um die Projektfinanzierung zu sichern. Auf der anderen Seite kann sich der Beteiligungsmechanismus als „Hemmschuh" entpuppen, wenn sich die beteiligten Bürger im weiteren Verlauf z.B. über die Ausrichtung und

---

[102] Kohout 2002, S. 278. Vgl. zu innovativen geldpolitischen Ansätzen in diesem Zusammenhang auch den Beitrag von Schuster in diesem Band.

Führung der Gesellschaft nicht einig werden. Es ergibt sich daher die Fragestellung, ob Partiziption das Zustandekommen des Outputs eher begünstigt oder verhindert. Die enorme Zuwachsrate an Energiegenossenschaften in den letzten Jahren könnte ein erster Hinweis darauf sein, dass die verschiedenen Vorstellungen der beteiligten Bürger über die Zwecke und Ziele der Gesellschaft durch die Gründung von „Bürger"-Unternehmen eine Harmonisierung erfahren.

Im Unterschied zu anderen gesellschaftlichen Subsystemen existiert in diesem Bereich zudem noch eine weitere Dimension: Der übergeordnete Systemnutzen bezieht sich auf ökologische Qualitäten, welche globalen Charakter haben (Vermeidung von CO_2). Im Falle von Bürgerenergie kann dies mit dem Individualnutzen zusammenfallen, was gleichzeitig die Hoffnung der Vertreter einer „ökologischen Modernisierung" ist. An dieser Stelle aber öffnet sich die Schere zwischen rein gewinnorientiertem Eigennutz und einem – negativ interpretiert – nur vorgeschobenen übergeordneten, holistischen Systemnutzen im Sinne von ökologischen und nachhaltigen Zielen. Ob diese handlungsleitende Motivation negative Auswirkungen auf die intraorganisationale Struktur und externe Handlungsweisen sowie Wahrnehmung der Energie-Initiativen nach sich zieht, gehört zu den noch offenen Fragen.

Der von vielen Autoren betonte Effekt einer Zunahme an politischer Informiertheit der Bürgerschaft bei partizipativen Verfahren[103] kann vor dem Hintergrund bisheriger Untersuchungsergebnisse bei Bürgerenergie-Initiativen vermutet werden und ist einer der wirkungsvollsten Mechanismen, indem eine Aufklärung über das Themenfeld der erneuerbaren Energien transportiert wird. Ebenso kann übereinstimmend mit Ansichten in der Literatur festgestellt werden, dass partizipative Verfahren immer kontextabhängig interpretiert werden müssen.[104] Eine Vergleichbarkeit ist daher auch in diesem Bereich aufgrund der unterschiedlichen Kontexte, in welchen es zur Partizipation kommt, nur bedingt gegeben – weshalb es erforderlich ist, jeden Fall individuell zu analysieren und zu werten.[105] So ist theoretisch der Fall einer hochgradig partizipativen Energiegenossenschaft denkbar, die hinsichtlich ihrer Mitglieder sehr

---

[103] Vgl. Vatter 2007; Delli Carpini et al. 2004.

[104] Vgl. Geißel 2008, S. 40; Newig 2011, S. 495.

[105] Vgl. Geißel 2008, S. 42; Forschungsgruppe Umweltpsychologie et al. 2010, S. 155.

integrativ ausgerichtet ist und der Aktivität, Einbringung und Kollaboration der Mitglieder einen Raum eröffnet. Zwischen dieser Variante und dem Gegenpol einer nicht-partizipativen Gesellschaft dürften in der Realität verschiedenste Abstufungen und Ausprägungen zu finden sein (vgl. Typenbildung weiter oben).

Damit kann auf der einen Seite von Geißel bekräftigt werden[106], dass theoretische Überlegungen zur Partizipation Differenzierungen vermissen lassen: Qualifizierungsprozesse der Partizipierenden finden vor allem bei den Teilnehmern partizipativer Gruppenprozesse statt und hinsichtlich der Qualifikationen nimmt vor allem die Informiertheit zu. Auf der anderen Seite kann aber nicht unbedingt davon ausgegangen werden, dass eine Transformation von egoistischem zu gemeinwohlorientiertem Handeln selten stattfindet. Die bisherigen Untersuchungen zu Bürgerenergie scheinen dies eher zu widerlegen.

Ein besonders gewichtiger Grund für das Engagement der Bürger ist zwar demnach einerseits nicht zuletzt die Erwartung einer hohen Rendite bei der Unternehmung, was sich auch auf das selbst angelegte Kapital bezieht. Andererseits wird aber dieser Einflussfaktor relativiert durch die übergeordnete Idee einer umweltfreundlichen Energieerzeugung und eines gemeinschaftlichen regionalen Projektes.

Kann also somit durch den Überbau einer gemeinwohlorientierten Idee jegliches auf den persönlichen Vorteil ausgerichtetes Handeln legitimiert werden? Eine Beurteilung dessen ist danach zu gewichten, inwieweit das eigene Handeln anderen bzw. der Umwelt schadet. Dies ist beispielsweise immer dann der Fall, wenn andere Meinungen und Ansichten im gegenseitigen Austauschprozess unterbunden und untergraben werden – eine Tendenz, die tatsächlich in einigen Energieprojekten zu beobachten ist und zum Ausscheiden einiger Engagierter bzw. deren Verstummen – und somit zur Exklusion – führen kann. Schließlich können solche Entwicklungen ein festes Fundament erhalten, wenn durch die übergeordneten Gremien wie den Vorstand Partikularinteressen verfolgt werden, welche nicht die mehrheitliche Meinung repräsentieren.[107] Die

---

[106] Vgl. Geißel 2008, S. 39.

[107] Es ist wie bei anderen ehrenamtlichen Aktivitäten auch in diesen Fällen zu vermuten, dass die Übernahme von höheren Funktionen mitunter der Selbstdarstellung und der Aufstellung einer internen „Interaktionsordnung" (vgl. Goffman 1969, S. 190) hinsichtlich der Machtverhältnisse dient.

Einflussmöglichkeiten der Mitglieder werden de facto (nach eigener Untersuchung) kaum genutzt und den Aktiven erscheint nach erfolgter Einrichtung einer festen Leitung der Gesellschaft eine weitere Aktivität als nicht mehr sinnvoll, da viele Entscheidungen dann nicht mehr zur Disposition stehen, richtungsweisende Entscheidungen nach der Gründungsphase abgeschlossen sind und ein „Wiederaufrollen" vom Gros der Mitglieder ungern gesehen wird (Problem des „Querulantentums"). Dieses wiederkehrende Motiv kann sich dann allerdings bei weiteren, strategisch wichtigen Entscheidungen in Veto-Positionen niederschlagen. Es scheint daher eine der schwierigsten, aber zugleich auch wichtigsten Herausforderungen für zivilgesellschaftliche Initiativen zu sein, allen Beteiligten dauerhaft Gehör zu verschaffen, andere Ansichten nicht zu eliminieren und gleichzeitig einen gemeinsamen Kurs zu finden, mit dem sich alle identifizieren können. Auch wenn eine solche demokratische Grundausrichtung einer privatwirtschaftlichen Gesellschaft sehr idealtypisch erscheint, so ist darauf hinzuweisen, dass es manchen Bürgerenergie-Gesellschaften besser gelingt als anderen, dieses leicht verletzliche Kriterium in einem zumindest hohen Maße zu erfüllen.

Als positive Effekte werden bei Verfahren von Bürgerenergie-Gesellschaften in einer Studie[108] der offene Prozess bei der Auswahl der Akteure, die Eruierung von Beteiligungsmöglichkeiten und -erfordernissen, maximale Transparenz bei den Beteiligungsprozessen und ein sehr guter Informationszugang sowie Bedarfskontrolle aufgezählt. Es finde darüber hinaus eine Institutionalisierung von Organisation und Verantwortung statt, eine koordinierende Instanz mit klaren Verantwortlichkeiten und Rollenzuschreibungen sowie einem gewissen Grad an Professionalisierung werde gebildet. Auf der anderen Seite werden auch Negativaspekte und Problemlagen der Energiegesellschaften beschrieben:[109] Naivität, enttäuschte Anfangseuphorie, Überforderung, zu hoher Aufwand, keine Zeit für Neuentwicklungen, Abschluss mangelhafter Verträge, planerische und rechtliche Probleme (v.a. bei Windenergie) sowie Probleme mit Flächeneigentümern (erhöhte Pacht).

Bei den Bürgerenergie-Gesellschaften kann sich also – wie auch aus anderen partizipativen Verfahren bekannt – die zentrale Problemlage daraus entwickeln, dass eine Überforderung der anfangs stark motivierten

---

[108] Vgl. Forschungsgruppe Umweltpsychologie et al. 2010, S. 166 f.
[109] Vgl. Forschungsgruppe Umweltpsychologie et al. 2010, S. 103.

Bürger durch komplizierte Verfahren, unzureichendes Wissen und einen hohen Arbeitsaufwand drohen kann. Eine Einbringung und Aktivität von Mitgliedern kann in einem solchen – wohl nicht seltenen Fall – für die Führung der Gesellschaft eher hinderlich als förderlich wirken. Allerdings scheint aus einer ganzheitlichen Perspektive heraus gerade die Gründung einer privatwirtschaftlichen Gesellschaft zu garantieren, dass die Unternehmung sehr ernsthaft und gewissenhaft – und damit im Sinne der Erreichung des Ziels der Unternehmung auch erfolgreich – betrieben wird.

Auch das Prinzip der Ehrenamtlichkeit und die damit vielfach verbundene mangelnde Professionalität kann zu Problemen führen: Hierdurch können ernsthafte ökonomische Schwierigkeiten auftreten, indem beispielsweise bestimmte Bedingungen nicht bedacht wurden oder ein schlechtes Angebot nicht erkannt wurde. Daher wird mit Nachdruck für eine professionelle Ausrichtung der Initiativen plädiert: „Beteiligungsmodelle sollten verstärkt als Bürgerunternehmen und weniger als Bürgerinitiative initiiert und betrieben werden. Um Projekte erfolgreich umzusetzen, müssen diese sich rechnen, auf Risikominimierung orientiert sein und professionell gemanagt werden. Dies kann auch mithilfe bezahlter Arbeit geschehen".[110]

Wie weiter oben aufgezeigt, können sich diese Professionalisierungstendenzen aber negativ auf Partizipation, Inklusion und Kollaboration der Mitglieder auswirken und die Repräsentativität der Mitglieder in der Initiative schwächen. Es besteht also übergreifend formuliert ein Trade-off zwischen Professionalisierung und Partizipation. Damit wird eine der Ausgangsfragen wieder aufgegriffen, inwieweit tatsächlich Partizipation und nicht ein reines „Labeling" von Beteiligung vorliegt, indem ausschließlich eine Ausrichtung auf Gewinnorientierung bzw. einen reibungslosen Ablauf beim Betrieb von Energieanlagen besteht, während Einflussmöglichkeiten in Form von Mitspracherechten nur marginal vorhanden sind. Auch besteht die Frage, ob eine finanzielle Beteiligung nur bei höheren Geldanlagen möglich oder lohnenswert ist (Problem eines „Klientel-Projektes"). Bei Energiegenossenschaften sind, wie aufgezeigt wurde, zumeist auch kleine Geldanlagen möglich, die Mitspracherechte sind im Vergleich zu anderen Gesellschaften als vergleichsweise sehr

---

[110] Ebd.

hoch einzuschätzen. Fraglich bleibt letztlich, ob diese Partizipationsmöglichkeiten auch in vollem Umfang genutzt werden.

VII. Resümee: Bürgerenergie als Synthese von individuellen Eigennutzen und Gemeinwohl

In den analysierten Fällen von Bürgerenergie ist ein hohes Maß an Qualifizierung der Bürger durch die Beschäftigung mit der Materie sowie der Aufgabenstellung einer Umsetzung der Idee, verbunden mit einer Gesellschaftsgründung, feststellbar. Allerdings betrifft dies die beteiligten Personen in unterschiedlichem Maße – selbst unter Zuhilfenahme des Instruments der Partizipation bleibt die Problematik einer nur beschränkten Auswirkung der Partizipationsmöglichkeiten auf Wenige bestehen (was an der Erhöhung des Engagements und den geschaffenen Optionen allerdings nichts ändert).

Neben dem Umstand, dass sich bei Bürgerenergie-Initiativen bürgerschaftliches Engagement seinen Weg bahnen kann („Vehikel-Funktion") und Bürger durch eigene Aktivität ein gemeinwohlorientiertes Ziel verfolgen, laufen die Prozesse zudem überraschend effektiv ab: zeitnah, problemlösungs- und ergebnisorientiert und effizient (Kosten werden niedrig gehalten). Wie ist dies zu erklären? Offensichtlich speist sich die hohe Funktionalität der Bürgerenergie-Initiativen aus den äußeren Umständen: Ökonomisch orientierte Planungen und das Einhalten der zeitlichen Korridore für Stromeinspeisevergütungen „zwingen" die Initiativen zu zügigem Handeln. Hinzu kommt die Dynamik des Organisationsprozesses: Spätestens mit der Gründung einer eigenen Gesellschaft nimmt die Idee für die Bürgerinitiativen einen ernsthaften und gewichtigen Charakter an. Ökonomisch geprägte Rahmenbedingungen fördern daher offenbar eine effektive und vergleichsweise effiziente Umsetzung von partizipativen Verfahren.

Meiner Ansicht nach bleibt letztlich insbesondere die Frage im Raum stehen, inwieweit die Bürgerenergie-Initiativen im Kern vornehmlich von Rendite-Erwartungen gesteuert werden und damit einerseits eine maximale Ausnutzung des ökologischen Potenzials ausbleibt und andererseits alle Gestaltungsmöglichkeiten und Handlungsweisen der Initiative diesem Ziel unterworfen werden. So erfolgreich und vorbildhaft diese Aktionen auf den ersten Blick auch erscheinen[111], die „Ökonomisierung" der Ideen bringt auch Nachteile mit sich: das Streben nach ökonomischen Vorteilen kann positive Momente der Zusammenarbeit Aller beschädigen und konterminieren. Damit bliebe die gemeinsam angedachte Energiegewinnung und demokratisch-partizipative Ausgestaltung der Energiegesellschaft ein Partikularinteresse weniger Initiatoren, die als Hilfsmittel Investitionen anderer Bürger benötigen, um ihren Plan zu realisieren.[112] Die Gegenannahme würde bedeuten, dass viele Bürger ein „starkes Interesse" daran haben, „sich an sinnvoll gestalteten und lokal verankerten Projekten finanziell zu beteiligen – auch ohne an den unternehmerischen Entscheidungen bezüglich des Projekts mitwirken zu können".[113]

In einem schwer zu lokalisierenden Feld zwischen diesen Polen sind die Motivationen und Handlungsprozesse zu verorten – es ist dabei immer der subjektiv gemeinte Sinn, der für den Einzelnen das Ziel definiert und zusammengenommen paradoxerweise Kollektivität als gemeinsamen Überbau produziert, wie bereits Max Weber festgestellt hat.[114] Tendenziell bieten Bürgerenergie-Initiativen in besonderem Maße einen Rahmen für eine Umwandlung einer individualistischen, vom Eigennutz bestimmten Ausgangsmotivation in das kollektive Motiv einer Gemeinschaft mit einem übergreifenden Nutzen des Gemeinwohls und der Nachhaltigkeit.

Die Zielambivalenzen bei der Frage nach dem Erfolg von Bürgerenergie haben aber nur ein geringes Gewicht hinsichtlich der Frage, ob derartige Projekte ein weitverbreitetes und etabliertes, standardisiertes Konzept zur Erzeugung erneuerbarer Energie sein können und somit eine volle gesellschaftliche und politische Anerkennung neben Großprojekten wie Offshore-Windenergieanlagen genießen werden. Davon ist vom jetzigen Zeitpunkt und in naher Zukunft nicht auszugehen – allerdings existieren einzelne größere Verbundprojekte[115] und eine zukünftig stark

---

[111] Auch im Vergleich zu anderen Aktionsprogrammen wie der Lokalen Agenda 21, aus der in einem bekannten Fall eine Bürgerenergie-Initiative hervorging und die damit die Agenda-Aktivität ablöste.

[112] So wie es in den weit verbreiteten Wind-GmbHs und von Volksbanken gegründeten Genossenschaften vermutlich oftmals der Fall ist.

[113] So beschreibt es Gehles 2012, S. 542.

[114] Vgl. Weber 1922, S. 10.

[115] Wie sie beispielsweise im Rahmen des „100% Erneuerbare-Energie-Regionen-Projektes" entstehen.

steigende Bedeutung könnte der Rekommunalisierung von Stadtwerken zukommen.[116] Zudem bleiben bei lokal begrenzten, dezentralen kleinen Energiegesellschaften schwer wiegende Dilemmata von Naturschutz und nachhaltiger Energiegewinnung, wie etwa im Falle der Offshore-Windkraftnutzung, aus.[117]

Es bleibt abzuwarten, wie sich derartige dezentrale Projekte jenseits einer „soziotechnischen Nischenposition"[118] im Rahmen der Energiewende entwickeln werden, welches Potenzial von ihnen ausgeht und welchen Platz sie schließlich im Gesamtsystem der Energieerzeugung einnehmen.[119] In einem optimistischen Szenario zählen erneuerbare Energieanlagen in Bürgerhand zum Erscheinungsbild jeder Kommune, unter Beibehaltung des Status quo bleiben die Initiativen Insellösungen – bei einer negativen Entwicklung hingegen würden sie ganz von der Landschaftsfläche verschwinden –, falls beispielsweise die staatliche Subventionierung der Erneuerbaren entfallen sollte. Derzeit scheinen Bürgerenergie-Projekte eine Lücke zu schließen: sie treten auf, wenn eine Energiegewinnung für größere Unternehmen nicht rentabel und sinnvoll erscheint. Dabei besitzen diese Bürger-Initiativen gegenüber großen Unternehmen den besonderen Vorteil, für ihre Energieanlagen höhere Akzeptanz bei der Bevölkerung zu gewinnen und in einem integrativen Prozess mit der lokalen Bevölkerung Standorte, technische Fragen und Abläufe besser auszutarieren.

Die Bürgerenergie-Initiativen sind aber – vergleichbar einem kleinen Segelschiff auf hoher See – in einem hohen Maße von extern bestimmten Faktoren abhängig. Das „Erfolgsfenster" ist indes sehr klein: lediglich die Konstellation von geringen Miet- bzw. Pachtpreisen, ausreichend hohen staatlichen Einspeisevergütungen, geringem administrativem Auf-

---

[116] So berichtet die Forschungsgruppe Umweltpsychologie et al. (2010), S. 170 vom „Zukunftskreis Steinfurt" und der „Initiative Energiewende Oberland" und betont die Möglichkeit von Stadtwerken „als Motor". Die Stadtwerke stellen allerdings auch eine Konkurrenz von Bürgerenergie-Projekten dar, da auch sie das Ziel verfolgen, Strom aus erneuerbaren Energieträgern zu gewinnen.

[117] Vgl. Mautz 2010, S. 195; Haggett 2011; Ohlhorst/Schön 2010.

[118] Vgl. Rosenbaum/Mautz 2011, S. 411.

[119] So werden Bürgerenergie-Gesellschaften gerne als „Schönwetter-Unternehmen" bezeichnet, da es diesen Initiativen nicht möglich ist, im großen Stil und somit risikobehaftet zu agieren, wodurch ihnen auch keine Innovationsfähigkeit möglich ist, aber auch keine Krisenanfälligkeit besteht.

wand, ausreichendem Engagement und Durchhaltevermögen der zumeist ehrenamtlichen Mitarbeiter, relativ schnell erreichbarer Installation der Anlagen, positiver Berichterstattung, niedrigen Anschaffungspreisen für technische Anlagen, Ausbleiben von rechtlichen Hürden (und eventuellen Klageverfahren), gegebener Kreditwürdigkeit, erfolgreicher Akkumulation des erforderlichen Eigenkapitals, guter Kooperation mit der Verwaltung und möglichst Ausbleiben von Gegeninitiativen – all dies zeigt den kleinen Spalt auf, in dem die anfängliche Idee den Weg in die Wirklichkeit finden kann. Diese unsicheren Bedingungen können vermutlich nur durch eine zielgerichtete Energiepolitik in Form einer Unterstützungsleistung, insbesondere in Form von Beratungsleistungen sowie ausreichender Bereitstellung finanzieller und infrastruktureller Mittel, stabilisiert werden.

Zumindest innerhalb dieses Rahmens kann in Deutschland Demokratie kollaborativ gestaltet werden, indem „sich Bürger als nichtorganisierte Akteure mit neuen Möglichkeiten der Partizipation und Selbstorganisation heute direkter als je zuvor in den politischen Prozess einbringen wollen und können. Das Spannende: Auch aus diesem inklusiveren Prozess der Entscheidungsfindung mit einer Vielzahl koordinierter Beiträge entwickelt sich kollektive Wirksamkeit, das heißt effektive Problemlösung".[120]

Letztlich bleibt meiner Ansicht nach insbesondere die Frage des individuellen Verständnisses von Demokratie und Partizipation bei den Beteiligten bestehen, das innerhalb einer großen Bandbreite zwischen zwei Polen zu finden ist: Wenn Partizipation für den Einzelnen bedeutet, dass den Bürgern finanzielle Anteile ermöglicht werden und das Energieprojekt dem Bürger dient und in seinem Interesse gehandelt wird, so hat dies den Charakter von repräsentativer Demokratie. Wenn Partizipation aber über ein finanzielles Maß hinausgehende Beteiligung von Bürgern an Energieprojekten bedeutet, wenn sie der Mitbestimmung und der Inklusion der Mitglieder in Form von Ideeneinbringung und aktiver, konstruktiver Kollaboration dienen soll und die Unternehmung weitere Zwecke jenseits von Rendite verfolgt, dann können Bürgerenergie-Initiativen ein zivilgesellschaftlicher Ausdruck von partizipativer Demokratie und einer aktiven Bürgergesellschaft sein.

---

[120] Vgl. Beinke et al. 2012, S. 39.

Literatur

Arnstein, S. R. (1969): A ladder of citizen participation, Journal of the American Institute of Planners, 35 (4), S. 216 ff.

Barber, B. (1984): Strong Democracy, Berkeley.

Beinke, I./Bergmann M./Bohne, M./Egle, C./Gohl, C./Heiny, A./Rucker C./Simonic, B./Stern, M./Wohlfarth, A. (2012): Deutschlands Energiewende – Demokratie kollaborativ gestalten, Policy Brief 4/2012, Stiftung Neue Verantwortung.

Bogumil, J./Holtkamp, L./Schwarz, G. (2003): Das Reformmodell Bürgerkommune: Leistungen, Grenzen, Perspektiven, Berlin.

Bogumil, J. (2004): Bürgerkommunen als Perspektive der Demokratieförderung und Beteiligungsstärkung, in: Kessl, F./Otto, H.-U. (Hg.), Soziale Arbeit und Soziales Kapital. Zur Kritik lokaler Gemeinschaftlichkeit, Wiesbaden, S. 113 ff.

Bogumil, J./Holtkamp, L. (2007): Die Bürgerkommune: Das Konzept in Theorie und Praxis, Neues Verwaltungsmanagement, 02/07, S. 1 ff.

Coglianese, C. (1997): Assessing Consensus: The Promise And Performance Of Negotiated Rule-making, Duke Law Journal, 46, S. 1255 ff.

Delli Carpini, M. X./Cook, F. L./Jacobs, L. R. (2004): Public deliberation, discursive participation and citizen engagement: A review of the empirical literature, Annual Review of Political Science, 7, S. 315 ff.

Deutscher Genossenschafts- und Raiffeisenverband e.V. (2012): Energiegenossenschaften. Ergebnisse der Umfrage des DGRV und seiner Mitgliedsverbände im Frühsommer 2012, abrufbar unter: http://www.dgrv.de/webde.nsf/7d5e59ec98e72442c1256e5200432395/38974dd3d72940e1c12579120048e161/$FILE/Umfrage%20Energiegenossenschaften.pdf (20.3.2013).

Flieger, B. (1996): Produktivgenossenschaft als fortschrittsfähige Organisation. Theorie, Fallstudie, Handlungshilfen, Marburg.

Flieger, B. (2010): Energiewende mit Bürger-Energie, Contraste, 27 (306), S. 1.

Forschungsgruppe Umweltpsychologie/Institut für Zukunftsstudien und Technologiebewertung/Zentrum Technik und Gesellschaft der TU Berlin (2010): Aktivität und Teilhabe – Akzeptanz Erneuerbarer Energien durch Beteiligung steigern. Projektabschlussbericht, abrufbar unter: http://www.tu-berlin.de/fileadmin/f27/PDFs/Forschung/Abschlussbericht_Aktivitaet_Teilhabe_format.pdf (20.3.2013).

Fraenkel, E. (1974): Deutschland und die westlichen Demokratien, 6. Aufl., Stuttgart et al.

Fung, A./Wright, E. O. (2001): Deepening Democracy: Innovations in Empowered Participatory Governance, Politics and Society, 29 (1), S. 5 ff.

Gehles, K. (2012): Bürger finanzieren mit. Praxisbeipiele für Anlageprodukte wie Klimasparbriefe, Nachrangdarlehen oder stille Beteiligungen, Informationen zur Raumentwicklung, 9/10, S. 535 ff.

Geißel, B. (2008): Wozu Demokratisierung der Demokratie? Kriterien zur Bewertung partizipativer Arrangements, in: Vetter, A. (Hg.), Erfolgsbedingungen lokaler Bürgerbeteiligung, Wiesbaden, S. 29 ff.

George, W./Klement, M. (2011): Energieerschließende Machbarkeitsanalyse (E-MBA) – Instrument zur eigenständigen Energieversorgung, in: George, W./Berg. T., Regionales Zukunftsmanagement. Band 4: Energiegenossenschaften gründen und erfolgreich betreiben, S. 97 ff.

Goffman, E. (1969): Wir alle spielen Theater: die Selbstdarstellung im Alltag, München.

Gundersen, A. G. (1995): The Environmental Promise of Democratic Deliberation, Madison.

Haggett, Claire (2011): Understanding public responses to offshore wind power, Journal of Energy Policy, 39 (2), S. 503 ff.

Holstenkamp, L./Ulbrich, S. (2010): Bürgerbeteiligung mittels Fotovoltaikgenossenschaften. Marktüberblick und Analyse der Finanzierungsstruktur. Arbeitspapierreihe Wirtschaft & Recht Nr. 8. Leuphana Universität Lüneburg, abrufbar unter: http://www.leuphana.de/fileadmin/user_up load/Forschungseinrichtungen/ifwr/files/Arbeitpapiere/WPBL8-101215.pdf (20.3.2013).

Holstenkamp, L. (2012): Ansätze einer Systematisierung von Energiegenossenschaften. Arbeitspapierreihe Wirtschaft & Recht Nr. 11. Leuphana Universität Lüneburg, abrufbar unter: http://www.leuphana.de/fileadmin/ user_upload/Forschungseinrichtungen/professuren/finanzierung-finanzwirtschaft/files/Arbeitspapiere/typ-energiegeno_120629.pdf (20.3.2013).

Holstenkamp, L./Degenhart, H. (2013): Bürgerbeteiligungsmodelle für erneuerbare Energien. Eine Begriffsbestimmung aus finanzwirtschaftlicher Perspektive. Arbeitspapierreihe Wirtschaft & Recht Nr. 13., Leuphana Universität Lüneburg.

Holtkamp, L./Bogumil, J./Kißler, L. (2006): Kooperative Demokratie. Das politische Potenzial von Bürgerengagement, Frankfurt a.M., New York.

Kaase, M. (1995): Partizipation, in: Nohlen, D. (Hg.), Wörterbuch Staat und Politik, Bonn, S. 521 ff.

Kersting, N. (2008): Politische Beteiligung. Einführung in dialogorientierte Instrumente politischer und gesellschaftlicher Partizipation, Wiesbaden.

Klaus Novy Institut (2012): Genossenschaftliche Unterstützungsstrukturen für eine sozialräumlich orientierte Energiewirtschaft, Köln.

Kohout, F. (2002): Vom Wert der Partizipation. Eine Analyse partizipativ angelegter Entscheidungsfindung in der Umweltpolitik, Münster.

Lijphart, A. (1999): Patterns of Democracy. Government Forms and Performance in Thirty-Six Countries, New Haven, London.

Lüttringhaus, M. (2000): Stadtentwicklung und Partizipation. Fallstudien aus Essen, Katernberg und der Dresdner Äußeren Neustadt, Bonn.

Lüttringhaus, M. (2003): Voraussetzungen für Aktivierung und Partizipation, in: Lüttringhaus, M./Richers, H. (Hg.), Handbuch Aktivierende Befragung: Konzepte, Erfahrungen, Tipps für die Praxis, Bonn, S. 66 ff.

Mansbridge, J. (1999): On the Idea That Participation Makes Better Citizens, in: Elkin, S. L./Soltan, K. E. (Hg.), Citizen, competence and democratic institutions, Pennsylvania State University, S. 291 ff.

Mautz, R. (2010): Konflikte um die Offshore-Windkraftnutzung – eine neue Konstellation der gesellschaftlichen Auseinandersetzung um Ökologie, in: Feindt, P. H./Saretzki, T. (Hg.), Umwelt- und Technikkonflikte, Wiesbaden, S. 181 ff.

Newig, J. (2011a): Partizipation und neue Formen der Governance, in: Groß, M. (Hg.), Handbuch Umweltsoziologie, Wiesbaden, S. 485 ff.

Newig, J. (2011b): Partizipation und Kooperation zur Effektivitätssteigerung in Politik und Governance?, in: Heinrichs, H./Kuhn, K./Newig, J. (Hg.), Nachhaltige Gesellschaft: Welche Rolle für Partizipation und Kooperation?, Wiesbaden, S. 65 ff.

Newig, J./Kuhn, K./Heinrichs, H. (2011): Nachhaltige Entwicklung durch gesellschaftliche Partizipation und Kooperation? – eine kritische Revision zentraler Theorien und Konzepte, in: Heinrichs, H./Kuhn, K./Newig, J. (Hg.), Nachhaltige Gesellschaft: Welche Rolle für Partizipation und Kooperation?, Wiesbaden, S. 27 ff.

Newig, J./Fritsch, O. (2009): More Input – Better Output: Does Citizen Involvement Improve Environmental Governance?, in: Blühdom, I. (Hg.), In Search of Legitimacy. Policy Making in Europe and the Challenge of Complexity, Opladen, S. 205 ff.

Newig, J./Fritsch, O. (2009): Der Beitrag zivilgesellschaftlicher Partizipation zur Effektivitätssteigerung von Governance. Eine Analyse umweltpolitischer Beteiligungsverfahren im transatlantischen Vergleich, in: Bode, I./Evers, A./Klein, A. (Hg.), Bürgergesellschaft als Projekt. Eine Bestandsaufnahme zu Entwicklung und Förderung zivilgesellschaftlicher Potenziale in Deutschland, Wiesbaden, S. 214 ff.

Nolting, K./Rupp, J. (2010): Bürgerkraftwerke. Wir Energie-Versorger, in: Kraftwerke für Jedermann. Chancen und Herausforderungen einer dezentralen erneuerbaren Energieversorgung, Berlin, S. 20 ff.

Ohlhorst, D./Schön, S. (2010): Windenergienutzung in Deutschland im dynamischen Wandel von Konfliktkonstellationen und Konflikttypen, in: Feindt, P. H./Saretzki, T. (Hg.), Umwelt- und Technikkonflikte, Wiesbaden, S. 198 ff.

Papadopoulos, Y. (2004): Governance und Demokratie, in: Benz, A. (Hg.), Governance – Regieren in komplexen Regelsystemen. Eine Einführung, Wiesbaden, S. 215 ff.

Pateman, C. (1970): Participation and Democratic Theory, Cambridge et al.

Raymond, L. (2002): Localism in environmental policy: New insights from an old case, Policy Sciences, 35, S. 179 ff.

Renn, O. (2005): Partizipation – ein schillernder Begriff, GAIA, 14 (3), S. 227 f.

Renn, O./Webler, T./Wiedemann, P. (Hg.) (1995): Fairness and Competence in Citizen Participation: Evaluating Models for Environmental Discourse, Dordrecht.

Rosenbaum, W./Mautz, R. (2011): Energie und Gesellschaft: Die soziale Dynamik der fossilen und der erneuerbaren Energien, in: Groß, M. (Hg.), Handbuch Umweltsoziologie, Wiesbaden, S. 399 ff.

Rowe, G./Frewer, L. J. (2004): Evaluating Public-Participation Exercises: A Research Agenda, Science, Technology and Human Values, 29 (4), S. 512 ff.

Sartori, G. (1992): Demokratietheorie, Darmstadt.

Schmitter, P. C. (2002): Participation in Governance Arrangements: Is there any Reason to Expect it will Achieve „Sustainable and Innovative Policies in a Multilevel Context"?, in: Grote, J. R./Gbikpi, B. (Hg.), Participatory Governance. Political and Societal Implications, Opladen, S. 51 ff.

trend research (2010): Anteile einzelner Marktakteure an Erneuerbare Energien-Anlagen in Deutschland, Bremen.

Vatter, A. (2007): Direkte Demokratie in der Schweiz: Entwicklungen, Debatten und Wirkungen, in: Wagschal, U./Freitag, M. (Hg.), Direkte Demokratie im internationalen Vergleich: Bestandsaufnahmen und Wirkungen, Münster, Hamburg, S. 71 ff.

Vetter, A. (2002): Lokale Politik und die Sozialisation demokratischer Einstellungen in Europa, Politische Vierteljahresschrift, 43 (4), S. 606 ff.

Volz, R. (2011): Zur Umsetzung des Förderauftrags in Energiegenossenschaften, Zeitschrift für das gesamte Genossenschaftswesen, 61 (4), S. 289 ff.

Weber, M. (1922): Wirtschaft und Gesellschaft. Grundriß der Sozialökonomik, Abt. 3, Tübingen.

Von der Energiewende zur Demokratiewende

Ein Plädoyer für eine umfassendere Analyse der Energiewende in Verbindung mit der allgegenwärtigen „Krise"

Conrad Kunze

Die „Wende" ist eine semantische Erfolgsgeschichte. Ihr gelingt die Vereinfachung wissenschaftlicher Begriffe wie Transformation und Transition, vom Sozialismus zum Post-Sozialismus, von der Moderne zur Postmoderne. Durch die kleine Anleihe aus der Segelschifffahrt wurde ein geläufiges Wort gefunden, wo andere Sprachen sich mit Latinismen behelfen mussten oder schwiegen. Dies scheint sich bei der Transition (oder gar Revolution) des Energieregimes zu wiederholen. Wende symbolisiert sowohl die Notwendigkeit des festen Entschlusses, das Ruder herumzureißen bis das Boot sich um 180 Grad gedreht hat, als auch die kollektive historische Erfahrung, des – je nach Standpunkt mehr oder weniger erfolgreichen – politischen Projektes der deutschen Wiedervereinigung. Vom Erneuerbare-Energien-Gesetz (EEG) schon in den 1990er Jahren begründet, kommt der BRD eine Vorreiterrolle zu, die seit dem Unglück von Fukushima noch deutlicher zutage tritt. Der bis dato vor allem in Deutschland politisierte Themenkomplex aus Energiewende und Atomausstieg wurde nahezu über Nacht internationalisiert. So wurde Deutschland nach dem Unfall in Fukushima vom arabischen Nachrichtensender Al Jazeera bis zum britischen Guardian als Gegenspieler zu den klassischen Atom-Nationen einerseits und als Testfall für die Energiewende andererseits porträtiert.

I. Welche Energiewende?

Die eine Seite der Energiewende sind die sich weitgehend autonom entwickelnden Pionier-Regionen wie das brandenburgische Feldheim. Dort treffen seit 2011 internationale Delegationen ein, um sich selbst ein Bild zu machen vom Stand der technischen Möglichkeiten.[1] Das wohl minimalste Ergebnis dieser globalen Aufmerksamkeit dürfte die horizontale Diffusion *dieser* Variante der Energiewende, der energie-autonomen Region, sein.

Zeitgleich findet auch eine vertikale Diffusion statt, vom ländlichen Raum in die Städte. Auch Lernprozesse, in denen nationale Politik aus regionaler Praxis inspiriert wird, sind zukünftig erwartbar. Im Horizont der Zeitgeschichte ist dies eine historische Ausnahme, da es üblicherweise die Städte waren, welche die großen sozio-technischen Neuerungen auf den Weg brachten. Ebenso stünde eine aus regionaler Praxis lernende Regierungspolitik im Kontrast zu den üblichen zentralistischen Technologieprogrammen.[2]

Spätestens hier, bei der Urbanisierung der Energiewende, stellt sich die Frage, was die gewünschten und möglichen sozialen Folgen sein können und sollen. Die ländlichen Regionen sind oft noch recht unvorbereitet in die Entwicklung „hineingestolpert", ohne klares Zukunfts-Szenario. Den Städten wird dieser, für die Organisatoren leichtere Weg, nicht mehr offen stehen. Ein Stadtwerk wird kaum weitreichende und finanziell bedeutsame Entscheidungen treffen, ohne ausführliche Abwägung und Debatte. Der wichtige und kurzfristig teure Schritt, die Niederspannungsnetze zu re-sozialisieren[3], muss der Öffentlichkeit gegenüber mit

---

[1] So wurde, um nur ein Beispiel zu nennen, Feldheim am 2.12.2011 auf Einladung von Greenpeace Deutschland von einer Delegation aus Japan besucht.

[2] Zu räumlichen Aspekten der Energiewende auch der Beitrag von Bosch in diesem Band.

[3] In wie vielen Kommunen und Städten diese Überlegungen schon Teil des common sense sind, zeigt sich an der Zahl derer, die das Ende der zwanzigjährigen Konzessionsverträge über die Bewirtschaftung ihrer Niederspannungsnetze genutzt haben. Ein Großteil der bestehenden, bundesweit auf ca. 20.000 geschätzten Konzessionsverträge für Strom und Gas lief als Folge ihrer auf 20 Jahre begrenzten Laufzeit 2012 aus. Die weitere Nutzung der Netze musste neu verhandelt werden, oft mit juristischen Auseinandersetzungen zwischen Energiekonzernen und Gemeinden über die zu zahlende Summe für das Auslösen der Netze, vgl. Bundeskartellamt/Bundesnetzagentur 2010 (zitiert nach Kunze 2012, S. 179).

dem langfristigen Nutzen für das Gemeinwohl begründet werden. Wo gar eine Bürgerinitiative die Netze zurückkaufen möchte, wie in Berlin, ist der Anspruch an ein Zukunftsszenario, das private Kapitalgeber überzeugt, eher noch höher.[4]

II. Monopolisierung der Energiewende?

Es stellt sich also prominent die Frage nach dem Nutzen der Energiewende. Altruistisch ist die Antwort mit dem Beitrag für einen lebenswerten Planeten längst gegeben. Doch wie kann dies in wirtschaftliche Mechanismen übersetzt werden?

In der Debatte um „Energiedemokratie" kommt hier meist die Forderung nach einer gemeinschaftlichen Kontrolle wenigstens eines Teils – manche fordern freilich auch mehr – des Energiesektors ins Spiel. So könnte ein institutioneller Rahmen geschaffen werden, in dem profitorientiertes, zweckrationales Handeln *für* die Energiewende arbeitet.

Dies ist gegenwärtig noch nicht der Fall, trotz der medialen selbst-Beweihräucherung der vier großen Oligopolisten.[5] Demnach sind sie um das Wohl des Planeten besorgt und ökologisch engagiert, und zugleich fair und gewissenhaft den Kunden gegenüber.[6] Dies wäre höchst erfreulich, gehört doch zur Kundschaft immer noch ein Großteil der 82 Millionen Bundesbürger und nahezu die gesamte Industrie und das Gewerbe.[7]

Im Vergleich zur tatsächlich beobachtbaren Wirtschaftspolitik wird nun freilich eine gewisse Diskrepanz deutlich. Der Atomausstieg wurde mit zweieinhalb Jahrzehnten Verspätung und eher mittels politischen

---

[4] Vgl. BürgerEnergie Berlin eG i.G.

[5] Eon, RWE, EnBW und Vattenfall dominieren immer noch 70-80 % des Marktes für Elektrizität. Die Quellenlage ist hier recht heterogen. Einen niedrigen Wert kolportierte DIE WELT am 30.8.2011, wonach ihr Anteil im Strommarkt durch den Atomausstieg schon 2011 auf unter 50 % hätte fallen können.

[6] Vattenfall geht sogar noch einen Schritt weiter und nennt sich „Partner der Regionen". Trotzdem wird von Vattenfall ganz einseitg beschlossen, welcher Ort in der Lausitz jeweils als nächstes dem Tagebau zu weichen hat. Hier endet des Öfteren die „Partnerschaft".

[7] Mit Ausnahme freilich der eine Millionen Haushalte, die durch Ökostromanbieter beliefert werden. Dazu zählen üblicherweise Naturstrom, Greenpeace Energy, Energiewerke Schönau und Lichtblick, woraus sich die Zahl von rund einer Millionen Haushalten ergibt.

Zwangs als aus Respekt vor der öffentlichen Meinung beschlossen. Denn schon spätestens in der Folge von Tschernobyl wünschte sich eine Mehrheit der Bundesbürger den Atomausstieg, wenn nicht sogar, mit weniger Elan, schon zuvor. Dazu kommt als zweites Versäumnis der äußerst zurückhaltende Ausbau von erneuerbaren Energien. So haben die vier Oligopolisten sich zwar die Rechte an den Standorten für Offshore-Windräder gesichert, aber nur, um die meisten davon bis 2013 brach liegen zu lassen. Auf den 2012 omnipräsenten Werbeanzeigen sind die immer gleichen Windparks abgebildet und die Wiederholung der Aussage suggeriert kontrafaktisch: es geht mit Siebenmeilenstiefeln voran. Auf dem Festland sind die „großen vier" bisher nahezu gar nicht vertreten, dort dominieren Mittelständler in der Windkraft und Privat-Investoren in der Solarenergie.

Monopole neigen bekanntlich zur Beharrung und Reproduktion. Der dazu wichtigste Schlüssel ist die auf wenige Kraftwerke beschränkte Produktions-Struktur und die darauf zugeschnittenen Netze.[8] Beides wird nun von den Oligopolisten verteidigt gegen den durch die technologische Neuerung initiierten Strukturwandel, welcher in Richtung Dezentralität und Diversität strebt.[9] In Hinsicht auf die Kraftwerke ist diese Strategie nur halb aufgegangen. Mit dem Atomausstieg gehen zahlreiche zentralistische Erzeuger vom Netz. Ihr vollständiger Ersatz durch neue Kohlekraftwerke wurde sowohl durch lokale Bürgerinitiativen als auch einige Landesregierungen vereitelt.[10]

Die entstehende Lücke würden die ständig wachsenden dezentralen Solar- und Windanlagen füllen. Scheinbar einen inneren Widerwillen überwindend, investieren die großen vier daher nun *auch* in Erneuerbare. Dabei sollte nicht vergessen werden, dass es ein ähnlicher Konservatismus war, der in den 1960er Jahren den Aufbau der Atomkraft zunächst kaum vorankommen ließ. Man wollte lieber bei der gewohnten Kohle

---

[8] Siehe hierzu auch den Beitrag von Hellige in diesem Band.
[9] Vgl. Altvater 2005; Scheer 1999; Eckart et al. 1985
[10] So hat sich die Landesregierung Schleswig Holsteins deutlich gegen ein geplantes Kohlekraftwerk bei Brunsbüttel ausgesprochen und den Investor im Jahr 2012 zur Aufgabe des Vorhabens bewogen.

bleiben. Damals wie heute gilt, dass große Organisationen zur (technologischen) Trägheit neigen.[11]

Neben den bisher gescheiterten Frontalangriffen auf das Erneuerbare-Energien-Gesetz verbleibt das Netz als zweites Nadelöhr, um den Marktzugang zu verschließen. Die geplanten Nord-Süd-Stromautobahnen würden bestehende zentralistische Strukturen zumindest stärken, da sie in erster Linie die Offshore-Windparks und geplante Kohlekraftwerke mit den Konsumenten im Süden verbinden.[12]

III. Das fossile Zeitalter sollte politisch statt natürlich enden

Diese beiden, neben anderen, Defensivstrategien des fossilistischen Energie-Regimes sichern dessen marktbeherrschende Stellung. Aus dieser Machtfülle, wenn sie denn erhalten bleibt, folgt zweierlei: eine Fortsetzung des fossilen Extraktivismus bei Emission großer Mengen Kohlenstoffs einerseits und steigende Energiepreise andererseits.

Die Energiepreise werden in jedem Fall steigen, denn der Fossilismus, das Gas-Uran-Öl-Zeitalter, hat seinen Zenit überschritten. Ihm folgt „das Ende der Fläche" in der Form von Tiefseebohrungen, die höchst-wahrscheinlich weitere ökologische Katastrophen verursachen, und das gerade beginnende Fracking[13] um bisher nicht förderbare Gas- und Ölvorkom-

---

[11] Vgl. Geels/Schot 2007 sowie eingehend auch den Beitrag von Hellige in diesem Band.

[12] Zum Netz hinzuzuzählen ist der Ausbau der Speichertechnologien. Denn je mehr diese fehlen, desto wichtiger sind die Netze, um Energie über weite Strecken zu transportieren. Gäbe es hingegen zahlreiche dezentral organisierte Speicher, verlöre das Hoch-Spannungs-Netz relativ dazu an Bedeutung (vgl. Kunze 2012, S. 151). So fehlt bis heute ein Gesetz, das dem EEG gleich einen ökonomischen Anreiz für das Speichern von erneuerbar gewonnener Energie bietet und damit den Ausbau dieses Technologiepfads beschleunigt. Die technologisch einfachste Variante, das thermische Speichern überflüssigen Windstroms für die Nutzung als Nahwärme, ist im geltenden Recht nicht vorgesehen (Aussage eines Mitarbeiters der Firma Energiequelle, in: Kunze 2012, S. 62). Vgl. hierzu auch die Beiträge von Kemfert und Möst/Müller/Schubert sowie zum (Förder-)Recht der Erneuerbaren auch den Beitrag von Schlacke/Kröger in diesem Band.

[13] Fracking bezeichnet das Aufbrechen tiefer Gesteinsformationen mittels aggressiver Chemikalien, wobei es bereits in den Vereinigten Staaten zu Fällen von Trinkwasserverunreinigung und Erdbeben kam.

men zu erschließen.[14] Die verschiedenen „unkonventionellen" Methoden sind jedoch weniger ertragreich und liefern deshalb „teurere" Energie. Obendrein sind mit ihnen ökologische Kosten, wie Erdbeben und verseuchtes Grundwasser durch Fracking und CCS, verbunden. Sollten diese Kosten nicht wie bisher sozialisiert, sondern in die Energiepreise internalisiert werden, wäre diese Art der Energiegewinnung freilich noch teurer.[15]

Obwohl eine Fortsetzung des fossilen Energie-Regimes also keine billige, sondern nur (ökologisch) teure und ineffiziente Energie bereitstellt, wird die systemische Binnenrationalität eines von Oligopolen und Wachstumslogik bestimmten Marktes diesen Weg wahrscheinlich dennoch einschlagen. Dafür spricht beispielsweise die Unschlüssigkeit der europäischen Union im Jahr 2012, Erdöl aus kanadischen Teersand-Tagebauen wegen der verheerenden Umweltfolgen mit einem Handelsverbot oder einer Steuer zu belasten; oder die Entscheidung der dänischen Regierung, die zwar die ambitioniertesten Ziele zur Verminderung des CO_2-Ausstoßes und der Energiewende vertritt und dennoch 2012 beschlossen hat, weitere unterseeische Öllagerstätten unkonventionell, mittels CCS, auszubeuten.[16] Die Politik hat den verbal oft vertretenen Vorrang von Klima- und Umweltschutz den Interessen der fossilistischen Industrie gebeugt und wird dies bei Fortdauer der bestehenden Machtkonstellation wiederholen.

Noch hat sich ein auf „unkonventionelle" Förderung ruhendes Energieregime jedoch nicht etabliert, die Öl- und Gasförderung mittels Chemikalien nicht im weltweiten Maßstab begonnen. In Deutschland ist der Entwicklungspfad noch nicht entschieden, ein alternatives, solares und dezentrales Energieregime könnte sich immer noch durchsetzen. Wenn dieses sozio-technische Regime über das Stadium von „kummulierten Nischen" hinauswächst[17] und das fossile Regime in seiner hegemonialen Stellung verdrängt, wäre eine „Energiewende", die auf die umweltschädliche Förderung nicht-konventioneller Gas- und Öllagerstätten verzichtet, wesentlich wahrscheinlicher. Andernfalls wäre ein Szenario, in dem sau-

---

[14] Vgl. Sieferle 2006.
[15] Vgl. Greenpeace 2012.
[16] Vgl. Norddeutscher Rundfunk am 14.8.2012: „Dänemark will CO_2 in der Nordsee verpressen"
[17] Vgl. Geels/Schot 2007.

bere und schmutzige Energiegewinnung koexistieren, denkbar und wahrscheinlich. Ein ökologischer Gewinn wäre das freilich nicht, sondern lediglich die bekannte Verschiebung ökologischer Kosten in die Zukunft zugunsten kurzfristiger Profitmaximierung.

IV. Energiekonsum als Dimension sozialer Ungleichheit

Entsprechend den bisherigen Überlegungen ist eine Verknappung des Energieangebots sehr wahrscheinlich, zumindest bis eine erneuerbare Produktionsstruktur etabliert ist.[18] Daher stellt sich die Frage, wie diese Knappheit verteilt wird. So könnten entweder alle Verbraucher gleichermaßen kürzer treten, oder die größten Verbraucher reduzieren ihren Konsum ganz wesentlich, oder die Wenig-Verbraucher konsumieren noch weniger.[19]

Unter den drei Varianten dominiert im Jahr 2012 und 2013 die letztere in Form der politischen Debatte um Energie-Armut. Damit wird zwar ganz richtig moniert, dass Familien und Einkommensgruppen, die bereits am unteren Ende der Vermögens-Verteilung stehen, durch weiter sinkende Kaufkraft und zugleich steigende Preise die Fähigkeit verlieren, für Energie zu bezahlen[20], doch zugleich wird daraus nicht etwa die Forderung nach sozialer Umverteilung innerhalb eines zukünftig solaren Produktionsregimes gezogen. Vielmehr wird der Öffentlichkeit eine Verlängerung der fossilen Produktionsweise als alleinige Lösung vorgegaukelt, ohne sozial abgestufte Energiepreise. Ein „Marktversagen" zeichnet sich also sowohl auf der Produktions- als auch auf der Distributionsseite ab.

Bei Heiz- und Stromrechnungen Halt zu machen, würde das Thema jedoch verkürzt darstellen. Energie-Armut zeigt sich hier in einer von vielen, jedoch der am einfachsten verständlichen Form. Sie betrifft auch ganz andere Lebensbereiche. Da die Bereitstellung von Energie zunehmend Flächen verbraucht – entweder reversibel für Rapsfelder und Bio-

---

[18] Vgl. Greenpeace 2012.

[19] Für eine stärkere Berücksichtigung von Suffizienzstrategien in der Energiepolitik siehe auch die Beiträge von Ekardt und Hanke/Best in diesem Band.

[20] In Großbritannien war 2012 jeder fünfte Haushalt im Winter von Energiearmut betroffen und konnte nicht richtig heizen. Vgl. Climate Justice Collective, www.climatejusticecollective.org.

masse oder (für lange Zeit) irreversibel für Ölsand, Fracking und Atom-Endlager – besteht ein grundsätzlicher Zusammenhang zwischen Energie- und Flächenkonsum. Da die industrialisierte Landwirtschaft große Mengen Phosphor- und Stickstoffdünger benötigt, welche wiederum mit hohem Energieeinsatz gewonnen werden, um ihr gegenwärtiges Produktionsniveau zu halten, besteht auch ein positiver Zusammenhang zwischen landwirtschaftlicher Produktivität und der Verfügbarkeit von Energie. Der Preis für eine Kilowattstunde Heizenergie und der Getreidepreis, der Liter Super-Benzin und das Kilo Rindfleisch, die Flugmeile und das Speiseöl stehen allesamt in Konkurrenz zueinander.[21]

Transport, Heizung, Nahrung und Elektrizität sind energetisch betrachtet keine getrennten Sphären, sondern abhängig von einer immer eingeschränkteren Energiezufuhr. Statt des globalen Ungleichgewichts im Verbrauch von Auto-Benzin könnte genauso gut die Ungleichheit im Fleischverzehr thematisiert werden oder ungleiche zu beheizende Wohnflächen. Für die Energie eines Inlandsfluges hätten auch Stickstoffdünger und Nahrungsmittel produziert werden können, ein Liter Rohöl könnte auch eine Heizung befeuern statt einen Geländewagen, etc. Das sich hier abzeichnende Problem lässt sich nur noch zur Seite schieben mit dem Glauben an das demnächst erreichbare „Perpetuum Mobile" wie ehemals die Atomkraft und heute immer noch für einige die Kernfusion; oder mit dem Glauben an den Segen einer zweiten grünen Revolution durch genmanipulierte Pflanzen und Tiere.

V. Energiekonsum als zukünftige „sociale Frage"

Wenn diese modernen technologischen Mythen zurückgewiesen werden, stellt sich in aller Konsequenz die Frage nach der Verteilungsgerechtigkeit. Sozialer Frieden war denkbar fragil und konfliktträchtig selbst als der zu verteilende Kuchen jährlich größer wurde. Die tradierten Mechanismen werden daher höchstwahrscheinlich versagen, wenn es gilt, eine jährlich kleiner werdende volkswirtschaftliche Produktionsleistung aufzuteilen. Faktisch lässt sich dies heute bereits beobachten an ungleichen Einkommens-Niveaus, was nichts anderes bedeutet als ungleiche Niveaus im Konsum von Mobilität, Wohnraum und Nahrung, also Ener-

---

[21] Vgl. Sieferle 1982.

gie. Hieran zeigt sich die bereits erwähnte dritte Variante der Weitergabe der Energie-Knappheit. Die Gruppe der Wenig-Konsumenten wächst an, und konsumiert je Kopf immer weniger bis zur unbeheizten Wohnung im Winter, während die Gruppe der Viel-Konsumierer ihr Niveau hält oder sogar noch steigert. Welche sozialen Konsequenzen aus dem sich wandelnden industriellen Metabolismus folgen, ist freilich noch offen. Als sicher kann wohl gelten, dass es langfristig zu bedeutenden Veränderungen kommen wird.[22] Gleichwohl ist es erstaunlich, dass 1/5 der Briten die Heizrechnung nicht begleichen kann[23], und dennoch kein allzu deutlich wahrnehmbarer Unmut aufkommt. Dass die weltweit immer beliebteren Geländewagen etwas mit den steigenden Getreide- und Nahrungsmittel-Preisen zu tun haben könnten, welche wiederum das ihrige zu den Revolutionen in Nordafrika beitrugen[24], ließ die „Freude am Fahren" bisher ganz ungetrübt. Selbst die Hilfsorganisationen erteilen volle Absolution für eine Jahresspende oder eine Patenschaft (so nützlich sie auch sein mögen!), wenngleich der Spender Vielflieger sein mag; während der Nordsee-Urlauber und Fahrradfahrer eventuell nichts spendet und dennoch einen größeren Beitrag zur Ernährungslage Afrikas leistet.[25]

---

[22] Vgl. Fischer-Kowalski/Haberl 2007.

[23] Vgl. Climate Justice Collective, www.climatejusticecollective.org.

[24] Die Weltmarktpreise für viele Getreidesorten sind in den letzten Jahren kontinuierlich gestiegen. Gemäß dem englischen Gesetz trifft das die armen Bevölkerungsgruppen, welche in den meisten Entwicklungsländern Nordafrikas die demographische Mehrheit stellen, am härtesten. Einige Kommentatoren sehen im massenhaften Hunger eine Ursache für den arabischen Frühling (vgl. Collier 2011 und McDermott 2011). Der verglichen mit normalen PKW hohe Benzinverbrauch von Geländewagen treibt – neben anderen Faktoren – die Nachfrage und damit die Weltmarktpreise für Kraftstoff in die Höhe. Seitdem in der europäischen Union (in Brasilien und USA schon in viel höherem Maße) Pflanzenöl zum Mineralöl beigemischt wird, bedeutet jede Steigerung im Verbrauch und Preis eine höhere Nachfrage. Für den „Biosprit" werden daher immer größere Flächen Urwald, vor allem in Indonesien, gerodet und mit Palmen für Palmöl bepflanzt. In Europa und den USA wächst in diesem Zuge die Ackerfläche, auf der vor allem Raps und Mais als Kraftstoff, nicht als Nahrung angebaut wird. Ein verschwenderischer und hoher Treibstoffkonsum ist deshalb in Zeiten von Biosprit gleichbedeutend mit einer Nahrungsmittelverknappung, da Nahrung und Treibstoff Substitute sind.

[25] Wie oben ausgeführt, besteht ein immer engerer Zusammenhang von Treibstoff- und Nahrungsmittelproduktion. Der Effekt tausender Flugkilometer auf den Weltmarkt für Nahrungsmittel kann deshalb schwerer wiegen als eine kleine Geldspende

Die Themen Energie und Energie-Armut sind bisher ohne größeren Bruch durch die hegemonialen Diskurse integriert worden, ohne die hier aufgezeigten Zusammenhänge herzustellen. Im Gegenteil, wird von entsprechend interessierter Seite die Interpretation propagiert, das etablierte fossile Energie-Regime sei der Ausweg aus der Energiekrise. So hat Deutschland im Jahr 2012 eine politische Kampagne erlebt, die versuchte das Thema Energie-Armut gegen die Energiewende auszuspielen, was sich in kleinerem Umfang auch in Großbrittanien und den USA abzeichnet.[26]

VI. Erneuerbare Energien allein erzwingen kein Ende der Zerstörung der Biosphäre

Wenn sich die ersten Prognosen bewahrheiten, die besagen, dass die Vorräte an Erdgas und -öl durch Fracking und die Förderung in der abgetauten Arktis länger reichen als bisher angenommen, ist das skizzierte Problem keinesfalls gelöst. Auch diese Vorräte werden das fossile Zeitalter „nur" um einige Jahre verlängern.[27] Eine Rückkehr in die goldenen zwei Jahrzehnte von 1950-1970 mit scheinbar unendlichem Energieüberfluss wird es nicht geben. Ein Artikel im Nature Magazin von 2013 hält die Prognosen über die noch förderfähigen Vorräte für stark überzogen, selbst das Fördermaximum sei in den USA bereits 2012 überschritten worden.[28]

---

für einige Hilfslieferungen. Wer hingegen wenig fliegt, fährt und heizt, leistet mit einem kleinen ökologischen Fußabdruck einen Beitrag für niedrige Getreidepreise (vgl. Global Footprint Network). Vor der Spenden-Eintreiberin in der Fußgängerzone findet der wenig-Flieger deshalb freilich noch lange keine Gnade (eigene Erfahrung).

[26] Vgl. The Washington Times, „Obama's path toward energy poverty", vom 30.1.2013 und The Guardian, „‚Gas will add more to energy bills than renewables' – government advisers", vom 13.12.2012.

[27] Die Prognosen gehen wie üblich weit auseinander. Die industrieferne Energy-Watch-Group schreibt im Jahr 2013, dass Fracking sowohl das Fördermaximum beim Gas wie beim Öl nur um wenige Jahre verschiebt: „According to our study, coal and gas production will reach their respective production peaks around 2020." Vgl. Energy Watch Group 2013, S. 11.

[28] Huges 2013, S. 307 f.

Im schlimmsten (für die fossile Industrie „besten") Fall kann das globale Ölfördermaximum, sog. peak oil, um einige Jahre aufgeschoben werden. In jedem Fall jedoch wird der Klimawandel weiter angeheizt, indem fossile Energieträger verbrannt werden und Kohlenstoff emittiert wird. Darüber hinaus werden große Flächen „verbraucht", also unnutzbar, sowohl in direkter Folge der Förderung, durch verseuchtes Grundwasser (Fracking, CCS) und verseuchte Küstenregionen durch absehbare weitere Unfälle mit Tiefseebohrungen. Die erneuerbare Ressource fruchtbares Land wird also eingetauscht für die nicht-erneuerbare Förderung von Öl und Gas. Dazu kommt der indirekte Flächenverbrauch durch die Extraktion von Mineralien in Tagebauen, ihre Umwandlung in Konsumprodukte und deren Transport und Deponierung als Müll. Dieser beständige Stoffstrom des industriellen Metabolismus ist höchst energie- und flächenintensiv.[29] Er verändert, um nicht zu sagen: schädigt die Ökosysteme des Planeten so dauerhaft und tiefgreifend, dass einige Geologen dazu übergehen, unsere Epoche als Anthropozän zu bezeichnen.[30]

Einen im Sinne der Wachstumslogik expandierenden industriellen Metabolismus aufrecht zu erhalten setzt voraus, die nötige Energiezufuhr sicherzustellen. Erneuerbare Energien könnten diese Rolle derart ausfüllen, dass sie lediglich die Versorgungs-Lücke der erschöpften fossilen Quellen schließen.[31]

Sollte dieses Szenario eines „Energie-Mixes" bei gehaltener oder gesteigerter Energieproduktion auch nur für einige Jahrzehnte funktionieren, wäre wenig gewonnen. Das Nahrungsmittel-, Flächen- und Energieproblem würde in die Zukunft verschoben. Die verfügbaren Flächen für Nahrungsmittelproduktion und Trinkwasser wären durch Klimawandel und Extraktivismus weiter reduziert, während viele nicht-erneuerbare Ressourcen endgültig verbraucht würden. Mit diesen „Grenzen des Wachstums" wäre dann eine Industriegesellschaft konfrontiert, die das Wachstumsparadigma bis an die letzten Grenzen ökologischer Belastbarkeit getrieben hätte. Zugleich wird der seit jeher kleinere Teil der

---

[29] Zu räumlichen Aspekten der Energiewende auch der Beitrag von Bosch i diesem Band.
[30] Die These wird am prominentesten von Paul Crutzen vertreten, vgl. Crutzen 2002, S. 23
[31] Vgl. Müller 2012.

Menschheit, welcher ein materiell komfortables Leben genießt, noch kleiner werden, während ein relativ dazu wachsender Teil die Nachteile zu tragen haben wird, in Form von Giftmüllexporten, Tagebauen, Kontamination und klimawandelbedingten Ernte-Rückgängen, selbst unter Ausklammerung der sozialen Folgen wie *failed states* und anschwellenden Flüchtlingsströmen.

VII. Das Ende der Troika – Wirtschaftliches Wachstum und fossiler Extraktivismus enttäuschen zunehmend ihr Versprechen demokratisierten Wohlstands

Man kann nüchtern formulieren, dass die Grenzen des Wachstums durch den Mangel an ökologischen „Senken" erreicht sein werden, noch bevor der Mangel an Ressourcen akut wird, oder dramatisierend: dass ein Jahrhundert im Zeichen der globalisierten ökologischen Katastrophen bevorsteht. Die daraus zu ziehende Schlussfolgerung ist jeweils dieselbe: Das Versprechen von Glück und Frieden durch Wirtschaftswachstum erweist sich nicht nur als falsch, sondern als sein Gegenteil. Die industrielle Moderne und ihre stetige Steigerung von Extraktion, Produktion und Abfall – in anderen Worten: ihr Wirtschaftswachstum – verschlechtert die Lebensqualität für immer mehr Menschen und schließlich wohl für die Menschheit insgesamt.[32]

Was würden John Maynard Keynes und die Konstrukteure des „Washington Consensus"[33], auf dem das gegenwärtige System von Handel, Finanzen und Politik beruht, zu dieser Wendung sagen? Dass eine Gesellschaftsordnung, welche die Institutionalisierung der Gier in ihren Mittelpunkt stellt, gemessen an allen vorhergehenden politischen Utopien, recht unattraktiv ist, hat John Meynard Keynes selbst festgestellt: „*Avarice and usury and precaution must be our gods for a little longer*

---

[32] Zur Energiewende aus wachstumskritischer Perspektive siehe auch die Beiträge von Hanke/Best und Ekardt in diesem Band.

[33] Der Washington Consensus bezeichnet die seit rund dreißig Jahren dominante Politik von Weltbank, internationalem Währungsfond und US-Regierung, umgangssprachlich besser als Neoliberalismus bekannt. Maynard Keynes war der wohl wichtigste Volkswirtschaftler des letzten Jahrhunderts und Namensgeber des Keynesianismus. Er hat die Architektur der Finanz- und Wirtschaftsordnung der Nachkriegszeit entscheidend geprägt.

still. For only they can lead us out of the tunnel of economic necessity into daylight."[34] Immerhin konnte Keynes dies mit einer besseren Zukunft rechtfertigen, welche heute nicht mehr legitimierend zur Verfügung steht.

VIII. Erneuerbare Energie und solidarisches Postwachstum

So bequem der Gedanke an einen Automatismus auch sein mag, allein die Einführung von erneuerbaren Energien, selbst ihre massenhafte Verbreitung, wird weder die Nutzung fossiler Energien beenden, noch die drohenden ökologischen Krisenszenarien abwenden.[35] Nur eine Verknüpfung von solarer Wende mit einer Abkehr vom Wachstumsmodell verdiente den Nimbus ökologischen und kulturellen Fortschritts.[36] Ein vollständig erneuerbares Energie-Regime wäre ein wichtiges Puzzleteil einer nicht auf materielles Wachstum gegründeten Gesellschaftsordnung.[37] In ihr sollten Produktion und Konsum so weit als möglich lokal statt global stattfinden, was sich bestens mit den technischen Möglichkeiten der Energiewende deckt. Der oft beklagte Nachteil von erneuerbaren Energien, dass ihr Angebot schwankt und eventuell nicht so hoch sein würde wie das von fossilen Quellen, kann hier ein psychologischer Vorteil sein. Die Begrenztheit des Energieangebots und seine Verbindung zur Biosphäre rufen die ökologischen Grenzen des Planeten ins Alltagsbewusstsein.

Die Diskussion um die „Verschandelung" der Landschaft durch Windparks ist ein weiterer konstruktiver Beitrag.[38] Es wird jedermann deutlich, dass Energie wie alle anderen Annehmlichkeiten ihren Preis hat. Niemand wird den ästhetischen Wert des Landschaftsbildes ernsthaft höher setzen wollen als die Freiheit von Atomendlagern oder Tagebauen.

---

[34] Keynes 1963/1930, S. 358 ff.

[35] Siehe dazu die 8 planetaren ökologischen Grenzen, auch als „planetary boundaries" bekannt. Diese umfassen: das Klima, die Artenvielfalt, die biochemischen Kreisläufe, die (Übersäuerung der) Ozeane, das Süßwasser, die Landnutzung (und Degradation), die Ozonschicht und die Aerosole (vgl. Wikipedia, Stand 29.4.2013).

[36] Vgl. Klein 2012, Kallis 2010 und Altvater/Geiger 2010.

[37] Zur Energiewende aus wachstumskritischer Perspektive siehe auch die Beiträge von Hanke/Best und Ekardt in diesem Band.

[38] Vgl. hierzu auch den Beitrag von Bosch in diesem Band.

Gleichwohl kann hier ein Diskurs entstehen, der Energie und Wirtschaft zu Objekten einer politischen Willensbildung macht. Wer manche Landschaften *partout* ohne Windparks haben möchte, wie beispielsweise in England,[39] verzichte eben auf hohen Energiekonsum. Systematisch zu Ende gedacht führt uns dieser Gedanke zu Postwachstums-Theorie.[40] Statt, zum Beispiel Aluminium und Stahl mit hohem Aufwand stetig neu zu produzieren, kann eine Post-Wachstums-Gesellschaft auf Recycling setzen. Freilich würden damit keine quantitativen Produktionssteigerungen mehr erzielt, sondern höchstens qualitative. Das Maß aller Dinge wäre nicht länger das Bruttoinlandsprodukt und ein möglichst hoher, sondern ein möglichst niedriger Stoffdurchsatz.

Eine solche Entwicklung im Rahmen der gegenwärtigen Gesellschaftsordnung wird unweigerlich ein schlechtes Leben für Viele bringen, zum Beispiel in Form von Energie-Armut. Gefragt ist daher nicht weniger als ein neuer Gesellschaftsvertrag, der einen kleiner werdenden Kuchen materieller Güter gerecht verteilt. Dies ist überhaupt nur denkbar, wenn damit nicht länger nur Armut oder dunkle und kalte Wohnungen, sondern zunehmend ein positives Bild verknüpft wird. Die oft postulierte Feststellung, dass materieller Reichtum zufrieden macht, indem er Grundbedürfnisse sichert, ab einem gewissen Exzess jedoch die in Industriegesellschaften verbreiteten somatischen und mentalen „Zivilisationskrankheiten" fördert und keineswegs zur Glückseligkeit führt[41], kann zu Ende gedacht nur heißen, der Wachstumsgesellschaft mit der Idee einer solidarischen, von den Zwängen des materiellen Wachstums befreiten Gesellschaft zu begegnen.

---

[39] Während Schottland im Jahr 2011 einen erneuerbaren Anteil von 35 % an der Stromproduktion erreichte, hauptsächlich durch Windkraft, waren es im ganzen vereinigten Königreich lediglich 9,4 %. (vgl. Wikipedia, Stand 29.4.2013). Auch in absoluten Zahlen liegt die schottische Produktion von Windstrom vor der englischen (vgl. Department of Energy and Climate Change 2012, Zahlen von 2011). Einer der Gründe für den zögerlichen Ausbau ist die in England sehr starke Lobby der Windradgegner. Siehe dazu zum Beispiel die regelmäßige Berichterstattung im Guardian, zum Beispiel „Hard Wind" am 24.5.2007.

[40] Siehe hierzu, um nur einige wenige Autoren zu nennen: Gorgio 2011, S. 873 ff. und Schneider/Kallis/Martinez-Alier 2010, S. 511 ff.

[41] Wilkinson/Pickett 2006.

IX. Der Fossilismus begann in Europa und sollte in Europa beendet werden

Mit Kohlebergbau und Industrialisierung, Kapitalismus und Kolonialisierung nahm der Weg zu Klimawandel und Wachstums-Regime seinen Anfang in Europa.[42] Als wollte eine unsichtbare Hand der Geschichte nochmals daran erinnern, ist es ausgerechnet – das bis 2010 für die globalisierte Welt höchstens touristisch interessante – Griechenland, welches sich unerwartet und ungewünscht im grellen Scheinwerferlicht einer Hauptrolle internationaler Politik wiederfindet. Es dürfte gleichgültig sein, welche Nation den Euro wann verlässt, und in welchem Tempo die Staatsverschuldung auf das nächste Rekordhoch steigt, ein erwünschtes Ende dieser Krise, und eine Rückkehr in die Zeit der starken Nationalstaaten und Wirtschaftswunder wird es nicht geben. Die Krise wird andauern, als Krise von Energie, Arbeit, Bildung, Konsum und Verteilungsgerechtigkeit, von Migration, Demokratie und Menschenrechten, Meinungsfreiheit und Klimapolitik. Gerade weil die europäische Öffentlichkeit sich gegen die mit aller Gewalt einbrechenden Anzeichen zu erwehren versucht, dass weder die 1990er noch die 1980er Jahre jemals zurückkomme, fällt sie in eine Art Finanzmarkt-Biedermeier. Solange nur die Banken und die Staatsschulden, mal die eine oder die andere Nation *schuld* sind, kann der ignorante Tagtraum einer Rückkehr zur alten Normalität fortgesetzt werden.

Soziologisch kann hier die luhmannsche System-Theorie eine Erklärung der scheinbar systembedingten Ignoranz liefern. In der Arbeitsteilung der Subsysteme wird die Verantwortung für die Krise des Gesamtsystems dem jeweils dominanten System zugewiesen, heute nicht mehr „der Wirtschaft" sondern „dem Finanzmarkt". So wie im real-existierenden Sozialismus alle Dysfunktionalitäten politisch gedeutet und entsprechend (aussichtslos) nach Lösungen gesucht wurde, so soll heute das Subsystem Finanzmarkt scheinbar partikulare Probleme lösen, die tatsächlich Phänomene einer epochalen Transformation sind. Solange „die Krise" im sterilen Raum von Diskussionen um Finanzmarktmechanismen

---

[42] Vgl. Sieferle 1982 und Sieferle et al. 2006.

isoliert wird, kann sie nicht nur nicht gelöst sondern nicht einmal in ihrem Wesen erkannt werden.[43] Zugleich liegt die Chance für einen Neubeginn in Europa, denn nur hier können im Gewimmel von politischen Biotopen in Parteien, Kulturen und Nationalstaaten heteronome Deutungen und daran anschließende alternative Entwicklungspfade beschritten werden.[44] Der Jubel über technologische Neuerungen und Entwicklungspfade, allen voran die Energiewende, ist ein Fingerzeig, aber doch noch lange kein Ersatz für die an Europa adressierte Aufgabe, der vor ihr und der Welt liegenden Krise des Jahrhunderts mit einem neuen Gesellschaftsvertrag zu begegnen. Dass ein solcher auch rückwärtsgewandt sein könnte, wenn die Aufgabe weiter ignoriert und den falschen Kräften überlassen wird, zeigt sich im immer autoritärer werdenden Ungarn.[45] Es gilt daher, den weiteren Diskurs aus der lähmenden Deutungshoheit der Wirtschaftswissenschaften zu befreien. Es geht weder um Finanzpakete, noch um „bezahlbare Strompreise", sondern um die Re-Animation der unlängst mit Attributen wie „simulativ" und „post" geschmähten Demokratie in Zeiten einer ihrer Natur nach immer noch verkannten großen Transformation.

Literatur

Altvater, E. (2005): Das Ende des Kapitalismus wie wir ihn kennen, Münster.

Altvater, E./Geiger, M. (2010): Save our Surface, im Auftrag des Österreichischen Klima- und Energiefonds, Teilbericht 2, Weltwirtschaftliche Kausal- und Trendanalyse: Der Wandel des Energieregimes und die weltwirtschaftliche Entwicklung, Berlin.

Bundeskartellamt/Bundesnetzagentur (2010): Gemeinsamer Leitfaden von Bundeskartellamt und Bundesnetzagentur zur Vergabe von Strom- und Gas-

---

[43] Vgl. zu innovativen geldpolitischen Ansätzen im Kontext der Energiewende auch den Beitrag von Schuster in diesem Band.

[44] Vgl. Interview mit Slavoj Zizek vom 28.3.2011, „Neoliberalism is in Crisis", Greek Left Review, www.greekleftreview.wordpress.com.

[45] Das erschreckende Beispiel Ungarns zeigt, wohin die Reise gehen könnte. Ungarn wird von der rechtsradikalen, antisemitischen, antiziganistischen Fidez Partei regiert (vgl. Amnesty International Länderbericht Ungarn 2011 und Amnesty Journal 2/2012). In der Opposition ist die zweitstärkste Kraft die noch schlimmere Yobbik Partei.

konzessionen und zum Wechsel des Konzessionsnehmers, abrufbar unter www.bundeskartellamt.de.

Collier, P. (2011): The World Food Crisis, abrufbar unter http://www.socialeurope.eu/2011/01/the-world-food-crisis-mark-ii/ (20.6.2013).

Crutzen, P. (2002): Geology of Mankind, Vol. 415, S. 23.

Eckart, N./Meinerzhagen, M./Jochimsen, U. (Hg.) (1985): Die Stromdiktatur, Zürich.

Energy Watch Group (2013): Fossil and Nuclear Fuels – the Supply Outlook, Berlin, abrufbar unter www.energywatchgroup.org.

Fischer K. M./Haberl, H. (2007): Socioecological Transitions and Global Change, Cheltenham.

Geels, F./Schot, J. (2007): Typology of sociotechnical transition path-ways, Research Policy 36/2007, S. 399 ff.

Georgio K. (2011): In defence of degrowth, Ecological Economics 70/2011, S. 873 ff.

Greenpeace (2012): Energy [R]evolution, deutsche Zusammenfassung, Hamburg.

Huges, D. (2013): Energy: A reality check on the shale revolution, Nature 494, S. 307 ff.

Kallis, G. (2011): In defence of degrowth, Ecological Economics, 70/2011, S. 873 ff.

Keynes, M. J. (1963/1930): Essays in Persuasion, New York.

Kunze, C. (2012): Soziologie der Energiewende, Stuttgart.

Klein, D. (2012): Widersprüche in der brandenburgischen Energiewende, Rosa Luxemburg Papers, 7/2012.

McDermott, T. (2011): A year of Revolution, abrufbar unter http://www.socialeurope.eu/2011/12/a-year-of-revolution/(20.06.2013).

Müller, T. (2012): Von Energiekämpfen, Energiewenden und Energiedemokratien, in: Zeitschrift Luxemburg, 1/2012.

Renn, O. (1984): Risikowahrnehmung der Kernenergie, Frankfurt a.M.

Scheer, H. (1999): Solare Weltwirtschaft, München.

Schneider, F./Kallis,G./Martinez-Alier, J. (2010): Crisis or opportunity – Economic degrowth for social equity and ecological sustainability, Journal of cleaner production, 18/2010, S. 511 ff.

Schumacher, E.F. (1973): Small is Beautiful: (A Study of) Economics as if People Mattered, London.

Sieferle, P. (1982): Der unterirdische Wald, München.

Sieferle, P. (2006): Das Ende der Fläche: zum gesellschaftlichen Stoffwechsel der Industrialisierung, Köln.

DIE WELT (2011): Der deutsche Strommarkt steht vor dem Umbruch, Daniel Wetzel, 30.8.2011.

Wilkinson, R./Pickett, K. (2006): Income Inequality and Health, Social Science & Medicine, 62(7), S. 1768 ff.

Zizek, S. (2011): Interview für Greek Left Review vom 28.3.2011, „Neoliberalism is in Crisis", abrufbar unter www.greekleftreview. wordpress.com.

Herausforderungen und Entwicklungen in der deutschen Energiewirtschaft

Auswirkungen des steigenden Anteils erneuerbarer Energien auf die EEG-Umlagekosten und die Versorgungssicherheit

Dominik Möst, Theresa Müller und Daniel Schubert

Dieser Beitrag zeigt die Entwicklungen bei den EEG-Umlagekosten und der Versorgungssicherheit in der deutschen Energiewirtschaft aus einer unabhängigen Perspektive auf. Damit soll eine Grundlage zu einer offenen, ideologiefreien, faktenbasierten und lösungsorientierten Debatte zur weiteren Entwicklung der erneuerbaren Energien in Deutschland geschaffen werden. Ausgehend von den erwarteten Zubauten bei erneuerbaren Energien wird in dem Beitrag eine Prognose der EEG-Umlagekosten erstellt. Die Berechnungen zeigen, dass ein weiterer Anstieg zu erwarten ist. Um diesem Anstieg entgegenzuwirken, wird häufig ein Quotenmodell als Alternative zum gegenwärtigen Fördersystem diskutiert. Allerdings bringt ein solcher Umstieg andere Herausforderungen mit sich und löst nicht zwingend die gegenwärtigen Probleme, wie der Beitrag aufzeigt. Zukünftig wird eher auf die Offshore-Windenergie zu achten sein, die zukünftig ein weiterer Treiber der EE-Mehrkosten (inkl. Netzausbau) sein wird. Neben den EEG-Umlagekosten wird die Herausforderung der Versorgungssicherheit skizziert. Mit dem Anstieg der dargebotsabhängigen Einspeisung wächst das Risiko, dass Angebot und Nachfrage zunehmend auseinanderfallen. Der Beitrag zeigt hierbei Handlungsmöglichkeiten und deren Potenzial zur Sicherstellung der Versorgungssicherheit auf.

I. Einleitung

Bevor die Entwicklungen in der deutschen Energiewirtschaft aufgegriffen werden, wird kurz der globale und europäische Hintergrund skizziert. Ein wesentlicher Treiber der globalen Energienachfrage ist die Weltbevölkerung, die im Jahr 2011 die Anzahl von 7 Mrd. Menschen überschritten hat. Bis zum Jahr 2030 wird ein Anstieg der Weltbevölkerung auf ca. 8,5 Mrd. Menschen prognostiziert.[1] Mit dem Anstieg der weltweiten Bevölkerung und dem steigenden Energiebedarf pro Einwohner, insbesondere in Schwellen- und Entwicklungsländern, wird von einem weiteren Wachstum des globalen Energiebedarfs ausgegangen. Die internationale Energieagentur rechnet im World Energy Outlook mit einer Erhöhung des Primärenergiebedarfs von rund 42 % bis zum Jahr 2030, wobei der Anteil der fossilen Energieträger (Kohle, Erdgas, Erdöl) an der Primärenergie mit rund 80 % in der Referenzentwicklung nahezu konstant bleibt.[2] Damit einhergehend steigen die erwarteten weltweiten CO_2-Emissionen um knapp 40 %. Vor dem Hintergrund begrenzter Energievorräte und dem politischen Wunsch, den globalen CO_2-Austoß zu verringern, besteht damit die globale Herausforderung, eine sichere, finanzierbare und emissionsarme Versorgung mit Energie bereitzustellen.

Um vor den skizzierten Entwicklungen unter anderem zu einer nachhaltigen Entwicklung beizutragen und um die Chancen von Beschäftigungsmöglichkeiten auf lokaler Ebene (auch durch Exportmöglichkeiten) zu schaffen, hat sich die europäische Union erstmals im Jahr 2001 verbindliche Ziele für den Ausbau erneuerbarer Energien in der Stromversorgung für das Jahr 2010 gesetzt.[3] Die Richtlinie 2009/28/EG[4] setzt die

---

[1] United Nations, Department of Economic and Social Affairs, Population Division, 2011.

[2] Bezogen auf das Current Policies Scenario, International Energy Agency, 2011.

[3] Richtlinie 2001/77/EG des Europäischen Parlaments und des Rates vom 27. September 2001 zur Förderung der Stromerzeugung aus erneuerbaren Energiequellen im Elektrizitätsbinnenmarkt (Abl. EG Nr. L 283 vom 27.10.2001, S. 22).

[4] Richtlinie 2009/28/EG des Europäischen Parlaments und des Rates vom 23. April 2009 zur Förderung der Nutzung von Energie aus erneuerbaren Quellen und zur

Ziele zum Ausbau erneuerbarer Energien fort, wobei im Gegensatz zur Richtlinie aus dem Jahr 2001 die Ziele für das Jahr 2020 bezogen auf den Endenergieverbrauch (und nicht nur auf den Stromsektor) vorgegeben sind. Für Deutschland ist in der Direktive das Ziel 18 % für den Anteil von Energie aus erneuerbaren Quellen am Endenergieverbrauch im Jahr 2020 gesetzt, wobei im Jahr 2011 bereits 12,5 % des Endenergieverbrauchs aus erneuerbaren Quellen gedeckt wurden.[5]

Vor diesem globalen und europäischen Kontext sind die Entwicklungen und Herausforderungen der deutschen Energiewirtschaft zu sehen. Bereits vor der Katastrophe in Fukushima[6] hat sich die Bundesregierung Ziele zum Ausbau erneuerbarer Energien gesetzt, die dann im Zuge der Diskussionen zur Energiewende verschärft wurden und stärker in die öffentliche Wahrnehmung gerückt sind.[7] Bis 2020 sollen 35 %, bis 2030 50 % und bis 2050 80 % des Bruttostromverbrauchs aus erneuerbaren Energien stammen.[8] Die Ziele verdeutlichen, dass erneuerbare Energien in 2011 mit einem Beitrag von knapp über 20 % in der Stromerzeugung von einem heute eher kleineren Anteil zukünftig auf einen Beitrag mit Hauptverantwortung für die Elektrizitätsversorgung anwachsen sollen. Dies wird eine bessere Integration von erneuerbaren Energien in den deutschen Strommarkt erfordern. Bedingt durch den erwarteten Anstieg der EEG-Umlage und die kritischen Netzsituationen im Februar 2012[9] sind in den letzten Monaten die Ausbauziele und das Erneuerbare-Energien-Gesetz stärker in die öffentliche Diskussion gerückt. Nachdem in den letzten Jahren der Schwerpunkt des energiewirtschaftlichen Zieldreiecks eher auf den Themen Umwelt- und Klimaschutz lag (vgl. auch Abbildung 1), gewinnen unter den aktuellen Entwicklungen die Wirtschaftlichkeit und die Versorgungssicherheit wieder zunehmend an Bedeutung.

Änderung und anschließenden Aufhebung der Richtlinien 2001/77/EG und 2003/30/EG (Abl. EG Nr. L 140 vom 5.6.2009, S. 16).

[5] BMU 2012.

[6] Vgl. hierzu etwa den Beitrag von Simonis in diesem Band.

[7] Zur rechtlichen Umsetzung der Energiewende vgl. auch den Beitrag von Schlacke/Kröger in diesem Band.

[8] BMU 2010b.

[9] Bundesnetzagentur 2012c.

Abbildung 1: Vom heutigen Energiesystem zu einem nachhaltigeren unter Berücksichtigung des energiewirtschaftlichen Zieldreiecks

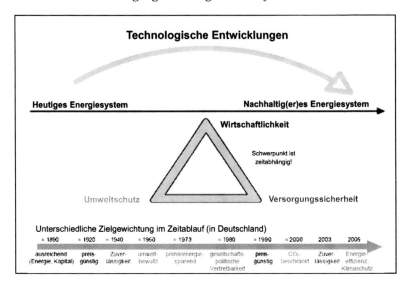

Sofern Energie aus erneuerbaren Quellen, wie durch die Ziele formuliert, den Hauptbeitrag der Elektrizitätsversorgung leisten sollen, müssen auch diese beiden Herausforderungen in den nächsten Jahren bzw. Jahrzehnten durch erneuerbare Energien gemeistert werden. Dieser Beitrag zeigt deshalb im Folgenden die Entwicklungen und Herausforderungen bei den EEG-Umlagekosten und der Versorgungssicherheit in der deutschen Energiewirtschaft aus einer unabhängigen Perspektive auf. Damit soll eine Grundlage zu einer offenen, ideologiefreien, faktenbasierten und lösungsorientieren Debatte zur weiteren Entwicklung erneuerbarer Energien geschaffen werden.

II. Herausforderung EEG-Umlagekosten

Mit dem Gesetz für den Vorrang Erneuerbarer Energien – in der Kurzform: Erneuerbare-Energien-Gesetz (EEG)[10] – hat der deutsche Gesetzgeber ein umfangreiches Förderinstrument geschaffen, welches nicht nur auf die Erhöhung des Anteils erneuerbarer Energien an der Stromerzeugung in Deutschland abzielt[11], sondern auch die Weiterentwicklung der Technologien beabsichtigt.[12]

Die wesentlichen Förderelemente für erneuerbare Energien innerhalb des EEG erstrecken sich auf einen Netzanschluss[13]- und Einspeisevorrang[14] sowie auf feste Vergütungssätze für eingespeisten Strom, die der EEG-Anlagenbetreiber direkt vom Netzbetreiber erhält.[15] Ein grundlegender Bestandteil des EEG ist die nach Technologien gestaffelte Vergütung. Die Höhe ist abhängig vom jeweiligen Termin der Inbetriebnahme, da die gesetzlich festgelegte Vergütung einer Degression unterliegt. Der Gesetzgeber garantiert die entsprechende Zahlung für 20 Jahre.

Die Funktionsweise des EEG-Fördermechanismus ist vereinfacht in Abbildung 2 dargestellt. Die eingespeisten und fest vergüteten Mengen (❶) an Strom aus erneuerbaren Energien werden gemäß § 2 AusglMechV[16] durch die Übertragungsnetzbetreiber am Spotmarkt vermarktet (❷). Die daraus folgende Differenz aus gezahlter EEG-Vergütung und erzielten Preisen am Spotmarkt – auch als EEG-Differenz-

---

[10] Gesetz für den Vorrang Erneuerbarer Energien (Erneuerbare Energien Gesetz – EEG) vom 25. Oktober 2008 (BGBl. I S. 2074) das zuletzt durch Artikel 1 des Gesetzes vom 17. August 2012 geändert worden ist (BGBl. I S. 1754).

[11] Bis 2020 auf 35 % der Stromversorgung, gem. § 1 Abs. 2 Nr. 1 EEG.

[12] Vgl. § 1 Abs. 1 EEG. Siehe zum Recht der erneuerbaren Energien sowie zum EEG auch den Beitrag von Schlacke/Kröger in diesem Band.

[13] §§ 5-7 EEG.

[14] Gemäß § 8 EEG, insofern dies i.S.d. § 11 Abs. 1 Nr. 1 EEG keine Netzengpässe zur Folge hat und die Einspeisung dazu führt, dass die Sicherheit des Energieversorgungssystems gem. § 11 Abs. 1 Nr. 2 EEG gewährleistet werden kann.

[15] Alternativ kann ein Anlagenbetreiber auch den Weg der Direktvermarktung wählen und erhält dafür entweder eine Marktprämie gem. § 33g EEG oder kann dadurch eine Verringerung der EEG-Umlage für ein Elektrizitätsunternehmen nach § 39 EEG bewirken.

[16] Ausgleichsmechanismusverordnung (AusglMechV) vom 17. Juli 2009 (BGBl. I S. 2101), die zuletzt durch Artikel 2 des Gesetzes vom 17. August 2012 (BGBl. I S. 1754) geändert worden ist.

kosten bezeichnet – sowie die mit der Vermarktung verbundenen Kosten werden im Rahmen der EEG-Umlage auf die Letztverbraucher umgewälzt (❹).[17] Die Verbraucher zahlen somit sowohl den Preis für den Strombezug (❸) als auch eine Kompensation für die Mehrkosten durch den Ausbau erneuerbarer Energien in Form der EEG-Umlage. Stromintensive Industrieunternehmen sind hingegen weitgehend von der EEG-Umlage befreit[18], um die Konkurrenzfähigkeit des Wirtschaftsstandorts Deutschland zu schützen.[19]

Abbildung 2: Vereinfachte Darstellung der Strom- und Zahlungsströme im EEG

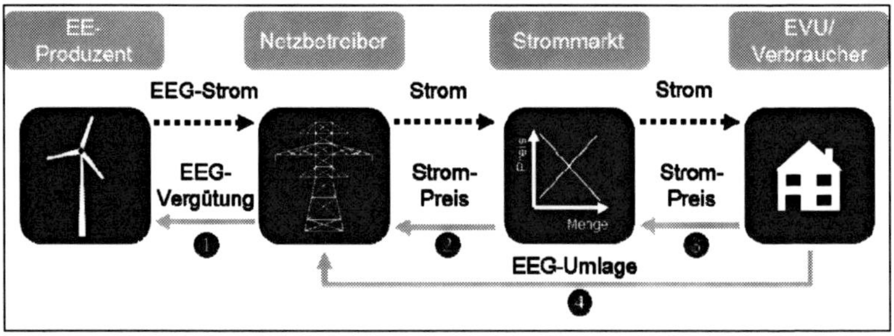

Das EEG hat durch den dargestellten Fördermechanismus zu einem starken Ausbau der erneuerbaren Energien im letzten Jahrzehnt geführt (siehe Abbildung 3). So wurde der EEG-Anlagenbestand von 2000 bis 2011 auf insgesamt rund 56 GW Anlagenleistung nahezu verzehnfacht. Bis zum Jahr 2004 wurden fast ausschließlich Windkraftanlagen zugebaut, die bis dahin rund 77 % des EEG-Anlagenbestands ausmachten. Seit 2005 hat Photovoltaik zunehmend an Bedeutung gewonnen. Damit liegt in 2011 die installierte Leistung von Photovoltaik-Anlagen mit 24,2 GW in der gleichen Größenordnung wie die installierte Leistung von Windkraft-Anlagen mit 24,9 GW (43 % bzw. 44 % des EEG-Anlagenbestands im Jahr 2011). Die umfangreiche Förderung und der damit

---

[17] § 37 Abs. 2 EEG.
[18] §§ 40 ff. EEG.
[19] Vgl. BMU 2011, S. 2.

induzierte Anlagenzubau im Rahmen des EEG haben so dazu beigetragen, dass EE-Anlagen bereits heute einen Anteil von rund 20 % zur Deckung des Brutto-Inlandstromverbrauchs in Deutschland leisten.[20]

Abbildung 3: Entwicklung der installierten Leistung von EEG-Anlagen[21]

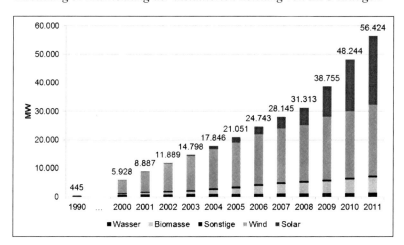

Durch den Ausbau sind die damit verbundenen Kosten für den Verbraucher in Form der EEG-Umlage seit 2000 von 0,20 Ct/kWh auf 3,59 Ct/kWh in 2012 gestiegen (siehe Abbildung 6). Dies entspricht heute einem Anteil von rund 17 % am durchschnittlichen Haushaltsstrompreis.[22] Die Ausweisung der EEG-Umlage auf der Stromrechnung hat dazu geführt[23], dass diese das für die Verbraucher unmittelbar sichtbare Kostenelement der Energiewende darstellt. Aufgrund dieser Sichtbarkeit gilt zu befürchten, dass ein unkontrollierter Kostenanstieg zu Akzeptanz-

---

[20] BDEW 2011, S. 10.
[21] Eigene Darstellung, Daten: 50 Hertz Transmission GmbH/Amprion GmbH/ TransnetBW GmbH/Tennet TSO GmbH 2012.
[22] Der Bruttohaushaltsstrompreis für einen 3-Personen-Haushalt beträgt rund 25,74 Ct/kWh, BDEW 2012, S. 6.
[23] Gem. § 53 EEG.

problemen für das Gesamtprojekt Energiewende führen kann.[24] Ursache für den deutlichen Anstieg der EEG-Umlage in den vergangen Jahren ist insbesondere der überproportionale Ausbau der Photovoltaik-Anlagen, die aufgrund ihrer hohen Stromgestehungskosten die höchsten Vergütungssätze unter den erneuerbaren Energieträgern erhalten. Veranschaulicht wird dies durch die in Abbildung 4 dargestellten EEG-Differenzkosten.

Abbildung 4: EEG-Vergütung und EEG-Differenzkosten nach Energieträgern in 2012[25]

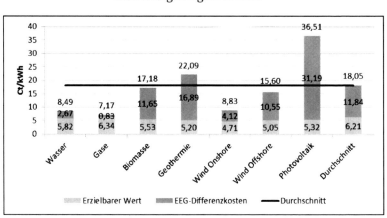

Im Jahr 2012 erhalten die Photovoltaikanlagen für jede erzeugte Kilowattstunde Strom im Durchschnitt eine EEG-Vergütung von rund 36,51 Ct. Der Strom kann durch den Netzbetreiber für rund 5,32 Ct/kWh am Spotmarkt veräußert werden. Somit muss der Verbraucher für eine erzeugte Kilowattstunde Strom aus Photovoltaik rund 31,19 Ct an zusätzlicher Förderung tragen (EEG-Differenzkosten). Im Vergleich dazu betragen die EEG-Differenzkosten im Durchschnitt für alle Energieträger

---

[24] Vgl. zu Akzeptanzfragen im Kontext der Energiewende auch den Beitrag von Hildebrand/Schütte/Fechner/Schweizer-Ries in diesem Band.

[25] Eigene Darstellung, Daten: BDEW 2011, S. 31.

lediglich 11,84 Ct/kWh. Im Jahr 2007 – mit geringem Photovoltaik-Anteil – betrugen die EEG-Differenzkosten sogar nur 6,87 Ct/kWh.[26]

Abbildung 5: Jährliche Erhöhung der EEG-Umlage durch Anlagen-Zubau[27]

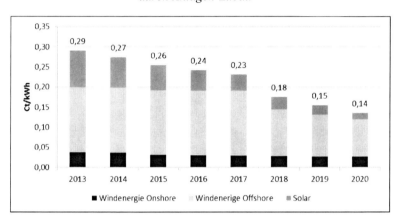

Neben dem Ausbau von Photovoltaik und anderen EE-Anlagen haben sinkende Strompreise am Spotmarkt zu einer Erhöhung der EEG-Umlage geführt. Diese wurden zum Teil durch den Ausbau der erneuerbaren Energien selbst verursacht. So führt der Ausbau erneuerbarer Energien sowie der damit verbundene Merit-Order-Effekt[28] am Spotmarkt zu sinkenden Strompreisen, woraus eine Erhöhung der EEG-Differenzkosten und somit der EEG-Umlage resultiert. Aufgrund des angestrebten Ausbaus der erneuerbaren Energien ist weiter mit einem Anstieg der EEG-Umlage in den kommenden Jahren zu rechnen. Allein durch den absehbaren Ausbau von Wind- und Photovoltaikanlagen kommen bis 2020 zusätzlich höhere EEG-Umlagekosten von ingesamt rund 1,76 Ct/kWh

[26] BDEW 2011, S. 31.
[27] Eigene Berechnungen auf Basis der Ausbauplanung im Leitszenario des Szenariorahmens für den Netzentwicklungsplan 2013, Bundesnetzagentur 2012a, S. 11.
[28] Bei Wind- oder PV-Einspeisung verschiebt sich die Merit-Order-Kurve nach rechts und der Strompreis sinkt. Dies wird als Merit-Order-Effekt bezeichnet.

auf die Verbraucher zu (siehe Abbildung 5), zusätzlich zu den für 2013 ausgewiesenen 5,277 Cent/kWh.

Dem stehen die Verringerungen der Umlagekosten durch das Auslaufen von Bestandsanlagen aus der EEG-Förderung gegenüber. Da die meisten Anlagen jedoch 20 Jahre lang garantierte Vergütungssätze erhalten, ist bei stabilen Strompreisen ein Rückgang frühestens nach 2020 zu erwarten.[29] In den vergangenen Jahren wurde der aktuelle Anstieg der EEG-Umlage in diversen Studien deutlich unterschätzt[30], was in der Folge zu dem falschen Versprechen eines dauerhaften Höchstwertes für die EEG-Umlage in Höhe 3,5 Ct/kWh durch die Politik[31] und somit auch zu falschen Erwartungen in der Bevölkerung hinsichtlich der Kosten der Energiewende geführt hat.

Im Jahr 2013 wird die EEG-Umlage nun um nahezu 50 % auf 5,277 Ct/kWh steigen[32] und liegt damit signifikant über dem Korridor der Kurzfristprognose der Übertragungsnetzbetreiber, die einen Anstieg der EEG-Umlage auf einen Wert zwischen 3,66 und 4,74 Ct/kWh für 2013 prognostiziert hatten[33] und dem von der Politik in Aussicht gestellten Höchstwert von 3,5 Ct/kWh. In den nächsten Jahren kann daher mit einem weiteren Anstieg der EEG-Umlage auf über 6 Ct/kWh gerechnet werden.[34]

---

[29] Vgl. Leipziger Institut für Energie GmbH 2012, S. 17 ff.

[30] Siehe Traber/Kemfert/Diekmann 2011; BMU 2010a; TU Berlin 2011 in Abbildung 6.

[31] Vgl. Bundesregierung 2011; BMWi 2012, S. 8.

[32] Vgl. 50 Hertz Transmission GmbH/Amprion GmbH/TransnetBW GmbH/Tennet TSO GmbH 2012.

[33] 50 Hertz Transmission GmbH/Amprion GmbH/TransnetBW GmbH/Tennet TSO GmbH 2011.

[34] Eigene Berechnungen auf Basis der Ausbauprognosen im Netzentwicklungsplan (Trendszenario) für Wind und Solarenergie, Bundesnetzagentur 2012a sowie unter der Annahme von Strompreisen in Höhe von rund 50 €/MWh (Base) und der Annahme, dass keine einschneidenden Änderungen am prinzipiellen EEG-Mechanismus vorgenommen werden.

Abbildung 6: Historische und prognostizierte Entwicklung der EEG-Umlage[35]

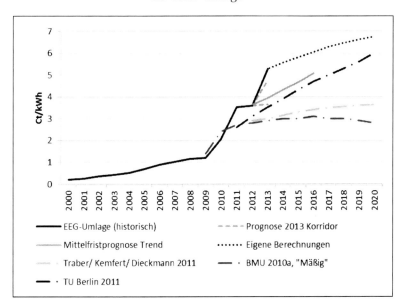

Um weitere unvorhergesehene Kostensteigerungen der EEG-Umlage zu verhindern, hat der Gesetzgeber bereits Maßnahmen zur Begrenzung des Ausbaus von Photovoltaik-Anlagen getroffen. Zum einen wurden deutliche Reduktionen der Einspeisevergütungen für Photovoltaik beschlossen, zum anderen wurde durch den so genannten „atmenden Deckel" eine zubauabhängige Steuerung der Fördersätze in das EEG integriert. Damit hängt die Höhe der monatlichen Degression (bzw. des Anstiegs) der Vergütungssätze für Photovoltaik von der Höhe des Zubaus in den vorausgegangenen Monaten ab (siehe Abbildung 7).

Darüber hinaus wurde eine maximale Obergrenze für den Zubau von Photovoltaikanlagen in Höhe von 52.000 MW festgelegt, ab der keine

---

[35] Eigene Darstellung in Anlehnung an Karlsruher Institut für Technologie 2012, S. 151; Daten Prognose 2013: 50 Hertz Transmission GmbH/Amprion GmbH/ TransnetBW GmbH/Tennet TSO GmbH 2011, Mittelfristprognose Trend: Eigene Berechnungen auf Basis der Kosten Trendszenario der Mittelfristprognose, Leipziger Institut für Energie 2011, S. 97 ff.

Einspeisevergütungen mehr für Neuanlagen gezahlt werden.[36] Die oben beschriebenen Erhöhungen der EEG-Umlage werden durch diese Maßnahme allerdings nicht aufgefangen, sondern lediglich nach oben begrenzt.[37]

Rückblickend wurden insbesondere die Ausbauraten bei Photovoltaik unterschätzt und könnten eventuell auch zukünftig aus folgendem Grund unterschätzt werden: In der jetzigen Diskussion über die Kürzung der Fördersätze von Photovoltaik und den Technologiemix ist zu beachten, dass die sinkenden Stromgestehungskosten bei Photovoltaikanlagen bereits einen zunehmenden Anreiz bieten, bei geeigneten Standorten den bereits „teureren" Strombezug teilweise zu ersetzen. Je nach nutzbarem Eigenanteil wird sich eine Anlage auch ohne Förderung lohnen. Nicht zu unterschätzen ist dabei die Anreizwirkung für die Nutzung von dezentralen Speichertechnologien, da einerseits die Preisdifferenz von dann zukünftig nicht mehr vergütetem PV-Strom zu externem Strombezug maßgebend ist.[38] Andererseits ist in vielen Fällen der Wunsch förderlich, sich damit unabhängiger vom Stromanbieter machen zu können in Kombination mit der Bereitschaft, zusätzliche Kosten für die „grüne Eigenversorgung" in Kauf zu nehmen. Eine weitere Abnahme der Stromgestehungskosten bei Photovoltaikanlagen und zunehmend attraktivere dezentrale Speicherlösungen werden diesen Trend in Zukunft stärker treiben. Mit steigender dezentraler Eigenerzeugung wird der Strombezug aus dem Netz abnehmen. Dezentrale Eigenversorger mit Netzanschluss entziehen sich damit stärker den im Arbeitspreis enthaltenen Netznutzungsentgelten, so dass auch hier entsprechende Anpassungen diskutiert werden müssen.

Festzuhalten bleibt, dass im Gegensatz zum EnWG[39] das EEG nicht das Ziel einer sicheren und preisgünstigen Energieversorgung verfolgt[40], sondern es wird vielmehr die Weiterentwicklung der verschiedenen

---

[36] Gem. § 20b Abs. 9a EEG.

[37] Die Wirkungsweise wurde bereits bei den Berechnungen berücksichtigt.

[38] Diese Preisdifferenz ist bei dezentraler Eigennutzung mehr als doppelt (teilweise dreimal) so hoch wie die für zentrale Speicheranlagen relevanten Preisdifferenzen an der Strombörse.

[39] Energiewirtschaftsgesetz (EnWG) vom 7. Juli 2005 (BGBl. I S. 1970, 3621), das zuletzt durch Artikel 2 des Gesetzes vom 16. Januar 2012 (BGBl. I S. 74) geändert worden ist.

[40] Vgl. § 1 Abs. 1 EnWG.

Technologien anstrebt.[41] Dies muss zumindest aus heutiger Sicht nicht zwingend preisgünstig sein. Zukünftig wird insbesondere auf die Offshore-Windenergie zu achten sein, die voraussichtlich ein maßgeblicher Treiber der EE-Mehrkosten (inkl. Netzausbau) sein wird.

Abbildung 7: Wirkung des atmenden Deckels auf die Photovoltaik-Vergütung für neuinstallierte Anlagen bis 10 kW[42]

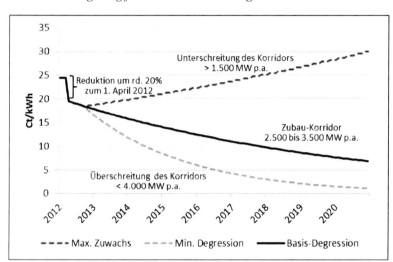

In der Folge bestehen im weiteren Sinne zwei prinzipielle Optionen, um sich der Herausforderung der zukünftigen EEG-Umlagekosten zu stellen: Für den Fall, dass auf die möglichst breite Entwicklung verschiedener Technologien verzichtet werden soll und insbesondere Fehlallokationen vermieden werden sollen, kann ein Quotenmodell, welches beispielsweise im Rahmen eines grünen Zertifikatehandelsystems Elektrizitätsunternehmen zur Bereitstellung von festgelegten EE-Anteilen verpflichtet, zur kosteneffizienten Steuerung der Energiewende beitragen

---

[41] Vgl. § 1 Abs. 1 EEG.
[42] Eigene Darstellung, Daten auf Basis der §§ 20a-20b EEG.

und auch im europäischen Kontext als harmonisiertes Steuerungsinstrument eingesetzt werden.[43] Falls in Zukunft die breite Entwicklung verschiedener Technologien aus wichtigen Gründen – wie beispielsweise die Förderung von Innovationen, die Weiterentwicklung von Technologieführerschaften für unterschiedliche EE-Technologien, die Schaffung von inländischen Arbeitsplätzen, die Nutzung von Portfolio-Effekten[44] oder die Verringerung der Marktkonzentration großer Energieversorgungsunternehmen durch den Aufbau von dezentralen Anlagen[45] – beibehalten werden soll, sind andere Lösungskonzepte zur Bewältigung der Herausforderungen durch stark steigende EEG-Umlagekosten notwendig.[46] Statt einer rein preisfokussierten Betrachtung ist es daher notwendig, dass die Verbraucher auf mittelfristig höhere Energiekosten[47] in der Folge der Energiewende vorbereitet werden.[48] Zudem sollten die in Zukunft erwarteten positiven Effekte – auch auf die Energiepreise – der Energiewende in der Bevölkerung besser kommuniziert werden sowie Anpassungen aufgrund zu hoher Vergütungszahlungen („Überförderungen") zeitnah vorgenommen werden, um die gesellschaftliche Akzeptanz für das Projekt Energiewende nicht zu gefährden.[49]

Um die erwarteten Mehrkosten der EEG-Umlage im Stromsektor einzuordnen, kann hervorgehoben werden, dass die Preissteigerungen bei

---

[43] Eine ausführliche Darstellung und Diskussion dieses Instrumentes findet sich beispielsweise. in Rheinisch-Westfälisches Institut für Wirtschaftsforschung 2012 und Haucap/Kühling 2012.

[44] Unter Portfolio-Effekten wird hier verstanden, dass das Risiko einer volatilen Elektrizitätseinspeisung aus erneuerbaren Quellen geringer ist, wenn unterschiedliche Ressourcen genutzt werden. Anschaulich zeigt dies das folgende Beispiel: an Tagen mit schlechten Windverhältnissen kann die Sonneneinstrahlung dennoch gut sein (und umgekehrt).

[45] Vgl. Begründung zum Entwurf eines Gesetzes zur Neuregelung des Rechtsrahmens für die Förderung der Stromerzeugung aus erneuerbaren Energien, BR-Drucksache 341/11, S. 94 ff.

[46] Prinzipiell wären auch hier Quotenmodelle einsetzbar, die dann allerdings technologieabhängig (und ggf. auch regional abhängig) definiert sein müssten.

[47] Dies betrifft neben der EEG-Umlage auch höhere Kosten aufgrund des notwendigen Netzausbaus in Folge des Ausbaus erneuerbarer Energien.

[48] Im Gegensatz zur bisherigen Untertreibung der Kosten.

[49] Vgl. hierzu auch den Beitrag von Hildebrand/Schütte/Fechner/Schweizer-Ries in diesem Band.

Benzin und Diesel in den letzten Jahren zu deutlich höheren Mehrausgaben in den Haushalten geführt haben. Im Gegensatz zum Stromsektor sind im Verkehrssektor (nahezu) keine strukturellen Änderungen hin zu einem regenerativen Versorgungssystem realisiert worden.[50]

III. Herausforderung Versorgungssicherheit

Die deutsche Stromversorgung gilt als sehr zuverlässig. 2011 lag die durchschnittliche Versorgungsunterbrechung je angeschlossenem Letztverbraucher innerhalb eines Kalenderjahres bei 15,31 Minuten.[51] Da dieser Wert in der Vergangenheit gesenkt werden konnte und im europäischen Vergleich niedrig ist, stuft das BMWi die Versorgungssicherheit in Deutschland derzeit als sehr hoch ein.[52] Seit dem beschlossenen Kernenergieausstieg wird jedoch zunehmend diskutiert, ob in Zukunft mit Engpässen im Erzeugungsbereich zu rechnen ist.[53] Zur Beurteilung der erzeugungsseitigen Versorgungssicherheit kann die gesicherte Leistung[54] eines Versorgungssystems herangezogen werden. Damit die Nachfrage zu jedem Zeitpunkt gedeckt werden kann, sollte die gesicherte Erzeugungskapazität eines Landes jederzeit die Jahreshöchstlast übersteigen. In den vergangenen Jahren lag die durchschnittliche gesicherte Leistung in Deutschland stets über der Jahreshöchstlast (siehe Abbildung 8). Dies zeigt, dass das derzeitige Kraftwerksportfolio in Deutschland über Reservekapazitäten verfügt und die erzeugungsseitige Versorgungssicherheit gegeben war bzw. ist.

---

[50] Kurz zur Förderung von Biokraftstoffen der Beitrag von Schlacke/Kröger in diesem Band.
[51] Vgl. Bundesnetzagentur 2012b.
[52] Vgl. BMWi 2011, S. 21.
[53] Vgl. hierzu auch den Beitrag von Gößling-Reisemann/Stührmann/Wachsmuth/ von Gleich in diesem Band.
[54] Die gesicherte Leistung ergibt sich aus der Nettoleistung des Kraftwerksportfolios abzüglich der nichtverfügbaren Leistung (z.b. aufgrund von geplanten und ungeplanten Ausfällen).

Abbildung 8: Leistungsbilanz für Deutschland in den Jahren 2008 bis 2011[55]

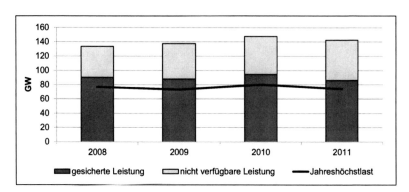

Des Weiteren lässt sich anhand Abbildung 8 erkennen, dass die gesicherte Leistung im betrachteten Zeitraum nahezu konstant geblieben ist, obwohl die Nettokapazität zunahm. Im Gegensatz dazu stieg die nicht verfügbare Leistung in den vergangenen Jahren stetig an (vgl. Abbildung 8). Insbesondere Windenergieanlagen und Photovoltaikanlagen weisen aufgrund ihrer Wetterabhängigkeit eine geringe Verfügbarkeit im Gegensatz zu konventionellen Kraftwerken, wie z.B. Steinkohle- oder Kernkraftwerken, auf. Der zunehmende Anteil der nicht verfügbaren Leistung lässt sich maßgeblich auf den steigenden Anteil erneuerbarer Energien im Kraftwerksportfolio zurückführen. Die Einspeisung aus erneuerbaren Energien kann innerhalb weniger Stunden stark schwanken (vgl. Abbildung 9). So variierte die Windeinspeisung in Deutschland im Jahr 2011 zwischen 22.656 MW und 92 MW.[56] Dies zeigt, dass die zugebauten Kapazitäten nicht jederzeit vollständig zur Lastdeckung zur Verfügung stehen. Um die zu erwartende Einspeisung aus erneuerbaren Energien einschätzen zu können, werden Prognosen mit Hilfe von Wetterdaten erstellt. Jedoch können diese Einspeiseprognosen stark von der tatsächlichen Windeinspeisung abweichen (siehe Abbildung 9). Die Prognosefehler erreichen teilweise eine Größenordnung von bis zu 7 GW im Day-Ahead-Markt und müssen im Intraday-Markt oder spätestens mit Hilfe

---

[55] Eigene Darstellung, Daten: Entsoe 2012.
[56] Vgl. Schiffer 2011.

von Regelenergie kurzfristig ausgeglichen werden. In diesem Zusammenhang wird der Bedarf an zuverlässigen Vorhersageinstrumenten (Energiemeteorologie) und an Regelenergie an Bedeutung gewinnen. Mit dem Anstieg der dargebotsabhängigen Einspeisung wächst das Risiko, dass Angebot und Nachfrage zunehmend auseinanderfallen. Um die Fluktuationen ausgleichen und die damit verbundenen Herausforderungen bewerkstelligen zu können, können prinzipiell fünf Möglichkeiten unterschieden werden:

1. Erhöhung der Flexibilität der Fahrweise von konventionellen Kraftwerken (angebotsseitige Flexiblität)

2. Erhöhung der nachfrageseitigen Flexibilität (u.a. Smart Grids und Smart Markets)

3. Ausbau der Übertragungsnetze (was nicht lokal verbraucht werden kann, wird ggf. in der angrenzenden Region benötigt)

4. Erweiterung der Elektrizitätsspeicherkapazität (entspricht prinzipiell einer Kombination der 1. und 2. Möglichkeit)

5. Aufheben des Einspeisevorrangs in Zeiten des Überschusses elektrischer Energie

Die gegenwärtige Größenordnung der Fluktuationen kann anhand Abbildung 9 veranschaulicht werden. Falls in dem betrachteten Zeitraum Mai 2011 die mittlere Windeinspeisung mit Hilfe von Speichern erreicht werden soll, ist das erforderliche Speichervolumen in der Abbildung hell markiert dargestellt. Dem gegenübergestellt ist das derzeit verfügbare Speichervolumen in Deutschland als dunkelgrauer Bereich. Deutschland verfügt derzeit über rund 40 GWh[57] an nutzbarem Pumpspeichervolumen. Der erforderliche Speicherbedarf, um eine mittlere Windeinspeisung zu ermöglichen, ist jedoch signifikant höher. Das Beispiel zeigt anschaulich, dass nur ein Bruchteil der Fluktuationen aus erneuerbaren Quellen mit Hilfe von derzeit verfügbaren Speicherkapazitäten ausgeglichen werden kann.

---

[57] SRU 2009, S. 59.

Abbildung 9: Windeinspeisung und -prognose in Deutschland im Mai 2011[58]

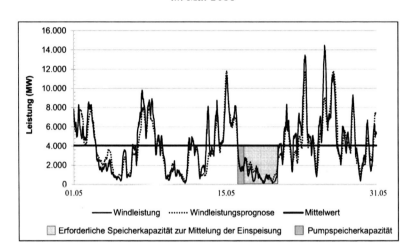

Auch wenn in Zukunft nur ein Teil der Fluktuationen mit Hilfe von Energiespeichern ausgeglichen werden kann, wird der Bedarf an zusätzlichen Speichern mit dem Ausbau dargebotsabhängiger erneuerbarer Quellen steigen und diese Technologien zunehmend an Bedeutung gewinnen.[59] Derzeit ist es jedoch fraglich, ob überhaupt Investitionen in neue Speicherkraftwerke in größerem Umfang getätigt werden. In den letzten Jahren haben Grundlastpreise tendenziell zugenommen. Dies ist einerseits auf den Ausstieg aus der Kernenergie in Deutschland zurückzuführen, da damit günstige Grundlastkapazität aus dem Markt genommen wird. Andererseits sind die Grenzkosten von Braun- und Steinkohlekraftwerken in Europa durch den CO_2-Emissionshandel und den Anstieg der Kohlepreise gestiegen. Zudem sind durch die Einspeisung aus erneuerbaren Energien die Spitzenlastpreise gesunken. Hierbei sind zwei Effekte beobachtbar: eine hohe Korrelation zwischen Spitzenlast (zur Mittagszeit) und Photovoltaikeinspeisung reduziert die Spitzenlast in den Mittagsstunden und damit auch die Preise in dieser Zeit. Zudem ist der sogenannte Merit-Order-Effekt lastabhängig. D.h. je höher die Last ist,

---

[58] Gunkel et al. 2011, S. 541.
[59] Vgl. hierzu u.a. Dena 2010a oder Popp 2010.

desto höher ist die durchschnittliche Preisreduktion bezogen auf die Einspeisung aus erneuerbaren Energien. Dies lässt sich durch den Verlauf der Merit-Order-Kurve (mit stärkerem Gradienten bei höheren Lasten) begründen. Damit sinken die Spitzenlastpreise automatisch stärker als die Grundlastpreise bei jeweils gleicher Einspeisung aus erneuerbaren Energien. Beide Effekte, der Anstieg der Grundlastpreise und die Reduzierung der Spitzenlastpreise, reduzieren gegenwärtig die für den wirtschaftlichen Betrieb notwendige Preisspanne von Speicherkraftwerken (vgl. Abbildung 10).[60] Vor diesem Hintergrund werden Speichervorhaben von Entscheidungsträgern in der Energiewirtschaft aufgrund der fehlenden Wirtschaftlichkeit gegenwärtig stark hinterfragt.

Abbildung 10: Tägliche Strompreisdifferenzen im Vergleich[61]

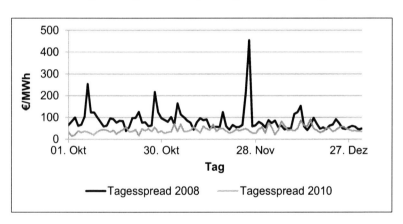

Langfristig wird voraussichtlich die Preisdifferenz aufgrund des steigenden Anteils an fluktuierender Einspeisung jedoch wieder zunehmen. Ebenso ist zu erwarten, dass in Zukunft verstärkt Preise nahe null bzw. auch negative Preise auftreten, weil mit weiterem Ausbau der erneuerbaren Energien die überschüssige EE-Einspeisung zunehmen wird. Folglich kann der steigende Anteil an erneuerbaren Energien langfristig zu

---

[60] Vgl. Flütsch 2012.

[61] Differenz zwischen minimalem und maximalem Tagespreis auf Basis von EEX-Daten.

einer neuen Preischarakteristik im Strommarkt führen, die weniger durch die Last, d.h. Tages- und saisonale Schwankungen charakterisiert ist, sondern durch das fluktuierende Einspeiseverhalten der erneuerbaren Energien bestimmt wird.[62] Wenn die Preisdifferenzen in Zukunft wieder zunehmen sollten, würde dies die Rentabilität von Speicherkraftwerken verbessern.

Neben der Möglichkeit der Speicherung können auch konventionelle Backup-Kapazitäten dazu beitragen, eine weiterhin hohe Versorgungssicherheit zu gewährleisten. Wie in Abbildung 9 dargestellt, wird in den kommenden Jahren der Anteil an ungesicherter Leistung in Deutschland weiter zunehmen. Allerdings werden in den kommenden Jahren zunehmend konventionelle Kraftwerke vom Netz gehen, da diese ihre technische Nutzungsdauer erreicht haben. Wenn die wegfallenden Kapazitäten nicht durch neue Anlagen ersetzt werden, sinkt zukünftig die installierte Leistung an konventionellen Kraftwerken. Ein Teil der gesicherten Leistung wird dadurch wegfallen, der durch den starken Zubau an erneuerbaren Energien nur teilweise kompensiert werden kann. Abbildung 11 verdeutlicht, dass bei diesen Entwicklungen die gesicherte Leistung die Jahresspitzenlast mittelfristig unterschreiten wird, woraus in gewissen Situationen Versorgungsengpässe resultieren könnten. Die Bundesnetzagentur hat in ihrem Bericht zum Zustand der leitungsgebundenen Energieversorgung vor dem Hintergrund der Verzögerungen beim Bau neuer Kraftwerkskapazitäten davor gewarnt, dass „Stilllegungen weiterer konventioneller Kraftwerke derzeit nicht vertretbar"[63] sind.

Zusätzliche konventionelle Erzeugungskapazitäten werden daher benötigt, um die Versorgungssicherheit in Deutschland in den nächsten Jahren weiter zu gewährleisten.[64] Allerdings sind unter den gegenwärtigen Marktpreisen Neubauvorhaben (meist) nicht wirtschaftlich. Aus diesem Grund werden Investitionsentscheidungen derzeit tendenziell zurück gestellt.[65] Neben der heutigen ist die künftig zu erwartende Marktsituation ausschlaggebend für eine Investition. Diese wird insbesondere durch die Entwicklung der Nachfrage und der Kraftwerksparkstruktur bestimmt.

---

[62] Vgl. Woll/Weber 2011, S. 99.
[63] Bundesnetzagentur 2012c, S. 10.
[64] Vgl. hierzu u.a. BMWi 2011 und Dena 2010b.
[65] Vgl. hierzu u.a. Energate 2012a, Energate 2012b und Weise/de Wyl/Thies 2011.

Herausforderungen und Entwicklungen in der Energiewirtschaft 221

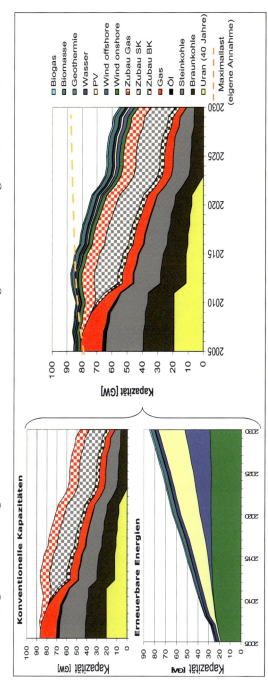

Abbildung 11: Entwicklung der installierten und durchschnittlich gesicherten Leistung in Deutschland bis 2030[1]

[1] Eigene Darstellung, Daten: BDEW, BMU Leitstudie 2030; Zur Berechnung der durchschnittlichen gesicherten Leistung (rechts im Diagramm) ist die jeweilige Kraftwerkskapazität auf der linken Seite des Diagramms mit folgenden Verfügbarkeitsfaktoren je Anlagentyp multipliziert: Kernenergie 95 %, fossile Kraftwerke 90 %, Wasserkraft 40 %, Biogas 90 %, Biomasse 85 %, Wind onshore 9 %, Wind offshore 12 %, Photovoltaik 6 % und Geothermie 90 %. Diese Berechnung ist stark vereinfachend und kann keinesfalls eine detaillierte Modellanalyse ersetzen. Nichtsdestotrotz eignet sich diese einfache Berechnung zur Darstellung der prinzipiellen Problematik.

Im Hinblick auf die Ausbauziele der Bundesregierung[1] werden zukünftig flexible Kraftwerke benötigt. Allerdings werden die Volllaststunden von konventionellen Kraftwerken in Zukunft aufgrund der Zunahme von Elektrizitätseinspeisung aus erneuerbaren Quellen tendenziell abnehmen, so dass in den restlichen Stunden prinzipiell höhere Strompreise notwendig wären, um die sinkende Auslastung zu kompensieren. Da gegenwärtig die Strompreise nicht ausreichen, um Neubauten anzureizen, wird die Einführung von zusätzlichen Vergütungen, angepassten Marktdesigns, beispielsweise in Form von Kapazitätsmärkten, und gezielten Ausschreibungen für ausgewählte Kraftwerksstandorte diskutiert. Solche Eingriffe in den Markt sollten allerdings gut überlegt und erforscht sein, denn allein die Ankündigung oder die Möglichkeit eines solchen Markteingriffs könnte dazu führen, dass bereits geplante Kraftwerksprojekte zurückgestellt werden. Dies gilt analog für die Diskussion von Prämien für Speicherkraftwerke. Denn allein die Aussicht auf solche Zahlungen führt dazu, dass niemand darauf verzichten möchte und entsprechende Vorhaben zurückgestellt werden. Hinzu kommen zwei wichtige Effekte:

1. Durch die mit solchen Maßnahmen zusätzlich in den Markt gebrachten Kapazitäten gehen die Marktanreize in Form der Knappheitssignale verloren.

2. Durch das Eingreifen des Staates entsteht ein Vertrauen, dass dieser auch in Zukunft in kritischen Situationen die Verantwortung übernimmt. Durch dieses Vorgehen werden (ungewollt) Risiken auf den Staat übertragen.

Gegenwärtig besteht somit das Problem, dass das Vertrauen in den Strommarkt, ausreichend Kapazitäten zur Verfügung zu stellen, (zumindest teilweise) verloren ist. Die Befürchtung eines drohenden Versorgungsausfalls begünstigt somit vorzeitige Markteingriffe. Diese verhindern den Nachweis, dass Marktpreise gegebenenfalls doch entsprechende Knappheitssignale zeigen könnten. In diesem Feld besteht noch weiterer Forschungsbedarf, um die Ursachen der fehlenden Anreize zu analysieren und um die Auswirkungen verschiedener Marktdesigns zu erfor-

---

[1] Das Energiekonzept der Bundesregierung beinhaltet das Ziel, dass der Anteil der Stromerzeugung aus EE am Bruttostromverbrauch bis 2050 auf 80 % ansteigt (vgl. BMU 2010b).

schen, bevor diese Ursachen mit anderweitigen (und eventuell falschen) Maßnahmen kaschiert werden.

Wie oben bereits erwähnt, wird ergänzend zu den flexiblen konventionellen Kraftwerken sowie den Speicherkraftwerken das europäische Verbundnetz zum Ausgleich der Fluktuation aus erneuerbaren Energien genutzt. Am Beispiel des Regelzonengebiets von 50 Hertz ist sehr gut ersichtlich, dass der Verlauf der physikalischen Stromflüsse ins und aus dem Ausland mit dem Einspeiseverhalten der Windenergieanlagen der Regelzone korrelieren (vgl. Abbildung 12).

Abbildung 12: Windeinspeisung und Stromexport in die Nachbarländer für das Regelzonengebiet von 50 Hertz im Mai 2011[2]

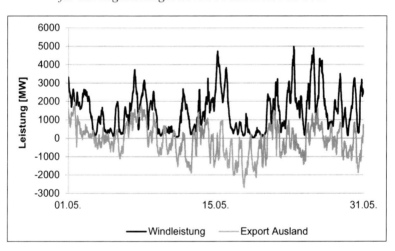

In Zeiten hoher Windeinspeisung nimmt der Export entsprechend zu. Folglich werden in diesen Zeiten überschüssige Strommengen in die Nachbarländer verlagert. Dies beeinflusst sowohl den Kraftwerkseinsatz als auch die Netzstabilität der betreffenden Länder. So lange diese von den geringen Strompreisen profitieren, werden sie den starken Import von Strom aus Deutschland akzeptieren. Sobald jedoch die Versorgungssicherheit oder Netzstabilität im jeweiligen Nachbarland gefährdet ist,

---

[2] Eigene Darstellung, Daten: 50 Hertz Transmission GmbH 2012.

werden diese den Import von Strom (bedingt durch die hohe EE-Einspeisung) aus Deutschland nicht länger akzeptieren und entsprechende Übertragungskapazitäten begrenzen. Entsprechende Eingriffe wurden bereits an den polnischen und tschechischen Grenzen angekündigt.[3] Im Gegensatz dazu führt eine geringe Einspeisung aus Windenergieanlagen zu einem Anstieg der Stromimporte[4] in Deutschland (vgl. Abb. 12). Folglich können Stromimporte genutzt werden, um fehlende erneuerbare Erzeugung teilweise auszugleichen. Insbesondere wenn die gesicherte Leistung in Deutschland zukünftig weiter abnimmt, können etwaige Engpässe durch stärkere Importe, solange die Übertragungskapazitäten nicht voll ausgeschöpft sind, teilweise kompensiert werden. Im Hinblick auf die Versorgungssicherheit, sollten langfristig jedoch (zumindest größtentcils) die inländischen Anlagenkapazitäten in der Lage sein, jederzeit die Nachfrage decken zu können.

IV. Abschließende Bemerkungen und Ausblick

Gegenwärtig werden in der Presse durch Meldungen zu Strompreisen, dem Ausbau von erneuerbaren Energien und zur Versorgungssicherheit unterschiedliche Interessen im Hinblick auf die Energiewende kundgetan. Teilweise werden damit eigene Strategien verfolgt, die nicht immer zum Vorteil der Stromverbraucher sind. Es wurden deshalb die Entwicklungen und Herausforderungen für die Versorgungssicherheit und die Entwicklung der EEG-Umlage aufgezeigt, um damit eine Grundlage zu einer offenen, ideologiefreien, faktenbasierten und lösungsorientieren Debatte zur weiteren Entwicklung erneuerbarer Energien zu schaffen. Grundsätzlich ist an erster Stelle anzumerken, dass die Energiewende kein Projekt ist, welches innerhalb eines Jahres bzw. eines Jahrzehntes abgeschlossen sein wird. Die diversen Herausforderungen werden Zeit benötigen, um gemeistert zu werden. Die Zielsetzung, die bis zum Jahr 2050 und somit bis weit in die Zukunft reicht, verdeutlicht dies. Vor diesem Hintergrund sollten keine übertürzten Lösungen angestoßen werden. In den obigen Abschnitten wurden hierzu die Einführung von Kapazitätsmärkten, gezielte Ausschreibungen an Kraftwerksstandorten sowie

---

[3] Srommagazin 2011.

[4] Stromimporte werden in Abbildung 12 durch die negativen Werte dargestellt.

die Umstellung auf ein Quotensystem zur Förderung erneuerbarer Energien diskutiert. In allen Fällen besteht weiterhin Forschungsbedarf, um Entscheidungen auf fundierter Basis treffen zu können. Zum weiteren Ausbau erneuerbarer Energien gilt es hierbei politisch zu klären, ob eine breite Entwicklung von Technologien zur Nutzung erneuerbarer Quellen weiterhin gewünscht ist oder eine Fokussierung auf wenige (günstigere) Technologien bevorzugt wird. Dabei stellt sich zudem die Frage, ob ein bestimmter Anteil Strom aus erneuerbaren Quellen ein eigenständiges politisches Ziel ist, oder ob die Einspeisung von Strom aus erneuerbaren Quellen ausschließlich ein Instrument darstellt, um die CO_2-Vermeidungsziele zu erreichen.

Gegenwärtig beschränken sich Diskussionen und Maßnahmen weitestgehend auf den Elektrizitätssektor. Sollte die Energiewende allerdings ernst genommen werden, dürfen die Sektoren Wärme und Verkehr keinesfalls ausgespart werden und auch die Maßnahmen zur Steigerung der Energieeffizienz müssen an Dynamik gewinnen.[5] Im Wärmesektor lassen sich teilweise mit deutlich geringeren Anstrengungen erneuerbare Quellen zur Wärmebereitstellung nutzen und die Energieeffizienz erhöhen. Erste Maßnahmen in diesem Bereich (beispielsweise EE-Wärme-Gesetz) sind angestoßen bzw. auch Hürden wurden beseitigt (Mieter-Vermieter-Wälzung von Investitionen). Im Verkehrssektor sieht es deutlich schwieriger aus, unter anderem weil die bisher am stärksten genutzte Alternative Biotreibstoffe aufgrund der Teller-Tank-Problematik stark in die Diskussion geraten ist und Elektromobilität aufgrund der Reichweitenproblematik mittelfristig nur ein kleinen Teil der individuellen (erdölbasierten) Mobilität ersetzen kann. Langfristig sollte sich die Energiebereitstellung aus sonnenreichen Regionen weniger an der Konkurrenz zur Elektrizität (Stichwort Desertec) als an der Konkurrenz zum Erdöl orientieren. Die direkte Herstellung von Treibstoffen auf Basis erneuerbarer Energien könnte auch die Problematik der Energiespeicherung entschärfen.

Abschließend bleibt festzuhalten, dass die „Energiewende" zahlreiche Herausforderungen in den nächsten Jahren bzw. Jahrzehnten bereithalten wird und damit die Energiewirtschaft und -technik weiterhin ein vielfältiges und spannendes Aufgabenspektrum bieten wird.

---

[5] Zum Recht der erneuerbaren Energien im Wärme- und Verkehrssektor siehe auch den Beitrag von Schlacke/Kröger in diesem Band.

Literatur

BDEW (2011): Energie-Info: Erneuerbare Energien und das EEG: Zahlen, Fakten, Grafiken 2011, http://www.bdew.de/internet.nsf/id/3564E959A 01B9E66C125796B003CFCCE/$file/BDEW%20Energie-Info_EE%20 und %20das%20EEG%20%282011%29_23012012.pdf (24.9.2012).

BDEW (2012): BDEW-Strompreisanalyse Mai 2012, http://bdew.de/internet. nsf/id/0E5D39E2E798737FC1257A09002D8C9C/$file/120525%20BDE W-Strompreisanalyse%202012%20Chartsatz%20gesamt.pdf (24.9.2012).

BMU (2010a): Leistudie 2010 – Langfristszenarien und Strategien für den Ausbau der erneuerbaren Energien in Deutschland bei Berücksichtigung der Entwicklung in Europa und global http://www.bmu.de/files/pdfs/allgemein/application/pdf/leitstudie2010_bf.pdf (25.9.2012).

BMU (2010b): Energiekonzept für eine umweltschonende, zuverlässige und bezahlbare Energieversorgung, http://www.bmu.de/files/pdfs/allgemein/application/pdf/energiekonzept_bundesregierung.pdf (20.9.2012).

BMU (2011): Informationen zur Anwendung von § 40 ff. EEG (Besondere Ausgleichsregelung) für das Jahr 2011 einschl. erster Ausblick auf 2012, http://www.bmu.de/files/pdfs/allgemein/application/pdf/hg_ausgleichsregelung_2011_bf.pdf (26.9.2012).

BMU (2012): Entwicklung der erneuerbaren Energien in Deutschland im Jahr 2011, http://www.erneuerbare-energien.de/files/pdfs/allgemein/application/pdf/ee_in_deutschland_graf_tab.pdf (9.10.2012).

BMWi (2011): Monitoring-Bericht des Bundesministeriums für Wirtschaft und Technologie nach § 51 EnWG zur Versorgungssicherheit im Bereich der leitungsgebundenen Versorgung mit Elektrizität, http://www.bmwi.de/ DE/Mediathek/publikationen,did=377646.html (14.9.2012).

BMWi (2012): Die Energiewende in Deutschland – Mit sicherer, bezahlbarer und umweltschonender Energie ins Jahr 2050, http://www.bmwi.de/ Dateien/BMWi/PDF/energiewende-in-deutschland,property=pdf,bereich= bmwi2012,sprache=de,rwb=true.pdf (26.9.2012).

Bundesnetzagentur (2012a): Szenariorahmen für den Netzentwicklungsplan Strom 2013 – Entwurf, http://www.netzausbau.de/SharedDocs/Downloads/DE/Szenariorahmen/Eingereichter Szenariorahmen zum NEP 2013.pdf (24.9.2012).

Bundesnetzagentur (2012b): Versorgungsqualität – Übersicht SAIDI-Werte Strom 2006-2011, http://www.bundesnetzagentur.de/cln_1911/DE/Sachgebiete/ElektrizitaetGas/Sonderthemen/SAIDIWerteStrom/SAIDI WerteStrom_Basepage.html (13.9.2012).

Bundesnetzagentur (2012c): Bericht zum Zustand der leitungsgebundenen Energieversorgung im Winter 2011/2012, http://www.bundesnetzagentur. de/

SharedDocs/Downloads/DE/BNetzA/Presse/Berichte/2012/Netz
Bericht_ZustandWinter11_12pdf.pdf?__blob=publicationFile
(15.10.2012).

Bundesregierung (2011): Energiewende – die einzelnen Maßnahmen, http://www.bundesregierung.de/Content/DE/Artikel/2011/06/2011-06-06-energiewende-kabinett-weitere-informationen.html (25.9.2012).

Dena (2010a): Analyse der Notwendigkeit des Ausbaus von Pumpspeicherwerken und anderen Stromspeichern zur Integration der erneuerbaren Energien, http://www.dena.de/fileadmin/user_upload/Projekte/Energiesysteme/Dokumente/Endbericht_PSW_-_Integration_EE_dena.pdf (14.9.2012).

Dena (2010b): Kurzanalyse der Kraftwerksplanung in Deutschland bis 2020 (Aktualisierung), http://www.dena.de/fileadmin/user_upload/Projekte/Energiesysteme/Dokumente/KurzanalyseKraftwerksplanungDE_2020.pdf (14.9.2012)

Energate (2012a): Eon-Kraftwerke werden gebraucht, www.energate.de (20.9.2012).

Energate (2012b): RWE baut keine Großkraftwerke mehr, www.energate.de (20.9.2012).

Entsoe – European Network of Transmission System Operator for Electricity (2012): System Adequacy Retrospect, https://www.entsoe.eu/resources/publications/system-development/adequacy-retrospectives/ (13.9.2012).

Flütsch, A. (2012): Haben Schweizer Stromkonzerne Milliarden falsch investiert?, http://www.tagesanzeiger.ch/schweiz/standard/Haben-Schweizer-Stromkonzerne-Milliarden-falsch-investiert/story/11969431 (14.9.2012).

Gunkel, D./Kunz, F./Möst, D./von Selasinksy, A. (2011): Bewertung von Speicherkraftwerken im liberalisierten Strommarkt, in: Beckmann, M./Hurtado, A. (Hg.), Kraftwerkstechnik – Sichere und nachhaltige Energieversorgung, Band 3, Neuruppin, S. 539 ff.

Haucap, D./Kühling, J. (2012): Wirtschafts- und rechtswissenschaftliches Gutachten über die Marktintegration der Stromerzeugung aus erneuerbaren Energien, http://www.smwa.sachsen.de/set/431/Haucap-Kuehling-final-120905.pdf (25.9.2012)

International Energy Agency (2011): World Energy Outlook 2011, Paris.

Karlsruher Institut für Technologie (2012): Die Weiterentwicklung der Energiewirtschaft in Baden-Württemberg bis 2025 unter Berücksichtigung der Liefer- und Preissicherheit, http://www.ostwuerttemberg.ihk.de/downloadcenter/downloads/pdf/umwelt/energiewirtschaft_bw_studie2012.pdf (26.9.2012)

Leipziger Institut für Energie GmbH (2011): Endbericht – Entwicklung der Preise für Strom und Erdgas in Baden-Württemberg bis 2020, http://

www.um.baden-wuerttemberg.de/servlet/is/94962/IE_Leipzig_2012_-_Energiepreise_BW.pdf (25.9.2012)

Leipziger Institut für Energie GmbH (2012): Mittelfristprognose zur deutschlandweiten Stromerzeugung aus regenerativen Kraftwerken bis 2016, http://www.eeg-kwk.net/de/file/111115_IE-Leipzig_EEG-Mittelfristprognose_bis_2016.pdf (25.9.2012).

Popp, M. (2010): Speicherbedarf bei einer Stromversorgung mit Erneuerbaren Energien, Berlin, Heidelberg.

Rheinisch-Westfälisches Institut für Wirtschaftsforschung (2012): Marktwirtschaftliche Energiewende: Ein Wettbewerbsrahmen für die Stromversorgung mit alternativen Technologien, http://www.insm.de/insm/dms/insm/text/publikationen/studien/RWI-ProjektberichtMarktwirtschaftliche Energiewendefinanfinal/RWI-Studie-Marktwirtschaftliche-Energiewendel.pdf (25.9.2012).

Schiffer, H.-W. (2011): Fachfestvortrag zum Thema „Quo vadis Energiemarkt?" auf der Jahresmitgliederversammlung des Vereins deutscher Elektrotechniker, Dresden, http://www.vde.com/de/regionalorganisation/bezirksvereine/dresden/documents/fachfestvortrag%20quo%20vadis%20-2.ppt (28.9.12)

SRU – Sachverständigenrat für Umweltfragen (2009): 100% erneuerbare Stromversorgung bis 2050: klimaverträglich, sicher, bezahlbar, http://www.umweltrat.de/cae/servlet/contentblob/1001596/publicationFile/63 817/2010_05_Stellung_15_erneuerbareStromversorgung.pdf (14.9.2012).

Strommagazin (2011): Polen plant Sperren für deutschen Ökostrom, http://www.strom-magazin.de/strommarkt/polen-plant-sperren-fuer-deutschen-oekostrom_31494.html (28.9.12)

Traber, T./Kemfert, C./Dieckmann, J. (2011): Strompreise: künftig nur noch geringe Erhöhung durch erneuerbare Energien, in: DIW Wochenbericht Nr. 6/2011, http://www.diw.de/documents/publikationen/73/diw_01.c. 368303.de/11-6-1.pdf (26.9.2012).

TU Berlin (2011): Kosten des Ausbaus der erneuerbaren Energien, http://www.vbw-bayern.de/agv/downloads/58267@agv/studie_eeg_energie_kosten_110907_final_NGa_2.pdf (26.9.2012).

United Nations, Department of Economic and Social Affairs, Population Division (2011): World Population Prospects: The 2010 Revision, CD-ROM Edition.

Weise, M./de Wyl, C./Thies, C. (2011): Gescheiterte Großkraftwerksprojekte und Verfall der Reservierungsgebühr, Energiewirtschaftliche Tagesfragen, 61. Jg., Heft 3, S. 83 ff.

Woll, O./Weber, C. (2011): Hybride Ansätze zur Preismodellierung im Kontext von Portfoliomanagement und Kraftwerksbewertung, in: VDI (Hg.), Optimierung in der Energiewirtschaft (VDI-Berichte 2157), Düsseldorf, S. 93 ff.

50 Hertz Transmission GmbH (2012): Lastflüsse 2011, http://www.50hertz.com /de/119.htm (20.9.2012).

50 Hertz Transmission GmbH/Amprion GmbH/TransnetBW GmbH/Tennet TSO GmbH (2012): Pressemitteilung: EEG-Umlage beträgt 5,277 Cent pro Kilowattstunde, http://www.eeg-kwk.net/de/file/20121015_PM_ EEG-Umlage.pdf (15.10.2012).

50 Hertz Transmission GmbH/Amprion GmbH/TransnetBW GmbH/Tennet TSO GmbH (2012a): EEG Anlagenstammdaten zum 31.12.2011, http://www.eeg-kwk.net/de/file/2011_Anlagenstammdaten-2.zip (24.9.2012).

50 Hertz Transmission GmbH/Amprion GmbH/TransnetBW GmbH/Tennet TSO GmbH (2011): Prognose der Bandbreite der EEG-Umlage 2013 nach AusglMechAV, Stand 15.11.2011, http://www.eeg-kwk.net/de/ file/111115_Veroeffentlichung_EEG-Umlage-Range_2013.pdf (24.9.2012).

Forschungs- und Innovationsförderung im Bereich ausgewählter erneuerbarer Energieträger

Eine ökonomische Analyse der Förderung erneuerbarer Energieträger durch die Bundesregierung

Dirk Fornahl/Florian Umlauf

Dieser Artikel greift auf, wie die Bundesregierung mit dem Instrument der Projektförderung Forschung und Innovationen innerhalb der erneuerbaren Energien stimuliert und fördert. Der Übersicht halber wurde die Analyse auf die Bereiche Windkraft und Photovoltaik begrenzt, welche sowohl vom Fördervolumen als auch bezüglich der Höhe der Stromeinspeisung eine besondere Bedeutung haben. Der Beitrag beginnt mit einer kurzen Einordnung des Förderkatalogs, dem Archiv der Projektförderung, mittels einer ersten Sichtung der relevanten Daten. Der Einstieg in die Analyse erfolgt über die Darstellung der Förderentwicklung in einem zeithistorischen Kontext und ihrer prägenden Einflüsse. Darauf folgt zur Aufdeckung von Agglomerationen, d.h. solcher Regionen, die die Energiewende besonders aktiv vorantreiben, eine regionale Betrachtung der Förderung auf Kreisebene. Abschließend werden die wichtigsten Organisationen der Wirtschaft, außeruniversitären Forschungseinrichtungen und Hochschulen aus den jeweiligen Technologiefeldern herausgearbeitet und dargestellt.

I. Hintergrund

Als Gegenstand der Untersuchung und stellvertretend für die erneuerbaren Energien werden die Bereiche der Photovoltaik und Windkraft betrachtet. Beide Technologien profitierten in der Vergangenheit neben der Förderung durch das Erneuerbare-Energien-Gesetz (EEG)[1] insbesondere durch die technologieorientierte Projektförderung der Bundesregierung, welche sowohl das Ziel hat, Produktinnovationen, d.h. primär die Erreichung verbesserter Wirkungsgrade, als auch Prozessinnovationen, die die Herstellungskosten senken, zu fördern. Aus dem Ziel der Bundesregierung, bis 2020 den Anteil der erneuerbaren Energien am Bruttostromverbrauch auf mindestens 35 % anzuheben und der Rahmenbedingung, die Strompreise möglichst niedrig zu halten, entsteht ein offenkundiger Konflikt, der sich aus den immer noch nur bedingt wettbewerbsfähigen Kosten für erneuerbare Energien gegenüber den konventionellen Anlagen ergibt.[2] Diese Lücke zu schließen gilt als das oberste Ziel der Bundesregierung und ihrer programmatisch geförderten Energieforschung.[3] Eine starke Reduktion der Produktionskosten für EE-Strom ist dabei eher weniger durch das EEG und induzierte Skaleneffekte als durch Produkt- und Prozessinnovationen zu erreichen.

Darüber hinaus wird dem Bereich Klima und Energie in der Hightech-Strategie 2020 der Bundesregierung eine zentrale Funktion zugeordnet. Die Bundesregierung bezeichnet in ihrer Hightech-Strategie den Klimawandel als eine der größten gegenwärtigen Herausforderungen der Menschheit, der den Übergang zu einer nachhaltigen Energieversorgung unvermeidbar und Forschung und Entwicklung im Bereich Klima und Energie unabdingbar mache.[4]

---

[1] Siehe hierzu den Beitrag von Schlacke/Kröger in diesem Band.
[2] Vgl. zu EEG-induzierten Strompreiseffekten auch den Beitrag von Möst/Müller/Schubert in diesem Band.
[3] Vgl. BMWi 2011, S. 16
[4] Vgl. BMBF 2010, S. 12.

II. Datenhintergrund

Zur Analyse der Forschungs- und Innovationsförderung wird auf den Förderkatalog des Bundes zurückgegriffen.[5] Dieser erfasst die Informationen zur Projektförderung, welche seit den 1960er Jahren durch die Bundesministerien für Bildung und Forschung (BMBF), für Wirtschaft und Technologie (BMWi), für Verkehr, Bau und Stadtentwicklung (BMVBS), für Umwelt, Naturschutz und Reaktorsicherheit (BMU) und für Ernährung, Landwirtschaft und Verbraucherschutz (BMELV) gefördert wurden. Zur Analyse stehen 136.000 abgeschlossene und laufende Vorhaben der direkten und indirekten Projektförderung zur Verfügung. Nicht berücksichtigt sind damit die institutionelle sowie die ressortbezogene Forschung des Bundes, ebenso wenig wie Forschungsprogramme der Wirtschaft und sonstiger Akteure des deutschen Innovationssystems.

Für die Untersuchung wurden aus dem Förderkatalog die relevanten Projekte in einem dreistufigen Verfahren aus der Grundgesamtheit des Förderkatalogs herausgelöst. Mittels der FuE-Leistungsplansystematik des Bundes, welche es ermöglicht die Forschungsausgaben der zuständigen Ministerien ressortübergreifend zu kategorisieren, wurden den Bereichen Photovoltaik und Windkraft die klar zuordenbaren Projekte über die Leistungsplanklassifikationen zugewiesen.[6] Darüber hinaus ist jedem Projekt im Förderkatalog ein Thema bzw. eine Förderbeschreibung zu Eigen, die den Inhalt des Förderprojekts beschreibt. Diese Beschreibung wird in einem zweiten Schritt nach Schlüsselwörtern, abgestimmt auf die beiden Technologiefelder, durchsucht, wodurch sich weitere Projekte den Technologiebereichen hinzurechnen ließen.[7] Gefördert werden durch die Bundesregierung sowohl Einzel- als auch Verbundprojekte, an denen mindestens zwei oder mehr gleichberechtigte Partner mit eigenständigen Projekten innerhalb des Verbundprojekts partizipieren.[8] Verbundprojekte zeichnen sich daher insbesondere durch eine technologische Nähe der Partner und eine inhaltliche Gemeinsamkeit der Projekte aus. Aus diesem Grund werden zu den bereits identifizierten Projekten aus den ersten beiden Schritten auch die Projekte der Partner aus den Verbundprojekten

---

[5] Vgl. Förderkatalog 2012, Stand: 2.8.2012.
[6] Vgl. BMBF 2012, S. 89.
[7] Vgl. Hinze/Schmoch 2005, S. 230 ff.
[8] Vgl. BMBF 2012, S. 55.

mit in die Betrachtung einbezogen. Alle auf diesem Wege identifizierten Projekte werden differenziert nach ihrer technologischen Zugehörigkeit zur Windkraft bzw. Photovoltaik in der Analyse berücksichtigt. Mittels der beschriebenen Identifizierungsmethode lassen sich aus dem Förderkatalog 1.651 Projekte der Windkraft und 1.208 Förderprojekte aus dem Bereich Photovoltaik identifizieren. Das erste Projekt der Photovoltaik wurde bereits am 1.12.1972 zur „Untersuchung von speziellen Problemen von großflächigen Solarzellen-Generatoren" aufgelegt und erhielt eine Förderung in Höhe von 132.936 Euro. Etwa zwei Jahre später, am 1.3.1975, folgte das erste Förderprogramm im Bereich der Windkraft mit dem „Windenergie-Messprogramm an der Sylter Windkraftanlage", gefördert durch 107.986 Euro. Zur Gewährleistung der Vergleichbarkeit der Förderbeträge über einen Zeitraum von über 30 Jahren ist es notwendig, die Eurobeträge um die Inflation zu bereinigen, da ansonsten weit zurückliegende Förderbeträge angesichts einer Inflation von etwa 160 % seit 1975 bis ins Jahr 2010 marginalisiert werden würden. Dies geschieht mittels einer Realisierung der nominellen Förderbeträge bezogen auf das ausgewählte Basisjahr 2010.

III. Empirische Untersuchung

Über den gesamten Beobachtungszeitraum wurden 1.651 Projekte im Bereich der Windkraft mit etwa 554 Mio. EUR (402 Mio. EUR nominal) gefördert, vgl. Abbildung 1 und Tabelle 1. Im selben Zeitraum erfuhr der Bereich der Photovoltaik bei einer Anzahl von 1.208 Projekten eine Förderung von rund 1,6 Mrd. EUR (1,3 Mrd. EUR nominal), im direkten Vergleich eine etwa dreimal so hohe Förderung bei einer geringeren Anzahl an Projekten, vgl. Abbildung 2 und Tabelle 1. Diese Beobachtung schlägt sich ebenfalls in der durchschnittlichen Förderung pro Projekt nieder, in der die Photovoltaik etwa 1,3 Mio. EUR und die Windkraft etwa 336.000 EUR pro Projekt erhält. Verursacht wird diese Disparität durch das 100-MW-Wind- und später dann 250-MW-Wind-Programm aus dem Jahr 1991, bei dem 1.187 Einzelprojekte zur Aufstellung von Windkraftanlagen gefördert wurden, welche im Mittel etwa „nur" 180.000 EUR als Förderung erhielten. Im Bereich der Photovoltaik wurde dagegen zum Vergleich ein ähnliches Programm, das 1000-Dächer-Programm aufgelegt, nur 16-mal jeweils für die Bundesländer dargestellt.

Wenn die Projekte zur Aufstellung der Windkraftanlagen ebenfalls auf der Ebene der Bundesländer aggregiert worden wären, so stiege die durchschnittliche Gesamtförderung der Windkraft auf etwas über 1,1 Mio. EUR pro Projekt, vgl. Tabelle 1.

Tabelle 1: Projektförderung

	Projekte			Fördersumme (in Mio. EUR)			Durchschnittliche Förderung (T EUR)		
	Gesamt-	Einzel-	Verbund-	Gesamt-	Einzel-	Verbund-	Gesamt-	Einzel-	Verbund-
Photovoltaik	1.208	749	459	1.640	1.393	247	1.358	1.860	538
Windkraft	1.651	1.473	178	554	502	52	336	341	290
Windkraft (agg.)	480	302	178	554	502	52	1.154	1.662	292

Mit der gleichen Argumentation ließe sich auch die Anzahl der Projekte im Bereich der Windkraft aggregieren. Statt der 1.187 Projekte für das Projekt 100-MW- bzw. 250-MW-Wind wären nur noch 16 Projekte differenziert nach den Bundesländern ausgewiesen worden. Entsprechend würde sich der Betrag der Gesamtprojekte auf 480 Projekte reduzieren. Die mittlere Projektlaufzeit bei der Photovoltaik beträgt 3,2 Jahre und 5,8 Jahre im Bereich der Windkraft, welche sich auf 2,9 Jahre reduziert, wenn die Anlagen nicht berücksichtigt werden würden. Insgesamt kann festgehalten werden, dass Projekte im Windkraftbereich seltener gefördert werden und damit auch insgesamt eine weit geringere Gesamtfördersumme ausgeschüttet wird. Die Frage ist, warum dies bei der großen Bedeutung der Windkraft für die Energiewende der Fall ist. Entweder bieten politische Entscheidungsträger weniger Förderprogramme an, z.B. weil sie diese Technologie für ausgereift(er) oder aus anderen Gründen für weniger förderwürdig halten, oder die Nachfrage nach solchen Programmen ist geringer, z.B. weil die Firmen F&E-Aktivitäten durch interne Programme finanzieren.

236 Dirk Fornahl und Florian Umlauf

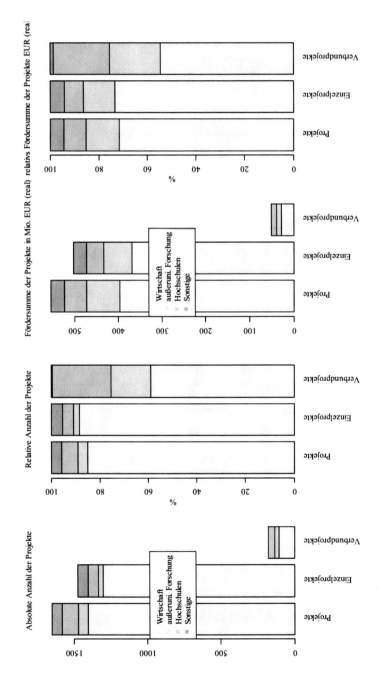

Abbildung 1: Projektförderung Windkraft

Förderung im Bereich erneuerbarer Energieträger 237

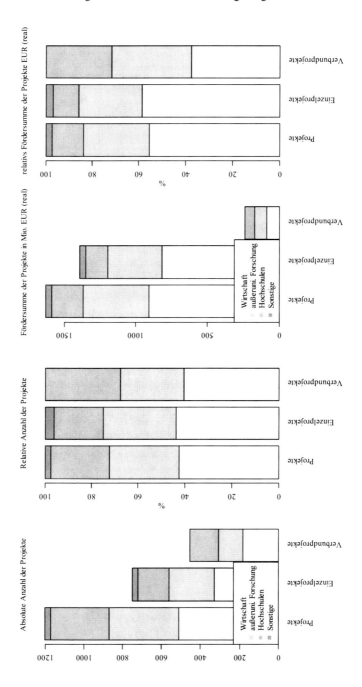

Abbildung 2: Projektförderung Photovoltaik

IV. Zeitliche Entwicklung der Fördermittel

Die Notwendigkeit zur Nutzbarmachung erneuerbarer Energiequellen wurde zu verschiedenen Zeitpunkten unterschiedlich bewertet. Eines der Schlüsselereignisse war wohl die Ölpreisexplosion im Zuge der ersten und zweiten Ölkrise 1973 und 1979, bei der sich der Ölpreis binnen weniger Jahre vervielfachte und andere Energieträgerpreise nachzogen.[1] Alternative Energiequellen, welche die Verlagerung der Wertschöpfung zu großen Teilen ins eigene Land ermöglichten, wurden daher zu vielversprechenden Hoffnungsträgern, die eine größere Unabhängigkeit von Energieimporten gewährleisten sollten. Aspekte der Umweltfreundlichkeit lagen zu diesem Zeitpunkt hinter politökonomischen Interessen zurück. Die Möglichkeit der Umwandlung von Sonnen- und Windenergie in elektrischen Strom wurde im Zuge der Diskussion somit zu einem förderungswürdigen öffentlichen Interesse mit Gemeinwohlcharakter.[2]

Erste Anwendungsfelder waren bereits für die Photovoltaik erschlossen. Sie wurde schon zur Stromversorgung von Satelliten im extraterrestrischen Bereich eingesetzt[3], so dass anfangs noch die Rede von terrestrischen Solarzellen war, wenn der Anwendungsbereich auf die Erde beschränkt war.[4]

In der Abbildung 3 wird die zeitliche Entwicklung der Projektförderung seit dem Beginn ihrer Erfassung in den 70er Jahren dargestellt. Das linke Diagramm zeigt dazu die Anzahl der zum jeweiligen Zeitpunkt laufenden Projekte, die rechte Seite des Diagramms die insgesamt gewährten Fördermittel pro Tag. Zur Darstellung wurden für die jeweiligen Projekte die Laufzeiten ermittelt und die Förderbeträge anteilig auf die jeweiligen Laufzeiten verteilt. Das Resultat ist somit ein Förderbetrag, der pro Tag für einen Technologiebereich verausgabt wurde. Beispielsweise am Tag des 1.12.1991 wurde der Photovoltaikbereich durch 142 laufende Projekte mit insgesamt 255.720 EUR gefördert.

Der Einfluss, den die erste Ölkrise auf die initiale Bereitschaft zur Photovoltaikförderung hatte, lässt sich anhand der Abbildung 3 im Zeit-

---

[1] Vgl. Hensing/Pfaffenberger/Ströbele 1998, S. 65 f.
[2] Vgl. Bruns/Ohlhorst/Wenzel/Köppel 2009, S. 218 ff.
[3] Vgl. Grupp 1997, S. 353.
[4] Beispielsweise das Projekt „Entwicklung einer Kadmiumselenid-Dünnschichtsolarzelle mit einer örtlich variabel dotierten Oberflächenbarriere für die terrestrische Direktumwandlung der Sonnenenergie in elektrische Energie".

raum von 1973 bis 1978 erfassen. Vor diesem Zeitpunkt war kein einziges Projekt aus diesem Bereich öffentlich gefördert worden. Nach der ersten Ölkrise brauchte es weitere vier Jahre, bis erstmals nennenswerte Fördermittel für die Wirtschaft bereitgestellt wurden. Der zweiten Ölkrise folgte ein weiterer Schub an Förderprojekten. Die Förderung, die schon Ende der 70er Jahre auf 50.000 EUR pro Tag geklettert war, verdoppelte sich bereits Anfang der 80er Jahre auf etwa 100.000 EUR, um sich, nach einem kurzen Einbruch Ende der 80er Jahre, auf nicht wieder erreichte 250.000 EUR Anfang der 90er Jahre zu erhöhen. Diese Hochphase Anfang der 90er Jahre steht im Zusammenhang mit der Reaktorkatastrophe von Tschernobyl. Nicht zuletzt unter diesem Eindruck wurde 1992 das 1000-Dächer-Progamm, ein groß angelegter Bereitentest von Photovoltaikanlangen, aufgelegt. Im Anschluss an dieses Projekt begann eine Phase der Stagnation und Schrumpfung der Projektförderung im Bereich der Photovoltaik. Fortan standen andere Instrumente der Förderung im Vordergrund, beispielsweise das im Jahr 2000 verabschiedete Erneuerbare-Energien-Gesetz (EEG) oder das 100.000-Dächer-Programm, welches eine Förderung mittels zinsfreier Kredite und nicht wie zuvor über die Projektförderung vorsah.

Innerhalb der Projektförderung vollzog sich um das Jahr 1987 ein Wandel dahingehend, dass nun zunehmend mehr Forschungseinrichtungen und Hochschulen im Mittelpunkt der Förderung standen. Begünstigt wurde diese Situation durch die 1990 gegründete Interessensvertretung „ForschungsVerbund Sonnenenergie" (FVS), der die aktiven Forschungsinstitute alle unter einem Dach versammelte.[5] Empfing die Wirtschaft noch 1985 etwa 85 % der Förderung, waren es 1987 etwa 75 und 1992 erstmals weniger als 50 % der Förderung. Seit dem Jahr 2000 kam es zunehmend dazu, dass die Forschungseinrichtungen mehr Zuwendungen erhielten als die Wirtschaft, bei jedoch schrumpfenden Zuwendungen insgesamt. Dieser Ablauf weicht vom normalen Innovationszyklus ab, da normalerweise eine Verlagerung von der Wissenschaft in die Wirtschaft stattfindet und nicht umgekehrt. Der beobachtete Verlauf wäre dadurch zu erklären, dass es eine neue Runde im Innovationszyklus gibt, welche neue Grundlagenforschung und damit Forschungseinrichtungen erforderlich macht.

---

[5] Vgl. Bruns/Ohlhorst/Wenzel/Köppel 2009, S. 242.

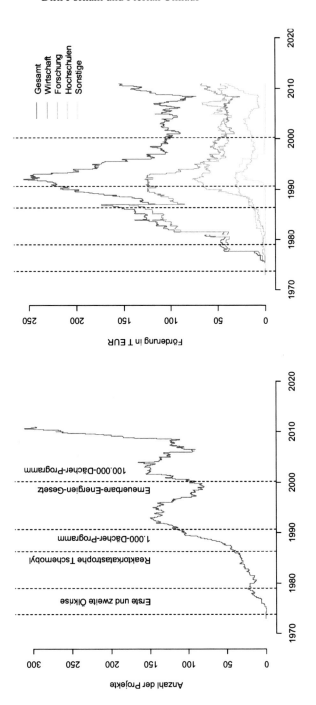

Abbildung 3: Projektförderung Photovoltaik

Förderung im Bereich erneuerbarer Energieträger 241

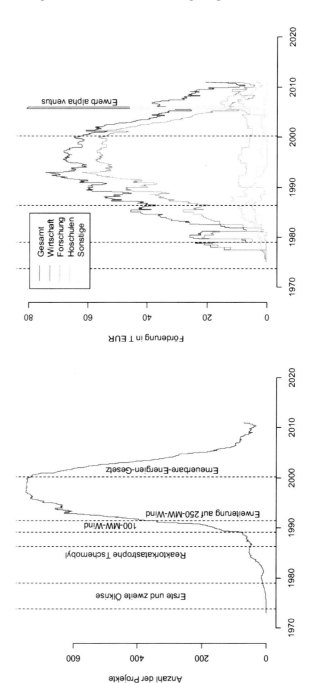

Abbildung 4: Projektförderung Wind

Seit 2009 ist wieder eine deutliche Zunahme der Dynamik zu erkennen, welche auf eine Steigerung in den Bereichen der Forschungseinrichtungen und Hochschulen zurückzuführen ist. Der Einstieg in die Förderung der Windkraft vollzog sich analog zur Photovoltaik, vgl. Abbildung 5. Die sich an die erste Ölkrise anschließende Suche nach Alternativen prägte eine forschungsintensive Zeit, in der die Auseinandersetzung mit den erzielbaren Potenzialen der Windenergie im Fokus stand. Mit dem Bau der ersten großtechnischen Winderprobungsanlage GROWIAN wurde 1977 begonnen. Die zweite Ölkrise führte zu einem anhaltenden Interesse und zu einem Anstieg der Fördergelder auf etwa 45.000 EUR pro Tag im Jahr 1985. Unter dem Einfluss von Tschernobyl wurde die bisherige Förderpolitik umstrukturiert, bei der nun die künftige Marktreife der Anlagen im Vordergrund stand. Im September des Jahres 1989 wurde das 100-MW-Wind-Projekt des Forschungsministeriums bekannt gegeben, bei dem wahlweise eine Zulage zur Einspeisevergütung oder alternativ eine Investitionszulage von bis zu 60 % beantragt werden konnte, vgl. Abbildung 5. Der enorme Anstieg in der Abbildung 5 um das Jahr 1990 ist dem enormen Erfolg dieser Initiative zuzurechnen. Auch deshalb wurde das 100-MW-Wind-Programm 1991 zum 250-MW-Wind-Programm aufgestockt, bei dem insgesamt etwa 1.200 Projekte mit 216 Mio. EUR (160 Mio. EUR nominal) gefördert wurden. Den Höhepunkt der Projektförderung erreichte die Windkraft um das Jahr 2000. Mit der Einführung des EEG, welches die Förderung der erneuerbaren Energien grundlegend reformierte, erübrigte sich eine Projektförderung für die Errichtung von Windkraftanlagen durch eine garantierte Einspeisevergütung.[1] Die Adresse der Förderung wendete sich damit wieder in Richtung Forschung und Entwicklung. In der rechten Abbildung ist diese Entwicklung durch die Zunahme von Fördermitteln bei Forschungseinrichtungen und Hochschulen zu erkennen. Nach der Etablierung der Windkraftanlagen auf dem Festland geriet das Potenzial der Offshore-Windkraftanlagen in den Fokus der Förderpolitik. Nach ersten Vorfelduntersuchungen zwischen 2001 und 2003 konnten bereits 2004 erste Pilotanlagen getestet werden. Im Jahr 2005 erwarb der Bund die Genehmigungsrechte für das Offshore-Testfeld „alpha ventus", dem ersten deutschen Offshore-Windpark, welcher 2008 und 2009 mit 12 Windkraftanlangen bestückt wurde.

---

[1] Zum EEG vgl. auch den Beitrag von Schlacke/Kröger in diesem Band.

Auch hier ist wieder zu erkennen, dass der Fördermittelbetrag für die Windenergie am Ende der Beobachtungsperiode stark abfällt, wohingegen die Mittel für Photovoltaik wieder ansteigen. Entsprechend scheint auch hier die Bedeutung der Windenergie geringer eingeschätzt zu werden als die der Photovoltaik, oder die in diesem Bereich aktiven Organisationen haben eine entsprechende Förderung nicht nötig. Vergleichbares zeigt sich auch in der Förderung der Spitzencluster des BMBF: die Anträge Bremens und Niedersachsens auf einen Spitzencluster im Bereich der Offshore-Windenergie sind zweimal gescheitert, wohingegen ein Photovoltaik-Spitzencluster gefördert wird.[2]

V. Regionale Verteilung der Fördermittel

Potenzielle Erträge aus erneuerbaren Energieträgern variieren über die Regionen. Dies hat insbesondere meteorologische Gründe. Die im Norden wegen der Küstennähe stetiger und stärker wehenden Winde führen dazu, dass Windkraftanlagen höhere Ertragswerte aufweisen, als wenn die gleichen Anlagentypen beispielsweise in Baden-Württemberg oder Bayern stehen würden.[3] Hinsichtlich der Photovoltaik gilt wiederum, dass der süddeutsche Raum ein höheres Potenzial aufweist als der norddeutsche, wo die Sonneneinstrahlung pro Quadratmeter über 20 % geringer ausfallen kann.[4]

Im Kern verfolgt die Bundesregierung eine allokativ effiziente Förderpolitik. Im 6. Energieforschungsprogramm wird zur Kostenreduzierung der erneuerbaren Energien das Ziel formuliert, durch eine gezielte Forschungsförderung die Wirkungsgrade der Technologien zu erhöhen und den gesamten Produktionsprozess zu optimieren. Schwerpunkte der Technologieförderung durch das 6. Energieforschungsprogramm liegen sowohl im Bereich der Windenergie als auch im Bereich der Photovoltaik.[5]

Eine effizienzorientierte Forschungs- und Innovationspolitik müsste sich im Kontext der zuvor erörterten Prämissen, unter Auslassung weite-

---

[2] Vgl. www.spitzencluster.de für eine Auflistung der nominierten Spitzenluster bzw. die Liste der abgelehnten Anträge.

[3] Vgl. Troen/Petersen 1989. Siehe hierzu jedoch auch den Beitrag von Bosch in diesem Band, der auf weitere Faktoren eingeht.

[4] Vgl. Agentur für Erneuerbare Energien 2010, S. 19.

[5] Vgl. BMWi 2011, S. 73 ff.

rer Erklärungsfaktoren wie beispielsweise die Nähe zu bestehenden Forschungs- und Produktionsstandorten, an den meteorologischen Gesichtspunkten erneuerbarer Energieträger orientieren und entsprechende regionale Konzentrationen bilden. Dies würde bedeuten, dass zur Wahrung der Effizienz Forschungsprojekte im Windbereich eher im Norden und Projekte der Photovoltaik eher im Süden anzutreffen sein müssten (wobei natürlich auch nationale und internationale Wertschöpfungsketten von steigender Bedeutung sind).

Einen ersten Überblick über diesen Sachverhalt ermöglichen Tabelle 2 für die Windkraft und Tabelle 3 für die Photovoltaik. In den Tabellen wird die Anzahl der Projekte, die Fördersumme und die Fördersumme je Einwohner differenziert nach Bundesländern ausgewiesen.

Tabelle 2: Windkraft

	Projekte			Fördersumme (in Mio. EUR)			Förderung pro Einwohner (EUR)		
	Gesamt	Einzel	Verbund	Gesamt	Einzel	Verbund	Gesamt	Einzel	Verbund
Baden-Württemberg	60	40	20	35	31	5	3	3	0
Bayern	89	56	33	61	52	9	5	4	1
Berlin	31	25	6	10	6	3	3	2	1
Brandenburg	19	19	0	3	3	0	1	1	0
Bremen	38	30	8	20	19	1	30	28	2
Hamburg	50	42	8	41	38	3	23	21	2
Hessen	64	57	7	62	60	1	10	10	0
Mecklenburg-Vorpommern	92	75	17	24	16	8	15	10	5
Niedersachsen	414	400	14	123	118	5	16	15	1
Nordrhein-Westfalen	312	278	34	34	27	7	2	2	0
Rheinland-Pfalz	53	51	2	5	5	1	1	1	0
Saarland	11	10	1	3	3	0	3	3	0
Sachsen	55	37	18	11	6	5	3	2	1
Sachsen-Anhalt	25	22	3	3	2	1	1	1	0
Schleswig-Holstein	310	306	4	109	108	1	39	38	0
Thüringen	23	20	3	3	2	1	1	1	0

Tabelle 3: Photovoltaik

	Projekte			Fördersumme (in Mio. EUR)			Förderung pro Einwohner (EUR)		
	Gesamt	Einzel	Verbund	Gesamt	Einzel	Verbund	Gesamt	Einzel	Verbund
Baden-Württemberg	287	197	90	372	311	61	35	29	6
Bayern	182	129	53	441	415	26	35	33	2
Berlin	83	45	38	84	57	26	24	17	8
Brandenburg	22	10	12	10	4	6	4	2	2
Bremen	4	3	1	3	3	0	5	4	0
Hamburg	14	9	5	14	10	3	8	6	2
Hessen	97	73	24	132	121	11	22	20	2
Mecklenburg-Vorpommern	5	3	2	4	3	1	2	2	0
Niedersachsen	55	34	21	35	28	7	4	4	1
Nordrhein-Westfalen	142	87	55	188	160	27	11	9	2
Rheinland-Pfalz	23	16	7	25	16	9	6	4	2
Saarland	9	6	3	3	2	1	3	2	1
Sachsen	140	70	70	97	60	37	23	14	9
Sachsen-Anhalt	42	12	30	26	17	9	11	7	4
Schleswig-Holstein	32	32		168	168	0	59	59	0
Thüringen	64	17	47	34	14	20	15	6	9

Aus Tabelle 2 lässt sich ablesen, dass das Land Niedersachen im Bereich der Windkraft mit 414 Projekten und einer realen Förderung von 123 Mio. EUR die meisten Förderprojekte und Fördermittel erhalten hat. Die Vergleichbarkeit der Bundesländer untereinander auf der Basis von absoluten Bezugswerten ist jedoch wegen ihrer unterschiedlichen Größe nur eingeschränkt möglich und führt zu Verzerrungen, welche die regionalen Charakteristika überlagern, weshalb es sich anbietet, die absoluten Größen in Relation zur Bevölkerung zu setzten.

Wenn im Bereich der Windkraft die Bundesländer nach ihrer erhaltenen Förderung je Einwohner bewertet werden (vgl. Tabelle 2), liegen die Bundesländer in der Reihenfolge Schleswig-Holstein mit 39 EUR, Bremen mit 30 EUR, Hamburg mit 23 EUR und Niedersachen mit 16 EUR je Einwohner auf den vorderen Plätzen. Dies passt zu der zuvor formulierten Hypothese, dass eine effiziente Förderpolitik insbesondere nördliche Bundesländer berücksichtigen müsste. Vergleichbares, wenn auch etwas weniger deutlich, lässt sich bei der regionalen Verteilung der Photovoltaikförderung beobachten, vgl. dazu Tabelle 3. Mit dem Fokus auf die Förderung pro Einwohner nimmt auch hier wieder Schleswig-Holstein mit 59 EUR pro Einwohner die Spitzenposition ein, gefolgt von Bayern und Baden-Württemberg mit jeweils 35 EUR, Berlin mit 24 EUR und Sachsen mit 23 EUR je Einwohner. Die Trennlinie zwischen Nord und Süd verläuft weniger deutlich, welches dafür spricht, dass neben den meteorologischen auch andere Rahmenbedingungen politischer, ökonomischer und ökologischer Art eine Rolle spielen.[6]

Zur genaueren Untersuchung der regionalen Verteilung ist in der linksseitigen Karte der Abbildung 5 die regionale Fördermittelverteilung pro Einwohner im Bereich der Windkraft auf Ebene der Kreise bzw. kreisfreien Städte dargestellt. Die Förderung verteilt sich ungleichmäßig über die gesamte Karte mit einer auffällig starken Konzentration der Fördermittel pro Einwohner entlang der Nordseeküste. Mit einer Förderung von 291 EUR pro Einwohner ist der Kreis Nordfriesland, vgl. Tabelle 4, an der Grenze zu Dänemark Spitzenreiter im Bereich der Windkraft. Seine Position geht im Wesentlichen daraus hervor, dass dort seit 1986 Windkraftanlangen zu Erprobungszwecken errichtet wurden. Wegen ihrer starken technologischen Position hat es neben den Küstengebieten auch die inländische Region Kassel unter die Gruppe der ersten Acht geschafft. Die besondere Rolle Kassels ist auf die Niederlassung des Fraunhofer-Instituts für Windenergie und Energiesystemtechnik (IWES) und das an die Universität angeschlossene Institut für Solare Energieversorgungstechnik (ISET) zurückzuführen, welche gemeinsam die Förderprojekte in Kassel auf sich vereinigen.

---

[6] Beispielsweise die Initiative KMU-innovativ, bei der kleine und mittlere Unternehmen bevorzugt gefördert werden oder das Projekt „Biologisch-Ökologische Begleituntersuchungen zum Bau und Betrieb von Windkraftanlagen".

Förderung im Bereich erneuerbarer Energieträger 247

Abbildung 5: Regionale Förderverteilung

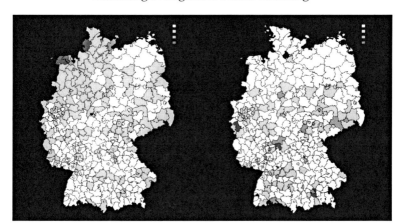

Wie zuvor vermutet zeigt die Abbildung ein starkes Nord-Süd-Gefälle der Förderbeträge. Einem relativ stark geförderten Norden, in dem kaum weiße Flächen in der Kartenlandschaft zu erkennen sind, steht ein relativ schwach geförderter übriger Raum gegenüber, in dem sich nur wenige Kreise durch eine Förderung hervorheben.

Tabelle 4: Regionale Verteilung der Windkraftförderung

Kreis/Gemeinde	Förderung pro Einwohner	Kreis/Gemeinde	Förderung pro Einwohner
Kreis Nordfriesland	291	Landkreis Wittmund	113
Kassel (krf. Stadt)	213	Landkreis Emden	95
Landkreis Aurich	160	Landkreis Friesland	91
Kreis Dithmarschen	120	Oldenburg (krf. Stadt)	76

Die rechte Karte der Abbildung 5 zeigt die regionale Fördermittelverteilung pro Einwohner im Bereich der Photovoltaik. Abermals stellt sich die Verteilung ungleichmäßig und zudem stärker konzentriert als im Bereich der Windkraft dar.[7] Stärkste Region ist der Landkreis Altötting, welcher bisher mit insgesamt 1.214 EUR pro Einwohner gefördert wurde, vgl. Tabelle 5. Die Projekte dieser Region reichen z.t. bis in die 70er Jahre zurück, wo in Burghausen insbesondere die Heliotronic Forschungs- und Entwicklungsgesellschaft für Solarzellen-Grundstoffe und der Wacker Chemie Konzern für die Herstellung von in Solarzellen nutzbarem Silizium gefördert wurden. Der mit 855 EUR pro Einwohner an zweiter Stelle rangierende Landkreis Freiburg sticht mit einer geförderten Anzahl von etwa 120 Projekten hervor, die im Wesentlichen auf das dort niedergelassene Fraunhofer-Institut für Solare Energiesysteme (ISE) zurückzuführen sind. Technologisch wird dort ein weiter Bogen von der Material- bis hin zur Modulentwicklung gespannt, welcher sich in den Projektthemen niederschlägt. Dem folgt der Kreis Pinneberg mit einer Förderung von 544 EUR pro Einwohner, in dem SCHOTT Solar und AEG mit einer Niederlassung in Wedel beheimatet sind.

Tabelle 5: Regionale Verteilung der Photovoltaikförderung

Kreis/Gemeinde	Förderung pro Einwohner	Kreis/Gemeinde	Förderung pro Einwohner
Landkreis Altötting	1.214	München	269
Landkreis Freiburg	855	Landkreis Erlangen-Höchstadt	260
Kreis Pinneberg	544	Kreis Düren	202
Landkreis Aschaffenburg	370	Krefeld	153

---

[7] Da dem 1000-Dächer-Programm die regionale Zuordnung fehlt, wurden die Projekte innerhalb dieses Programms bei der Darstellung der Karte ausgeschlossen. Der Umfang der Projekte beläuft sich mit rund 65 Mio. EUR auf etwa 5 % der Gesamtförderung im Bereich der Photovoltaik, weshalb die Gesamtbetrachtung nur geringfügig beeinflusst wird.

Aus der Karte geht hervor, dass die Vermutung der regionalen Konzentration der Photovoltaik im Süden nicht gänzlich widerlegt werden kann. Während Mittel- und Süddeutschland durchweg Regionen aufweisen, welche eine Förderung erhalten haben, geht der Norden durchweg unterrepräsentiert im Bereich der Photovoltaikförderung hervor.

VI. Ausführende Stellen innerhalb der Förderung

Ausführende Stellen sind unmittelbar mit der Umsetzung des Projekts betraut. Neben der ausführenden Stelle kennt der Förderkatalog noch den Zuwendungsempfänger, welcher nicht selten mit der ausführenden Stelle übereinstimmt. Als gutes Beispiel, dass es gelegentlich doch zu Unterschieden kommt, dient die Fraunhofer-Gesellschaft. Ihre Zentrale mit Sitz in München ist zumeist als Zuwendungsempfänger benannt, während die jeweiligen Gliederungen als ausführende Stellen gekennzeichnet sind. Da das Interesse darauf abzielt, einzelne Organisationen zu betrachten, werden im Folgenden die ausführenden Stellen genutzt, welche in diesem Zusammenhang zweckmäßiger sind und mehr Details verraten.

Die Tabelle 5 stellt die Fördermittelkonzentration im Photovoltaik-Segment getrennt nach den Trägergruppen Wirtschaft, Forschungseinrichtungen und Hochschulen dar. Auf den Bereich der Wirtschaft entfallen 906 Mio. EUR der 1,6 Mrd. EUR, welches einem Anteil von rund 56 % entspricht, Forschungseinrichtungen und Hochschulen wurden mit jeweils 461 (28 %) und 223 Mio. EUR (14 %) gefördert. Die bereits stark im Bereich Wirtschaft konzentrierten Fördermittel entfallen zu 65,9 % auf lediglich sieben Unternehmen[8], während der Anteil derselben Firmen gemessen an der Projektanzahl bei 19 % lag. Als Maß für die Ungleichverteilung wurde für die einzelnen Trägergruppen der Gini-Koeffizient bestimmt[9], der Werte zwischen 1 (maximale Konzentration) und 0 annehmen kann. Dieser erreicht innerhalb der Wirtschaft einen Wert von 0,75, im Bereich der außeruniversitären Forschungseinrichtungen und Hochschulen einen Gini-Wert von 0,59 bzw. 0,52. Damit sind Förder-

---

[8] Vgl. dazu in der Tabelle 5 aus der Spalte Fördersumme den CR_7-Wert der Wirtschaft. Der CR_i-Wert kummuliert die i größten relativen Anteile nacheinander auf.

[9] Der Gini-Koeffizient ist ein statistisches Maß zur Darstellung einer Ungleichverteilung. Ein Wert von 1 signalisiert eine extreme Konzentration, 0 hingegen eine Gleichverteilung.

mittel der Forschungseinrichtungen vergleichsweise schwach konzentriert. 65,9 % der Fördermittel entfallen hier auf die ersten 5 Organisationen, welche zugleich einen relativ hohen Projektanteil von etwa 44 % abgewickelt haben. Etwas niedriger fällt die Konzentration unter den Hochschulen aus.

Der größte Empfänger von Zuwendungen ist die SCHOTT Solar AG mit einer Fördersumme von 283 Mio. EUR, vgl. Tabelle 5. Die SCHOTT Solar ging aus der AEG hervor, welche sich bereits 1954 innerhalb ihres Raumfahrtengagements im Bereich der Photovoltaik betätigte. Ihr folgt an zweiter Stelle mit einer Förderung von 185 Mio. EUR das Fraunhofer-Institut für Solare Energiesysteme (ISE), gegründet 1981 als erste außeruniversitäre Forschungseinrichtung, welche sich hauptsächlich der Solarforschung widmet.[10] Führende unter den Hochschulen ist die Universität Stuttgart mit 47 Mio. EUR, deren Förderung insbesondere auf das Institut für Physikalische Elektronik (IPE) der Fakultät für Informatik, Elektrotechnik und Informationstechnik zurückzuführen ist.

Für die Windkraft stellt die Tabelle 6 die Fördermittelkonzentration analog zur Tabelle 5 dar. Die Förderung von 545 Mio. EUR für die Windkraft teilt sich in 396 Mio. EUR (73 %) für die Wirtschaft, 76 Mio. EUR (14 %) für die außeruniversitären Forschungseinrichtungen und 50 Mio. EUR (9 %) für die Hochschulen auf. Aufgrund der hohen Dichte ausführender Stellen innerhalb der Wirtschaft fällt die Konzentration wesentlich geringer als im Segment der Photovoltaik aus. Gefördert wurden die ersten fünf Unternehmen mit 70 Mio. EUR, welches etwa 18 % der Gesamtsumme der Wirtschaftsunternehmen entspricht.[11] Der Gini-Koeffizient liegt für diese Gruppe mit 0,64 dennoch relativ hoch, welches darauf hindeutet, dass, obwohl die Top-5-Unternehmen der Windkraft im Vergleich zum Photovoltaikbereich insgesamt weniger Förderanteile auf sich vereinigen, unter den 1.405 Projekten der Windkraft viele Firmen mit sehr kleinen Projekten vertreten sind. Durch einen Anteil von 76,9 % unter den Top-5, sowie einem Gini-Koeffizienten von 0,70, wird die hohe Konzentration unter den Forschungseinrichtungen erkenntlich, die sogar stärker als bei den Wirtschaftsunternehmen ist. Vergleichsweise gering fällt die Konzentration unter den Hochschulen, bei einem Gini-

---

[10] Vgl. Bruns/Ohlhorst/Wenzel/Köppel 2009, S. 222; ISE 2012, Abruf 14.8.2012.

[11] Vgl. dazu aus der Tabelle 5 den CR_7-Wert der Wirtschaft in der Spalte Fördersumme.

Koeffizienten von 0,47 und einem Anteil von 43 % der Fördermittel unter den ersten fünf Hochschulen, aus.

Unter den Organisationen hat das ehemalige Institut für Solare Energieversorgungstechnik (ISET) die größte Förderung (35,7 Mio. EUR) erhalten, welches 1977 bereits zur Realisierung des GROWIAN-Projekts beigetragen hatte. Im Jahr 2009 ging das ISET mit treffenderem Namen im Institut für Windenergie und Energiesystemtechnik auf und ist seitdem ein Teil der Fraunhofer-Gesellschaft.[12] Die Positionen der bedeutendsten Unternehmen MT Aerospace AG, Messerschmitt-Bölkow-Blohm AG und Germanischer Lloyd AG sind insbesondere historischer Natur. Sie entstanden überwiegend aus Projekten der Pionierzeit. Nur die Germanischer Lloyd AG war an zwei jüngeren Projekten zwischen 2000 und 2005 beteiligt. In der Spitze der Hochschulen sind die Leibniz Universität Hannover und die Universität Stuttgart mit 8,5 Mio. EUR und 4,5 Mio. EUR Förderung vertreten, deren Aktivitäten über die einzelnen Fachbereiche weit verstreut sind.

Die Entwicklungen in beiden Technologiebereichen werden also vor allem durch Wirtschaftsunternehmen geprägt, die einen Großteil der Mittel akquirieren. Es zeigt sich dabei auch, dass die Förderung primär großen Einrichtungen (sowohl Unternehmen als auch Forschungseinrichtungen) zugutekommt. Obwohl einige Gründe für eine solche Förderung sprechen (u.a. die internationale Konkurrenz und Kostendegressionsvorteile), stellt sich trotzdem die Frage, ob die häufig höheren Innovationsraten von kleinen Organisationen optimal genutzt werden. Dies gilt sowohl für die Entwicklungen bei zentralisierten Formen der Energiegewinnung (z.B. im Rahmen von Offshore-Windparks) aber besonders für zukünftige Entwicklungen dezentraler und kleinteiliger Formen der Erzeugung erneuerbarer Energien. Entsprechend könnten neue Förderprogramme speziell auf diese Zielgruppe ausgerichtet werden.

---

[12] Vgl. IWES 2009, Abruf 14.8.2012.

Tabelle 5: Hauptakteure Photovoltaik

Organisationen	Fördersumme (Mio. EUR)			Projekte		
	Sum.	Anteil	CR$_i$	Anz.	Anteil	CR$_i$
Wirtschaft	906	55,5%	-	511	42,5%	-
SCHOTT Solar AG	283	31,2%	31,2%	42	8,2%	8,2%
Heliotronic FuE Gesellschaft f. Solarzellen-Grundstoffe	125	13,8%	45,0%	5	1,0%	9,2%
Siemens Aktiengesellschaft	66	7,2%	52,3%	12	2,3%	11,5%
Bayer Aktiengesellschaft	40	4,4%	56,7%	12	2,3%	13,9%
NUKEM GmbH	35	3,9%	60,6%	5	1,0%	14,9%
SolarWorld Industries Deutschland GmbH	28	3,1%	63,7%	7	1,4%	16,2%
Deutsche Solar Aktiengesellschaft	20	2,2%	65,9%	12	2,3%	18,6%
Forschungseinrichtungen	461	28,2%	-	357	29,7%	-
Fraunhofer-Institut für Solare Energiesysteme (ISE)	185	40,2%	40,2%	103	28,9%	28,9%
Jülich - Institut für Schichten und Grenzflächen (ISG)	40	8,7%	48,9%	4	1,1%	30,0%
Helmholtz-Zentrum für Materialien und Energie	32	6,9%	55,8%	19	5,3%	35,3%
Battelle-Institut e.V.	24	5,2%	61,0%	13	3,6%	38,9%
Zentr. F. Sonnenenergie- und Wasserstoff-Forschung	22	4,9%	65,9%	18	5,0%	44,0%
Hochschulen	223	13,6%	-	305	25,4%	-
Universität Stuttgart	47	21,1%	21,1%	27	8,9%	8,9%
Universität Konstanz	18	7,9%	29,0%	13	4,3%	13,1%
Friedrich-Alexander-Universität Erlangen-Nürnberg	12	5,5%	34,6%	19	6,2%	19,3%
Technische Universität Dresden	12	5,3%	39,8%	18	5,9%	25,2%
Technische Universität München	10	4,6%	44,4%	10	3,3%	28,5%
Insgesamt	1.640			1.208		

Tabelle 6: Hauptakteure Windkraft

Organisationen	Fördersumme (Mio. EUR)			Projekte		
	Sum.	Anteil	CR$_i$	Anz.	Anteil	CR$_i$
Wirtschaft	396	72,6%	-	1.405	85,1%	-
MT Aerospace	21,5	5,4%	5,4%	9	0,6%	0,6%
Messerschmitt-Bölkow-Blohm	13,5	3,4%	8,8%	9	0,6%	1,3%
Germanischer Lloyd	12,2	3,1%	11,9%	2	0,1%	1,4%
EWE Aktiengesellschaft	11,8	3,0%	14,9%	7	0,5%	1,9%
Große Windenergieanlage Bau- und Betriebsgesellschaft	11,3	2,8%	17,7%	2	0,1%	2,1%
Forschungseinrichtungen	76	13,9%	-	65	3,9%	-
Inst. f. Solare Energieversorgungstechnik (ISET)	35,7	46,7%	46,7%	8	12,3%	12,3%
DLR - Institut für Bauweisen- und Konstruktionsforschung	8,8	11,5%	58,2%	3	4,6%	16,9%
FH Kiel - Forschungs- und Entwicklungszentrum	7,5	9,9%	68,1%	1	1,5%	18,5%
Stiftung AWI für Polar- und Meeresforschung	3,6	4,8%	72,9%	4	6,2%	24,6%
Helmholtz - GEOMAR	2,9	3,8%	76,9%	3	4,6%	29,2%
Hochschulen	50,4	9,0%	-	109	6,6%	-
Leibniz Universität Hannover	8,5	16,9%	16,9%	14	12,8%	12,8%
Universität Stuttgart	4,5	8,8%	25,8%	5	4,6%	17,4%
Friedrich-Alexander-Universität	3,1	6,2%	32,0%	7	6,4%	23,9%
TU Carolo-Wilhelmina zu Braunschweig	3	5,9%	37,9%	5	4,6%	28,4%
TU Berlin	2,7	5,3%	43,2%	5	4,6%	33,0%
Insgesamt	545			1.651		

Literatur

Agentur für Erneuerbare Energien (2010): Potenzialatlas Erneuerbare Energien 2020, Berlin.

BMBF (2010): Ideen. Innovation. Wachstum. Hightech-Strategie 2020, Bonn.

BMBF (2012): Bundesbericht Forschung und Innovation 2012, Berlin.

BMWi (2011): Forschung für eine umweltschonende, zuverlässige und bezahlbare Energieversorgung – Das 6. Energieforschungsprogramm der Bundesregierung, Berlin.

Bruns, E./Ohlhorst D./Wenzel B./Köppel, J. (2009): Erneuerbare Energien in Deutschland – Eine Biographie des Innovationsgeschehens, Berlin.

Grupp, H. (1997): Messung und Erklärung des Technischen Wandels: Grundzüge einer empirischen Innovationsökonomik, Berlin.

Hensing, I./Pfaffenberger W./Ströbele W. (1998): Energiewirtschaft, München.

Hinze, S./Schmoch, U. (2005): Opening the Black Box – Analytical Approaches and their Impact on the Outcome of Statistical Patent Analyses, in: Handbook of Quantitative Science and Technology Research, Kluwer Academic Publishers (Hg.), Moed, H./Glänzel, W./ Schmoch, U. (Ed.), Kapitel 9, S. 215 ff.

ISE (2012): Meilensteine 1981-1992, http://www.ise.fraunhofer.de/de/ueberuns/geschichte/1981-1992, (1.6.2012).

IWES (2009): Profil und Entwicklung, http://www.uni-kassel.de/pls/w3isetdad/ www_iset_new.main_page?p_name=7210002&p_lang=ger, (5.6.2012).

Troen, I./Petersen, E.L. (1989): European Wind Atlas, Roskilde.

Die Energiewende aus wachstumskritischer Perspektive

Gerolf Hanke und Benjamin Best

In diesem Artikel diskutieren wir die Energiewende aus wachstumskritischer Sicht. Der gegenwärtige Versuch, eine nachhaltige Energieversorgung vorrangig mit technischen Lösungen zu ermöglichen, die das wirtschaftspolitische Wachstumsparadigma und die damit verbundenen, auf materielle Wohlstandssteigerung ausgerichteten Lebensstile und Konsummuster unangetatset lassen, ist – so die zentrale These – zum Scheitern verurteilt. Eine Entkoppelung von Wirtschaftswachstum und Ressourcenverbrauch, die das Ziel der deutschen Energie- und Nachhaltigkeitspolitik ist, entpuppt sich als Schimäre, da Verlagerungseffekte der technisch orientierten Effizienz- und Konsistenzstrategie dieselben schwächen. Energie-Suffizienz, also der genügsame Minderverbrauch von Energie, erscheint daher eine notwendige Ergänzung für eine erfolgreiche Energiewende, wenn die mit Effizienzsteigerungen und mit dem Ausbau erneuerbarer Energien angestrebten Nachhaltigkeitsziele nicht konterkariert werden sollen. Für eine solche „Suffizienzrevolution" skizzieren wir drei Ansatzpunkte: ein Bewusstseinswandel auf individueller Ebene, Suffizienzpolitik als staatliche Steuerungsmaßnahme und konviviale Technologien als materielle Ermöglichungsstruktur für suffiziente Lebensstile.

I. Einleitung

Die Energiewende, der Umbau der gegenwärtig weitgehend fossil-nuklearen hin zu einer nachhaltigen Energieversorgung, ist eines der ambitioniertesten infrastrukturellen Großprojekte seit dem Zweiten Weltkrieg.[1] Entsprechend breit und kontrovers wird derzeit über organisatorische und technische Umsetzungsfragen diskutiert.

Scheinbar parallel und unverbunden dazu entbrennt eine alte Debatte mit neuen Argumenten, die vor allem soziokulturelle Dimensionen nachhaltigen Wirtschaftens in den Blick nimmt. Zentral ist dabei die Frage, ob wirtschaftliches Wachstum, gemessen am Bruttoinlandsprodukt (BIP), kompatibel mit, womöglich gar förderlich für Nachhaltigkeit ist; oder ob die permanente Steigerung der Wirtschaftsleistung und des materiellen Wohlstands als ökonomisches, kulturelles und damit auch politisches Paradigma des 20. Jahrhunderts überkommen werden muss, um die Tragfähigkeit des Planeten nicht zu überschreiten.[2]

Die Verknüpfung dieser beiden Diskurse ist das Anliegen dieses Artikels. Ist die Energiewende also – unter dem Gesichtspunkt langfristiger Umweltverträglichkeit – eine vorrangig technische Herausforderung oder müssen sich auch die enkulturierten tiefsitzenden Strukturen der Lebensstile und Konsummuster, muss sich der *Umgang mit Energie* ändern, um Nachhaltigkeit zu gewährleisten?

II. Energiewende ohne Wachstumsdebatte?

Seit der Studie über die „Grenzen des Wachstums"[3] im Auftrag des Club of Rome vor nunmehr 40 Jahren ist die Wachstumsfrage eine stete Begleiterin des ökologischen Diskurses, wenngleich dieser den üblichen medialen und (leicht versetzt) politischen Aufmerksamkeitsschwankungen unterliegt. Insbesondere im Lichte der jüngsten Wirtschaftskrise erfahren Grundsatzdebatten über die Leitlinien (wirtschafts-) politischen Handelns nun wieder erheblichen Aufschwung.[4] Nicht nur in abendlichen

---

[1] Umweltminister Peter Altmeier beschrieb die Dimensionen der Energiewende jüngst sogar als vergleichbar mit dem Wiederaufbau (vgl. rp-online 2012).

[2] Siehe hierzu auch den Beitrag von Kunze in diesem Band.

[3] Meadows et al. 1972.

[4] Die Grundlagen der neuen Wachstumsdebatte wurden nicht nur von den Autoren der „Grenzen des Wachstums" von 1972 gelegt – auch wenn das Buch heute noch ein beständiger Referenzpunkt in der Diskussion ist. Wichtige theoretische Vorarbeiten lieferten insbesondere ökologische Ökonomen wie Herman Daly, Nicholas Georgescu-Roegen und Karl W. Kapp oder auch Philosophen wie Ivan Illich, Leo-

Polit-Talks und in Zeitungen kommen zunehmend wachstumskritische Stimmen zu Wort, auch auf bundespolitischer Ebene sind Räume zur Reflexion und Neuausrichtung geschaffen worden, so zum Beispiel die Enquete-Kommission des Bundestages „Wachstum, Wohlstand, Lebensqualität – Wege zu nachhaltigem Wirtschaften und gesellschaftlichem Fortschritt in der Sozialen Marktwirtschaft".

Dennoch ist bei den politischen Protagonisten der Energiewende von Wachstumsskepsis im tagespolitischen Geschäft nichts zu spüren. In parteiübergreifender Einstimmigkeit werden die wirtschaftlichen Chancen des Ausbaus regenerativer Energieproduktion betont und die Technologieführerschaft Deutschlands im internationalen Wettbewerb proklamiert.[5] Das im Juni 2011 veröffentlichte Eckpunktepapier der Bundesregierung formuliert die wirtschaftlichen Perspektiven der Energiewende folgendermaßen:

> „(…) dabei (werden) neue Technologien und Produkte, neue Exportmöglichkeiten und damit Beschäftigung und Wachstum entstehen. Der beschleunigte Weg ins regenerative Zeitalter soll Deutschland bei wettbewerbsfähigen Energiepreisen, Energiesicherheit und hohem Wohlstandsniveau zu einer der fortschrittlichsten und energieeffizientesten Volkswirtschaften der Welt machen."[6]

Im Zentrum stehen somit weiterhin die Leitlinien der Politik des letzten Jahrhunderts: Beschäftigung, Wachstum und Expansion gelten als Garanten von Wohlstand und Fortschritt.

Die Postwachstumsökonomik sieht jedoch ausgerechnet in diesem Paradigma der Industriemoderne eine zentrale tieferliegende Ursache für gegenwärtige ökologische, soziale und wirtschaftliche Krisen. Sie setzt dagegen Ansätze einer Wirtschaftsweise, die ohne Wachstum und Expansion auskommt, eines Wohlstandes der nicht primär auf materiellen Konsum ausgerichtet ist. Wie sich diese Argumentation herleitet und was

---

pold Kohr und Ernst F. Schumacher. Auf dieser Basis gibt es gegenwärtig in Europa eine facettenreiche Debatte um „Degrowth" (Jackson 2009), „Décroissance" (Latouche 2006) oder einer „La decrecita felice" (Pallante 2005), in Deutschland vor allem unter dem Stichwort einer Postwachstumsökonomie und -gesellschaft (Paech 2012).

[5] Vgl. exemplarisch: Andreae 2011; Röttgen 2011. In diese Richtung auch die Beiträge von Jänicke und Kemfert in diesem Band.

[6] BMU 2011.

sie im Kontext der Energiewende bedeutet, wollen wir im Folgenden darstellen.

III. Nachhaltigkeit als (vergessenes) Ziel der Energiewende

Die Energiewende der schwarz-gelben Koalition gilt als Reaktion auf die Reaktorkatastrophe von Fukushima.[7] Bundeskanzlerin Angela Merkel setzte infolge dieses Ereignisses eine Ethikkommission ein, welche einem gesellschaftlichen Konsens zum Ausstieg aus der Atomenergie und dem Übergang zu erneuerbaren Energien den Boden bereiten sollte. „Schlüsselbegriffe für die ethische Bewertung zukünftiger Energieversorgung" sind laut Abschlussbericht der Kommission „Nachhaltigkeit und Verantwortung".[8] Da wir uns auf diese Vorgabe der Ethikkommission beziehen, scheint es zunächst notwendig, einige einführende Bemerkungen zum Terminus Nachhaltigkeit anzubringen.

Obwohl dieser Begriff reichlich überstrapaziert und nach Belieben gebogen und verdreht wird[9], so trifft er im Kern seiner Bedeutung doch immer noch die entscheidenden ethischen und politischen Herausforderungen unserer Zeit: die Orientierung an einem Leitbild der Gerechtigkeit, und zwar einer Gerechtigkeit, die sowohl die Gegenwart als auch die Zukunft im Auge hat, und das in globalem Maßstab.[10] Bezogen auf die Frage nach einer nachhaltigen Energieversorgung, bedeutet dies, in der Gesamtbilanz aller mit der Energiewende verbundenen Aktivitäten und Effekte nur so viel Ressourcen zu verbrauchen, wie im gleichen Zeitraum regeneriert werden können (intergenerationale Gerechtigkeit), und zwar unter der Prämisse, dass allen anderen Menschen auf der Erde die gleiche Menge an Ressourcen zusteht wie uns (globale Gerechtigkeit). In anderen Worten: Im Bestreben der Befriedigung unseres Bedürfnisses nach Energie sollten wir weder auf Kosten anderer Menschen und

---

[7] Siehe hierzu auch den Beitrag von Simonis in diesem Band.
[8] Ethik-Kommission Sichere Energieversorgung 2011, S. 24.
[9] Vgl. Finke 2012.
[10] Im sog. Brundtland-Bericht wurde im Jahr 1987 die heute bekannte Definition einer nachhaltigen Entwicklung formuliert: „it meets the needs of the present without compromising the ability of future generations to meet their own needs." Vgl. World Commission on Environment and Development 1987.

Regionen noch auf Kosten unserer und derer Kinder und Kindeskinder wirtschaften.

Der Begriff der Nachhaltigkeit hat somit in unseren Augen trotz aller Weichspülungen der vergangenen 20 Jahre einen harten, absoluten Kern, der nicht relativierbar ist. Das zentrale ethische Postulat der Energiewende ist eine (absolut) nachhaltige und nicht eine (relativ) nachhaltigere Energieversorgung der BRD; es geht nicht um Schadensbegrenzung oder um ein Bemühen im Zeichen der Machbarkeit, sondern um die Erreichung eines definierten Zieles: Die Senkung des für die Energieversorgung notwendigen Ressourcenverbrauchs auf ein Niveau, das dauerhaft übertragbar ist auf die gesamte Erdbevölkerung.

Die dargelegte Schärfe des Nachhaltigkeitsbegriffs mag erklären, warum als Ziel der Energiewende seitens des Bundesumweltministeriums (BMU) zumeist die interpretationsoffene Formulierung gewählt wird, der Strom der Zukunft müsse „sicher, bezahlbar und umweltfreundlich"[11] sein, während Nachhaltigkeit eher als sekundärer Begriff gebraucht wird.[12] Die Vorgabe der Ethikkommission entlässt Bundesregierung und BMU jedoch nicht aus der Verantwortung, sich letztlich am Anspruch der Nachhaltigkeit messen lassen zu müssen. Dies zumindest ist die Grundlage dieses Beitrags.

IV. Die Schimäre der Entkoppelung

Zumeist werden drei Nachhaltigkeitsstrategien unterschieden: Effizienz, Konsistenz und Suffizienz.[13] Die Effizienzstrategie zielt auf die ergiebigere Nutzung von Energie und Ressourcen (*Ressourceneffektivität*)[14], Konsistenz auf die Integration von Ressourcennutzung in geschlossene (natürliche) Kreisläufe, wodurch die Erzeugung von Abfällen und giftigen Restprodukten vermieden wird. Was die Energiewende betrifft, so ist der Ausbau der Erneuerbaren eine klassische Konsistenzstrategie und zielt auf ein Energieversorgungssystem ohne schädliche Emissionen;

---

[11] Diese Ziele, also Energiesicherheit, Umweltfreundlichkeit und Wirtschaftlichkeit, werden als das „Zieldreieck der Energiepolitik" bezeichnet. Zielkonflikte zwischen den drei Dimensionen werden durch die gleichrangige Nennung tendenziell negiert.
[12] Vgl. BMU 2011.
[13] Linz 2004, S. 7-10.
[14] Ausführlich dazu: Weizsäcker et al. 1995; Weizsäcker et al. 2010.

flankiert werden soll die Erzeugung sauberen Stroms durch effizienzbasierte Energieeinsparung.

Während diese beiden Strategien vornehmlich technischer Natur sind, bedeutet Suffizienz „eine Orientierung auf Genügsamkeit und Bescheidenheit, um gegenwärtige Wohlstandsmodelle und Konsummuster auf ein nachhaltiges Niveau zu bringen".[15] Sie zielt vor allem auf Veränderungen des Alltagsverhaltens ab – also auf psychologische und soziale Zusammenhänge.

Vertreter der technischen Strategien[16] argumentierten, dass diese eine Fortführung der bisherigen Wirtschaftsweise erlauben, ohne Marktarrangements oder das materielle Wohlstandsniveau der Industrieländer in Frage zu stellen. Konsumenten wird lediglich die Rolle passiver Statisten zuteil, die für das Gelingen allenfalls dahingehend verantwortlich sind, als sie „die richtigen" Produkte nachfragen. Insofern stellen diese Strategien Lösungen dar, die bestehende Lebensgewohnheiten weitgehend unangetastet lassen und daher relativ problemlos umsetzbar und leicht anschlussfähig sind. Wachstum und Nachhaltigkeit wären somit keine Widersprüche; die wirtschaftlichen und politischen Paradigmen der Industriemoderne könnten erhalten bleiben. „Green Growth", „Green Economy" oder „Green New Deal" heißen die neuen Konzepte, die eine solche Modernisierung der Moderne unter grünen Vorzeichen im Blick haben. Diesen Ansätzen liegt eine *Entkoppelungstheorie* zugrunde, der zufolge Wachstum ohne steigenden Ressourcenverbrauch, also umweltverträglich, generiert werden könnte. Dies impliziert die Hoffnung, dass der globale Produktivismus dank seiner Innovationskraft die Lösung der selbstproduzierten Probleme hervorbringen wird.[17]

---

[15] Siebenhüner 2003, S. 187.

[16] Weder Effizienz- noch Konsistenzstrategie sind tatsächlich *rein* technischer Natur, da die meisten neuen Technologien erstens auch Verhaltensänderungen erfordern und zweitens deren Entwicklung und Implementierung z.t. politisch gefördert und gesellschaftlich akzeptiert werden muss. Zudem gibt es Anlass zur grundsätzlichen Erwägung, ob die Trennung von Technik und Sozialem sinnvoll erscheint, oder in der Realität nicht vielmehr von sozio-technischen gesprochen werden müsste. Vgl. vertiefend dazu Latour 1998.

[17] Hierzu ebenfalls kritisch der Beitrag von Kunze in diesem Band. Optimistischer gegenüber klassischen innovationstreibenden technologiepolitischen Ansätzen die Beiträge von Jänicke und Kemfert in diesem Band.

Diametral entgegengesetzt steht die hier vertretene These, dass der inhärente Wachstumszwang der kapitalistischen Ökonomie zu einem nicht entkoppelbaren höheren Naturverbrauch führt, und damit die tieferliegende Ursache der ökologischen Krise ist. Effizienz- und Konsistenzstrategien sind zwar unentbehrlich, aber nicht ausreichend für eine absolute Senkung des Umweltverbrauchs, sofern sie nicht durch eine Suffizienzstrategie ergänzt werden, die Wachstum und permanente materielle Wohlstandssteigerung in Frage stellt. Dies bedarf einer Erläuterung.

1. Die blinden Flecken der Effizienzstrategie

Was die Effizienzstrategie betrifft, zeigt ein Blick in die Vergangenheit, dass trotz vielfältiger technischer Innovationen, die enorme Effizienzvorteile gebracht haben, der Gesamtrohstoffverbrauch gestiegen und nicht etwa gesunken ist – sowohl global als auch auf Deutschland bezogen.[18] Eine absolute Senkung des Energieverbrauchs kann nicht beobachtet werden – und in den wenigen Bereichen, in denen eine CO_2-Reduktion gelungen zu sein scheint, resultieren die Minderungen aus Verlagerungseffekten.[19]

Dies liegt zum Teil daran, dass die durch Investitionen induzierten *Wachstumseffekte* so stark sind, dass sie Einsparerfolge schlichtweg überkompensieren. Der Wachstumseffekt setzt sich zusammen aus dem *Kapazitäts-* und dem *Einkommenseffekt*. Ersterer vergrößert den Kapitalstock einer Volkswirtschaft, letzterer lässt die Kaufkraft wachsen, so dass die Nachfrage systematisch mit dem wachsenden Angebot steigen kann.[20] Die Entwicklung und Vermarktung effizienter Technologien und Materialien kurbeln – sofern sie Wachstum generieren – somit den Konsum an, und wirken der Ressourcenschonung partiell entgegen. Diese Wachstumseffekte sind zwar politisch explizit erwünscht, unter ökologischen Gesichtspunkten jedoch problematisch und schwächen somit die Effizienzstrategie.[21]

---

[18] Vgl. European Environment Agency 1999; Stengel 2011, S. 51 f.
[19] Enquete-Kommission Wachstum, Wohlstand, Lebensqualität 2012, S. 186 f.
[20] Vgl. Paech 2010a, S. 12 f.
[21] Vgl. Thomas 2012, S. 10. Wachstumseffekte schwächen allerdings nicht nur die Effizienz- sondern auch die Konsistenzstrategie.

Etwas subtiler wirken diverse sogenannte *Reboundeffekte*, die mit Effizienzsteigerungen häufig verbunden sind und mittlerweile zunehmend auch von Effizienzforschern und Politik ernst genommen werden.[22] Als Rebound wird das empirische Phänomene beschrieben, dass Effizienzmaßnahmen, die zunächst Ressourcen (Energie, Zeit, etc.) einsparen, Effekte erzeugen, die diese Einsparung wieder aufzehren.[23] Beim *direkten Rebound* führen die geringeren Kosten dazu, dass mehr von einem effizienten Gut konsumiert wird. Beim *indirekten Rebound* führen die geringeren Kosten dazu, dass mehr von einem anderen Gut konsumiert wird. In vielen Fällen treten mehrere Reboundeffekte auf, so dass auf einer sekundären oder tertiären Ebene die wünschbaren Energieeinsparungen konterkariert werden. Ein klassischer Beleg für Rebounds ist die Tatsache, dass die Effizienzoptimierung moderner Verbrennungsmotoren nicht zu einem insgesamt sinkenden Spritverbrauch geführt hat, da die Fahrzeuge im Gegenzug immer schwerer und leistungsstärker werden konnten.[24] Ein anderes Beispiel ist aus dem Bereich Gebäudesanierung bekannt: an den Nutzungsgewohnheiten der Bewohner frisch gedämmter Häuser lässt sich beobachten, dass ein Teil der durch die höhere Isolierwirkung eingesparten Energie verwendet wird, um die Räume länger oder auf höhere Temperatur zu heizen.[25]

Viele Reboundeffekte haben eine solche psychologische Komponente, etwa wenn über den Konsum einzelner „nachhaltiger" Produkte das ökologische Gewissen beruhigt wird, um dafür in anderen Lebensbereichen umso zügelloser nicht-nachhaltigen Konsummustern nachzugehen, oder wenn besonders energieeffiziente oder „grüne" Produkte lediglich additiv konsumiert werden, aber nicht die weniger nachhaltigen Konsumgüter ersetzen. Oftmals überlagern sich auch mehrere Reboundeffek-

---

[22] Ernst-Ulrich von Weizsäcker, der wohl bekannteste deutsche Effizienzforscher, geht in Faktor 5 ausführlich auf Rebounds ein, vgl. Weizsäcker et al. 2010. Ebenso die oben erwähnte Enquete-Kommission des Bundestages, deren Projektgruppe 3 im September 2012 ihren Abschlussbericht vorlegte, in dem sie ausführlich Reboundeffekte als ernstzunehmendes Hemmnis einer Entkoppelung diskutierte, vgl. Enquete Kommission Wohlstand Wachstum Lebensqualität 2012. Dies kann als klares Signal gewertet werden, dass die Rebound-Diskussion im politischen Mainstream angekommen ist.

[23] Vgl. Paech 2012.

[24] Vgl. Stengel 2011, S. 134.

[25] Vgl. Madlener/Alcott 2011, S. 17.

te. Werden die Effizienzgewinne durch Rebounds überkompensiert und die Effizienzmaßnahmen führen unterm Strich zu einer Steigerung des Ressourcenverbrauchs, so spricht man von Backfire.[26] Um Wachstums- und Reboundeffekte nicht auszublenden, ist sowohl auf individueller wie auf volkswirtschaftlicher oder auch globaler Ebene der Gesamteffekt technischer Innovationen zu betrachten. Für den Endverbraucher lässt sich dann konstatieren, dass man nicht von einzelnen nachhaltigen Produkten oder Konsumaktivitäten sprechen kann, sondern nur von nachhaltigen Lebensstilen. Gleiches gilt für die kollektive Ebene: Die technologischen Umweltinnovationen insbesondere in den Industrienationen müssen im Lichte des Gesamtressourcenverbrauches und Schadstoffausstoßes betrachtet werden, den diese hervorrufen.

Keines der uns bekannten Szenarien für die Entwicklung der erneuerbaren Energien und Energieeffizienz in Deutschland berücksichtigt Reboundeffekte in annähernd ausreichendem Maße. Es steht daher zu befürchten, dass diese Szenarien, die substanzielle CO_2-Einsparungen prognostizieren, ihre Ziele verfehlen werden.

2. Die blinden Flecken der Konsistenzstrategie

Die Hoffnungen vieler Anhänger der Idee grünen Wachstums beruhen auf der Konsistenzstrategie.[27] Wenn es gelänge, ressourcenneutral regenerative Energien in sehr großen Mengen für den Menschen nutzbar zu machen, könnten wir uns unabhängig von endlichen und klimaschädlichen fossilen Energieträgern machen, ohne dabei von unserem Wohlstandsniveau abzurücken. Umweltschonende Biotechnologien, neue Materialien und Recyclingtechniken könnten zudem den schädlichen

---

[26] Die Komplexität des Phänomens erschwert eine Abschätzung des Ausmaßes der Reboundeffekte. Der Sachverständigenrat für Umweltfragen (SRU) kommt zu folgendem Schluss: „Insgesamt deuten die verfügbaren wissenschaftlichen Erkenntnisse darauf hin, dass der langfristige gesamtwirtschaftliche Reboundeffekt regelmäßig über 50 % liegt und auch Werte von über 100 % erreicht, das heißt die erzielten Einsparungen zur Hälfte bis vollständig ausgleichen könnte" (SRU 2011, S. 353). Zu einer optimistischeren Einschätzung kommt Stefan Thomas: direkte Reboundeffekte, die nicht durch Wirkungsbrüche auf anderen Ebenen ausgezeichnet sind, belaufen sich ihm zufolge auf maximal 25 % (vgl. Thomas 2012).

[27] Vgl. Huber 1994.

Output der nunmehr grünen Industrie gegen Null senken. Idealerweise würde die bisher lineare Struktur der Wirtschaftsprozesse – Ressourcen werden abgebaut, verwertet und letztlich als unbrauchbar entsorgt – im Kreis geführt und nur biologisch abbau- und kompostierbare oder technisch wiederverwendbare Materialien würden verwendet (*Cradle-to-Cradle*).[28]

Allerdings hat auch die Konsistenzstrategie ihre Tücken. Zunächst beruht sie ganz wesentlich auf zweckoptimistischen Zukunftsszenarien, deren Eintrittswahrscheinlichkeit niemand zu bemessen vermag. Ob und welche technischen Innovationen und Revolutionen die Zukunft bringen wird, ist ebenso ungewiss, wie deren unbeabsichtigten Nebenfolgen. Auch eine Cradle-to-Cradle-Ökonomie ist nie ohne Investitionen in neue Produktionsanlagen und Logistiksysteme denkbar. Damit sind manche der bereits genannten Reboundeffekte notwendigerweise vorprogrammiert. Zudem stellt sich die Frage, für welche der zeitgenössischen Konsumobjekte überhaupt Kreislauflösungen denkbar sind – außer es herrscht blindes Vertrauen in die technische Machbarkeit der Umwandlung jeder beliebigen Gütergruppe in ein adäquates Cradle-to-Cradle-Substitut. Aber ist „blindes Vertrauen" eine verantwortbare wissenschaftliche oder politische Kategorie?

Auch der Blick in die Vergangenheit hilft hier nicht weiter. Während die einen die (Technik-)Geschichte als Erfolgsstory interpretieren, in der alle auftauchenden Schwierigkeiten immer wieder durch neue Technologien gelöst wurden, woraus sie Mut für die Zukunft schöpfen („Kulturoptimisten"), sehen die anderen eine Historie der eskalierenden Naturzerstörung, die uns an jenen Abgrund gebracht hat, vor dem wir heute stehen („Kulturpessimisten"). Statt für Pessimismus oder Optimismus plädieren wir für *Realismus*: Mit welchen gegenwärtig existenten Technologien scheint die Konsistenzstrategie so erfolgversprechend, dass sie ressourcenneutrales Wachstum (Entkoppelung) ermöglichen könnte?

Was die erneuerbaren Energien angeht, muss hier konstatiert werden, dass von tatsächlicher Ressourcenneutralität nicht gesprochen werden kann. Der Anbau von Energiepflanzen zur Erzeugung von Biosprit macht der Nahrungsmittelerzeugung Konkurrenz („Teller oder Tank") und führt

---

[28] Vgl. Braungart 2008. Den Terminus „Cradle-to-Cradle" (von der *Wiege bis zur Wiege*) nutzt Braungart, um eine quasi unendliche Wiederverwertbarkeit von Rohstoffen und Materialien zu symbolisieren.

aufgrund der intensiven, monokulturellen Landwirtschaft zu Bodendegradation und Verlust der Artenvielfalt. Für die Herstellung von Photovoltaik-Modulen werden seltene Erden benötigt, ebenso für die Akkus von Elektroautos. Auch in Windenergieanlagen werden seltene Erden (Dysprosium, Neodym) verbaut.

Es kommt daher maßgeblich darauf an, welche Energietechnologien genutzt werden. Mit dem Ausbau einiger Technologien steigt der Bedarf an seltenen Mineralien, unter anderem beim Hoffnungsträger Offshore-Windenergie. Allerdings besteht noch eine Forschungslücke darüber, an welchen Stellen diese knappen Ressourcen ein Engpass für den Ausbau der erneuerbaren Energien werden könnten.[29]

Was die Möglichkeiten des Recyclings seltener Rohstoffe angeht, gilt es zu beachten, wie energieintensiv die notwendigen Prozesse sind. Dabei ist ganz allgemein der zweite Hauptsatz der Thermodynamik (Entropie-Gesetz) im Auge zu behalten[30]: Jeder materielle Wirtschaftsprozess hat eine Zunahme der Entropie zufolge, d.h. grob vereinfacht, dass sich die Elemente auf der stofflichen Ebene immer gleichmäßiger verteilen, was letztlich nur bedeutet, dass die Dinge und auch die Körper sich abnutzen und eine erneute Konzentration einen immer höherer Energieaufwand benötigt. Der Mensch kann diesem Prozess zwar bewusst eine Richtung geben, aber er kann die Gesetze der Thermodynamik nicht außer Kraft setzen. Die Wirtschaft zehrt also von Größen, die sie selbst nicht herstellen, sondern nur verbrauchen kann.

Ein weiteres Problem ist, dass der Ausbau erneuerbarer Energien relativ flächenintensiv ist.[31] Dies wird umso brisanter, als die Bundesregierung das Ziel formuliert hat, den Gesamtflächenverbrauch in Deutschland bis 2020 auf 30 Hektar pro Tag zu reduzieren[32] – heute sind es allein

---

[29] Im Auftrag des BMU untersucht das Wuppertal Institut für Klima, Umwelt, Energie die Frage der Ressourcenbilanz strategisch wichtiger erneuerbarer Energietechnologen im Projekt „Kritische Ressourcen und Stoffströme bei der Transformation des deutschen Energieversorgungssystems".

[30] Vgl. Georgescu-Roegen 1971.

[31] Zu räumlichen Aspekten der Energiewende auch der Beitrag von Bosch in diesem Band.

[32] In Nordrhein-Westfahlen hat der „Dialog Landwirtschaft und Umwelt" im Jahr 2012 ein Positionspapier veröffentlicht, in dem gar eine Absenkung des Flächenverbrauchs auf max. 5 Hektar pro Tag bis 2020 gefordert wird. Vgl. Dialog Landwirtschaft und Umwelt 2012.

mehr als 100 Hektar nur für Siedlungsflächen, worunter vor allen Dingen unversiegelte Freiflächen und fruchtbarer Acker- und Weideboden leiden. Die angepeilte Begrenzung ist schon ohne den Ausbau der Erneuerbaren schwer genug zu realisieren, da der Flächenverbrauch erfahrungsgemäß konjunkturabhängig ist und zu befürchten steht, dass er bei weiterem Wirtschaftswachstum eher steigen als sinken wird.[33]

Es lässt sich konstatieren, dass bezüglich erneuerbarer Energien eine tatsächliche Ressourcenneutralität (noch?) nicht absehbar ist. Die Begrenztheit der benötigten Rohstoffe (und Flächen) setzt absolute Grenzen und steht einem rasanten Ausbau daher entgegen, zumindest, wenn das Ziel der Nachhaltigkeit berücksichtigt wird. Eine absolute Entkoppelung von Wachstum und Ressourcenverbrauch lässt sich folglich auch mit Hilfe der Konsistenzstrategie nicht bewerkstelligen.

V. Eine notwendige Ergänzung: (Energie-)Suffizienz

Bilanzierend stellen wir fest, dass sowohl die Effizienz- als auch die Konsistenzstrategie an einer Überschätzung der technischen Potenziale leiden, da sie ökologische Nebenfolgen und Verlagerungseffekte vernachlässigen. Dennoch geht die Bundesregierung davon aus, dass ihre ambitionierten Ziele des Ausbaus der erneuerbaren Energien, der Senkung des Primärenergiebedarfs und der Treibhausgasemissionsreduktion mit der Konsistenz- und der Effizienzstrategie erreicht werden könnten.

Um die Stärken von Effizienz- und Konsistenzstrategie tatsächlich für eine Minderung des Ressourcenverbrauchs zu nutzen, scheint jedoch eine ergänzende Suffizienzstrategie, die eine Abkehr von der Wachstumsfokussierung impliziert, äußerst effektiv, wenn nicht gar unentbehrlich.[34] Die ersatzlose Reduktion des Energiebedarfs würde den angesprochenen Verlagerungs-, Rebound- und Wachstumseffekten eine wirksame Strategie entgegenstellen. Idealtypisch gesprochen sind drei Ansatzpunkte denkbar:[35]

---

[33] Ulmer et al. 2007.

[34] Vgl. zu dieser These auch mit Bezug auf die Energiewende u.a. Brischke/Spengler 2011, Linz/Scherhorn 2011 sowie Stablo 2010.

[35] Zu den beiden ersten Ansatzpunkten vgl. Best et al. (in Druck).

a) eine auf individueller Ebene einsetzende innere Umkehr, ein *Bewusstseinswandel*, der Einzelne motiviert, „im Spiel des unendlichen Wachstums und der unendlichen Bedürfnisse nicht mehr (mitzuspielen)"[36],

b) eine regulative *Suffizienzpolitik*, die qua Verordnung und fiskalischer Steuerung für eine Drosselung besonders ressourcenintensiver Produktionsweisen und Konsumaktivitäten sorgt, sowie

c) die kooperative Entwicklung oder Wiederentdeckung *konvivialer Technologien* (Illich)[37], also von „Werkzeugen", die – angepasst an lokale ökologische Verhältnisse und menschliche Bedürfnisse, ohne großes Potenzial an Nebenfolgen, dafür reparatur- und wartungsfreundlich sowie allgemein zugänglich (open source) – suffiziente Lebensstile zu ermöglichen verhelfen.

Alle drei Ansätze sind nicht exklusiv, sondern gut miteinander kompatibel und wahrscheinlich auf lange Frist notwendigerweise aufeinander angewiesen, um eine nachhaltige Ökonomie zu gewährleisten.

1. Bewusstseinswandel

Auf den ersten Blick scheint eine freiwillige Suffizienzorientierung einzelner Menschen mehr als unwahrscheinlich. Weshalb sollte jemand aus freien Stücken weniger konsumieren und besitzen als er haben könnte? Die Steigerungslogik und der Materialismus sind tief eingeschrieben in unsere Kultur, mental etabliert und manifestiert im Habitus.[38] Dennoch lässt sich ein zunehmendes Unbehagen an diesen Denk- und Handlungsmustern feststellen. Ronald Inglehart attestierte bereits in den 1970er Jahren einen „postmaterialistischen Wertewandel" in der avantgardistischen Oberschicht der Industrieländer[39] und in einer jüngst veröffentlichten Umfrage der Bertelsmann-Stiftung bestätigt sich ein Trend des Stellen-

---

[36] Winterfeld 2007, S. 54.
[37] Illich 1975.
[38] Vgl. Welzer 2011; Hanke 2012.
[39] Vgl. Inglehart 1977.

wertverlustes von Wirtschaftswachstum und materieller Wohlstandssteigerung als Richtlinie politischen Handelns.[40] Es scheint also durchaus plausibel, Suffizienz aus den mit diesem Konzept zumeist verknüpften Verzichtsassoziationen herauslösen zu können. Genügsamkeit kann vielmehr kommuniziert werden als eine Strategie der Befreiung von Ballast, als eine Entrümpelung übervoller, warenfixierter Lebensstile. Eine Reduzierung auf das Wesentliche bedeutet in dieser Logik keineswegs einen schmerzhaften Verlust sondern eine andere Lebensqualität. Dies gilt umso mehr, als Konsumaktivitäten und das dazu notwendige Geld Zeitressourcen binden, die immateriell eingesetzt einen höheren subjektiven „Zeitwohlstand" ermöglichen könnten.[41] Anstelle der Maximierungslogik der Wachstumsgesellschaft könnte eine Optimierungslogik der Postwachstumsgesellschaft treten, ein immer wieder neues Einpendeln des richtigen Maßes verschiedener Wohlstandsindikatoren.[42]

Auf Energie bezogen sind die Punkte, an denen eine individuelle Suffizienzstrategie ansetzen kann, nahezu unbegrenzt. Das Unterlassen der Nutzung eines elektrischen Gerätes, das Weglassen des Kaufs eines Flachbildfernsehers oder das Nicht-Antreten einer Fernreise, die Nutzung des Fahrrads anstelle des Autos – all das sind mögliche Verhaltensweisen, die den persönlichen und damit auch den Gesamtenergieverbrauch zu drosseln vermögen.

Als Ergänzung der reinen Reduktion (Suffizienz) bietet sich die Substitution industrieller Produktion durch eigene Subsistenzleistungen an. Dazu zählt unter anderem die Verlängerung der Nutzungsdauer jedweder Gebrauchsgegenstände.[43] Neben Reparatur und Wartung entsprechend langlebiger Produkte und Geräte (siehe Abschnitt V.3.) spielen besonders soziale Innovationen wie Tauschbörsen, Verschenkmärkte und Umsonstläden eine große Rolle, das Reduzieren von Neuerwerbungen mit

---

[40] Vgl. TNS Emnid 2012, S. 2 f. 60 % der befragten Deutschen gaben an, nicht an eine Steigerung der persönlichen Lebensqualität als Folge eines Wirtschaftswachstums zu glauben (vgl. ebd, S. 4). 80 % stimmten der Aussage zu, dass jeder bei sich selbst anfangen und sich fragen müsse, „ob mehr Konsum und mehr wirtschaftliches Wachstum das Wichtigste ist" (ebd., S. 7).

[41] Vgl. Scherhorn 2002.

[42] Vgl. Hanke 2012, S. 97 ff.

[43] Vgl. Paech 2011, S. 144.

der Wiederverwendung von etwas Altem (aber Anderem) zu kompensieren. Ein großes Potenzial zur Produktionssenkung liegt in Arrangements kooperativer Nutzungsintensivierung elektrischer Anwendungen. Was bei Autos in Form von „Car-Sharing" schon weit verbreitet ist, kann auch für Werkzeuge und Haushaltsgeräte sowie Informations- und Kommunikationstechnologien umgesetzt werden. Wenn in Haus- oder Quartiersgemeinschaften Geräte gemeinsam genutzt werden, kann ein Teil energie- und ressourcenintensiver Produktion ganz entfallen.[44] Solche Modelle sind nicht nur Zukunftsmusik: *Teilen statt Besitzen* ist bereits ein weithin praktiziertes, gesellschaftlich und alltagspraktisch anschlussfähiges Konzept, welches die Vorteile des Nichtbesitzens – nämlich Leichtigkeit und Flexibilität – über das Eigentum stellt.[45]

Ebenfalls wirkungsvoll für einen Lebensstilwandel lässt sich die Macht des sozialen Vergleichs nutzen – ein sozialer Mechanismus, der in der gängigen Nachhaltigkeits-Literatur vornehmlich missbilligend Erwähnung findet, um das Streben nach immer exklusiveren („positionalen") Luxusgütern[46] zu erklären. Gut möglich allerdings, dass Menschen beizeiten darüber konkurrieren, wer zum Beispiel am besten Energie spart. Wenn „gut leben statt viel haben" mithin zu einem gesellschaftlichen Distinktionsmerkmal würde, wäre suffizientes Handeln gesellschaftlich nicht nur angesehen, sondern sogar begehrenswert.[47]

Energie-Suffizienz auf privater Ebene hat jedoch Grenzen. Damit sich entsprechende Verhaltensweisen in der breiten Mehrheit herausbilden

---

[44] Genau genommen handelt es sich beim Teilen um eine Kombination aus Effizienz- und Suffizienzstrategie. Der Effizienzeffekt qualitativ hochwertiger, langlebiger oder auch einfach nur größerer Geräte, der sich erst bei intensiver Nutzung monetär lohnt, spielt ebenso eine Rolle, wie der „Verzicht" auf den persönlichen Besitz und die Allzeitverfügbarkeit des betreffenden Gutes.

[45] Vgl. Botsman/Rogers 2011.

[46] Vgl. Hirsch 1980.

[47] Vgl. Leggewie/Welzer 2009, S. 216 f., die das veränderte Verhalten einer Freiburger Schülerschaft nach einer gemeinsamen Gebäudesanierung und anschließenden Energiesparwettbewerben darstellen. Schüler bezeichneten daraufhin das Fahren großer Autos als „peinlich", einige Kinder ließen sich nicht mehr mit dem Wagen zur Schule bringen. Vgl. zur psychologischen Akzeptanzforschung im Kontext der Energiewende auch den Beitrag von Hildebrand/Schütte/Fechner/Schweizer-Ries in diesem Band.

können, muss das individuelle *Wollen* auch durch ein gemeinsames *Können* und *Sollen* gestützt werden. Mit dem Technikeinsatz in Privathaushalten bewusst umzugehen ist daher nur ein Anfang. Durch förderliche Politiken und bestimmte Formen von Technologien, die Industrie und Verbraucher ein energiesparendes Verhalten ermöglichen (oder dazu drängen) kann Suffizienz noch erheblich verstärkt werden.

2. Suffizienzpolitik

Die Gegenperspektive zum subjektorientierten Plädoyer eines Bewusstseinswandels, das den Einzelnen in die Verantwortung nimmt, aus eigener Erkenntnis und eigenem Antrieb heraus suffizienter zu leben, bilden Vorschläge einer steuernden Suffizienzpolitik. Insbesondere unter dem Eindruck des voranschreitenden ökologischen Substanzverzehrs und der wissenschaftlichen Prognosen über Klimawandel, Erdölverknappung und diverse ökosystemische Kipp-Punkte[48] scheint einigen Autoren ein sich womöglich über Generationen erstreckender Bewusstseinswandel schlichtweg zu zeitintensiv, um die anstehenden Herausforderungen zu meistern.[49] Politischer Wille und fiskalische Verordnungen dagegen können sehr effektiv und relativ zielgenau innerhalb kurzer Zeit große Veränderungen bewirken.[50]

Die bewährteste Methode ist, den Ausbau gewünschter Industrien und Techniken durch gezielte Subventionen zu fördern, aber auch der umgekehrte Weg, (Öko-) Steuern auf seltene oder umweltschädliche Ressourcen zu erheben, ist eine mittlerweile weithin akzeptierte Option. Im Falle der angestrebten Energiewende betrifft das Instrument der Subventionierung einleuchtenderweise die erneuerbaren Energien – was mit dem EEG auch gelungen scheint – und deren infrastrukturellen Voraussetzungen.[51] Allerdings werden nicht nur Technologien erneuerbarer Energien sondern auch der Abbau fossiler Energieträger subventioniert. Laut Umweltbundesamt wurden 2006 in Deutschland jährlich ca. 40 Milliarden Euro

---

[48] Vgl. Zentrum für Transformation der Bundeswehr 2010.
[49] Vgl. Linz/Scherhorn 2011.
[50] Vgl. Madlener/Alcott 2011.
[51] Vgl. zum Förderrecht der erneuerbaren Energien auch den Beitrag von Schlacke/ Kröger sowie zu Alternativen und Ergänzungsoptionen auch den Beitrag von Möst/ Müller/Schubert in diesem Band.

für umweltschädigende Subventionen ausgegeben, der Großteil davon im Energiesektor.[52] Aus ökologischer Perspektive müssten diese Subventionen gestrichen und durch Steuern ersetzt werden, sofern dies noch nicht geschehen ist. Insbesondere die Besteuerung von Flugbenzin ist eine der drängendsten ausstehenden fiskalischen Maßnahmen.

Drastischer als Subventionen oder Besteuerungen, dafür aber *per definitionem effektiv*, sind absolute Deckelungen von Ressourcenverbräuchen und Schadstoffemissionen, sogenannte *Caps*. Wenn das Ziel lautet, eine absolute Minderung des Ressourcenverbrauchs zu erzielen, so ist eine verpflichtende Festschreibung desselben das probateste Mittel – auf internationaler, nationaler sowie regionaler Ebene. Die im Kyoto-Protokoll festgeschriebenen CO_2-Reduktionsziele sind ein erstes Beispiel für eine solche Politik. Eine weiterreichende und einem globalen Gerechtigkeitsanspruch Rechnung tragende Option wäre die Ausformulierung eines CO_2-Budget-Ansatzes, wie ihn der Wissenschaftliche Beirat Globale Umweltfolgen (WBGU) fordert.[53]

Das Primat der Nachhaltigkeit, das einer Begrenzungspolitik zugrunde liegt, ist jedoch „nur mit BIP-vermindernden, *ökonomisch* ineffizienten Maßnahmen"[54] zu verwirklichen. Dies konfligiert mit den Wachstumszielen gegenwärtiger Politik und wird daher bislang nicht forciert. Damit wollen wir den Schwarzen Peter nicht den Parlamentariern und Ministern zuschieben. Letztlich kann erfolgsorientierte Politik ohnehin nur umsetzen, was dem Willen der Wähler nicht grundsätzlich widerspricht. Eine Suffizienzpolitik, die mehr Wählerstimmen verprellt als dazugewinnt hat keine Perspektive. Daher können Bewusstseinswandel und suffizienzorientierte Nachhaltigkeitspolitik nur Hand in Hand einhergehen, wenn erstere als primäre Voraussetzung der zweiten einen gewissen Boden bereitet hat.

Außerdem ist zu beachten, dass eine Abkehr von der Wachstumspolitik der letzten Jahrzehnte eine Reihe volkswirtschaftlicher Implikationen

---

[52] Vgl. Umweltbundesamt 2010, S. 3.

[53] Ein durchschnittlicher Deutscher ist pro Kopf für ca. 10 Tonnen CO_2-Emissionen verantwortlich, ein US-Amerikaner für ca. 20, ein Chinese hingegen nur für vier und ein Inder gerade mal für eine. 2,7 Tonnen CO_2-Emission pro Kopf gibt der WBGU als global verträgliches Niveau für den Zeitraum 2010-2050 an. Pro Kopf müssten in Deutschland also ca. 80 % der CO_2-Emissionen eingespart werden, vgl. WBGU 2009.

[54] Vgl. Madlener/Alcott 2011, S. 47.

nach sich zieht. Die kapitalgedeckte Altersvorsorge, das zinsbasierte Geldsystem[55], das Gesundheitssystem, der auf Vollzeitbeschäftigung ausgerichtete Arbeitsmarkt – all diese Subsysteme sind so konstruiert, dass sie *wachstumsabhängig* sind. Eine konsequente Suffizienzpolitik müsste daher mit systemischen Innovationen einhergehen, die eine Wachstumsunabhängigkeit des Wirtschafts- und anderer gesellschaftlicher Subsysteme ermöglichen. Trotz einiger Lösungsansätze (zinslose Regionalwährungen, Pflegezeitkonten, Teilzeitarbeit) ist der Forschungsbedarf an diesen Stellen noch enorm.[56]

3. Konviviale Technologien

Technologien werden, wie bereits gezeigt, in der Nachhaltigkeitsdiskussion oftmals entweder als „gut" oder „schlecht" betrachtet. Dahinter steckt das Missverständnis einander ausschließender *technischer* und *kultureller* Wege zur Nachhaltigkeit. Vertreter des technischen Wegs neigen dazu, einseitig auf Technologien zu bauen, Vertreter des kulturellen Wegs setzen oft ebenso einseitig auf Verhaltensänderungen. Den Autoren rund um den Entwurf einer Postwachstumsökonomie und -gesellschaft wird nicht selten vorgeworfen, sie seien Technikfeinde. Dabei bilden die Auseinandersetzung mit Technologien und der Versuch, technische Entwicklung menschenfreundlich zu gestalten, das philosophische Fundament vieler wachstumskritischer Ansätze.[57]

Eine die beiden Wege verbindende Frage lautet: Wie müssen Technologien beschaffen sein, die energiesparendes Verhalten unterstützen? Einen nahezu vergessenen Terminus des Philosophen Ivan Illich aufgreifend plädieren wir für die Entwicklung und den Einsatz „konvivialer Technologien"[58]. Der theoretische Hintergrund der Legitimation konvivialer Technologien ist folgender: Bisher hat die technische Entwicklung die Arbeitsproduktivität zwar maximiert, gleichzeitig jedoch die Arbeit entwertet. Bereits Karl Marx sah in der spezialisierten Arbeitsteilung, in

---

[55] Siehe hierzu auch den Beitrag von Schuster in diesem Band.

[56] Vgl. Seidl/Zahrnt 2012, S. 115.

[57] Illich 1975; Kohr 2002; jüngeren Datums, aber mit zunehmendem Einfluss auf die philosophische und soziologische Spielart der Wachstumsdebatte auch Latour 1998.

[58] Illich 1975.

der ein Arbeiter nicht das Endprodukt seines Schaffens sieht und wertschätzen kann, eine Entfremdung.[59] Der sich immer weiter differenzierende Arbeitsteilungsprozess, die immer größeren und unüberschaubareren Maschinen, Technologien und Produktionsketten führten, wie der Philosoph Hans Jonas zeigte, zu einem „Verlust der Verantwortung".[60] Konviviale Technologien sollen dem entgegenwirken. Sie sind auf einen begrenzten Aktionsradius bedacht, sie sind arbeitsintensiver, verbrauchen aber weniger Fläche, Energie und Kapital; sie sind lokal angepasst, weniger komplex und verlangen der Gesellschaft einen geringeren Grad funktionaler Differenzierung ab, denn konviviale Technologien können relativ einfach („low-tech") sein. Beispiele sind Solaröfen, (Bambus-)Fahrräder, Trockentoiletten, aber auch jede Art von „open source"-Hardware, bis hin zum „open source"-Traktor[61].

Diese unterschiedlichen „Werkzeuge"[62] haben gemeinsam, dass sie den Menschen mehr handwerkliche Eigenleistungen abverlangen als konventionelle Industrieprodukte. Anders gewendet ermöglichen sie diese Eigenleistung aber auch. Nicht reparierbare Massengeräte sind für normale Konsumenten eine Art „black box", das heißt, dass sie nicht verstanden werden können, müssen oder sollen. Bei konvivialen Technologien wird der Nutzer hingegen aktiv einbezogen und kann die Technologie sogar selbst weiterentwickeln.

Der vergleichsweise höhere Aufwand auf der Nachfrageseite, der zunächst als Nachteil erscheinen mag, ermöglicht erst, dass die Konsumenten selbst aktiv an der Gestaltung ihrer Umgebung teilhaben, dass sie sich ihrer Wirkmächtigkeit und (in die Umwelt eingebetteten) Souveränität bewusst werden. Philosophisch gesprochen: sie verwandeln sich die Welt an, treten in Resonanz mit ihrer Umgebung[63]; durch konviviale Technologien wird der gemeinsamen Welt Dauerhaftigkeit verliehen.[64]

---

[59] Vgl. Marx 2009.

[60] Jonas 1993.

[61] Weitere beeindruckende Beispiele von Open-Source-Technologien finden sich unter http://opensourceecology.org/.

[62] Vgl. Illich 1975. Das englische Original des Buches lautet „Tools of Conviviality".

[63] Rosa 2012, S. 10.

[64] Hier orientieren wir uns an den Unterscheidungen menschlichen Handelns von Hannah Arendt: Arbeiten, Herstellen und Handeln (Arendt 1960). „Herstellende" Menschen hinterlassen dauerhafte Produkte für eine Welt, die sie mit anderen tei-

Was heißt das im Kontext der Energiewende? Statt einseitig auf eine Vergrößerung („Upscaling") der Erzeugungseinheiten der erneuerbaren Energien zu setzen, sollten im Sinne der konvivialen Technologien verstärkt auch „low-tech"-Optionen im geprüft und ihnen in der Regel Vorrang gewährt werden. Dies bedeutet keine generelle Ablehnung von „high-tech", sondern ist als Plädoyer zu verstehen, wenn möglich auf kleinere, weniger komplexe Technik zu setzen. Kraft-Wärme-Kopplungsanlagen im Eigenheim, Photovoltaik-Module auf dem Schuppendach oder kleine Windräder mit vertikaler Achse mögen bisweilen weniger effizient sein als große Offshore-Windkraftanlagen, dafür bringen sie jedoch den Vorteil mit sich, dass sie zum Teil der alltäglichen Lebenswelt der Menschen werden.

Was die Nutzer- und Reparaturfreundlichkeit regenerativer Energieerzeugungsanlagen angeht, ist sicherlich noch nicht das Optimum erreicht, auch in Bezug auf die Offenheit der Wissensquellen (open source) besteht noch Handlungsspielraum. Dennoch bilden die sonnen-, wind- und wassergetriebenen Kleinanlagen mit ihrer doch recht geringen Komplexität die Möglichkeit der kaum monopolisierbaren Energieerzeugung daheim. Tüftler und Bastler werkeln an immer wieder neuen und überraschenden Lösungen für jedwedes Problem und stellen ihre Baupläne und Anleitungen (online) der Allgemeinheit zur Verfügung. Diese Innovationskraft birgt ein enormes Potenzial, mittels konvivialer Technologien Effizienz, Konsistenz und Suffizienz zu verbinden – jenseits von Staat und Markt.[65]

Die Entwicklung in diesem Sinne zukunftsfähiger Technologien liegt auf einer mittleren Ebene zwischen individueller Initiative und politischer Einflussnahme. Sie bilden Ermöglichungswerkzeuge, die weder politischer Steuerung obliegen noch von Einzelnen hervorzubringen sind. Konviviale Technologien sind Gemeingüter: sie werden kollektiv entwickelt und stehen dem Kollektiv zur Verfügung.

---

len. Diese unterscheiden sich also konsequent von den Produkten der „Wegwerfgesellschaft", die nicht von Dauer sein sollen.

[65] „Jenseits von Staat und Markt" lautet der Untertitel des Klassikers „Die Verfassung der Allmende" der Wirtschaftsnobelpreisträgerin Elinor Ostrom. Konviviale Technologien im Sinne Ivan Illichs lassen sich vergleichbar den „open source"-Produkten als offene Gemeingüter bezeichnen, deren Zugang keiner Reglementierung unterliegt.

VI. Wie Weiter?

Die hier skizzierten Ansatzpunkte für eine Implementierung von Suffizienz scheinen sicherlich in den Augen Vieler recht utopisch. Völlig zu Recht spricht der WBGU von einer „Großen Transformation"[66], die nötig sei, um den Phasenwechsel in eine nachhaltige Lebens- und Wirtschaftsweise zu schaffen. Doch wo kann diese kulturelle Veränderung, die auf so tiefsitzende Kulturmuster abzielt, beginnen? Wie gelingt eine Abkehr vom Wachstumsparadigma – eine „Wachstumswende" –, wie zündet man eine „Suffizienzrevolution"?

Auf wissenschaftlicher Ebene besteht eine der großen Herausforderungen darin, Grundlagen und Prinzipien einer Wirtschaft ohne Wachstum zu entwickeln, die als Basis für eine erstrebenswerte gesellschaftliche Veränderung Anerkennung finden können. Dies ist zentraler Bestandteil der Programmatik einer Postwachstumsökonomik.[67] Damit wird zum Teil sicherlich unbekanntes, nur transdisziplinär sinnvoll begehbares Terrain betreten. Dennoch scheint unter dem Eindruck einer immer zwingender werdenden Ausrichtung der Ökonomie auf Nachhaltigkeit die Notwendigkeit gegeben, sich (mit neuen Methoden) in dieses Feld zu wagen.[68]

Die wohl noch größere Aufgabe besteht aber im Bereich der Vermittlung des Suffizienzgedankens, in der tatsächlichen praktischen Umgestaltung von Lebensstilen. Da sowohl politische Suffizienzmaßnahmen als auch die Entwicklung konvivialer Technologien einem Bewusstseinswandel auf individueller Ebene nachgelagert scheinen, ist die primäre Frage, wie neues Denken und alternative Leitbilder in die Welt gelangen und Verbreitung finden können. Die klassische Antwort lautet: durch Aufklärung. So plausibel dies zunächst unserem rationalitätsorientierten Denken scheinen mag, so bemerkenswert sind sozialpsychologische Einwände gegen diese Herangehensweise. Eine mittlerweile klassische Beobachtung der Umweltpsychologie ist nämlich eine eklatante Differenz zwischen Umweltbewusstsein und Umwelthandeln. Einer „relativ hohen Sensibilität für Umweltprobleme (...) entspricht (...) weder auf der

---

[66] WBGU 2011.
[67] Paech 2012.
[68] Vgl. dazu auch die Überlegungen der Runde Nachhaltige Wissenschaften unter http://nachhaltigewissenschaft.blog.de/ (20.3.2013).

politischen und wirtschaftlichen noch auf der Alltagsebene ein konsequentes Umwelthandeln".[69] Dies motiviert den Sozialpsychologen Harald Welzer zu der etwas provokanten Frage, ob überhaupt ein Weg vom Denken zum Handeln führt. Seine Gegenthese lautet, dass vielmehr umgekehrt praktisches Handeln und lebensweltliche Erfahrungen das Denken prägen.[70]

Um das angestrebte Umdenken zu erzeugen, scheint es daher zum einen nötig, bereits gelebte und erprobte Ansätze wachstumsneutraler Wirtschaftsweisen aufzuspüren und darzulegen, zum anderen und vor allem aber auch: sie *erfahrbar* zu machen. Ein rein abstraktes Wissen um Lösungsoptionen, um eine womöglich bessere Welt oder ein gelingenderes Leben führen in den seltensten Fällen zu tatsächlichen Veränderungen. *Erfahrungen*, die alle Sinne ansprechen, sind allerdings nur in direkter Kommunikation, in der Verknüpfung aus haptischen, visuellen und anderen Wahrnehmungen erlebbar. Kristallisationspunkte einer gesellschaftlichen Veränderung sind daher zunächst kleine „Halbinseln"[71] alternativer Wirtschaftsweisen und Lebensstile. Der WBGU spricht von „Pionieren des Wandels", die neue attraktive Leitbilder („Narrative") in die Welt zu bringen vermögen.[72] Allerdings können diese Narrative nur dann attraktiv und glaubwürdig sein, wenn sie authentisch vorgelebt und überprüfbar werden.

Der Bezugspunkt der Implementierung eines Leitbildes der Genügsamkeit ist daher zunächst der alltäglich erfahrbare Nahraum. Die Veränderung muss Teil des Bekannten sein, damit sie anschlussfähig und überzeugend wird. Dies ist eine von vielen Argumentationslinien, die plausibel machen, dass Nachhaltigkeit im Kleinen beginnt. Der begrüßenswerte politische Wille zur großen Energiewende wird dieser Über-

---

[69] Brand 2003, S. 197. Zu umweltpsychologischen Forschungsansätzen im Kontext der Energiewende auch der Beitrag von Hildebrand/Schütte/Fechner/Schweizer-Ries in diesem Band.

[70] Welzer 2011.

[71] Friederike Habermann schrieb jüngst ein Buch mit dem Titel „Halbinseln gegen den Strom", in dem sie Projekte vorstellt, die ein in verschiedenster Weise alternatives Leben erproben. Das Bild der Insel steht für die Widerstandskraft gegen einen allgegenwärtigen, kritisierten Mainstream, das Attribut „Halb"insel verweist auf die Verbindung zur restlichen Landmasse, was Stabilität und Anschlussfähigkeit symbolisiert.

[72] Vgl. WBGU 2011, S. 90 f.

legung folgend am produktivsten, wenn er Ermöglichungsstrukturen kleinräumiger Energiewenden schafft. Wie dies im Einzelnen aussehen kann, ist an dieser Stelle nicht ausführlich darzustellen. Ob Energiegenossenschaften, die versuchen die lokale Energieversorgung verantwortungsbewusst und jenseits von bedingungsloser Profitmaximierung in Bürgerhand zu organisieren[73,] oder Kommunen und Regionen, die eine regionale Selbstversorgung mit elektrischer Energie anstreben[74], – es bestehen eine Reihe lokaler Initiativen und Bewegungen, die mit der Energiewende von unten bereits begonnen haben, zum Teil schon lange bevor dieses Schlagwort zum politischen Programm wurde.[75] In Hinblick auf einen Bewusstseinswandel liegt das wohl größte Potenzial regionaler Energie-Selbstversorgung in einer neuen Überschaubarkeit der Wertschöpfungskette. Die direkte Sichtbarkeit der Produktionsbedingungen und auch der Nebenfolgen vo der eigenen Haustür schafft – so die Vermutung – die Erfahrung der Begrenztheit von Ressourcen. Der Nahraum macht deutlich, was der Intellekt schon lange weiß: Unendliches Wachstum in einer endlichen Welt ist unmöglich.

Hinzu kommt, dass die kurze Distanz zwischen Produzent und Verbraucher sehr viel unmittelbarere Feedback-Mechanismen bezüglich erwünschter oder unerwünschter Produktionsmethoden ermöglicht. Diese, sowie die auf regionaler Ebene sehr direkten demokratischen Entscheidungsstrukturen, haben das Potenzial, eine neue Dimension der Selbstverantwortlichkeit und Selbstermächtigung (Empowerment) der Bürger zu schaffen: Zum einen in Bezug auf die umwelt- und sozialverträgliche

---

[73] Genossenschaftliche Akteure im Kontext der Energienetze sind etwa „Bürger EnergieBerlin" (http://www.buerger-energie-berlin.de/) und „olegeno" (http://www.olegeno.de/).
[74] Siehe http://www.100-ee.de/.
[75] Das wohl bekannteste Beispiel ist das Schwarzwalddorf Schönau, das bereits Mitte der 1990er Jahre auf lokale Energie(selbst)versorgung in Bürgerhand umgestiegen ist, und deren Energiegenossenschaft mittlerweile zu den größen Ökostrom-Anbietern Deutschlands zählt, vgl. Flieger 2012, S. 56. Zu partizipativen Ansätzen im Kontext der Energiewende siehe auch die Beiträge von Heinrichs und Radtke in diesem Band.

Produktion, zum anderen was den verantwortungsvollen Konsum von Energie betrifft.[76]

VII. Fazit

Für eine Energiewende, die den Anspruch tatsächlicher Nachhaltigkeit im Sinne generationaler und globaler Gerechtigkeit erfüllen soll, scheinen die gegenwärtig von der deutschen Umweltpolitik favorisierten Konzepte unzureichend. Effizienz- und Konsistenzstrategie zeitigen Nebenfolgen und Verlagerungseffekte, die eine Entkoppelung von Wirtschaftswachstum und Ressourcenverbrauch weder theoretisch wahrscheinlich noch empirisch belegbar machen. Nötig ist daher eine ergänzende, wenn nicht gar leitende, Sufizienzstrategie, die eine Abkehr von der materiellen Steigerungslogik und dem wirtschaftspolitischem Wachstumsparadigma des 20. Jahrhunderts impliziert.

Die drei vorgestellten Ansatzpunkte für eine „Suffizienzrevolution" – Bewusstseinswandel auf individueller Ebene, Suffizienzpolitik als staatliche Steuerungsmaßnahme und konviviale Technologien als Ermöglichungsstruktur – eröffnen verschiedene Handlungsoptionen für die unentbehrliche auch kulturelle Große Transformation zu einer nachhaltigen, zukunftsfähigen Gesellschaft. Wir verstehen die Energiewende als einen möglichen Baustein dieser umfassenden Transformation. Und was für diesen Prozess im Allgemeinen gilt, halten wir auch für die Energiewende im Besonderen für zutreffend: die Veränderung muss im Kleinen beginnen. Pioniere und (Sozial-)Innovatoren des Wandels bilden die Speerspitze neuer Energieversorgungsstrukturen.

Der zu begrüßende politische Wille zur Energiewende sollte diesem kulturellen Veränderungsprozess fördernd zur Seite stehen. Die gegenwärtige Fokussierung der technischen und großkalibrigen Lösungsan-

---

[76] Ob und wie sich nahräumliche Energieversorgung tatsächlich auf die Suffizienzorientierung von Bürgern und Politik auswirkt, ist unseres Wissens allerdings noch nicht empirisch untersucht worden, wenngleich Gegenstand laufender Forschungen: Am Zentrum für Erneuerbare Energie (ZEE) der Universität Freiburg entsteht derzeit eine Dissertation im Projekt „EE-Regionen: Sozialökologie der Selbstversorgung", die sich mit dem Energieeinsparverhalten in EE-Regionen beschäftigt. Weitere Informationen zu dem Forschungsprojekt finden sich unter http://www.ee-regionen.de/.

sätze (Offshore-Windparks, „Stromautobahnen"), vor allem das Festhalten am Wachstumsparadigma, drohen allerdings eher das diesbezügliche Potenzial zu verschütten als zu nutzen.[77] Die Verknüpfung von Nachhaltigkeitszielen mit dem Versprechen weiteren Wirtschaftswachstums ist ebenso wenig förderlich für eine Veränderung von Lebensstilen und Werthaltungen, wie zentralisierte großtechnische Lösungen für die Entstehung von Verantwortungsbewusstsein und Selbstwirksamkeit bei den (Energie-) Konsumenten.

Dieses Fazit lässt zwei Interpretationen zu: Entweder ist der Bewusstseinswandel hin zur Erkenntnis einer notwendigen Selbstbegrenzung im Konsum noch nicht weit genug fortgeschritten, um eine tatsächliche Politik der Suffizienz erfolgreich (im Sinne einer Mehrheitsfähigkeit) zu machen; oder die Politik hat die Zeichen der Zeit noch nicht erkannt, unterschätzt die Suffizienzbereitschaft (oder gar -begeisterung) der Wähler, steckt in Handlungsroutinen, Lobbynetzwerken und veralteten Politikzielen fest, die auf die Herausforderungen der ökologischen und wirtschaftlichen Krise keine adäquate Antwort formulieren können. Auf einen mutigen Versuch könnte man es allemal ankommen lassen, insbesondere in einer Zeit, in der Wahlprogramme mit allgemeinen Nachhaltigkeitszielen für keine Partei mehr ein Alleinstellungsmerkmal darstellen.

Literatur

Andreae, K. (2011): Wirtschaftspolitische Antworten auf die Wachstumsdebatte, http://www.gruene-bundestag.de/fileadmin/media/gruenebundestag_de/themen_az/enquete_wachstum/PDF/wirtschaftspolitische_antworten_auf_die.pdf (14.10.2012).
Arendt, H. (1960): Vita activa oder Vom tätigen Leben, Stuttgart.
Best, B./Hanke, G./Richters, O. (in Druck): Urbane Suffizienz, in: Schweizer-Ries, P./Hildebrand, J./Rau, I. (Hg.), Klimaschutz und Energienachhaltigkeit: Die Energiewende als sozialwissenschaftliche Herausforderung, Saarbrücken.

---

[77] Zu zentralistischen Pfadabhängigkeiten im Energiemarkt siehe auch den Beitrag von Hellige in diesem Band; eher die Chancen einer klassischen innovationstreibenden Technologiepolitik betonend die Beiträge von Jänicke und Kemfert in diesem Band.

Brand, K.-W. (2003): Umweltbewusstsein und Alltagshandeln, in: Serbser, W. (Hg.), Humanökologie, München, S. 197 ff.

Braungart, M. (2008): Die nächste industrielle Revolution: die Cradle-to-Cradle-Community, Hamburg.

Brischke, L.-A./Spengel, L. (2011): Ein Fall für zwei. Effizienz und Suffizienz, politische ökologie, 126 (29), S. 86 ff.

BMU (2011): Der Weg zur Energie der Zukunft – sicher, bezahlbar und umweltfreundlich – Eckpunkte für ein energiepolitisches Konzept, http://www.bmwi.de/DE/Themen/energie,did=405004.html?view=renderPrint (14.10.2012).

Botsman, R./Rogers, R. (2011): What's Mine Is Yours: The Rise of Collaborative Consumption, New York.

Dialog Landwirtschaft und Umwelt (2012): Positionspapier „Flächenverbrauch und Nutzungskonkurrenzen", Düsseldorf, http://www.umwelt.nrw.de/landwirtschaft/pdf/positionspapier_flaechenverbrauch.pdf (14.10.2012).

Enquete-Kommission Wachstum, Wohlstand, Lebensqualität (2012): Berichtsentwurf Projektgruppe 3: Wachstum, Ressourcenverbrauch und technischer Fortschritt – Möglichkeiten und Grenzen der Entkopplung, http://www.bundestag.de/bundestag/gremien/enquete/wachstum/drucksachen/8 2_PG3_Berichtsentwurf.pdf (14.10.2012).

Ethik-Kommission Sichere Energieversorgung (2011): Deutschlands Energiewende – Ein Gemeinschaftswerk für die Zukunft, Berlin, http://www.bundesregierung.de/Content/DE/_Anlagen/2011/07/2011-07-28-abschlussbericht-ethikkommission.pdf?__blob=publicationFile&v=4 (14.10.2012).

European Environment Agency (1999): Environment in the European Union at the turn of the century, Summary, http://www.eea.europa.eu/publications /92-9157-202-0-sum/eu_98_uk.pdf (23.9.2012).

Finke, P. (2012): Das Nachhaltigkeitsgeschwätz. Über die erstaunliche Karriere eines Begriffs, Agora41: Nachhaltigkeit, 01/2012, S. 22 ff.

Flieger, B. (2012): Erfolgsmodell Energiegenossenschaften. Wege zu einer sicheren dezentralen Energieversorgung, Zeitschrift für Sozialökonomie, 172-173, S. 51 ff.

Georgescu-Roegen, N. (1971): The Entropy Law and the Economic Process, Cambridge.

Hanke, G. (2012): Regionalisierung als Abkehr vom Fortschrittsdenken? Magisterarbeit, Albert-Ludwigs-Universität Freiburg i. Br., http://www.voeoe.de/wp-content/uploads/2012/09/Hanke-Magisterarbeit.pdf (29.9.2012).

Huber, J. (1994): Nachhaltige Entwicklung durch Suffizienz, Effizienz und Konsistenz, in: Fritz, P./Huber. J./Levi, H. W. (Hg.), Nachhaltigkeit in naturwissenschaftlicher und sozialwissenschaftlicher Perspektive, Stuttgart, S. 31 ff.

Hirsch, F. (1980): Die sozialen Grenzen des Wachstums, Reinbek.

Inglehart, R. (1977): The Silent Revolution: Changing Values and Political Styles among Western Publics, Princeton.

Illich, I. (1975): Selbstbegrenzung: Eine politische Kritik der Technik, Reinbek.

Jackson, T. (2009): Prosperity without Growth: Economics for a Finite Planet, Routledge.

Jonas, H. (1993): Das Prinzip Verantwortung: Versuch einer Ethik für die technologische Zivilisation, Frankfurt a.M.

Kohr, L. (2002): Das Ende der Großen: Zurück zum menschlichen Maß, Salzburg.

Latouche, S. (2006): Le pari de la décroissance, Paris.

Latour, B. (1998): Wir sind nie modern gewesen. Versuch einer symmetrischen Anthropologie, Frankfurt a.M.

Leggewie, C./Welzer H. (2009): Das Ende der Welt, wie wir sie kannten: Klima, Zukunft und die Chancen der Demokratie, Frankfurt a.M.

Linz, M. (2004): Weder Mangel noch Übermaß – Über Suffizienz und Suffizienzforschung, Wuppertal Papers, Nr. 145.

Linz, M./Scherhorn, G. (2011): Für eine Politik der Energie-Suffizienz, Wuppertal, http://www.wupperinst.org/uploads/tx_wibeitrag/Impulse_Energie suffizienz.pdf (14.10.2012).

Marx, K. (2009): Ökonomisch-philosophische Manuskripte, Frankfurt a.M.

Madlener, R./Alcott, B. (2011): Herausforderungen für eine technisch-ökonomische Entkoppelung von Naturverbrauch und Wirtschaftswachstum unter besonderer Berücksichtigung der Systematisierung von Rebound-Effekten und Problemverschiebungen, Gutachten für die Enquete-Kommission „Wachstum, Wohlstand, Lebensqualität" des Deutschen Bundestags, Berlin.

Meadows, D. L./Meadows, D. H./Zahn, E. (1972): Die Grenzen des Wachstums. Bericht des Club of Rome zur Lage der Menschheit, Stuttgart.

Paech, N. (2009): Die Postwachstumsökonomie – ein Vademecum, Zeitschrift für Sozialökonomie, 160-161, S. 28 ff.

Paech, N. (2010): Eine Alternative zum Entkopplungsmythos: Die Postwachstumsökonomie, Humane Wirtschaft, 05/2010, S. 12 ff.

Paech, N. (2011): Vom grünen Wachstumsmythos zur Postwachstumsökonomie, in: Welzer, H./Wiegandt, K. (Hg.), Perspektiven einer nachhaltigen Entwicklung, Frankfurt a.M., S. 131 ff.

Paech, N. (2012): Befreiung vom Überfluss. Auf dem Weg in die Postwachstumsökonomie, München.

Pallante, M. (2005): La decrescita felice. La qualità della vita non dipende dal PIL, Roma.

Rosa, H. (2012): Weltbeziehungen im Zeitalter der Beschleunigung. Umrisse einer neuen Gesellschaftskritik, Berlin.

Röttgen, N. (2011): Aufbruch in ein neues Energiezeitalter. Gemeinsam auf dem Weg in eine nachhaltige Moderne. Rede von Bundesumweltminister Dr. Norbert Röttgen am 7. Juni 2011 an der Freien Universität Berlin, http://www.bmu.de/files/pdfs/allgemein/application/pdf/rede_energiewende_bf.pdf (14.10.2011).

rp-online (2012): Altmaier erwartet steigende Strompreise, http://www.rp-online.de/politik/deutschland/altmaier-erwartet-steigende-strompreise-1.2964234 (14.10.2011).

Scherhorn, G. (2002): Wohlstand – eine Optimierungsaufgabe, in: Rinderspacher, J. P. (Hg.), Zeitwohlstand. Ein Konzept für einen anderen Wohlstand der Nation, Berlin, S. 95 ff.

Seidl, I./Zahrnt, A. (2012): Abhängigkeit vom Wirtschaftswachstum als Hindernis für eine Politik in den „Limits to growth". Perspektiven für eine Postwachstumsgesellschaft, GAIA 21/2, S. 108 ff.

SRU (2011): Wege zu einer 100% erneuerbaren Energieversorgung. Sondergutachten, Berlin.

Stablo, J. (2010): Energieautonomie und die Wachstumsfrage, SolarRegion, Zeitschrift für Erneuerbare Energien und Nachhaltigkeit 04/2010, S. 12 f.

Stengel, O. (2012): Suffizienz – die Konsumgesellschaft in der ökologischen Krise, München.

Siebenhüner, B. (2003): Stichwort „Suffizienz/-strategie", in: Simonis, U. E.: Öko-Lexikon, München, S. 187.

Thomas, S. (2012): Energieeffizienz spart wirklich Energie – Erkenntnisse zum Thema „Rebound-Effekte", energiewirtschaftliche tagesfragen, 62 (8), S. 8 ff.

TNS Emnid (2012): Kein Wachstum um jeden Preis. Kurzbericht zu einer Umfrage im Auftrag der Bertelsmann Stiftung, http://www.bertelsmann-stiftung.de/cps/rde/xbcr/SID-400F82A2-CDEA69C5/bst/xcms_bst_dms_36359_36360_2.pdf (28.9.2012).

Ulmer, F./Renn, O. et al. (2007): Erfolgsfaktoren zur Reduzierung des Flächenverbrauchs in Deutschland. Evaluierung der Ratsempfehlung „Mehr Wert für die Fläche: das Ziel 30 ha", im Auftrag des Rates für Nachhaltige Entwicklung, Stuttgart.

Umweltbundesamt (2010): Umweltschädliche Subventionen in Deutschland, Dessau-Roßlau.

Winterfeld, U. v. (2007): Keine Nachhaltigkeit ohne Suffizienz: Fünf Thesen und Folgerungen, vorgänge, 3(179), S. 46 ff.

World Commission on Environment and Development (1987): Our Common Future, http://www.un-documents.net/wced-ocf.htm (29.9.2012).

WBGU (2009): Sondergutachten 2009: Kassensturz für den Weltklimavertrag – Der Budgetansatz, http://www.wbgu.de/fileadmin/templates/dateien/ver oeffentlichungen/sondergutachten/sn2009/wbgu_sn2009.pdf (14.10.2012).

WBGU (2011): Hauptgutachten 2011. Welt im Wandel. Gesellschaftsvetrag für eine Große Transformation, http://www.wbgu.de/fileadmin/templates/ dateien/veroeffentlichungen/hauptgutachten/jg2011/wbgu_jg2011.pdf (14.10.2012).

Welzer, H. (2011): Mentale Infrastrukturen. Wie das Wachstum in die Welt und in die Seelen kam, Heinrich Böll Stiftung: Schriften zur Ökologie (14).

Weizsäcker, E. U. v./Lovins, A. B./Lovins, H. (1995): Faktor Vier. Doppelter Wohlstand – halbierter Naturverbrauch. Der neue Bericht an den Club of Rome, München.

Weizsäcker, E. U. v./Hargroves, K. /Smith, M. (2010): Faktor Fünf: Die Formel für nachhaltiges Wachstum, München.

Zentrum für Transformation der Bundeswehr (2010): Peak Oil – Sicherheitspolitische Implikationen knapper Ressourcen, Strausberg.

Die wirtschaftlichen Chancen einer klugen Energiewende

Claudia Kemfert

Die Energiewende wird heute eingeleitet. In vier Jahrzehnten soll die derzeit zum größten Teil auf fossilen Energien wie Kohle und Gas basierende Stromerzeugung auf nahezu vollständig erneuerbare Energien umgestellt werden. Gegenwärtig beträgt der Anteil von erneuerbaren Energien an der Stromerzeugung schon etwa 25 %, etwas mehr bereits als Atomenergie (18 %). Zudem beabsichtigt die Energiewende, sich von der Atomenergie frühzeitig zu verabschieden, bis zum Jahr 2022 werden alle restlichen Atomkraftwerke vom Netz genommen sein. Die Energiewende führt uns somit in eine nachhaltige Energieversorgung. Blackouts wird es nicht geben, wenn ausreichend in die Verbesserung der Energieeffizienz, die Optimierung des Netzsteuerungssystems, den Ausbau der Netze und Speicher, sowie in der Übergangszeit auch in auf Gas basierte Reservekraftwerke investiert wird. Der Strompreis wird nur moderat ansteigen, da neben preistreibenden auch preissenkende Faktoren ausschlaggebend sind. Beträchtliche Investitionen sind notwendig, die jedoch wiederum Wertschöpfung und Arbeitsplätze schaffen. Die deutsche Wirtschaft kann dabei wie keine andere von der Energiewende, dem Boom der erneuerbaren Energien, neuen Kraftwerken, der Verbesserung der Energieeffizienz, dem nachhaltigen Städtebau und Mobilität profitieren. Denn in Deutschland ist das notwendige Knowhow im Anlagen-, Infrastruktur- und auch Kraftwerksbau zur Genüge vorhanden. Hunderttausende neue Arbeitsplätze können so neu geschaffen werden. Die Energiewende bietet definitiv mehr wirtschaftliche Chancen als Risiken.

I. Herausforderungen

Die heutige Gesellschaft steht wie keine andere vor ihr vor großen Herausforderungen. Fossile Ressourcen wie Öl, Gas und Kohle sind endlich und verursachen beim Verbrennen klimagefährliche Treibhausgase. Dabei werden etwa drei Viertel der weltweiten Treibhausgase von den Industriestaaten wie den USA, Europa und Japan verursacht. Die Konzentration der Treibhausgase in der Atmosphäre führt schon heute zur globalen Erwärmung, welche in Zukunft immer zahlreichere und unvorhersehbare Extremwetterereignisse mit sich bringen wird.

Um den Klimawandel einzudämmen, müssen die modernen, entwickelten Volkswirtschaften es schaffen, die Klimagase drastisch zu vermindern und zudem fossile Energien durch alternative Energien ersetzen. Weltweit steigt die Nachfrage nach fossilen Ressourcen weiter drastisch an. Stark wachsende Volkswirtschaften wie China, aber auch Russland und Indien, haben einen enormen Energiehunger. Insbesondere der immer weiter steigende Kohleverbrauch lässt die Treibhausgase unaufhaltsam ansteigen. Dabei wird nicht selten der Verbrauch fossiler Energie subventioniert, was zu einer Verschwendung von Energie führt.

II. Die Energiewende

Die Energiewende sieht vor, den Anteil der erneuerbaren Energien von knapp 20 % im Jahr 2011 auf 80 % im Jahr 2050 zu erhöhen. Der Strom wird in Deutschland zudem in erster Linie aus Kohle (ungefähr knapp 45 %) und Gaskraftwerken (knapp 14 %) erzeugt.

Der Atomausstieg sieht vor, dass bis zum Jahr 2022 alle derzeit noch in Betrieb befindlichen Atomkraftwerke sukzessive abgeschaltet werden. Bis zum Jahr 2020 soll der Anteil der erneuerbaren Energien von heute 20 % auf 35 % erhöht werden, zeitgleich wird die Energieeffizienz, insbesondere der Gebäudeenergie, deutlich verbessert werden.

Deutschland folgt mit der Umsetzung dieser Ziele den Vorgaben der EU. Die EU Roadmap sieht vor, den Anteil der erneuerbaren Energien bis zum Jahr 2050 auf 80 % zu erhöhen.[1] Zudem ist das Ziel der EU, die Treibhausgase im gleichen Zeitraum um 80 bis 95 % zu vermindern. Dies soll vor allem durch eine so genannte „De-Karbonisierung" der

---

[1] Vgl. EU Kommission 2011.

Tabelle 1: Einsatz von Energieträgern zur Stromerzeugung in Deutschland[2]

Energieträger	1990	1991	1992	1993	1994	1995	1996	1997	1998	1999	2000	2001	2002	2003	2004	2005	2006	2007	2008	2009	2010	2011[1]
											Mrd. kWh											
Braunkohle	170,9	158,3	154,5	147,5	146,1	142,6	144,3	141,7	139,4	136,0	148,3	154,8	158,0	158,2	158,0	154,1	151,1	155,1	150,6	145,6	145,9	150,1
Kernenergie	152,5	147,4	158,8	153,5	151,2	154,1	161,6	170,3	161,6	170,0	169,6	171,3	164,8	165,1	167,1	163,0	167,1	140,5	148,8	134,9	140,5	108,0
Steinkohle	140,8	149,8	141,9	146,2	144,6	147,1	152,7	143,1	153,4	143,1	143,1	138,4	134,6	146,5	140,8	134,1	137,9	142,0	124,6	107,9	117,0	111,8
Erdgas	35,9	36,3	33,0	32,8	36,1	41,1	45,6	48,1	50,7	51,8	49,2	55,5	56,5	61,4	61,4	71,0	73,4	75,9	86,7	78,8	86,8	84,9
Mineralölprodukte	10,8	14,8	13,2	10,1	10,1	9,1	8,1	7,4	6,7	6,3	5,9	6,1	8,7	9,9	10,3	11,6	10,5	9,6	9,2	9,6	8,4	6,6
Erneuerbare	19,7	17,5	20,5	21,2	23,0	25,1	23,0	24,2	26,3	29,1	37,8	38,9	46,1	45,4	56,5	63,2	71,4	87,5	92,4	94,1	102,8	123,2
darunter																						
- Windkraft	k.A.	0,1	0,3	0,6	0,9	1,5	2,0	3,0	4,5	5,5	9,5	10,5	15,8	18,7	25,5	27,2	30,7	39,7	40,6	38,6	37,8	48,9
- Wasserkraft[3]	19,7	15,9	18,6	19,0	20,2	21,6	18,8	19,0	19,0	20,7	24,9	23,2	23,7	17,7	19,9	19,6	20,0	21,2	20,4	19,1	21,0	18,1
- Biomasse	k.A.	0,3	0,3	0,4	0,6	0,7	0,8	0,9	1,1	1,2	1,6	3,3	4,5	6,5	8,4	12,0	14,5	19,1	22,3	25,5	27,6	31,9
- Photovoltaik	k.A.	0,0	0,0	0,0	0,0	0,0	0,0	0,0	0,0	0,1	0,1	0,1	0,2	0,3	0,6	1,3	2,2	3,1	4,4	6,6	11,7	19,3
- Geothermie	k.A.	0,0	0,0	0,0	0,0	0,0	0,0	0,0	0,0	0,0	0,0	0,0	0,0	0,0	0,0	0,0	0,0	0,0	0,0	0,0	0,0	0,0
- Hausmüll[3]	k.A.	1,2	1,3	1,3	1,3	1,3	1,3	1,4	1,6	1,7	1,8	1,9	1,9	2,2	2,1	3,0	3,9	4,5	4,7	4,4	4,8	5,0
Übrige Energieträger	19,3	16,2	16,3	15,8	17,4	17,7	17,4	17,4	19,1	20,0	22,6	21,4	18,2	20,4	21,2	23,6	25,3	26,6	24,7	21,5	26,7	27,6
Bruttoerzeugung insgesamt	549,9	540,2	538,2	527,1	528,5	536,8	552,7	552,3	557,3	556,3	576,5	586,4	586,7	606,7	615,3	620,6	636,9	637,2	637,1	592,4	628,1	612,1
Stromflüsse aus dem Ausland	31,9	30,4	28,4	33,8	35,9	39,7	37,4	38,0	38,9	39,6	45,1	44,1	46,2	45,8	44,2	53,4	46,1	44,3	40,2	40,6	42,2	49,7
Stromflüsse in das Ausland	31,1	31,0	33,7	32,8	33,6	34,9	42,7	40,4	38,9	39,8	42,1	44,8	45,5	53,8	51,5	61,9	65,9	63,4	62,7	54,9	59,9	56,0
Stromaustauschsaldo Ausland	+0,8	-0,6	-5,3	-0,9	+2,3	+4,8	-5,3	-2,3	-0,6	+1,0	+3,1	-0,7	+0,7	-8,1	-7,3	-8,5	-19,8	-19,1	-22,4	-14,3	-17,7	-6,3
Brutto-Inlandsstromverbrauch[4]	550,7	539,6	532,9	528,0	530,8	541,6	547,4	550,0	556,7	557,3	579,6	585,1	587,4	598,6	608,0	612,1	617,2	618,1	614,6	578,1	610,4	605,8
Veränderung gegenüber Vorjahr in %	X	-1,3	-1,3	-0,9	+0,5	+2,0	+1,1	+0,5	+1,2	+0,1	X	+1,0	+0,4	+1,9	+1,6	+0,7	+0,8	+0,2	-0,6	-6,0	+5,6	-0,7

Struktur der Bruttostromerzeugung in %

Energieträger	1990	1991	1992	1993	1994	1995	1996	1997	1998	1999	2000	2001	2002	2003	2004	2005	2006	2007	2008	2009	2010	2011[1]
Braunkohle	31,1	29,4	28,7	28,0	27,6	26,6	26,1	25,7	25,0	24,5	25,7	26,4	26,9	26,1	25,7	24,8	23,7	24,4	23,6	24,6	23,2	24,5
Kernenergie	27,7	27,3	29,5	29,2	28,6	28,7	29,2	30,8	29,1	30,7	29,5	29,3	28,1	27,2	27,2	26,3	26,4	22,0	23,4	22,8	22,4	17,6
Steinkohle	25,6	27,7	26,4	27,7	27,4	27,4	27,6	25,9	27,5	25,7	24,8	23,6	22,9	24,1	22,9	21,6	21,6	22,3	19,6	18,2	18,6	18,3
Erdgas	6,5	6,7	6,1	6,2	6,8	7,7	8,3	8,7	9,1	9,3	8,5	9,5	9,6	10,1	10,0	11,4	11,5	11,9	13,6	13,3	13,8	13,9
Mineralölprodukte	2,0	2,7	2,5	1,9	1,9	1,7	1,5	1,3	1,2	1,1	1,0	1,0	1,5	1,6	1,7	1,9	1,6	1,5	1,4	1,6	1,3	1,1
Erneuerbare	3,6	3,2	3,8	4,0	4,4	4,7	4,2	4,4	4,7	5,2	6,6	6,6	7,9	7,5	9,2	10,2	11,2	13,7	14,5	15,9	16,4	20,1
darunter																						
- Wasserkraft[3]	3,6	2,9	3,5	3,6	3,8	4,0	3,4	3,4	3,4	3,7	4,3	4,0	4,0	2,9	3,2	3,2	3,1	3,3	3,2	3,2	3,3	3,0
- Windkraft	k.A.	0,0	0,1	0,1	0,2	0,3	0,4	0,5	0,8	1,0	1,6	1,8	2,7	3,1	4,1	4,4	4,8	6,2	6,4	6,5	6,0	8,0
- Biomasse	k.A.	0,1	0,1	0,1	0,1	0,1	0,1	0,2	0,2	0,2	0,3	0,6	0,8	1,1	1,4	1,9	2,3	3,0	3,5	4,3	4,4	5,2
- Photovoltaik	k.A.	0,0	0,0	0,0	0,0	0,0	0,0	0,0	0,0	0,0	0,0	0,0	0,0	0,0	0,1	0,2	0,3	0,5	0,7	1,1	1,9	3,2
- Geothermie	k.A.	0,0	0,0	0,0	0,0	0,0	0,0	0,0	0,0	0,0	0,0	0,0	0,0	0,0	0,0	0,0	0,0	0,0	0,0	0,0	0,0	0,0
- Hausmüll[3]	k.A.	0,2	0,2	0,2	0,2	0,3	0,3	0,2	0,3	0,3	0,3	0,3	0,3	0,4	0,3	0,5	0,6	0,7	0,7	0,7	0,8	0,8
Übrige Energieträger	3,5	3,0	3,0	3,0	3,3	3,2	3,1	3,2	3,4	3,6	3,9	3,6	3,1	3,4	3,3	3,8	4,0	4,2	3,9	3,6	4,3	4,5
Bruttoerzeugung insgesamt	100,0	100,0	100,0	100,0	100,0	100,0	100,0	100,0	100,0	100,0	100,0	100,0	100,0	100,0	100,0	100,0	100,0	100,0	100,0	100,0	100,0	100,0
nachrichtlich: Anteil der erneuerbaren Energieträger an der Deckung des Stromverbrauchs	X	3,2	3,8	4,0	4,6	4,9	4,4	4,7	5,0	5,7	6,6	6,7	7,8	7,6	9,3	10,3	11,6	14,2	15,0	16,3	16,8	20,3

Abweichungen in den Summen durch Rundungen
[1] Vorläufige Angaben, z.T. geschätzt. [2] Erzeugung in Lauf- und Speicherwasserkraftwerken sowie Erzeugung aus natürlichem Zufluss in Pumpspeicherkraftwerken. [3] Nur Erzeugung aus biogenem Anteil des Hausmülls (ca. 50 %). [4] Einschließlich Netzverluste und Eigenverbrauch.
Quellen: Statistisches Bundesamt; Bundesministerium für Wirtschaft und Technologie; BDEW Bundesverband der Energie- und Wasserwirtschaft e.V.; Statistik der Kohlenwirtschaft e.V.; AG Energiebilanzen e.V.
Stand: 1. August 2012

[2] Vgl. http://www.ag-energiebilanzen.de/viewpage.php?idpage=65 (17.8.2012).

Stromerzeugung erfolgen, d.h. dem deutlichen Zubau erneuerbarer Energien sowie der Verbesserung der Energieeffizienz.

Deutschland hat beschlossen, die Treibhausgase bis zum Jahr 2020 um 40 % im Vergleich zum Jahr 1990 zu senken. Mit einem Rückgang der Emissionen um 25 % bis zum Jahr 2010 konnte bereits ein Erfolg verzeichnet werden.[3] Der Ausbau der erneuerbaren Energien und die Verbesserung der Energieeffizienz insbesondere im Mobilitäts- und Verkehrsbereich sind die tragenden Säulen zur Erreichung der Klimaziele.

Nachdem die schwarz-gelbe Bundesregierung unter Bundeskanzlerin Angela Merkel im Jahre 2010 zunächst die Laufzeiten der Atomkraftwerke um durchschnittlich etwa 8 Jahre verlängerte, hat der durch das Erdbeben in Japan im Frühjahr 2011 verursachte Atomunfall in Deutschland zu einem Umdenken in der deutschen Atompolitik geführt.[4] Im Rahmen eines Moratoriums wurden bereits im Frühjahr 2011 acht Atomkraftwerke unmittelbar und irreversibel vom Netz genommen. Damit ist man zu dem ursprünglichen Beschluss aus dem Jahre 2000 zurückgekehrt, welcher ebenso im Rahmen eines Atomkonsenses den Ausstieg aus der Kernenergie durch eine Novellierung des Atomgesetzes festlegte. Im Jahre 2002 wurde bereits durch die Änderung des Atomgesetztes bestimmt, dass die Atomkraftwerke nur noch begrenzte Strommengen produzieren dürfen, welche bei normaler Betriebsdauer ebenso ein sukzessives Abschalten der Atomkraftwerke bis zum Jahr 2022 bewirkt hätte.

Bei der eigentlichen Energiewende handelt es sich nicht nur um den Ausstieg aus der Kernenergie, sondern um den Komplettumbau der deutschen Energieversorgung. Wenn man eine durchschnittliche Lebensdauer von Kraftwerken von 40 Jahren zugrunde legen würde, könnten rund die Hälfte der deutschen Kohlekraftwerke in den kommenden 10 Jahren altersbedingt abgeschaltet werden.

Bis zum Jahr 2017 sind zahlreiche neue Kohlekraftwerke in Gesamtdeutschland in Planung oder schon im Bau; sie erreichen eine Gesamtleistung von über 10 Gigawatt. Damit könnte man rein rechnerisch die derzeit noch im Einsatz befindlichen Atommeiler ersetzen. Doch Kohlekraftwerke passen im Grunde nicht in das Konzept der nachhaltigen Energiewende: Sie produzieren deutlich mehr klimagefährdende Treib-

---

[3] Vgl. jedoch zur Problematik von Verlagerungs- und Reboundeffekten die Beiträge von Ekardt und Hanke/Best in diesem Band.

[4] Vgl. zu den Ereignissen in Japan den Beitrag von Simonis in diesem Band.

hausgase als andere Energieträger – zum Beispiel doppelt so viel wie Gas. Für die Übergangszeit wären Gaskraftwerke deutlich besser geeignet. Sie sind nicht nur emissionsärmer, sondern auch besser kombinierbar mit den fluktuierenden erneuerbaren Energien, weil man Gasanlagen flexibel hoch und runter fahren kann. Gas ist für die Stromerzeugung, insbesondere in Kombination mit Kraft-Wärme-Kopplung, die effizienteste und auch eine klimaschonende Form der Energiebereitstellung. Zudem ist Gas für die Mobilität als Alternative zum Öl interessant. Erdgasfahrzeuge werden geringer besteuert, sie wären also durchaus wirtschaftlich attraktiv.

III. Aspekte der Energiewende

Erneuerbare Energien weisen hohe Volatilitäten auf. In Zeiten eines hohen Angebots erneuerbarer Energien reichen oftmals die Stromnetze nicht aus, um den überschüssigen Strom ins In- oder Ausland weiterzuleiten. Mit dem Ausbau der erneuerbaren Energien steigt der Bedarf an der Erweiterung, dem Ausbau und der Optimierung der Energienetze.[5] Zum einen werden Stromnetze vom Norden Deutschlands in den Süden benötigt, um insbesondere den aus Offshore-Windanlagen erzeugten Strom in die Regionen zu transportieren, wo Atom- und Kohlekraftwerke mehr und mehr abgeschaltet werden, demnach in den Westen und Süden der Republik. Zum anderen ist eine Erweiterung des europäischen Stromnetzes notwendig, insbesondere um geologische Vorteile bei der Stromproduktion aus erneuerbaren Energien auszuschöpfen, den Handel zu verbessern und eine Netzoptimierung herzustellen. Weiterhin werden intelligente Verteilnetze benötigt, die das volatile Stromangebot und die entsprechende Nachfrage optimieren. Neben der verstärkten Stromspeicherung spielt ebenso die Nachfragesteuerung eine wichtige Rolle. Beispielsweise könnten auch energieintensive Industrien ihr Nachfrageverhalten so steuern, dass sie besser kombinierbar mit einem immer volatiler

---

[5] Es gibt unterschiedliche Szenarien zum Ausbau der Netze, vgl. Dena 2011. Unterschiedliche Szenarien zeigt das Forum Netzintegration, vgl. http://www.forum-netzintegration.de/uploads/media/DUH_Broschuere_NetzintEE_2010_01.pdf (19.1.2011).

werdenden Stromangebot durch den steigenden Anteil erneuerbarer Energien sind.

Durch die Finanzkrise erhöhen sich die Risikoaufschläge der Finanzinstitute. Die öffentliche Hand hat bereits umfangreiche Mittel zur Bankenrettung bereitgestellt und könnte nun darauf dringen, dass diese Gelder zur Finanzierung der Energiewende zweckgerichtet eingesetzt werden. Zudem ist es wichtig, dass die Planungssicherheit für Investoren durch verlässliche politische und wirtschaftliche Rahmenbedingungen erhöht wird.

Mit dem zunehmenden Anteil erneuerbarer Energien ist es unerlässlich, dass mehr Speichermöglichkeiten geschaffen werden. Pumpspeicherkraftwerke sind derzeit allerdings die einzig wirtschaftliche Form der Stromspeicherung. Da die Optionen für Pumpspeicherkraftwerke in Deutschland begrenzt sind, ist der deutsche Strommarkt ebenso auf andere EU-Länder (Alpenregion, Skandinavien) angewiesen. Um auch diese Potenziale nutzen zu können, ist der Ausbau der Stromleitungen und Infrastruktur notwendig. Zusätzlich sind völlig neue Formen der Stromspeicherung derzeit in der Forschungsphase. So können etwa Batterien von Elektrofahrzeugen als Speicher genutzt werden, wenn sie gleichzeitig die „Vehicle-to-grid"-Option umsetzen, also gespeicherten Strom zurück in das Netz einspeisen können. Dazu wäre allerdings ein Umbau der Infrastruktur notwendig. Auch neue Kraftstoffe taugen für die Energiespeicherung. In Spitzenangebotszeiten erneuerbarer Energien könnte Wasserstoff oder Methan produziert werden, etwa zum Einsatz in der Mobilität. Diese Form der Speicherung ist derzeit allerdings noch nicht wirtschaftlich. Bei steigenden Preisen für fossile Energien und sinkenden Kosten erneuerbarer Energien könnten diese innovativen Techniken in 20 bis 25 Jahren zum Einsatz kommen.[6]

Mit dem Zubau erneuerbarer Energien sinkt die wirtschaftliche Attraktivität von konventionellen Kraftwerken. Da erneuerbare Energien einen Einspeisevorrang genießen und immer mehr Strom produzieren, vermindern sich die Produktionszeiten herkömmlicher Kraftwerke. Zum anderen führt der Zuwachs erneuerbarer Energien zu sinkenden Strompreisen an der Börse, durch den so genannten Merit-Order-Effekt.[7] Kraft-

---

[6] Vgl. Jentsch/Trost/Sterner/Emele 2011, S. 46.

[7] Der Zubau erneuerbarer Energien bewirkt eine Erhöhung des Angebots und somit eine Verschiebung der Angebotskurve nach rechts, sodass bei unveränderter Nach-

werke, die zur Spitzenlast eingesetzt werden, wie beispielsweise Gaskraftwerke, verlieren so an wirtschaftlicher Attraktivität. Damit die wirtschaftlichen Anreize für den Bau und Einsatz von konventionellen Kraftwerken als Brücken- und Reservekraftwerke steigen, muss somit das Marktsystem angepasst und das Marktdesign verändert werden. Eine kluge Regulierung kann helfen, die Kapazitäten zu fördern, die für ein nachhaltiges Energiesystem notwendig sind. Vor allem sollte eine erfolgreiche Anpassung der Nachfrage auf Volatilitäten ermöglicht werden. Um die Investitionen zu beschleunigen, sollten die Rahmenbedingungen insbesondere bei der Vergütung der Infrastruktur sowie Stromspeicher und Reservekapazitäten so angepasst werden, dass Versorgungssicherheit und dynamischer Ausbau rasch zu schaffen sind. Geeignete finanzielle Anreize für Stromnetze sowie Speicher, aber auch notwendige Stromkapazitäten zum Ausgleich von Angebot und Nachfrage gehören genauso dazu wie die rasche Umsetzung aller Energiesparaktivitäten. Daher müssen nicht nur möglichst rasch die finanziellen Mittel zur Unterstützung der energetischen Gebäudesanierung aufgestockt werden, sondern jegliche Sparpotenziale vor allem auch im Bereich der Mobilität ausgeschöpft werden.

Genauso wichtig wie das Angebot ist jedoch die Nachfrage. Je weniger Energie verbraucht wird, desto geringer sind die Energieimport- und Energiepreisabhängigkeiten – und desto mehr Energiekosten können eingespart werden. Neben dem Mobilitätssektor liegen die größten Einsparpotenziale vor allem im Immobilienbereich, genauer: in der Gebäudehülle. Es könnte knapp ein Fünftel des Energiebedarfs von Immobilien allein durch den Einsatz effizienter Dämm- und Klimatechnik eingespart werden.[8] Die Bürger können dadurch entlastet werden. Dazu bedarf es jedoch ausreichender finanzieller Mittel, die derzeit von der Kreditanstalt für Wiederaufbau (KfW)[9] zur Finanzierung bereitgestellt werden.

Eine wichtige Dimension neben der technischen, wirtschaftlichen und politischen ist die gesellschaftliche: Die Akzeptanz der Bevölkerung wird davon abhängen, wie gut man den Menschen erklärt, um was es genau geht, welche Schritte notwendig sind und wie hoch die Belastungen und

---

frage eine Preissenkung eintritt, vgl. ISI/DIW/GWS/IZES 2011, S. 15. Ausführlicher hierzu auch der Beitrag von Möst/Müller/Schubert in diesem Band.

[8] Vgl. Neuhoff et al. 2011 und Dena 2012, S. 28.

[9] Vgl. KfW 2011.

Entlastungen (Gebäudesanierung) ausfallen werden. Daher ist es notwendig, dass nicht nur auf Bundes- und Landesebene, sondern vor allem auf kommunaler Ebene viel Transparenz, Information und Partizipation geschaffen wird.[10]

IV. Notwendige Investitionen der Energiewende im dreistelligen Milliardenbereich

Wird der Anteil erneuerbarer Energien verdoppelt, müssen laut Schätzung des Bundesministeriums für Umwelt, Naturschutz und Reaktorsicherheit (BMU) kumulierte Investitionen von etwa 200 Mrd. Euro in den kommenden zehn Jahren getätigt werden (Tabelle 1).[11] Andere Studien weisen notwendige kumulierte Investitionen von bis zu 235 Mrd. Euro über einen Zeitraum von mehreren Jahrzehnten aus.[12] Das HWWI hat jüngst den Barwert der Kosten der Energiewende bis zum Jahr 2030 auf insgesamt 335 Mrd. Euro geschätzt. Dabei werden 250 Mrd. Euro für die Förderung der erneuerbaren Energien veranschlagt und 85 Mrd. Euro für zusätzliche Investitionen, Anlagen, Leitungen, Speicher und Kraftwerkskapazitäten.[13]

Allein für den Netzausbau geht die Bundesnetzagentur (BNA) von einer Größenordnung von 20 bis 25 Mrd. Euro in den kommenden 15 Jahren aus.[14] Für die energetische Gebäudesanierung beziffert die KfW die notwendigen Investitionen in den kommenden 10 Jahren auf bis zu 75 Mrd. Euro.[15] Für zusätzliche Gaskraftwerkskapazitäten von bis zu 10

---

[10] Vgl. hierzu auch die Beiträge von Hildebrand/Schütte/Fechner/Schweizer-Ries sowie von Heinrichs und Radtke in diesem Band.

[11] Vgl. BMU 2008 sowie BMU 2010, S.23.

[12] Vgl. Prognos 2010; vgl. auch Prognos 2011 sowie Erdmann 2011.

[13] Vgl. Bräuninger/Schulze 2012. Diese Studie unterscheidet allerdings nicht zwischen reinen Investitionen und Differenzkosten. Sie weist also nicht aus, welche Kosten der Energiewende allein zuzuordnen sind bzw. auch ohne Energiewende getätigt werden würden.

[14] Vgl. Bundesnetzagentur 2011, S. 177 ff. Allerdings räumt die BNA selbst ein, dass man nur einen Teil des Netzausbaus der Energiewende selbst zuordnen kann, da es auch ohne Energiewende zu einer Erneuerung und Reparatur des Energienetzes hätte kommen müssen.

[15] Vgl. Prognos im Auftrag der KfW 2013, S. 14-19.

Tabelle 2: Jährliche und kumulierte Investitionen

Jährliche und kumulierte Investitionen (Mio EUR/a; Mio EUR)
Strom- und Wärmemarkt getrennt; Nahwärmenetze getrennt ausgewiesen

	Wasser +)	Wind	Photovolt.	Stromimport	Kollektoren	Biomasse Wärme +)	Biogas/Biomasse KWK +)	Umweltwärme +)	Geotherm. Strom	Nahwärmenetze	Gesamt Strom	Gesamt Wärme	GesamtInvestition
2000	90	2145	264	0	514	950	480	60	0	103	2979	1524	4503
2001	54	3404	627	0	731	1966	436	71	0	355	4520	2768	7288
2002	88	4091	594	0	432	2476	576	87	0	455	5349	2994	8343
2003	91	3234	729	0	564	2672	926	101	0	642	4980	3338	8318
2004	94	2464	3048	0	573	1988	745	116	0	819	6351	1677	9028
2005	96	2179	4077	0	714	1626	1051	145	0	875	7403	2485	9888
2006	92	2639	3494	0	1041	1910	2191	238	0	885	8415	3188	11603
2007	83	1996	4544	0	692	2379	2848	618	39	991	9509	3689	13198
2008	84	2021	7007	0	901	1660	1356	1066	0	1045	10468	3627	14095
2009	81	2384	11799	0	666	1497	1741	1138	42	1067	16046	3300	19346
2010	87	2666	23800	0	827	1625	1256	1281	40	758	27848	3733	31581
2011	88	2754	15000	0	1056	1713	1129	1350	77	763	19048	4119	23168
2012	101	3001	9240	0	1280	1627	1070	1391	105	773	13516	4298	17814
2013	114	3250	7200	0	1494	1722	1017	1429	130	793	11712	4645	16356
2014	128	3680	6270	0	1672	1831	1093	1450	162	843	11332	4953	16285
2015	142	4148	5490	0	1814	1918	1019	1468	198	852	10996	5200	16197
2016	158	4456	4670	0	1932	1996	1104	1474	241	895	10627	5402	16030
2017	183	4778	4125	0	2018	1928	1109	1479	291	888	10486	5425	15911
2018	184	5121	3710	370	1996	1735	943	1475	348	865	10676	5207	15882
2019	195	5854	3354	720	1910	1644	928	1481	408	889	11456	5036	16495
2020	195	6204	3048	980	1866	1536	552	1486	496	829	11475	4889	16364
2030	287	5349	2525	2255	2060	1399	1657	1580	568	1059	12658	5039	17697
2040	315	4523	3498	3240	2950	1511	1044	1690	960	1291	13580	6151	19731
2050	346	4792	2223	4155	3630	1302	1534	1785	1440	1242	14490	6717	21207
D 10 - 20	143	4174	7810	188	1624	1752	1020	1433	227	832	13561	4810	18371
Kum 10 - 20	1574	45911	85907	2070	17865	19276	11220	15766	2495	9147	149176	52907	202083
D 21 - 50	316	4888	2749	3217	2880	1401	1418	1685	989	1197	13576	5969	19545
Kum 21 - 50	9470	146636	82461	96500	86400	42125	42530	50550	29680	35925	407227	179075	586353

+) für 2000 Schätzung in Anlehnung an Jahrbuch EE, 2001

Quelle: DLR, IWES, IFNE 2010 Langfristszenarien und Strategien für den Ausbau der erneuerbaren Energien in Deutschland bei Berücksichtigung der Entwicklung in Europa und global „Leitt+die 2010",
http://www.bmu.de/files/pdfs/allgemein/application/pdf/leitstudie2010_bf.pdf.

Gigawatt werden Investitionen von bis zu 15 Mrd. Euro getätigt werden müssen.[16] Dabei muss berücksichtigt werden, dass nicht alle der genannten Investitionen der Energiewende allein zugeordnet werden können. Viele Kraftwerksneubauten, Netzerneuerungen und -instandhaltungen würden auch ohne eine Energiewende stattfinden.[17]

Die Förderung erneuerbarer Energien erfolgt über das EEG, welches eine garantierte Einspeisevergütung sowie den Vorrang der Einspeisung ermöglicht.[18] Beides vermindert die Risiken für Investoren. Die EEG-Umlage hat sich in den vergangenen Jahren in erster Linie aufgrund des starken Wachstums der Photovoltaik auf 3,5 Cent/kWh erhöht.[19] Im Jahr 2012 ist die Umlage mit 3,592 Cent/kWh relativ konstant geblieben im Jahr 2013 jedoch deutlich gestiegen, auf 5,28 Cent/kwh.[20] Unterschiedliche Studien weisen eine Erhöhung der Umlage in den kommenden 10 Jahren von 3,5 bis 5,1 Cent/kWh aus.[21] Allerdings mehren sich Stimmen, welche eine starke Begrenzung der EEG-Umlage fordern, sowie die Abschaffung der Vorrangregelung, um Netzengpässe besser optimieren und Kosten vermindern zu können. Aus Investorensicht wirken beide Vorschläge eher hemmend.[22]

Da jedoch derzeit nicht von einer Änderung des grundsätzlichen EEG-Konzepts auszugehen ist, sind die weiteren Investitionen mit geringen Risiken verbunden. Dabei zeigt sich, dass ein Großteil der Investitionen von Privatpersonen (mit 40 % der installierten Leistung) getätigt wird, gefolgt von Banken (14 %) und Landwirten (11 %).[23]

---

[16] Vgl. Traber/Kemfert 2010, S. 2 ff.

[17] Vgl. Traber/Kemfert 2012. Die Bundesnetzagentur hat jüngst ebenso bekräftigt, dass der im Netzentwicklungsplan genannte Netzausbau nur zum Teil der Energiewende selbst zuzuordnen ist, vgl. http://www.netzentwicklungsplan.de/content/netzentwicklungsplan-2012-2-entwurf (17.8.2012).

[18] Vgl. zum EEG auch den Beitrag von Schlacke/Kröger in diesem Band.

[19] Zur Entwicklung der EEG-Umlage auch der Beitrag von Möst/Müller/Schubert in diesem Band.

[20] Vgl. 50Hertz Transmission GmbH/Amprion GmbH/EnBW Transportnetze AG/TenneT TSO GmbH 2011.

[21] Vgl. BSW/Prognos 2011; Prognos 2011; Erdmann 2011; vgl. Traber/Kemfert/Diekmann 2011, S. 2 ff.

[22] Vgl. Kemfert/Schäfer 2012, S. 3 ff.

[23] Vgl. Agentur erneuerbare Energien 2011.

Abbildung 1: Erneuerbare Energien in Bürgerhand

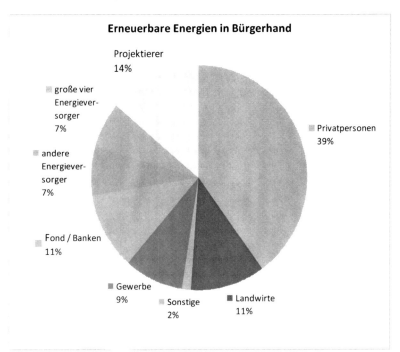

Die Finanzierung der Gebäudesanierung erfolgt zu größten Teilen durch private Investitionen, unterstützt durch die zinsgünstigen Kredite aus dem KfW-Gebäudesanierungsprogramm.[24] Die Gelder wurden von knapp 900 Mio. Euro auf 1,5 Mrd. Euro pro Jahr aufgestockt. Die erhöhten Gelder des KfW-Gebäudesanierungsprogramms sollen zum größten Teil aus dem Energie- und Klimafond gezahlt werden. Dieser speist sich wiederum schwerpunktmäßig aus dem Verkauf der CO_2-Emissionszertifikate. Der Preis der CO_2-Zertifikate ist jedoch aufgrund der Wirtschaftskrise stark gesunken, somit können mit dem derzeitigen Preis die gewünschten Gelder zumindest nicht aus dem Verkauf getätigt werden.

Die Investitionen in die Stromnetze werden ebenso von Unternehmen getätigt, diese können auf die Netzentgelte überwälzt werden. Allerdings

---

[24] Vgl. KfW 2011.

kann die derzeitige Anreizregulierung durchaus zu Hemmnissen führen, da Investoren eine unzureichende finanzielle Abdeckung befürchten.[25] Dennoch mehren sich mahnende Stimmen: Kann sich Deutschland nun in Zeiten turbulenter Finanz- und Schuldenkrisen überhaupt leisten, eine Energiewende umzusetzen? Werden Unternehmen abwandern? Ist gar die Energiewende in Gefahr? Die Finanzkrise überschattet derzeit in der Tat die notwendigen Veränderungen der Energiewende. Diese schreitet dennoch munter voran, allen voran der Ausbau erneuerbarer Energien, aber auch neue Kraftwerkskapazitäten als Ersatz für Atomkraft werden ausgebaut. Der Ausbau erneuerbarer Energien geht auch deshalb weiter voran, da die Förderung über das Erneuerbare-Energien-Gesetz weiterläuft, auch wenn es hier und da Adjustierungen gibt.[26] Die Fördersätze für Photovoltaik werden zwar weiterhin gekürzt, um Belastungen gering zu halten. Dafür werden erhöhte finanzielle Anreize zum Ausbau der Windenergie und teilweise auch Biomasse geschaffen. Auch die finanziellen Belastungen vor allem energieintensiver Industrien werden im Zaum gehalten, denn es werden weiterhin die Ausnahmen – sei es für den Kauf der Emissionszertifikate, der Zahlung der EEG-Umlage oder aber die Ökosteuer – bestehen bleiben. Allerdings kann in der Tat die Finanzkrise eine wichtige Achillesferse der Energiewende treffen: den dringend benötigten Ausbau der Infrastruktur, und zwar sowohl der sogenannten Stromautobahnen, die mit Windstrom produzierte Strommengen von Norden nach Süden transportieren, oder aber die Stromtrassen ins europäische Ausland, als auch die Verteilnetze zur optimalen und intelligenten Kopplung von Stromangebot und -nachfrage.[27] Wenn man bedenkt, dass der Bau der notwendigen Infrastruktur von der Genehmigung bis zur Inbetriebnahme bis zu 10 Jahre dauern kann, wird schnell deutlich, wie rasch die Investitionen getätigt werden müssen. Die Finanzkrise kann somit die notwendigen Investitionen verzögern.

Die Bundesregierung hat die Energiewende eingeleitet. Diese birgt enorme Herausforderungen, aber vor allem enorme Chancen. Eine kluge Energiewende kann zum Konjunkturmotor werden. Umso wichtiger ist

---

[25] Vgl. Brunekreeft/Meyer 2011, S. 2 ff.

[26] Vgl. hierzu auch den Beitrag von Schlacke/Kröger in diesem Band.

[27] Kritisch zu sog. Stromautobahnen und generell zur zentralistischen Ausrichtung des Strommarktes etwa die Beiträge von Hellige, Kunze und Hanke/Best in diesem Band.

es, dass durch die Schaffung eines Masterplans und eines Energieministeriums die Energiewende so rasch wie möglich angegangen wird. Fünf Punkte sind entscheidend:

1. Ausbau der Stromnetze und Speicher, sowie Netzoptimierung über Nachfragesteuerung. Der Ausbau und die Optimierung der europäischen Stromnetze hat Priorität, ein beschleunigter Ausbau ist dringend vonnöten. Erneuerbare Energien weisen hohe Volatilitäten auf. In Zeiten eines hohen Angebots erneuerbarer Energien reichen oftmals die Stromnetze nicht aus, um den überschüssigen Strom ins Inland oder Ausland weiterzuleiten. Insbesondere ist der Ausbau von Stromautobahnen innerhalb Deutschlands und der gesamten EU elementar, sowie der Ausbau der Verteilnetze. Die Stromerzeugung aus erneuerbaren Energien wird immer dezentraler. Das macht intelligente Stromnetze nötig, die Angebot und Nachfrage besser als bisher in Einklang bringen. Durch die Finanzkrise erhöhen sich die Risikoaufschläge der Finanzinstitute. Bürgschaften durch die Regierung würden zumindest Unsicherheiten mindern. Zudem ist es unerlässlich, dass mehr Speichermöglichkeiten geschaffen werden. Pumpspeicherkraftwerke sind derzeit allerdings die einzige, wenn auch nur teilweise, wirtschaftliche Form der Stromspeicherung. Deren Potenziale liegen allerdings eher im Ausland, umso wichtiger ist der grenzüberschreitende Ausbau des Stromnetzes. In der Zukunft sind auch innovative Stromspeicher, wie Batterien, Methan, Wasserstoff etc. möglich, die aufgrund der hohen Kosten derzeit schlichtweg unwirtschaftlich sind.

2. Schaffung geeigneter Regulierung und Rahmenbedingungen. Damit die Anreize für den Bau und Einsatz von Gaskraftwerken steigen, sollte das Marktdesign angepasst werden. Eine kluge Regulierung kann helfen, die Kapazitäten zu fördern, die für ein nachhaltiges Energiesystem notwendig sind. Zum anderen sollte eine erfolgreiche Anpassung der Nachfrage auf Volatilitäten ermöglicht werden. Um die Investitionen zu beschleunigen, sollten die Rahmenbedingungen insbesondere bei der Vergütung der Infrastruktur, Stromspeicher sowie Reservekapazitäten so angepasst werden, dass Versorgungssicherheit und dynamischer Ausbau rasch zu schaffen sind. Geeignete finanzielle Anreize für Stromnetze sowie Speicher, aber auch notwendige Stromkapazitäten zum Ausgleich von Angebot und Nachfrage gehören genauso dazu wie die rasche Umsetzung aller Energiesparaktivitäten. Daher müssen nicht nur möglichst rasch die finanziellen Mittel zur Unterstützung der energetischen Gebäudesanierung aufgestockt werden, sondern jegliche Sparpotenziale vor allem auch im Bereich der Mobilität ausgeschöpft werden.

3. *Energieeffizienz.* Die Bundesregierung hat völlig zu Recht entschieden, dass die Energieeinsparpotenziale im Gebäudebereich genutzt werden müssen. Dazu bedarf es jedoch ausreichender finanzieller Mittel.[28] Allerdings werden auch die anvisierten 1,5 Mrd. Euro kaum ausreichen, die Sanierungsquote erreichen zu können.

4. *Gesellschaftliche Akzeptanz.* Die Akzeptanz der Bevölkerung hinsichtlich Maßnahmen zur Umsetzung der Energiewende ist abhängig vom Grad der Informationsbereitstellung, Prozesstransparenz und den Partizipationsmöglichkeiten auf Bundes- und Länderebene.

5. *Schaffung eines Energieministeriums zur Umsetzung des Change Management Prozesses.* Unternehmenslenker, die ein Unternehmen grundsätzlich neu ausrichten wollen, kennen diesen unerlässlichen Prozess. Er umfasst eine komplette Neusortierung und Umorientierung aller Kernbereiche. Auf die Energiewende bezogen heißt dies eine umfassende, entschlossene und zielgerichtete Umsetzung aller relevanten Bereiche. Die Zielsetzung ist zwar klar formuliert, jetzt muss die rasche Umsetzung folgen. Die Energiewende ist unglaublich komplex und hat zur Folge, dass in vielen Einzelbereichen lose Enden zusammengehalten, zusammengeführt und geschlossen werden müssen. Dafür bedarf es eines umfassenden Überblicks sowie schneller und beherzter Anpassungen und Änderungen. Und das geht nur mit einem Ministerium, welches die Interessen zusammenführt, den Masterplan ausarbeitet und federführend für die Umsetzung verantwortlich ist. Fehler sind nicht erlaubt. Dafür ist das System zu fragil. Auch Trägheit kann sich schnell rächen. Somit bleibt zu hoffen, dass die derzeitige Finanzkrise nicht zu Fahrigkeit und Nachlässigkeit in Punkto Change Management Prozess der Energiewende führen wird. Denn die Finanzkrise zeigt eines: Schnelles Re(a)gieren ist durchaus möglich.

V. Fazit

Eine kluge Energiewende kann zum Konjunkturmotor werden. Es werden enorme Investitionen getätigt, die wiederum Wertschöpfung und Ar-

---

[28] Vgl. KfW 2011.

beitsplätze schaffen werden. Es werden Investitionen in erneuerbare Energien, in neue Kraftwerke, Energieeffizienz und nachhaltige Gebäude und Mobilität getätigt. Die deutsche Wirtschaft kann dabei wie keine andere von dem Boom profitieren, denn insbesondere die deutsche Industrie kann durch Anlagen-, Infrastruktur- und auch Kraftwerksbau enorm profitieren. Hundertausende neue Arbeitsplätze können so neu geschaffen werden. Eine kluge Energiewende bietet definitiv mehr wirtschaftliche Chancen als Risiken.

Literatur

Agentur erneuerbare Energien (2011): Eigentumsverteilung erneuerbarer Energien 2011, http://www.unendlich-viel-energie.de/de/wirtschaft/detailansicht/article/572/eigentumsverteilung-an-erneuerbaren-energien-anlagen-2010.html (19.1.2011).

BMU (2008): Ausbau erneuerbarer Energien im Strombereich. EEG-Vergütungen, -Differenzkosten und -Umlage sowie ausgewählte Nutzeneffekte bis zum Jahr 2030, Berlin.

BMU (2010): Leitstudie 2010, Langfristszenarien und Strategien für den Ausbau der erneuerbaren Energien in Deutschland bei Berücksichtigung der Entwicklung in Europa und global, Berlin.

Bräuninger, M./Schulze, S. (2012): Konsequenzen der Energiewende, http://www.hwwi.org/fileadmin/hwwi/Publikationen/Studien/HWWI-Studie-Energiewende-2012.pdf. (17.8.2012).

Brunekreeft, G./Meyer, R. (2011): Netzinvestitionen im Strommarkt: Anreiz- oder Hemmniswirkungen der deutschen Anreizregulierung?, Energiewirtschaftliche Tagesfragen, 61. Jg., Heft 1/2, S. 2 ff.

BSW/Prognos (2011): Kosten der Solarstromförderung, Berlin, Basel,

Bundesnetzagentur (2011): Monitoringbericht, Bonn http://www.bundesnetzagentur.de/SharedDocs/Downloads/DE/BNetzA/Presse/Berichte/2011/MonitoringBericht2011.pdf%3F__blob%3DpublicationFile (23.4.2013)

Dena (2011): Integration erneuerbarer Energien in die deutsche Stromversorgung im Zeitraum 2015-2020 mit Ausblick 2025, http://www.dena.de/fileadmin/user_upload/Download/Dokumente/Studien___Umfragen/Endbericht_dena-Netzstudie_II.PDF (19.1.2011).

Dena (2012): Der dena-Gebäudereport 2012, Statistiken und Analysen zur Energieeffizienz im Gebäudebestand, Berlin.

Erdmann, G. (2011): Kosten des Ausbaus erneuerbarer Energien. Studie der Technischen Universität Berlin, http://www.vbw-bayern.de/Redaktion-

%28importiert-aus-CS%29/04_Downloads/Downloads_2011/3_Wirt schaftspolitik/3.5_Energie/Publikationen/studie_eeg_energie_kosten_110 907_final_NGa_2.pdf (23.4.2013).

EU Kommission (2011): COM (2011) 885/2, EU Roadmap 2050, http://ec.europa.eu/energy/index_en.htm (17.8.2012).

Forum Netzintegration Erneuerbare Energien (2010): Das Stromnetz der Zukunft. Berlin, http://www.duh.de/uploads/media/DUH_Broschuere_Netz intEE_2010.pdf (23.4.2013).

ISI/DIW/GWS/IZES (2012): Monitoring der Kosten und Nutzenwirkungen des Ausbaus erneuerbarer Energien im Strom- und Wärmebereich im Jahr 2011. Untersuchung im Rahmen des Projekts „Wirkungen des Ausbaus erneuerbarer Energien (ImpRES)", Juli 2012, Karlsruhe, Berlin, Osnabrück, Saarbrücken, http://www.izes.de/cms/upload/publikationen/EM_11_055.pdf (23.4.2013).

Jentsch, M./Trost, T./Sterner, M./Emele, L. (2011): Power to Gas als Langzeitspeicher, Energy 2.0, 2011, S. 46.

Kemfert, C./Schäfer, D. (2012): Finanzierung der Energiewende in Zeiten großer Finanzmarktinstabilität, DIW Wochenbericht 31/2012, S. 3 ff.

KfW (2011): Der energetische Sanierungsbedarf und der Neubaubedarf von Gebäuden der kommunalen und sozialen Infrastruktur, Studie des Bremer Energieinstituts im Auftrag der KfW, http://www.kfw.de/kfw/de/KfW-Konzern/Medien/Aktuelles/Pressearchiv/2012/20120104_55429.jsp (17.8.2012).

KfW (2011): Energieeffizient Sanieren – Soziale Organisationen, http://www.kfw.de/kfw/de/Inlandsfoerderung/Programmuebersicht/Sozial_Inve stieren_-_Energetische_Gebaeudesanierung/index.jsp, (19.1.2011).

Neuhoff, K./Amecke, H./Novikova, A./Stelmakh, K. (2011): Energetische Sanierung: Handlungsbedarf auf vielen Ebenen, DIW Wochenbericht 34, 2011, S. 3 ff.

Prognos (2010): Investitionen durch den Ausbau erneuerbarer Energien in Deutschland, Berlin, http://www.bee-ev.de/_downloads/publikationen/studien/2010/1005_Prognos-Studie_Investitionen_BEE-Ausbauprognose_lang.pdf (23.4.2013).

Prognos (2011): Konsequenzen eines Ausstiegs aus der Kernenergie bis 2022 für Deutschland und Bayern, Berlin, Basel http://www.prognos.com/fileadmin/pdf/publikationsdatenbank/Prognos_vbw_Studie__Ausstieg_Kern energie_bis_2022.pdf (23.4.2013).

Prognos (2013): Ermittlung der Wachstumswirkungen der KfW-Programme zum Energieeffizienten Bauen und Sanieren, Berlin, Basel, https://www.kfw.de/migration/Weiterleitung-zur-Startseite/Startseite/KfW-

Konzern/KfW-Research/Economic-Research/Evaluationen/PDF-Dokumente-Evaluationen/Prognos_Wachstumseffekte_KfW_EBS_Endbericht.pdf

Traber, T./Kemfert, C. (2010): Nachhaltige Energieversorgung: beim Brückenschlag das Ziel nicht aus den Augen verlieren, DIW Wochenbericht 23/2010, S. 2 ff.

Traber, T./Kemfert, C. (2012): Die Auswirkungen des Atomausstiegs in Deutschland auf Strompreise und Klimaschutz in Deutschland und Europa, Studie im Auftrag von Greenpeace e.V., http://www.greenpeace.de/fileadmin/gpd/user_upload/themen/atomkraft/Gutachten_DIW.pdf (17.8.2012).

Traber, T./Kemfert, C./Diekmann, J. (2011): Strompreise: Künftig nur noch geringe Erhöhung durch erneuerbare Energien, DIW Wochenbericht 6/2011, S. 2 ff.

50Hertz Transmission GmbH/Amprion GmbH/EnBW Transportnetze AG/TenneT TSO GmbH (2011): Prognose der EEG-Umlage nach Ausgl MechV. Prognosekonzept und Berechnung der ÜNB, Stand 14. Oktober 2011, http://www.eeg-kwk.net/de/file/111014_Prognose_EEG-Umlage-2012_final.pdf (17.8.2012).

50Hertz Transmission GmbH/Amprion GmbH/TenneT TSO GmbH/Transnet BW GmbH (2012): Netzentwicklungsplan Strom 2012. 2. Entwurf: http://www.netzentwicklungsplan.de/content/netzentwicklungsplan-2012-2-entwurf (17.8.2012).

Eine Frage des Geldes

Zu der Notwendigkeit geeigneter monetärer Rahmenbedingungen für die Energiewende und den Möglichkeiten ihrer Gestaltung

Ludwig Schuster

Dieser Beitrag beleuchtet, wie die Energiewende durch die gegebenen monetären Rahmenbedingungen behindert wird und zeigt sowohl theoretische als auch praktische Möglichkeiten auf, sie mit monetären Instrumenten oder einer abweichenden Gestaltung der Geldordnung gezielt zu beschleunigen. Einleitend wird aufgezeigt, inwiefern der Konstruktion des Geld- und Finanzsystems ein Markt- und „Geldversagen" innewohnt, das eine nicht-nachhaltige Ökonomie grundsätzlich begünstigt (Kap. I). Dies wird zum Anlass genommen, verschiedene Gestaltungsansätze für eine an starker Nachhaltigkeit ausgerichtete Geld-, Währungs- und Finanzpolitik vorzustellen (Kap II). Geld wird in dieser Hinsicht strukturbildender Charakter zugeschrieben, weshalb die Gestaltung *monetärer Instrumente und Maßnahmen für die Energiewende* im Fokus der weiteren Betrachtung steht. Neben Eingriffen in die ordnungspolitischen Rahmenbedingungen (Abs. 1.) und die ökonomischen Bewertungsdimensionen (Abs. 2.) werden theoretische und praktische Ansätze vorgestellt, die – investitions- oder konsumseitig – auf einen Ausgleich ökologisch ungerechtfertigter Preisnachteile abzielen (Abs. 3). In dem Zusammenhang werden drei Modelle ausführlicher erläutert (Zinsvorteil in Zweitwährung, Verbriefung künftiger Erträge, Nachhaltigkeits-Bonussysteme), die beispielhaft aufzeigen, wie die explizite Gestaltung und Anwendung monetärer Instrumente für die Energiewende schon heute möglich ist.[1]

I. Marktversagen und „Geldversagen"

„Der Markt muss erst geschaffen werden,
der nachhaltiges Handeln belohnt!"[2]

Entgegen dem gesunden Menschenverstand erscheint das Unterfangen der Energiewende, wie es von den meisten Autoren dieses Sammelbands gefordert wird, schlichtweg als „nicht wirtschaftlich".[3] Wir können daher die Frage des Energiesystems nicht beantworten, ohne zugleich die Frage nach dem Geld- und Wirtschaftssystem zu stellen. Worin genau besteht der Konflikt zwischen dem gegenwärtigen Wirtschaftssystem und dem ökologisch notwendigen Wandel des Energiesystems?

Folgende Grundprobleme lassen sich ausmachen:

Externalisierung: Die Rentabilität des fossil-atomaren Energiesystems beruht auf Externalisierungsgewinnen. Die reale Verknappung und die gesellschaftlichen und ökologischen Kosten der Ressourcenausbeutung und problematischer Reststoffe (THG, Atommüll etc.) werden nicht eingepreist, darum wirkt die Nutzbarmachung erneuerbarer Energien (und die dazu nötigen Investitionen) im Vergleich überteuert.

Marktfixierung/Marktblindheit: Nicht über den Markt vermittelte und nicht verbrauchte Energie tauchen in der volkswirtschaftlichen Gesamtrechnung gar nicht auf. Auch Ökosystemdienstleistungen werden dort nicht berücksichtigt.

Falsche Bewertungsdimension: Wandlungsverluste zwischen Energieformen, die Nettoenergieausbeute bzw. der Primärenergieeinsatz für deren Gewinnung spielen bei der Wirtschaftlichkeitsbewertung keine Rolle. Es zählt allein die monetäre Rentabilität.

Diese drei erstgenannten Probleme stehen beispielhaft für das vom Ökonomen Sir Nicholas Stern postulierte „größte Marktversagen in der

---

[1] Oliver Richters danke ich für konstruktive Anregungen und kritisches Lektorat.
[2] Marlehn Thieme, zitiert nach http://www.nehmenundgeben.de/zusammenfassung (12.10.2012).
[3] Siehe hierzu jedoch auch die diesbezüglich tendenziell optimistischen Beiträge von Jänicke und Kemfert in diesem Band.

Geschichte der Menschheit"[4], wonach der gegebene Markt bei der Preisbildung versagt, da er nicht alle für die „Preiswahrheit" eigentlich zu berücksichtigenden sozialen und ökologischen (Folge-)Kosten bzw. Dimensionen erfasst. Die ökologische und Umweltökonomik formuliert denn auch bislang überwiegend Internalisierungsstrategien, um der ökologischen „Preiswahrheit" näher zu kommen. Gemeinsam mit Stern übersehen sie dabei allerdings, dass die Funktion eines Markts entscheidend geprägt ist von den Spielregeln des Geldes, das darauf zum Einsatz kommt – und sich alles andere als neutral verhält. Geld ist nicht nur „Spiegel" des Wirtschaftsgeschehens, nicht nur struktur*abbildendes* Element, wie es die neoklassische Ökonomie unterstellt, sondern zugleich in höchstem Maße selbst struktur*bildend*. Die Energiewende wird in mehrfacher Hinsicht durch die Geld- und Wirtschaftsordnung diskriminiert:

Zins und Diskontierung: Im Zins- und Renditemodell werden kurzfristige Investitionen und sofortiger Ressourcenverbrauch pauschal lohnender kalkuliert als langfristige Investitionen und Ressourcenschonung – die Zukunft wird systematisch entwertet. Die betriebswirtschaftliche Praxis der Diskontierung, also der Abzinsung zukünftiger Erträge, stellt eine Diskriminierung von Nachhaltigkeitsinvestitionen dar, denn Investitionen in z.B. erneuerbare Energien und Energieeinsparung erfordern große Anfangsinvestitionen und bringen vergleichsweise geringe Erträge, dies aber über lange Zeiträume. Die Kapitalwert-Methode und das daraus abgeleitete Abzinsungsprinzip folgen logisch aus einem generell als positiv angenommenen Rendite- und Zinsniveau. Da die vorherrschend gewinnorientierten Unternehmensverfassungen zwingend eine positive Rendite erfordern, und abgesehen davon auch das Zinsniveau in der bestehenden Geld- und Wirtschaftsordnung nicht beliebig sinken kann[5],

---

[4] Stern 2006.

[5] Eine Steady State Economy, wie sie z.B. Daly 1973 und 1977 fordert, scheint schon deshalb nicht möglich, weil Nullwachstum ohne ausgleichende Umverteilung eine Destabilisierung des Geld- und Finanzsystems zur Folge hätte (siehe hierzu ausführlich Freydorf et al. 2012). Eine längerfristig „zu geringe" reale Anlageverzinsung von Geldvermögen würde außerdem eine Flucht aus der Liquidität in spekulative Anlagen und realwirtschaftliche Investitionen bewirken – wo aufgrund der Dominanz profitmaximierender Unternehmensverfassungen ebenfalls im Durchschnitt positive Renditen erwirtschaftet werden (müssen) (Binswanger 1996): als Bedingung für einen stabilen Gleichgewichtszustand des bestehenden Geld- und Wirtschaftssystems nimmt Binswanger 2006 ein Mindestwachstum von 1,8 % an.

wird die inhärente (Langfrist-)Logik der erneuerbaren Energien durch die inhärente (Kurzfrist-)Logik des Geldes regelrecht „überfahren".[6]

Kreditvergabepraxis: Bei der Kreditschöpfung und -gewährung spielen soziale und Umwelteffekte keine Rolle, es zählen nur die erwartete monetäre Rendite und das Ausfallrisiko. Noch dazu wird die monetäre Rendite nur einzelbetrieblich betrachtet und nicht zugleich die damit einhergehenden volks- oder globalwirtschaftlichen Gewinne und Verluste. Damit ist in der Praxis der Geldschöpfung bereits regelrecht vorprogrammiert, dass die Marktakteure ihre einzelwirtschaftlichen Gewinne durch Externalisierung, also durch Abwälzung von Kosten auf Dritte bzw. auf die Umwelt erzielen.

Kapitalkonzentration: Institutionell gebündeltes, anlageträchtiges Geldvermögen bevorzugt die Investition in zentralisiert geplante Großprojekte, weil diese im Vergleich mit kleinteilig-dezentralen Anlagen die gleichen Erträge bei geringeren Transaktionskosten erzielen. Dies mag hier nur als „Nebenwirkung" Erwähnung finden, bedeutet aber de facto, dass die rein monetäre Bewertung auch in dieser Hinsicht die effiziente Nutzung erneuerbarer Energiequellen benachteiligt – nämlich deren dezentrale Gewinnung möglichst in der Nähe des Verbrauchs.[7]

Neben dem Marktversagen haben wir es also auch mit einem *„Geldversagen"* zu tun. Insofern erscheinen Maßnahmen zur bloßen Internalisierung der externen Kosten „als wichtiges Instrument (...), aber nicht als ausreichend."[8] Während im Hinblick auf das große Marktversagen bereits seit mehreren Jahrzehnten konkrete Gegenentwürfe postuliert werden, wie z.B. eine „(sozial-ökologische) nachhaltige Markt- bzw. Gemischtwirtschaft" oder eine „ökologisch-soziale Marktwirtschaft"[9], wird „die zentrale Rolle einer nachhaltigen Geld-, Währungs-, und Finanzpolitik von vielen Wissenschaftlern der Sustainable Science nicht er-

---

[6] Zum Konflikt zwischen Nachhaltigkeit und Diskontierung siehe z.B. Döring et al. 2001 – wobei die Autoren auch hier lediglich eine Internalisierung der Folgekosten des Diskontierungsprinzips vorschlagen anstatt konsequent auf deren systemische Ursachen abzuheben.

[7] Der Zusammenhang besteht bereits unabhängig von der faktisch ungleichen Vermögensverteilung, die für sich gesehen natürlich dieselben Effekte zeitigt.

[8] Rogall 2009, S. 13, mit Verweis auf Diskussionsbeiträge von Ch. Lacher und H. Herr.

[9] Hauff 2008, S. 49; BUND u.a. 2008, S. 298, nach Rogall 2009, S. 17.

kannt. Aufgrund ihrer Bedeutung muss sie aber ein zentrales Element der Nachhaltigen Ökonomie werden."[10] Dennoch werden aktuell auf politischer Ebene, z.b. in der Enquete-Kommission „Wachstum, Wohlstand, Lebensqualität – Wege zu nachhaltigem Wirtschaften und gesellschaftlichem Fortschritt in der sozialen Marktwirtschaft" lediglich ergänzende Indikatoren zu den monetären Bewertungsgrößen diskutiert, die sich letztlich aber nur auf die Ergebnisse des Wirtschaftens beziehen, ohne deren profitorientierte Programmierung als solche infrage zu stellen. In der Nachhaltigkeitsszene – und nicht mehr nur im Milieu der sozial motivierten Kapitalismuskritiker – werden wohl auch deshalb inzwischen vermehrt Stimmen laut[11], die eine vollständige Abkehr von der linearen Verwertungslogik des kapitalistischen Wirtschaftssystems und seinen inhärenten Wachstumszwängen fordern.[12]

II. Mögliche Ansätze und monetäre Instrumente für die Energiewende

Die Energiewende kommt nicht schnell genug voran, und Geld ist dabei ein maßgeblicher Teil des Problems. In einer an starker Nachhaltigkeit[13] ausgerichteten Geld-, Währungs- und Finanzpolitik könnte daher ein Teil der Lösung liegen. Als ein Aspekt der Herstellung nachhaltiger Lebensbedingungen braucht die Energiewende *spezifisches Kapital*[14], das nicht mit der Zerstörung eben dieser Lebensbedingungen einhergeht. Mehr noch: Sie muss im Grunde aktiv vor den Benachteiligungen durch die gegenwärtige Geld- und Finanzarchitektur geschützt werden. Neue Regeln für die Geld- und Finanzordnung – oder auch neue Geldformen –

---

[10] Rogall 2009, S. 18.
[11] Beispielhaft sei hier auf die VÖÖ-Jahrestagung 2012 mit ihrem Fokus auf „Geld & Wachstum" (vgl. http://www.voeoe.de/jahrestagung-2012) sowie auf das junge „Netzwerk Wachstumswende" verwiesen (http://wachstumswende.de), beide zuletzt abgerufen am 20.12.2012.
[12] Siehe hierzu auch die Beiträge von Ekardt, Kunze und Hanke/Best in diesem Band.
[13] Ott et al. 2004.
[14] Diesen plastischen Begriff verdanke ich Christian Hiss (Regionalwert AG), der ihn im Kontext nachhaltiger Landbewirtschaftung begründet hat.

könnten die Energiewende aktiv voranbringen, also die Ausbeutung fossil-atomarer Energieträger einschränken und die Nutzung erneuerbarer Energien vorantreiben. Sowohl innerhalb als auch neben der bestehenden Geldordnung und weitgehend unabhängig von politischen Rahmenbedingungen sind monetäre Maßnahmen vorstellbar – und teilweise auch schon praxiserprobt –, die den Umbau des Energiesystems „wirtschaftlicher machen" und beschleunigen können.

Von den theoretisch diskutierten, aber auch praktischen Ansätzen geldbasierter Instrumente und Maßnahmen für die Energiewende[15] sollen hier einige beispielhaft vorgestellt und erläutert werden.

1. Änderung der ordnungspolitischen Rahmenbedingungen des Wirtschaftens

Scherhorn verweist auf den Kausalzusammenhang zwischen der einzig durch Externalisierungsgewinne gespeisten Profitorientierung der gesamten Wirtschaftsordnung und dem Eigentumsrecht, das diese Externalisierung erst erlaubt, und sieht darin einen „archimedischen Punkt" zur Umsetzung einer nachhaltigen Entwicklung. Er fordert deshalb eine Ergänzung des Eigentumsrechts mit *Eigentumspflichten für die Gemeingüter* durch eine entsprechende Grundgesetzänderung.[16] Diese Pflichten ließen sich in notwendigen Erhaltungsinvestitionen in die Gemeingüter ausdrücken und könnten so theoretisch mit in die volks- und betriebswirtschaftliche Rechnung übernommen werden.[17] Sinn und Zweck dieser Maßnahmen wäre, dass Internalisierung *per se* profitabel wird, während Geschäftspraktiken, die auf Externalisierungsgewinnen fußen, schlicht als unlauterer Wettbewerb deklariert werden.

Nötig wäre sicherlich, beides nicht auf die nationalstaatliche bzw. volkswirtschaftliche Handlungsebene zu beschränken, sondern auf die gesamte, „planetare Volkswirtschaft" zu beziehen, um die bloße Verlage-

---

[15] Für eine umfangreiche Erörterung des Zusammenhangs zwischen Geld, Energie und Nachhaltigkeit sowie einen breiten Überblick über verschiedene Energiegeld-Konzeptionen siehe nef 2013.

[16] Vortrag bei der VÖÖ-Jahrestagung 2012, Freiburg; siehe auch Scherhorn 2008 sowie www.nehmenundgeben.de/aufruf (12.10.2012).

[17] Diesen Gedanken hat Dirk Löhr im Rahmen der VÖÖ-Jahrestagung 2012 in einem Workshop-Redebeitrag weiter ausgeführt.

rung der Externalisierungspraxis über Ländergrenzen auszuschließen. Zudem wäre eine internationale Übereinkunft nötig, um zu vermeiden, dass ein „Pionierstaat" zwar selbst mit gutem Beispiel vorangeht, dann aber umso stärker die Auswirkungen der Externalisierungspraxis aller anderen Staaten zu spüren bekommt. Globale Abkommen in Nachhaltigkeitsfragen zu erzielen, ist allerdings (bis auf wenige Ausnahmen[18]) erfahrungsgemäß sehr langwierig und selten aussichtsreich.

2. Änderung der ökonomischen Bewertungsdimension

Wie eingangs erwähnt, wird die Rentabilität einzelner Energieträger, deren Gewinnung sowie Einsatz innerhalb von Wertschöpfungsketten ausschließlich nach monetären Gesichtspunkten bewertet. Der Primärenergieeinsatz, Wandlungsverluste zwischen den einzelnen Energieformen, Irreversibilität bzw. Restitutionszyklen, oder das Verhältnis zwischen nutzbar gemachter Energie und dem Energieeinsatz zu deren Gewinnung spielen nur mittelbar insofern eine Rolle, als sie die monetäre Wirtschaftlichkeit beeinflussen. Auf Seiten der Energieversorgung verschafft dies den nicht-erneuerbaren Quellen die genannten Wettbewerbsvorteile, die sich durch den Energieeinsatz in der Warenproduktion letztlich auch auf alle Produktpreise auswirkt. Es gibt daher Überlegungen, Energie selbst zur zentralen wirtschaftlichen Bewertungsdimension zu erklären, und z.B. die Rentabilität von Investitionen daran zu messen.

Net Energy (auch: Net Energy Gain) beschreibt, wie viel Energieertrag „netto", also nach Abzug der zu ihrer Gewinnung aufgewendeten Energie, tatsächlich verbleibt (Energieertrag – Energieaufwand). Das „EROEI"-Konzept betrachtet im Gegensatz zum Nettoenergieertrag nicht die Differenz, sondern das Verhältnis zwischen Energieertrag und aufgewendeter Energie (Energieertrag/Energieaufwand).[19] Bei einem sinkenden EROEI, d.h. einem geringeren Energieertrag im Verhältnis zur aufgewendeten Energie, muss folglich der Energieeinsatz steigen, um

---

[18] Optimistisch verweist z.B. Meadows 2009 auf die internationalen Abkommen zur Lösung der FCKW-Problematik.

[19] Zu den konzeptionellen Unterschieden zwischen Net Energy, Energy Return on Energy Investment (EROEI) und Energy Internal Rate of Return (EIRR) siehe Vernon 2010, in Douthwaite 2010, S. 43-51. Zu EROEI siehe insbes. Murphy 2010, in Constanza et al. 2010, S. 102-118.

konstant denselben Nettoenergieertrag zu gewährleisten. Ein EROEI von 1 entspricht einem Nettoenergieertrag von Null, d.h. eine Energieform wurde lediglich in eine andere überführt; ein EROEI <1 bedeutet einen faktischen Energieverlust, d.h. der Energieaufwand für die Gewinnung bzw. Umwandlung übersteigt sogar deren Ertrag. Das kann im Einzelfall trotzdem sinnvoll sein, wenn dabei eine Primärenergieressource (z.b. Kohle) in eine andere Energieform umgewandelt wird, die universeller oder für bestimmte Prozesse besser verwertbar ist (z.b. Diesel, Ethanol, Strom etc.). Ökonomisch entscheidend ist heute aber allein die Profitabilität: Wenn sich mit X Joule Kohle ein Marktpreis von 100 Dollar erzielen lässt, nach Umwandlung in eine andere Energieform aber für nur noch die Hälfte der Energiemenge 200 Dollar bringt, erscheint diese „Verwertung" trotzdem wirtschaftlich und wird deshalb trotz negativer Energie- und Umweltbilanz kaum unterbleiben. Nach demselben Muster können auch Nettoenergieverluste „wirtschaftlich" erscheinen. Fakt ist, dass ein EROEI <1 bzw. ein Nettoenergieverlust Kapitalverzehr bedeutet und gesamtgesellschaftlich nicht lange funktionieren kann, weshalb diese Bewertungsgrößen letzten Endes auch ökonomisch relevant sind und den monetären Bewertungsmaßstab ablösen könnten.

Net Energy und EROEI betrachten Energie als rein quantitative Dimension. Verschiedene Primärenergieformen wie Sonnenlicht, Biomasse, Kohle, Öl, aber auch Nutzenergieformen wie Wärme oder elektrische Energie unterscheiden sich jedoch auch qualitativ, hinsichtlich ihrer Verfügbarkeit, Transport- und Lagerfähigkeit; und darin, wie gut und häufig sie für physikalische Prozesse genutzt werden können und welche Umwandlungsverluste hierbei auftreten. Wandlungsverluste zwischen Energieformen sind dabei nicht allein technisch bedingt, sondern unmittelbar in den Gesetzen der Thermodynamik angelegt: 1 Joule elektrischer Energie ist wesentlich vielseitiger einsetzbar als 1 Joule Heizwärme und hat daher eine höhere Qualität.

Odum sieht Energie in ihrer rein quantitativen Dimension deshalb als ungeeignete Bewertungsgröße und versucht mit seinem „Emergy"-Ansatz[20] auch die qualitativen Unterschiede in den Bewertungsmaßstab einfließen zu lassen. Dabei wird der zur Erstellung eines beliebigen Zwischen- oder Endprodukts notwendige energetische Aufwand in *emjoule* quantifiziert, einer fiktiven Einheit, die angibt, wie viele standardisierte

---

[20] Odum 1973.

Energieeinheiten einer bestimmten Energiequelle für ein Produkt, einen Prozess oder ein Gesamtsystem aufgewendet werden müssen.[21] Für eine aussagekräftige energetische Bewertung müssen dazu sämtliche Herstellungsprozesse, Vertrieb und Entsorgung sowie der Betrieb berücksichtigt werden. Dabei wird eine Energieart (häufig solare Energie) als Referenzstandard definiert: Ein Joule von der Erdoberfläche absorbierte Sonnenenergie entspricht dann definitionsgemäß einem emjoule. Für die anderen Energieformen lassen sich auf dieser Rechenbasis entsprechende Umrechnungsfaktoren bestimmen: ein Joule Energie aus Kohle entspricht beispielsweise etwa 40.000 emjoule Sonnenenergie.[22] Der weltweite Primärenergieverbrauch des Menschen beträgt etwa 0,5 Trilliarden Joule pro Jahr.[23] Rechnet man die hierfür herangezogenen nicht-erneuerbaren Energieressourcen auf emjoule um, ergeben sich etwa 34.300 Trilliarden emjoule, was das für die Gesamtheit der Biosphäre jährlich verfügbare erneuerbare Emergy-Budget von etwa 16.000 Trilliarden emjoule deutlich übersteigt.[24] Der Emergy-Bewertungsansatz veranschaulicht somit einerseits den „Global Overshoot" und erlaubt andererseits, die Energieversorgung und ganze Produktionsketten abseits rein monetärer (ökologisch nicht aussagekräftiger) Rentabilitätsbetrachtungen zu bilanzieren und zu bewerten. Die Komplexität des Emergy-Konzepts und der damit verbundene praktische Erhebungsaufwand lässt es allerdings als unwahrscheinlich erscheinen, dass die vorherrschende monetäre Bewertung damit abgelöst werden kann. Zwar wird vereinzelt angeregt, die Emergy-Berechnungen mit monetären Größen wie dem BIP eines Landes in Beziehung zu setzen[25], jedoch ist die Aussagekraft der daraus resultierenden Zahlen als eher fragwürdig einzuschätzen.

---

[21] Odum 1996, S. 370.
[22] Odum et al. 2000, Folio #1.
[23] BP 2011.
[24] Odum et al. 2000, Folio #1. Bei den Erneuerbaren entfällt etwa die Hälfte auf geotherme Energie und jeweils ein Viertel auf Sonnenenergie und Gezeitenkräfte.
[25] Odum et al. 2000, Folio #1, S. 12 f.

3. Monetäre Maßnahmen zum Ausgleich ökologisch ungerechtfertigter Preisnachteile

Die Preise nichterneuerbarer Energieträger sind ökologisch gesehen schlicht zu niedrig. Um erneuerbare Energien, die rein monetär betrachtet teilweise nicht profitabel erscheinen, billiger und damit wettbewerbsfähiger zu machen, ist eine „Rekalibrierung" der Preise zwingend notwendig. Erneuerbare Energien brauchen so gesehen schlicht einen künstlichen Preisvorteil zum Ausgleich ökologisch ungerechtfertigter Preisnachteile. Die meisten in der nachhaltigen, ökologischen und Umweltökonomie diskutierten Ansätze zielen auf eine *nachträgliche Korrektur ökologisch ungerechtfertigter Preise* ab, wie z.B. die „neoklassische Forderung der Errechnung eines (ökonomisch) optimalen Naturnutzungspunktes", eine „Ökologisierung des Finanzsystems, Bonus-Malus-Regelungen", sowie der Standard-Preis-Ansatz.[26] Zurzeit werden solche „Preiskorrekturen" in Deutschland und zunehmend auch in anderen Ländern fiskal- bzw. ordnungspolitisch realisiert, mittels Umlageverfahren wie dem EEG[27] oder in Form direkter Subventionen. In diesem Abschnitt soll der Fokus auf *monetäre* Ansätze zum Ausgleich der Preisnachteile gerichtet und dabei um neue Facetten und praktische Beispiele bereichert werden.

Den wohl umfassendsten, derzeit angewandten monetären Ansatz stellt das *Emissionshandelssystem* dar. Auf der Basis eines zusätzlichen Markts für verbriefte Naturnutzungsrechte soll mit diesem Instrument langfristig die Einpreisung der bislang kostenlosen Nutzung der Atmosphäre als Treibhausgasdeponie entlang der gesamten Wertschöpfungsketten gelingen. Strukturell betrachtet wird dadurch dem bestehenden Markt ein weiteres Wertmedium mitsamt einer ordnungspolitischen Kaufverpflichtung hinzugefügt, das aber in seiner jetzigen Konzeption mehr den Charakter einer neuartigen Ware denn eines neuartigen Geldes hat und die Markt- und Geldordnung als solche nicht verändert.[28]

---

[26] Zitiert nach Rogall 2009a, S. 13. Naturnutzungsrechte und die Theorie der Meritorischen Güter verfolgen zusätzliche bzw. andere Allokationsmechanismen.

[27] Vgl. hierzu etwa den Beitrag von Schlacke/Kröger in diesem Band.

[28] Die Effekte und Facetten dieses bekannten Ansatzes sollen an dieser Stelle nicht vertieft werden. Zu den (potenziellen) Währungsaspekten des EU-ETS und anderer theoretisch diskutierter Konzeptionen des Emissionshandels siehe ausführlich Schuster 2010 sowie nef 2013, S. 31 ff.

Auch andere, lediglich theoretisch diskutierte Vorschläge für eine nachträgliche Ökologisierung des bestehenden Finanzsystems setzen in der Regel ordnungspolitisch innerhalb der bestehenden Geldordnung an. So könnte beispielsweise ein neuer verbindlicher Kriterienkatalog für Geschäftsbanken nicht nur Eigenkapital- und Mindestreservevorschriften enthalten, wie sie mit Basel 1, 2 und 3 gefordert werden, sondern zusätzlich *soziale und ökologische Mindestanforderungen und Kreditvergabekriterien* enthalten – nennen wir sie „Rio 1, 2 und 3".[29] Banken wären dann verpflichtet, auch den gesamtgesellschaftlichen Nutzen oder Schaden einer Investition zu bewerten und ihre Kreditvergabepraxis daran auszurichten. Projekte, die z.b. auf der Ausbeutung von Mensch und Natur beruhen, wären dann aus Sicht der Bank gar nicht erst kreditwürdig.

Ebenfalls denkbar, bislang allerdings kaum diskutiert, wäre die gezielte Einrichtung eines *neuen, zusätzlichen Markts,* auf dem die Kreditschöpfung und/oder die Preisbildung (in der dortigen Währung) von vorneherein anderen Regeln folgen. Auf diesem „grünen Markt" könnten Investitionen in erneuerbare Energien gegenüber dem konventionellen Marktgeschehen relativ vergünstigt bzw. der Import fossiler Energien relativ verteuert werden, was sowohl angebots- als auch nachfrageseitig geschehen kann:

So könnten beispielsweise Kredite für Investitionen in umweltgerechte Energieerzeugung in einer eigenständigen, „grünen Währung" zu deutlich günstigeren Konditionen vergeben werden als konventionelle Kredite. Nicht eine Ökologisierung des bestehenden Finanzsystems wäre dann das Resultat, sondern ein von vornherein als ökologisch nachhaltig konzipiertes, paralleles Finanzsystem. Das Anliegen der Energiewende erhielte auf diese Weise tatsächlich sofort *spezifisches Kapital,* und das ohne Subventionierung.

Ähnliche Effekte sind auch nachfrageseitig mit Bonus-Malus-Regelungen realisierbar: So könnten Konsumenten innerhalb dieses „grünen Markts" einen „grünen Bonus" beim Kauf erneuerbarer Energien bekommen – oder schlicht mehr fürs gleiche Geld –, während für nicht-Er-

---

[29] Vergleichbar mit ökologischer Investitionslenkung im Sinne des sog. Green New Deal, siehe z.b. Giegold 2009. Ein Vorstoß der Grünen im Europaparlament zielte ebenfalls in diese Richtung.

neuerbare deutlich mehr bezahlt werden müsste (falls diese dort überhaupt angeboten werden).

Politisch wurde beides bislang nicht verfolgt und scheint auch gegenwärtig kaum mehrheitsfähig. Vergleichbare Maßnahmen sind aber auch abseits politischer Handlungsfelder denk- und machbar, wie die im Folgenden vorgestellten Konzepte und erfolgreichen Praxisprojekte einzelner Unternehmen und Initiativen belegen.

a) Zinsgünstigere Finanzierung in Zweitwährung

Hervorzuheben sind besonders „(v)on einer Bank emittierte Lokalwährungen (...) in Kombination mit Mikrokredit zu günstigen Zinssätzen"[30], wie es die Banco Palma in Fortaleza (Brasilien)[31] seit Jahren mit großem Erfolg praktiziert. Aber auch mehrere Regiogeld-Initiativen in Deutschland bieten zinslose Kredite an: Tilgt ein Kreditnehmer seine Raten fristgerecht in einer der am gemeinsamen Mikrokreditprogramm beteiligten Regionalwährungen, bekommt er die Zinsen am Ende komplett zurückerstattet.[32]

Der European Business Council for Sustainale Energy (e5) verweist in seiner Studie über alternative Finanzierungsformen für den Technologiertransfer auf das grundsätzliche Potenzial dieses Instruments, das es auch für die Energiewende interessant macht:

„Eine solche Kreditschöpfung in einem geschlossenen System erlaubt die Steuerung wirtschaftlicher Aktivitäten durch gezielte Förderung. (...) Zum Beispiel können Kredite in einer Lokalwährung die Schwelle für Energieeffizienz-Vorhaben senken (...). Bei normalen Krediten werden für solche Vorhaben meist höhere Zinsen verlangt, durch den zinslosen Kredit wird die Investition in die erst mittelfristige Kosteneinsparung durch die Energieeffizienzmaßnahme deutlich attraktiver."[33]

---

[30] European Business Council for Sustainable Energy (e5) 2009, S. 21.

[31] Vgl. http://www.bancopalmas.org.br (12.10.2012).

[32] Das gemeinsam mit der GLS-Bank und dem Deutschen Mikrofinanzinstitut (DMI) aufgelegte Mikrokreditprogramm der Regios eG ist erhältlich beim „Chiemgauer", beim „Ammerlechtaler" und bei weiteren, ähnlich konstruierten („Eurogedeckten") Regiogeldsystemen, vgl. www.regios.eu/mikrokredite (12.10.2012).

[33] European Business Council for Sustainable Energy (e5) 2009, S. 21 f.

b) Verbriefung zukünftiger Energieerträge

In dem Zusammenhang verweist das Memorandum auch auf privatwirtschaftlich organisierte Verrechnungssysteme, „deren Verrechnungseinheiten im Zusammenhang mit Klimaschutzmaßnahmen stehen, etwa Verrechnungseinheiten, die auf Energieeinheiten beruhen (z.b. 1 kWh)." Hierbei vergibt nicht eine lokale Entwicklungsbank oder Lokalwährungsinitiative Kredite für Investitionen, sondern das (energieerzeugende) Unternehmen selbst verbrieft seine zukünftige Produktion und bringt dieses Lieferversprechen (auf erneuerbare Energie) als Zahlungsmittel in Umlauf. Auf diese Weise könnte zum Beispiel

> „ein Partnerunternehmen in einem Entwicklungsland, das Kleinstwasserkraftwerke implementiert, Mitarbeiter, Zulieferer und Hilfskräfte mit Bezugsscheinen für den Strom bezahlen, den die Kraftwerke erzeugen. (...) Die Bezugsscheine können (im Gegensatz zu Geld) nicht nach außen abfließen, und das Unternehmen kann durch sie seine Liquidität schonen und seine Kosten senken."[34]

Die Idee, Gutscheine über zukünftige Lieferversprechen für Energie als autonomes Finanzierungsinstrument zu nutzen und sogar eigene „community energy banks" auf dieser Basis zu gründen, wurde u.a. bereits 1977 von Turnbull und 1997 von Swann[35] formuliert[36]:

energy notes: Nach Swann's Vorstellung würde eine gemeinschaftliche Organisation – vorzugsweise eine Gemeinschaftsbank – Energie (Strom) produzieren und zugleich Kilowattstunden-Gutschriften über zukünftige Erträge emittieren. Diese „energy notes" würden zum aktuellen Strompreis verkauft, und die Einnahmen in die lokale Stromerzeugung aus erneuerbaren Energien investiert. Mit steigenden Strompreisen stiegen somit die Einnahmen der Institution, während die Gutscheine weiterhin für dieselbe definierte Strommenge einlösbar wären. Der lokale

---

[34] European Business Council for Sustainable Energy (e5) 2009, S. 22 f.

[35] Robert Swann war später auch an der praktischen Umsetzung ähnlicher Modelle beteiligt: Der Betreiber eines Feinkostgeschäfts finanzierte beispielsweise den Umzug seines Ladens indem er „Deli-Dollars", Gutscheine zur Einlösung im künftigen Geschäft, im Wert von $ 10 emittierte, die er mit einem Abschlag für $ 9 verkaufte. Obwohl nicht als Währung gedacht, zirkulierten die Gutscheine später teilweise vor Ort (nach Douthwaite 1999).

[36] Vgl. Douthwaite 1996, S. 106 f.

Netzbetreiber „würde idealerweise die Gutschriften (...) zur Begleichung der Stromrechnungen seiner Kunden akzeptieren."[37]

Renewable Energy Dollars: Turnbull verfolgt im Grunde dieselbe Strategie wie Swann. Da es sich bei den „energy notes" allerdings um begrenzt gültige Terminkontrakte handelt, schlägt Turnbull vor, diese aus praktischen Gründen nicht unmittelbar als Zahlungsmittel einzusetzen, sondern als Vermögenstitel bzw. Reserve in einer „local energy bank" zu hinterlegen („primary notes"), welche dann auf dieser Basis den hauseigenen „Renewable Energy Dollar" als unbegrenzt gültiges, energiegedecktes Zahlungsmittel in Verkehr bringt („secondary notes").[38]

Dass die Verrechnungseinheit in den genannten Beispielen auf Energie lautet (worauf insbesondere viele Geldreform-Befürworter große Hoffnung setzen), ist allerdings bei genauer Betrachtung für die Energiewende eher nebensächlich, ebenso wie die möglicherweise folgende Zirkulation der Schuldscheine bzw. Gutschriften als Tauschmittel. Entscheidend ist vielmehr ein anderer Aspekt: Dadurch, dass mit einer solchen Währung eine Investition vorfinanziert wird, mit der die versprochene Gegenleistung erst in Zukunft erbracht wird, übernimmt sie eine Kredit(schöpfungs)funktion, die umso effektiver ist, je mehr Zeit zwischen Emission der Gutschrift/des Schuldscheins und Einlösung des Lieferversprechens besteht. Zugleich verringert sich das Kreditausfallrisiko, weil die so geschaffene „grüne Währung" den „grünen Markt" nicht verlässt und gar nicht erst mit dem konventionellen Markt in Kaufkraftkonkurrenz tritt.

Obgleich in den letzten Jahren vereinzelt ähnliche Projektvorschläge formuliert wurden – genannt seinen hier z.B. die „EnergyDigits"[39], die „Sonnenscheine" in Steyerberg[40] sowie die geplante „Ökoregionale Unternehmenspartnerschaft"[41] zur lokal-autonomen Finanzierung der Energiewende im österreichischen Waldviertel –, ist keines dieser Kon-

---

[37] Nach Swann et al. 1997, S. 178 ff., eigene Übersetzung.

[38] Swann et al. 1997, S. 167 ff.

[39] Konzeption der „EnergyDigits": Schuster/Vosshenrich 2006, siehe http://living city.de/regioprojekt/Energie/index_energie.htm (12.10.2012).

[40] Konzeption der „Sonnenscheine": Vosshenrich 2008, siehe http://www.sonnenscheine.de/die-idee (12.10.2012).

[41] Konzeption der „Regionalen Energiepartnerschaft": Grandits 2012, siehe http://www.docstoc.com/docs/45685881/Kurzfassung-Energiegedeckte-Regi (12.10.2012).

zepte bisher in die Praxis überführt worden. Auch bei innovativen Weiterentwicklungen wie dem Online-Marktplatz „kiwah" zeichnet sich ein Projektfortschritt über die bloße Einrichtung der Internetpräsenz hinaus bisher nicht ab:

kiwah: Das „kiwah"-Konzept baut auf Swanns „energy notes" sowie (mutmaßlich) auf den „EnergyDigits" auf und ergänzt diese um ein Bonussystem für nachhaltigen Konsum. Geldgeber sollen wöchentlich oder monatlich kiwah-Gutschriften erhalten, die sich am kWh-Ertrag der Anlagen orientieren. Kiwah sollen darüber hinaus auch als Bonus beim Einkauf in zertifizierten Shops gutgeschrieben und innerhalb der kiwah-Online-Communities als digitales Zahlungsmittel eingesetzt werden können. Wie bei Swann sollen auch hier in Zukunft Stromversorger kiwah-Guthaben direkt zur Begleichung der Stromrechnung in Zahlung nehmen.[42]

Eine „Energiewährung in Reinform" ist also nicht in Sicht. An vergleichbaren, sehr erfolgreichen aktuellen[43] Praxisbeispielen zeigt sich jedoch die grundsätzliche Funktionsweise und das Potenzial des beschriebenen „Selbstfinanzierungs-Prinzips", weshalb diese Beispiele im Folgenden mit einer umfangreicheren Darstellung gewürdigt werden sollen:

Waldviertler Sonnenstrom-Beteiligung: Heini Staudinger hat als einfallsreicher Inhaber der „Waldviertler" Schuhwerkstatt in Österreich ein einfaches, gutscheinbasiertes Investitionsmodell zur Finanzierung einer eigenen Ökostromproduktion am Werk mithilfe seiner Kunden umge-

---

[42] kiwah-Konzept: Kampers/van Hilten 2010, siehe http://www.kiwah.org (12.10.2012); Projektbeschreibung in Seyfang et al. 2010.

[43] Als „historischer" Vorläufer (auf Basis fossiler Energieträger) kann die zur Finanzierung des Kohleabbaus in der Wirtschaftskrise der 1930er Jahre emittierte Notwährung „Wära" gelten. Als der Bergbauingeneur Max Hebecker eine stillgelegte Kohlenmine in Schwanenkirchen erwarb, jedoch keine Bank die Wiederinbetriebnahme der Mine finanzieren wollte, wandte er sich an die „Wära"-Gesellschaft und erhielt dort ein kombiniertes Darlehen, teils in Reichsmark und teils in „Wära". Er stellte Minenarbeiter wieder ein und zahlte ihre Löhne zu 80 % in „Wära". Das Notgeld wurde von zahlreichen Geschäften und Handwerkern in der Region akzeptiert. Der „Wära"-Kredit wurde explizit zur Kohlegewinnung geschöpft und *de facto* durch den Verkauf von Kohle in „Wära" getilgt, insofern stellt er ein „fossilenergetisches" Beispiel einer Währung zur Selbstfinanzierung dar. Für eine Zusammenfassung der kurzen Geschichte der „Wära" siehe http://www.money museum.com/moneymuseum/library/texts/text.jsp?lang=de&pid=345&i=4#6 (12.10.2012).

setzt.[44] Die Investition in eine große PV-Anlage auf seinem Firmendach wurde durch Direktdarlehen finanziert, die über die Laufzeit vollständig in Form von Gutscheinen zurückerstattet werden. Anders als in den vorgenannten Konzepten sind die Gutscheine hier jedoch nicht für den erzeugten Strom einlösbar (und lauten auch nicht auf kWh), sondern können stattdessen für die gesamte Angebotspalette der „Waldviertler"-Werkstätten (Schuhe, Textilien, Möbel und mehr) in Zahlung gegeben werden, vor Ort und in den eigenen Filialen. Der erzeugte Strom wird ins Netz eingespeist und mit dem gesetzlichen Tarif vergütet. Der Darlehensgeber erhält dabei einen respektablen Bonus (bzw. Rendite): Eine Beteiligung mit 200 Euro wird mit Gutscheinen im Wert von 330 Euro zurückerstattet. Auf diesem Weg hat Staudinger bis heute weit mehr als eine Million Euro für die Solarstromerzeugung eingesammelt – und zugleich Kaufkraft in noch größerem Umfang an seinen Betrieb gebunden.[45] Das Modell hat inzwischen Schule gemacht: Unter anderem haben benachbarte Kräuterproduzenten das Prinzip übernommen (teils für Solarthermie-Anlagen zur Kräutertrocknung)[46], aber auch erste Ökolandbaubetriebe in Deutschland.[47]

Wörgler Sonnenscheine: Die Stadtwerke in Wörgl (Österreich) haben ihren Kunden kürzlich ermöglicht, je bis zu 7.200 Euro in ein vorab definiertes Projekt zum Ausbau ihrer Stromerzeugung aus erneuerbaren Energien zu investieren. Wie in den vorangegangenen Beispielen erhalten auch sie Zertifikate über die erwarteten Stromerträge. Diese „Wörgler Sonnenscheine" im Nennwert von je 900 Euro sind hier allerdings von vornehrein gar nicht erst zur Einlösung oder zur Weitergabe als Zahlungsmittel gedacht. Stattdessen wird über einen Zeitraum von 20 Jahren der jährliche Anteil an der Stromernte direkt mit dem eigenen Verbrauch verrechnet.

---

[44] Staudinger hat sich vorher bereits als Initiator der Eurogedeckten Regionalwährung „Waldviertler" in seiner strukturschwachen Heimatregion einen Namen gemacht, vgl. http://www.waldviertler-regional.at (12.10.2012).
[45] Informationen unter http://www.gea.at/pages/frameset_wv.html (12.10.2012).
[46] Für Details siehe z.B. http://www.wegwartehof.at/blog.php/viertausend-mal-sonnenschein sowie http://www.sonnentor.com/news_community/Sonnenblog/Bei-uns-daheim/photovoltaik_beteiligungsaktion#n70179 (je 12.10.2012).
[47] Ein gutscheinfinanziertes PV-Projekt wurde kürzlich in Chorin (Brandenburg) umgesetzt, vgl. http://www.hofschwalbennest-brodowin.de/direktdarlehen (12.10.2012).

Dasselbe Prinzip ist grundsätzlich auch zur Finanzierung von Energieeffizienzmaßnahmen anwendbar, wobei dann nicht ein künftiger Energieertrag, sondern die gegenüber einem Ausgangswert zukünftig eingesparte Energie monetarisiert wird[48] und die Rendite der Investition darstellt (vergleichbar mit Energieeinspar-Contracting).

c) Bonussysteme für Nachhaltigkeit

Wie eingangs erwähnt, kann eine bewusste Preisbevorteilung nachhaltiger Energieformen auch *nachfrageseitig* erfolgen, zum Beispiel durch ein gezielt darauf ausgerichtetes Prämien- oder Bonusprogramm. Investitionen in oder der Konsum von erneuerbaren Energien werden dabei gegenüber konventionellen Energieformen mit einem Bonus honoriert, der verschiedenartig ausfallen kann, aber in jedem Fall einen geldwerten Vorteil darstellt. Auch dieses Prinzip wurde bereits vereinzelt in der Praxis getestet, jedoch noch nicht systematisch in die Breite gebracht:

Umweltkarte: Die ursprünglich für die „Umwelthauptstadt" Hamburg konzipierte „Umweltkarte"[49] baut auf den Erfahrungen des NuSpaarpas[50] auf und überträgt das Prinzip der Belohnung nachhaltigen Konsums auf weitere Aspekte eines als nachhaltig verstandenen Verbraucherverhaltens, insbesondere in den Bereichen Energie, Mobilität und Nahrungsmittelproduktion. Dabei werden konsumtive, insbesondere aber auch investive Maßnahmen zur dauerhaften Änderung bestehender Konsummuster und langfristigen Umstellung des Lebensstils belohnt. Zu den Besonderheiten des „Umweltkarte"-Konzepts gehört außerdem, dass die Bonuspunkte selbst ebenfalls nur zur Wahrnehmung nachhaltiger Angebote eingelöst werden können. Durch die im Rahmen des Punktesystems

---

[48] Lovins 1989 hat hierfür den Begriff „Negawatt" geprägt und vorgesehen, dass die erwarteten Einspar-Erträge kommodifiziert, also als Handelsware auf einem eigenen „Negawatt Marketplace" angeboten werden. Im Bieterverfahren sollten so die kostengünstigsten Effizienzmaßnahmen zuerst realisiert werden.

[49] Die „Umweltkarte" wurde im Ideenportal nexthamburg auf Platz 1 gewählt, siehe http://www.nexthamburg.de/nexthamburg/umweltkarte-2 (12.10.2012) sowie Petrin 2012.

[50] Ein Bonuspunkteprogramm für nachhaltigen Konsum, das als Pilotprojekt im Zeitraum Mai 2002 bis Oktober 2003 in Rotterdam erfolgreich umgesetzt, jedoch aufgrund eines Politikwechsels frühzeitig beendet wurde, vgl. Sambeek et al. 2004; http://nuspaarpas.nl (12.10.2012).

getätigten Transaktionen erfährt dieses im Endeffekt eine selbstreferenzielle Schließung zu einem „grünen Markt" im o.g. Sinn.[51] Zinsgünstige Kredite in lokaler Zweitwährung (vgl. Abschnitt II.3.a), privatwirtschaftlich und ohne Bank organisierte „Selbstfinanzierung" (vgl. Abschnitt II.3.b) und die Bevorteilung nachhaltigen Investitions- und Konsumverhaltens durch ein Bonusprogramm (vgl. Abschnitt II.3.c) können als Variation des Standard-Preis-Ansatzes auf Basis „freiwilliger Gegenseitigkeit" gelten.

Durch die aktive Konsum- und Investitionslenkung und „Kreditschöpfung im geschlossenen System" wirken diese Instrumente wie „Strukturwandelkatalysatoren"[52]: Indem sie Nachhaltigkeitsinvestitionen gegenüber dem konventionellen (Kredit-)Markt künstlich vergünstigen, helfen sie, die Energiewende auf ganz praktische und pragmatische Art und Weise zu beschleunigen. Sie können daher andere, bislang diskutierte oder bereits angewandte Policy-Instrumente, die auf eine ökologisch motivierte Rekalibrierung der Preise abzielen (Ressourcensteuern, Subventionen und Umlageverfahren, Standard-Preis-Ansatz, Meritorische Güter etc.), ergänzen oder teilweise substituieren. Inwieweit die Ziele damit schneller oder effektiver erreicht werden können, wäre zu untersuchen und kann an dieser Stelle nicht vertieft werden.

III. Fazit

Ob die Energiewende vorankommt ist nicht nur eine Frage der Technologie und der Aufklärung, sondern auch und vor allem eine Frage des „richtigen" Geldes. In der gegenwärtigen Geld- und Wirtschaftsordnung werden Investitionen in erneuerbare Energien und Energieeffizienz strukturell benachteiligt und die Bestrebungen der Energiewende zwangsläufig als „unwirtschaftlich" dargestellt. Eine Abkehr von den unökologischen Rechengrundlagen, oder mindestens vom Prinzip der rein monetären Profitmaximierung auf Basis von Externalisierungsgewinnen ist langfristig zwingend notwendig, bisher allerdings nicht in Sicht.

---

[51] Das zugrunde liegende Prinzip wurde vorher bereits nur für den Energiebereich ausformuliert. L. Schuster: Das Stromsparkonto, Projektvorstellung anlässlich des SEMS Evening Reading am 26.11.2008, Beckerich.
[52] Schuster 2007.

Neben den in den Abschnitten II.1. und II.2. ausgeführten Reformansätzen, die einer schmerzhaften (geld-)ordnungspolitischen Wurzelbehandlung gleichkommen, sind die zuletzt in Abschnitt II.3. beschriebenen monetären Tools für eine aktive, „strukturell ausgleichende Marktbevorteilung" der erneuerbaren Energien vielleicht nicht viel mehr als ein effektives Provisorium. Den Anspruch, das Geld- und Finanzsystem dem angestrebten nachhaltigen Energiesystem strukturell anzugleichen, erfüllen sie freilich nicht. Doch Provisorien halten bekanntlich am längsten – und den ersten Praxistest haben sie bereits bestanden.

Literatur

Binswanger, H. C. (1996): Geld und Wachstumszwang, in: Bierbert, B./Held, M. (Hg.), Die Dynamik des Geldes. Über den Zusammenhang von Geld, Wachstum und Natur, Frankfurt a.M., S. 113 ff.

Binswanger, H. C. (2006): Die Wachstumsspirale: Geld, Energie und Imagination in der Dynamik des Marktprozesses, 2. Aufl., Marburg.

BP (2011): Statistical Review of World Energy 2011, full report, verfügbar unter http://www.bp.com/liveassets/bp_internet/globalbp/globalbp_uk_english/reports_and_publications/statistical_energy_review_2011/STAGING/local_assets/pdf/statistical_review_of_world_energy_full_report_2011.pdf (20.12.2012).

BUND, Brot für die Welt (Hg.) (2008): Zukunftsfähiges Deutschland in einer globalisierten Welt. Studie des Wuppertal Institutes für Klima, Umwelt, Energie, Frankfurt a.M.

Constanza, R./Limburg, K. (Hg.) (2010): Ecological Economics Reviews. Ann. N.Y. Acad. of Science, Vol. 1185.

Daly, H. (1973): Toward a Steady-State Economy, New York City.

Daly, H. (1977): Steady-State Economics, Washington D.C.

Döring, R./Gronemann, S. (2001): Nachhaltigkeit und Diskontierung, Zeitschrift für Wirtschafts- und Unternehmensethik, 2 (2), S. 232 ff.

Douthwaite, R. (2010): Fleeing Vesuvius, Devon.

Douthwaite, R. (1999): The Ecology of Money, Devon.

Douthwaite, R. (1996): Short Circuit: Strengthening Local Economies for Security in an Unstable World, Dublin.

European Business Council for Sustainable Energy (Hg.) (2009): Klimagerechtigkeit als Business Case. Klimafreundlicher Technologietransfer als Szenario der Gelegenheiten, Karben.

Freydorf, C./Kimmich, C./Koudela, T./Schuster, L./Wenzlaff, F. (2012): Wachstumszwänge in der Geldwirtschaft. Arbeitsbericht, Berlin, verfügbar unter http://www.geld-und-nachhaltigkeit.de (12.10.2012).

Giegold, S. (2009): Der Green New Deal – Der grüne Pakt mit dem Monster, in: Politische Ökologie 27 (118), S. 42 ff.

Hauff, M. v. (2008): Von der öko-sozialen zur nachhaltigen Marktwirtschaft, in: Der Bürger im Staat – Klimawandel und Klimapolitik, 1-2008, Landeszentrale für politische Bildung Baden-Württemberg, Stuttgart.

Lovins, A. (1989): The Negawatt Revolution – Solving the CO2 Problem. Keynote Address at the Green Energy Conference, Montreal, abrufbar unter http://www.ccnr.org/amory.html (12.10.2012).

Meadows, D./Randers, J./Meadows, D. (2009): Grenzen des Wachstums – das 30-Jahre-Update. Signal zum Kurswechsel, Stuttgart.

Murphy, D. J./Hall, C. A. S. (2010): Year in review: energy return on (energy) investment, in: Constanza et al. (2010), S. 102 ff.

nef (The New Economics Foundation) (Hg.) (2013): Energising Money. An introduction to energy currencies and accounting, London, verfügbar unter http://www.neweconomics.org/publications/energising-money (10.04.2013)

Odum, H. T./Brown, M. T./Williams, S. B. (2000): Handbook of Emergy Evaluation: A Compendium of Data for Emergy Computation Issued in a Series of Folios, Gainesville, verfügbar unter http://emergysystems.org/folios.php (20.10.2012).

Odum, H. T. (1996): Environmental Accounting: Emergy and Environmental Policy Making, New York.

Odum, H. T. (1973): Energy, ecology and economics, in: Royal Swedish Academy of Science (Hg.), Ambio, Journal of the Human Environment, 2 (6), S. 220 ff.

Ott, K./Döring, R. (2004): Theorie und Praxis starker Nachhaltigkeit, Marburg.

Petrin, J. (2012): Nexthamburg. Bürgervision für eine neue Stadt, Hamburg.

Rogall, H. (2009): Nachhaltige Ökonomie – Ökonomische Theorie einer nachhaltigen Entwicklung, Marburg.

Rogall, H. (2009a): Zehn Kernaussagen der Nachhaltigen Ökonomie – Langfassung (Stand 6.12.2009), Berlin, abrufbar unter http://www.nachhaltige-oekonomie.de/de/nachhaltige-oekonomie/10-kernaussagen.html (12.10.2012).

Sambeek, P./Kampers, E. (2004): Die NU-Bonuskarte, das nachhaltiges (sic!) Belohnungssystem, Rotterdam.

Scherhorn, G. (2008): Das Finanzkapital zwischen Gier und Verantwortung, Zeitschrift für Sozialökonomie Nr. 156/157, S. 3 ff., abrufbar unter http://www.sozialoekonomie-online.de/ZfSO-156-157_Scherhorn.pdf (20.10.2012).

Schuster, L. (2007): Gesucht: Katalysatoren für die Energiewende. Wie man den Strukturwandel beschleunigen kann, ZEITPUNKT Nr. 89, 05/06 2007, abrufbar unter http://www.zeitpunkt.ch/index.php?id=5&tx_ ttnews[tt_news]=147&tx_ttnews[backPid]=6&cHash=5bc6bc49f2 (12.10.2012).

Schuster, L. (2010): Emissionsrechte als Carbon Currency – Gedanken zu den Währungsaspekten des CO_2-Emissionshandels, in: Dosch, K./Aachener Stiftung Kathy Beys (Hg.), Mehr Mut beim Klimaschutz. Plädoyer für einen persönlichen Emissionshandel, Aachen, S. 189 ff.

Seyfang, G./Longhurst, N. (2010): Innovating Complementary Currencies, UEA London, 20.9.2010, Updated Project Information Pack version 2 (unveröffentlicht).

Stern, N. (2006): Stern Review. The economics of climate change, Cambridge, verfügbar unter http://www.hmtreasury.gov.uk/independent_reviews/ stern_review_economics_climate_change/stern_review_report.cfm (22.4.2009).

Swann, R./Benello, G. C./Turnbull, S. (Hg.) (1997): Building Sustainable Communities. Tools and Concepts for Self-Reliant Economic Change, 2. Aufl., New York City.

Vernon, C. (2010): Future energy availability: the importance of 'net energy', in: Douthwaite 2010, S. 43 ff.

Der „Faktor Mensch" im Kontext der Energiewende

Vorstellung umweltpsychologischer Forschungsansätze

Jan Hildebrand, Anna Schütte, Amelie Fechner und Petra Schweizer-Ries

Die unter dem Begriff der „Energiewende" zusammengefasste Transformation des Energiesystems, d.h. der Atomausstieg, die Umstellung auf eine erneuerbare Energieerzeugung, die zunehmenden Maßnahmen für eine effizientere Energienutzung etc., stellt neben den technologischen Herausforderungen auch eine immense Veränderung für die gesellschaftliche Wahrnehmung von und den Umgang mit Energie dar. In diesem Beitrag werden zunächst die möglichen Ebenen sowie die Art der Veränderungen und die sich daraus ergebenden neuen Handlungsfelder für die Bürger skizziert. Mit Blick auf die zunehmende Energieerzeugung aus erneuerbaren Energietechnologien werden die hiermit auftretenden Akzeptanzfragen dargestellt und diskutiert. Im Anschluss werden exemplarisch regionalbezogene Ergebnisse eines laufenden Forschungsprojektes zur Akzeptanz erneuerbarer Energien vorgestellt und abschließend ein Ausblick auf zukünftige Fragestellungen gegeben.

I. Einleitung

Im Rahmen der momentan stattfindenden Energiewende steht die Gesellschaft vor einer Vielzahl großer Herausforderungen: Neue Konzepte für eine erneuerbare Strom- und Wärmeerzeugung, deren Transport, Speicherung und Verteilung werden ebenso gesucht und diskutiert wie innovative Mobilitätsstrategien oder der richtige Weg bei der energetischen Sanierung des Gebäudebestandes.[1] Für einen Teil dieser Fragen existieren eine Reihe technischer Lösungsansätze, für andere werden Änderungen des rechtlichen Rahmens geprüft oder auch verschiedene ökonomische Modelle darüber gerechnet, wie die Finanzierung der Energiewende stattfinden könnte und wie die Energiemärkte von morgen konzipiert sein müssten.[2] Wichtig in diesem Zusammenhang ist aber, sich vor Augen zu führen, dass die Energiewende kein eigenständiges parallel verlaufendes Phänomen ist und die einzelnen Stränge nicht unverbunden nebeneinander stehen (sollten). Die Energiewende ist letztendlich ein gesamtgesellschaftlicher Transformationsprozess, welchen dementsprechend auch die gesamte Gesellschaft mitgestalten und mittragen muss.[3] Das bedeutet gleichermaßen, dass die unterschiedlichen Perspektiven der verschiedenen gesellschaftlichen Akteursgruppen und Disziplinen bei diesem Prozess noch stärker in den Fokus gerückt und idealerweise aufeinander abgestimmt werden müssen. So sind technische Lösungen beispielsweise immer in ein soziales System eingebettet, rechtliche Rahmenbedingungen sind dafür da, soziale Systeme zu ordnen und Regelungen für das Funktionieren zu finden; jede Komponente für sich stellt keinen Selbstzweck dar.

Für die Bürger bringen die Veränderungen des Energiesystems zudem nicht nur die Notwendigkeit einer passiven Anpassung mit sich, sondern bedeuten vielmehr auch eine Vielzahl an aktiven neuen Handlungsmöglichkeiten, Verantwortlichkeiten und Rollenveränderungen. Waren die Bürger bisher vor allem die Konsumenten der bereitgestellten Energie, können sie zukünftig verstärkt auch die Rollen der Energieerzeuger, der Transporteure und – wie bisher – die der Nutzer einnehmen und dies in

---

[1] Vgl. die thematische Übersicht der Forschungsziele 2013: ForschungsVerbund Erneuerbare Energien (FVEE) 2013.

[2] Vgl. z.B. Leprich 2011. Zur Förderung der Erneuerbaren vgl. etwa die Beiträge von Schlacke/Kröger und Fornahl/Umlauf, zu ökonomischen Analysen und innovativen Praktiken die Beiträge von Schuster, Hanke/Best, Ekardt und Kemfert, zu Marktorganisation und Systemfragen die Beiträge von Hellige, Gößling-Reisemann/Stührmann/Wachsmuth/von Gleich und Möst/Müller/Schubert in diesem Band.

[3] Vgl. hierzu auch die Beiträge von Heinrichs und Grunwald/Schippl in diesem Band.

verschiedenen Lebensbereichen wie Strom- und Wärmenutzung, Mobilität, Konsum etc. unterschiedlich definieren. Die in den letzten Jahren rasant zunehmenden Gründungen von Energiegenossenschaften[4] oder auch die Diskussion um Bürgernetze[5] im Übertragungsbereich dokumentieren exemplarisch diese Entwicklungen.[6] Eine weitere wesentliche Entwicklung im Rahmen der Energiewende ist die zunehmende Dezentralisierung der Energieerzeugung. Hierdurch werden immer mehr Menschen zu direkten Nachbarn der zumeist erneuerbaren Energieerzeugungsanlagen wie Windkraft-, Biogas oder Solaranlagen, wodurch die Energieerzeugung unmittelbar wahrnehmbar und erfahrbar wird und auch neue Konfliktpotenziale entstehen.[7]

Die umweltpsychologische Perspektive legt in diesem Sinne den Fokus auf die sozio-technische Dimension und untersucht zum Beispiel, wie die Integration der erneuerbaren Energietechnologien als innovative technische Systeme in die bestehenden sozialen Gefüge momentan abläuft und zukünftig gestaltet werden kann.[8] Innerhalb dieser sozialwissenschaftlichen Akzeptanzforschung geht es dabei nicht um die Akzeptanzverschaffung für die jeweiligen Technologien oder Maßnahmen, sondern um die Entwicklung partizipativer Strategien zur gemeinsamen Erarbeitung gesellschaftlich akzeptabler Lösungen.[9]

II. Energiewende: Veränderungen in unterschiedlichen Lebensbereichen

Durch die strukturellen Veränderungen der Energiewende entwickeln sich zahlreiche neue Handlungsfelder, in deren Rahmen Bürger aktiv an der Transformation des Energiesystems teilhaben können: Auf Verbrauchsebene können Bürger Einfluss nehmen über die bewusste Steuerung ihres Energienutzungsverhaltens, durch Investitionen in energieeffiziente Haushaltsgeräte oder in die energetische Gebäudesanierung

---

[4] Volz 2012.
[5] Vgl. www.arge-netz.de; http://www.energiezukunft.eu/umwelt/politik/altmaier-will-an-einspeisevorrang-festhalten/ (je 18.1.2013).
[6] Vgl. hierzu auch die Beiträge von Radtke, Heinrichs und Hellige in diesem Band.
[7] Vgl. Rau/Walter/Zoellner 2011; Zoll 2001. Zu räumlichen Aspekten der Energiewende auch der Beitrag von Bosch in diesem Band.
[8] Vgl. Schweizer-Ries 2011.
[9] Vgl. Rau/Schweizer-Ries/Hildebrand 2012; Simonis 1999.

sowie durch die Wahl bzw. den Wechsel des Strom- bzw. Wärme-Anbieters. Auf Erzeugungsseite bieten sich wie oben genannt Investitionen in erneuerbare Energien (in Form eigener Anlagen oder Gemeinschaftsprojekte), politisches Engagement für oder gegen den Bau von EE-Anlagen oder Stromnetze (auch in Form von Verfahrensbeteiligungen) etc. als mögliche Handlungsalternativen an. Insbesondere auf Ebene der individuellen Energienutzung ist trotz der in den letzten Jahren stark gestiegenen Medienpräsenz des Themas, beispielsweise im Kontext der Einführung der Energiesparlampe, die Kluft zwischen prinzipiellem Wissen und tatsächlichem Verhalten noch zu überbrücken. Hier dokumentieren Studien, dass die reine Information nicht ausreicht und kombinierte Interventionsstrategien, die Fakten, Handlungswissen sowie elaborierte Feedbackmethoden beinhalten, die größten Effekte zeigen.[10]

Neben der Förderung von mehr Energieeffizienz in Gebäuden bzw. dem Energiesparverhalten in Privathaushalten ist eine zentrale Säule der Energiewende die Umstellung auf eine erneuerbare Energieerzeugung, wobei die Nutzung von Wind- und Solarenergie sowie Biomasse den Großteil der Energiegewinnung ausmacht.[11] Dabei ist festzustellen, dass es auf allgemeiner Ebene eine breite Unterstützung in der Bevölkerung für die Energiewende und die darin vorgesehene Umstellung auf eine erneuerbare Energieerzeugung gibt, ebenso wird der damit zusammenhängende Ausbau der Übertragungs- und Verteilnetze prinzipiell als notwendig angesehen und gleichermaßen befürwortet: Konstant über die letzten Jahre zeigen repräsentative Meinungsumfragen, dass eine große Mehrheit der Befragten den Ausbau von erneuerbaren Energietechnologien befürwortet und auch neue Stromleitungen in unmittelbarer Umgebung akzeptiert, wenn er erforderlich ist, um Deutschland komplett mit Strom aus erneuerbaren Energien zu versorgen.[12]

Nichtsdestotrotz bestehen auf Ebene der konkreten Planung vor Ort oftmals Skepsis und Bedenken gegenüber der jeweiligen Umsetzung. So

---

[10] Vgl. z.B. Abrahamse/Steg/Vlek/Rothengatter 2005; Steg/Vlek 2009.

[11] Für eine darüber hinausgehende stärkere Berücksichtigung von Suffizienzstrategien die Beiträge von Ekardt und Hanke/Best in diesem Band.

[12] Beispielhaft die Umfrage von Infratest im Auftrag der Agentur für Erneuerbare Energien (AEE) 2012. Befragt wurden bundesweit 3.800 Personen, vgl. http://www.unendlich-viel-energie.de/de/detailansicht/article/4/buerger-stehen-weiterhin-hinter-dem-ausbau-der-erneuerbaren-energien.html (15.12.2012).

kommt es zu Bürgerprotesten und Konflikten zum Beispiel zwischen Anwohnenden von erneuerbaren Energieanlagen oder geplanten Stromleitungen und den jeweiligen Betreibern bzw. Planungs- und Genehmigungsbehörden. Während einzelne Anlagen-Konflikte durch ihre Intensität oder auch bedingt durch Prozesse der Medienberichterstattung eine überregionale Wirksamkeit erlangen, ist festzustellen, dass trotz dieser im Zentrum der Wahrnehmung stehenden Konflikte der Großteil der Anlagenplanungen und -realisierungen weitgehend konfliktfrei verläuft; ein Umstand, über den nicht immer im gleichen Maß berichtet wird. In diesem Sinne findet in Deutschland nicht die *eine große* Energiewende statt, sondern vielmehr in Ergänzung dazu viele kleine dezentral organisierte Energiewenden. Diese unterscheiden sich hinsichtlich ihrer Zielstellungen und der gewählten Strategien, haben aber gemeinsam, dass sie eine individuelle regionale bzw. lokale Energiewende auf prinzipiell kooperativem Wege umsetzen. Eindrucksvolle Beispiele hierfür sind Bioenergiedörfer und -regionen, Zukunftskreise, Null-Emissions- und Klimaschutz-Kommunen, 100-Prozent-EE-Regionen etc.[13]

III. Beispiele umweltpsychologischer Forschung

1. Konzeptuelle Ansätze: Akzeptanz und Beteiligung

Im Kontext der Akzeptanzdebatten stehen zumeist die Proteste lokaler Bürgerinitiativen gegen eine geplante EE-Anlage. Prinzipiell lassen sich jedoch sowohl verschiedene relevante Akteursebenen als auch Akzeptanzkonzepte unterscheiden[14]: Die Bürgerproteste auf lokaler Ebene sind letztendlich am schnellsten wahrnehmbar, für die langfristige Umsetzung von EE-Projekten ist die Akzeptanz von Marktakteuren oder die Unterstützung auf der Ebene landesplanerischer Entscheidungen mindestens ebenso notwendig.

Inhaltlich stehen im Zentrum der Debatten um konkrete EE-Anlagen vor Ort oftmals die als negativ wahrgenommenen Eigenschaften der je-

---

[13] Zu räumlichen Aspekten der Energiewende vgl. auch den Beitrag von Bosch in diesem Band, zu regionalen und lokalen Beteiligungs- und Finanzierungsmodellen aus unterschiedlichen Perspektiven auch die Beiträge von Radtke, Schuster und Heinrichs in diesem Band.

[14] Vgl. Wüstenhagen/Wolsink/Bürer 2007.

weils verwendeten Technologie, wie beispielsweise naturschutz-fachliche Belange, die verursachten landschaftlichen Veränderungen (vor allem bei Windkraftanlagen) sowie Emissionen wie Geräusche oder Gerüche (z.B. bei Biogasanlagen). Potenzielle Einflussvariablen auf Seiten der Person sind z.b. die Werteorientierung, das Energie- oder Umweltbewusstsein, sowie die individuelle Risikowahrnehmung und Kontrollüberzeugungen. Auf der anderen Seite spielen neben der Umweltfreundlichkeit vor allem die erhofften positiven Effekte auf die regionale Wertschöpfung eine Rolle für die Akzeptanzbildung.[15]

Inzwischen konnten verschiedene Studien zeigen, dass neben den Eigenschaften der jeweiligen Technologie und den individuellen Dispositionen auch die Wahrnehmung und Bewertung des Planungsverfahrens einen zentralen Faktor für das Akzeptanzurteil darstellt.[16] Hierbei ist es wesentlich, dass das Verfahren als gerecht, d.h. nachvollziehbar, transparent und fair empfunden wird. Für dieses Gerechtigkeitsempfinden ist das Vorhandensein von Einfluss- und Gestaltungsmöglichkeiten, also Beteiligungselementen, die über die Stufe des Informierens hinausgehen, maßgeblich.[17]

Beteiligung kann im Rahmen des formellen Verfahrens, aber auch darüber hinausgehend informell ermöglicht werden.[18] In diesem Zusammenhang deuten Forschungsergebnisse darauf hin, dass Beteiligungsmöglichkeiten, die mehr als das formelle gesetzliche Maß beinhalten, von den Bürgern besonders wertgeschätzt werden – Bürger empfinden dies als einen Indikator dafür, dass der Wert ihrer Beteiligung anerkannt wird, dass sie ernst genommen werden und ein gemeinsamer Entwicklungsprozess tatsächlich gewünscht ist.[19] Allerdings ist es für das abschließende Werturteil ganz wesentlich, inwiefern die im Rahmen informeller Beteiligung geführten Diskussionen und erarbeiteten Ergebnisse dann auch faktisch in die formellen Beteiligungsverfahren Eingang finden; das

---

[15] Vgl. Zoellner/Schweizer-Ries/Rau 2011; Zoellner/Schweizer-Ries/Wemheuer 2008.

[16] Vgl. Gross 2007; Wolsink 2007; Zoellner/Ittner/Schweizer-Ries 2005.

[17] Vgl. Hildebrand/Rau/Schweizer-Ries 2012.

[18] Zu verschiedenen Partizipationsformen im Kontext der Energiewende sowie deren Chancen und Begrenzungen vgl. auch die Beiträge von Heinrichs und Radtke in diesem Band.

[19] Ausführlich dazu Keppler/Zoellner/Rau/Rupp/Nolting 2011.

heißt, als wie verbindlich die gemeinsame Arbeit wahrgenommen wird. Hierfür müssen im Vorfeld der formellen Beteiligungsformate praxistaugliche Konzepte gefunden werden, um Verunsicherung und Misstrauen gegenüber dem Verfahren und der Wahrnehmung einer möglichen strategischen Scheinbeteiligung vorzubeugen.[20]

Generell ist Beteiligung dabei weder als ein Allheilmittel noch als ein Garantieschein für Akzeptanz zu verstehen: Ob und in welchem Ausmaß Beteiligungsmaßnahmen sich positiv bezüglich der öffentlichen Akzeptanz gegenüber einem geplanten Projekt auswirken, hängt wesentlich von der Qualität der Angebote und der durchgeführten Verfahren ab – wofür die angemessene Verwertung der Verfahrensergebnisse wie angesprochen ein essentieller Bestandteil ist. Eine zentrale Voraussetzung ist zudem, dass diejenigen, die Beteiligungsangebote unterbreiten, eine dem Grundverständnis von Beteiligung entsprechende Haltung mitbringen, d.h. sie bieten Beteiligung ernsthaft an und setzen es nicht nur als befriedende Maßnahme ein.[21] Diese enge Verknüpfung der Themenkomplexe Beteiligung und Verfahrens- bzw. Ergebnisakzeptanz verdeutlicht die Bedeutung einer aktiven gesellschaftlichen Mitgestaltung bei der momentan stattfindenden Neuausrichtung bzw. dem Umbau des Energiesystems.

2. Praxisbeispiel: „Sozialwissenschaftliche Begleitung des Ausbaus Erneuerbarer Energien am Beispiel der Region Harz auf dem Weg zur ‚Energienachhaltigen Gemeinschaft' (SEC)"[22]

Dieses Projekt befindet sich an der Schnittstelle zwischen dem übergeordneten Projekt „Regenerative Modellregion Harz" (RegModHarz) und der Bevölkerung des Landkreises Harz. Das übergeordnete Ziel, den Landkreis Harz auf seinem Weg zu einer „Energienachhaltigen Gemeinschaft" zu begleiten, wird von der Forschungsgruppe Umweltpsychologie durch partizipative Vorgehensweisen verfolgt, die schon bestehendes

---

[20] Vgl. Nanz/Fritsche 2012.
[21] Ebd.
[22] Sozialwissenschaftliche Begleitung des Ausbaus Erneuerbarer Energien am Beispiel von RegModHarz auf dem Weg zur „Energienachhaltigen Gemeinschaft" – gefördert durch das Bundesministerium für Umwelt, Naturschutz und Reaktorsicherheit (BMU), FKZ 0325090P, Laufzeit des Projektes: 1.8.2010 bis 31.7.2013.

Engagement, Bedürfnisse und Vorstellungen von Bürgern des Landkreises aufnehmen, unterstützen und begleiten sollen. Auf diese Weise soll eine Beteiligung der Bürger an Entscheidungsprozessen und nachhaltigen Entwicklungen gefördert werden.

Das Projekt setzt – neben anderen Fragestellungen – thematisch vor allem zwei Schwerpunkte:

(a.) Akzeptanzforschung zu erneuerbaren Energien: Ein Schwerpunkt des Projektes liegt in der Untersuchung und Förderung von Akzeptanz und dem akzeptablen Ausbau von EE-Technologien im Landkreis Harz.

(b.) Umweltkommunikation: Ein wesentlicher Inhalt des Projektes sind Umweltbildungsmaßnahmen, die partizipativ mit Akteuren der Region geplant und umgesetzt werden. Ziel ist dabei, auf regionaler Ebene verschiedene Altersstufen anzusprechen, begonnen bei Kindergartenkindern über Schulkinder bis hin zu Studierenden sowie Erwachsenen. Methodische Vorgehensweisen beinhalten dabei die Entwicklung neuer Bildungs- bzw. Kommunikationskonzepte sowie die Unterstützung und Evaluation bereits begonnener Maßnahmen.

Ein Ziel des übergeordneten Projektes „RegModHarz" ist es, durch die Koordination von Erzeugung, Speicherung und Verbrauch in der Modellregion zu zeigen, dass eine stabile, zuverlässige und verbrauchernahe Versorgung mit elektrischer Energie auch mit einem maximalen Anteil erneuerbarer Energieträger möglich ist. Die installierte Leistung durch EE im Landkreis Harz am 31.12.2008 betrug laut Erhebungen des RegModHarz-Konsortiums 177,70 MW.[23] Mehr als drei Viertel dieser Leistung werden durch Windenergieanlagen bereitgestellt. Die verbleibenden Anteile entfallen auf Photovoltaik, Wasserenergie und Bioenergie sowie Blockheizkraftwerke. Die für das Jahr 2020 anvisierte Gesamtleistung wird mit 366,75 MW angesetzt, rein technische Potenziale (ohne Berücksichtigung jeglicher einschränkender Parameter) liegen sogar weit darüber (6.942,1 MW).

Nach einer Analyse der aktuellen Befürwortung verschiedener EE-Technologien und der Einschätzung von Bürgerbeteiligungsmaßnahmen sollen partizipative Empfehlungen erarbeitet und Aktionen auf den Weg gebracht werden, in denen sich Bürger für den akzeptablen Ausbau von EE in der Region engagieren können. Zu diesem Zweck wurde 2011 zunächst eine Fragebogenerhebung mit 221 Bürgern des Landkreises Harz

---

[23] Vgl. Filzek 2011.

durchgeführt[24], in der die Befürwortung der verschiedenen Technologien, die Kenntnis von und empfundene Beeinträchtigung durch Anlagen in der Gegend sowie Erfahrungen und Wünsche bezüglich Bürgerbeteiligungsformen erfragt wurden.[25] Im Folgenden werden zentrale Ergebnisse der Studie vorgestellt.

a) Bewertung von EE-Technologien

Generell und auch auf die Region bezogen kann die Akzeptanz der verschiedenen EE-Technologien als sehr hoch bezeichnet werden (generelle Befürwortung aller EE-Technologien: 97,4 %, vor-Ort-Befürwortung aller EE-Technologien: 85,8 %). Photovoltaik wird von den befragten Bürgern am stärksten befürwortet, gefolgt von Wasserkraft, Windkraft und zuletzt Biogas. Im Bereich der Etablierung von Biogasanlagen scheint gleichzeitig der größte Informationsbedarf vorzuliegen. Neben der allgemeinen Befürwortung bzw. Ablehnung kann auf qualitative Daten zurückgegriffen werden, die eine Begründung der eigenen Meinung beinhalten. Hier können Argumente identifiziert werden, die Vor- oder Nachteile bzw. Vorbehalte gegenüber technologischen Aspekten zuzuordnen sind, gegenüber Argumenten, die Vor- und Nachteile bzw. Vorbehalte bezüglich des Standortes Harz betreffen. Das stärkste Argument für, aber auch gegen (wenn auch in deutlich geringerem Maße) erneuerbare Energien scheint technischer Art zu sein. Bei Solarenergie und Wasserkrafttechnologien fällt die ausgeprägte Technologiebefürwortung auf, bei Biogasanlagen und Windenergie hingegen ein deutlicher Anteil von Technologieablehnung.

Technologische Befürwortung äußert sich beispielsweise darin, dass die Technologien als zukunftsweisend und klimafreundlich wahrgenommen werden, Ablehnung der Technologie weist häufig eine Schnittstelle zur Standortwahl auf: So finden sich hier maßgeblich Argumente, die Lärmbelästigungen, Gefährdung der Flora und Fauna oder aber die visuelle Belästigung durch Landschaftsbildveränderungen betreffen. Dies sind Kritikpunkte, denen durchaus durch eine entsprechende Standortwahl begegnet werden könnte (etwa die Errichtung von Anlagen mit aus-

---

[24] Vgl. Steinhorst/Schütte 2012.
[25] Vgl. Rau/Schweizer-Ries/Hildebrand 2012.

reichendem Abstand zu Naturschutzgebieten und Wohnsiedlungen). Standortargumente, die speziell den Harz thematisieren, bestehen vor allem hinsichtlich der Belange von Naturschutz und Denkmalschutz bzw. einer Übersättigung der Landschaft und einer Beeinträchtigung des Tourismus in der Region.

Wichtig in diesem Kontext ist auch der Befund, dass die Skepsis einiger Befragter nicht allein durch eine kategorische Ablehnung neuer Technologien zu erklären ist: Die Differenzen zwischen der allgemeinen Befürwortung und der Befürwortung der Technologien vor Ort variieren deutlich zwischen den Technologien (beispielsweise 84,8 % vs. 66,3 % bei Windenergie im Gegensatz zu 94,2 % vs. 86,4 % bei Photovoltaik). Sollte die Strategie gewählt werden, Bedenken spezifisch für die verschiedenen Technologiearten aufzugreifen, empfiehlt es sich vor allem, beim Standortfaktor für Windenergieanlagen anzusetzen: Hier ist die allgemeine Akzeptanz sehr hoch, die Akzeptanz vor Ort allerdings deutlich niedriger. Es könnte auf verschiedene standortrelevante Argumente eingegangen werden wie etwa die erhöhte Versorgungssicherheit, Kontrolle und Unabhängigkeit von Energieimporten oder auch der Arbeitsplatzgewinn für die Region. Ebenso könnte am geringen Informationsstand der Bürger bezüglich Biogasanlagen angesetzt werden. Dies könnte beispielsweise geschehen durch die Arbeit des Informations-, Bildungs- und Erlebniszentrums für EE in Dardesheim, durch neue Konzepte für Erlebnisführungen, die zielgruppengerechte Verbreitung von Informationsmaterial oder die im folgenden Abschnitt thematisierte Besichtigung von EE-Anlagen.

Eine Aufgabe für die Zukunft besteht folglich darin, vermehrt an den Vorbehalten der Bürger anzusetzen und Technologieweiterentwicklung sowie Standortwahl so voranzubringen, dass den Wünschen und Vorbehalten der Bürger Rechnung getragen wird.

b) Bürgerbeteiligungsprozesse

Ein zweiter Schwerpunkt der Befragung bestand in der Erhebung von bisherigem Engagement, Engagement-Wünschen und Engagement-Ressourcen der Bürger sowie Erfahrungen mit verschiedenen Bürgerbeteiligungsformaten und der Einschätzung der zukünftigen Wichtigkeit eben dieser.

Befragt nach ihrem bisherigen Engagement für den Ausbau von EE gaben 25 % der Befragten an, bereits private Zeit in dieses Ziel zu investieren, z.b. durch den Betrieb einer eigenen EE-Anlage (in der überwiegenden Mehrheit der Fälle in Form einer Solaranlage), das Engagement in Ortsvereinen und der Politik oder aber die persönliche Weiterbildung durch den Austausch von Informationen im Freundes- und Bekanntenkreis.

Für die Erhebung der Beteiligungswünsche wurde das Stufenmodell der Beteiligung operationalisiert.[26] Aufbauend auf den Kategorien dieses Modells ließ sich Folgendes feststellen: Der Hauptteil der Befragten (86 %) äußerte den Wunsch, über den Ausbau von EE in ihrem Wohnort Informationen zu erhalten. 77 % der Befragten wünschen sich darüber hinaus die Möglichkeit mitzudenken und ihre Meinung zu äußern, 74 % äußerten den Wunsch nach Möglichkeiten der Mitentscheidung. Ein immer noch sehr hoher Anteil der Befürwortung (53 %) ließ sich bei der Frage zum Wunsch nach Möglichkeiten der aktiven Mitgestaltung finden. Augenscheinlich besteht eine Differenz zwischen diesen Angaben und dem Wert des bereits stattfindenden Engagements (25 %). Es wurde zunächst der Frage nachgegangen, ob diese Differenz der Tatsache zu schulden sein könnte, dass die Befragten nicht über die nötigen zeitlichen und finanziellen Ressourcen verfügen. Über ein Drittel der Befragten gab jedoch an, über zeitliche Ressourcen zu verfügen – ähnlich stellten sich die Angaben zu den finanziellen Ressourcen dar: Ein Viertel der Befragten ist laut eigener Aussage in der Lage, sich finanziell mit mindestens 500 Euro zu beteiligen. Die Diskrepanz ist folglich nicht durch mangelnde Ressourcen zu erklären und macht deutlich, dass weniger an der Attraktivität von Beteiligung allgemein als an der Passung der einzelnen Beteiligungsangebote gearbeitet werden sollte.

Im Rahmen der Bürgerbefragung wurden zu diesem Zweck verschiedene konkrete Beteiligungsformate hinsichtlich ihrer bisherigen Nutzung, Qualität der Umsetzung und zukünftigen Wichtigkeit abgefragt.

Am häufigsten (74 %) wurden von den Befragten bisher Zeitungen, Radio oder das Fernsehen genutzt. Immerhin annähernd die Hälfte der Befragten gab außerdem an, Informationsblätter und -broschüren zu lesen, etwas mehr als ein Drittel der Befragten hat bereits das Internet zur Informationssuche bezüglich EE-Anlagen vor Ort genutzt. Die Qualität

---

[26] Vgl. Rau/Schweizer-Ries/Hildebrand 2012.

der konsumierten Informationsblätter sowie Internetseiten wurde durch 72 % der befragten Bürger als gut oder relativ gut bewertet, die Informationen in Zeitungen, Radio oder Fernsehen von immerhin 63 % der Befragten – gleichzeitig wurde diese Beteiligungsform von ca. 80 % als besonders wichtig eingeschätzt. Die hohen Erfahrungswerte mit den Medien in Verbindung mit der eingeschätzten Wichtigkeit zeigen die Relevanz einer qualitativ hochwertigen Öffentlichkeitsarbeit in regionalen und überregionalen Medien. Besonders im Internet oder regionalen Fernseh- oder Radiosendern könnte beispielsweise durch gezielt auf die Region ausgerichtete Beiträge von Maßnahmen und Fortschritten im Bereich EE berichtet und auf Aktionen hingewiesen werden und so Beteiligungswünschen begegnet werden – aber auch gut gestaltetes, zielgruppengerechtes Informationsmaterial in Broschürenform kann die Bürger erreichen.

Ein weiteres Beispiel der Bürgerbeteiligung, das bereits im vorangegangenen Abschnitt angedeutet wurde, ist die Besichtigungsmöglichkeit von EE-Anlagen. Sie kann einen wichtigen Beitrag zum Abbau von Vorurteilen gegenüber EE-Anlagen und ihrer für die Region verträglichen Umsetzung leisten und die neuen Technologien erfahrbar machen. In der Befragung zeigte sich, dass ein großes Interesse an dieser Beteiligungsform vorhanden war, leider aber bisher relativ wenige Erfahrungswerte vorlagen. Die Befragten jedoch, die eine Besichtigungsmöglichkeit bereits in Anspruch genommen haben, äußerten sich sehr positiv über dieses Erlebnis. Besichtigungen von EE-Anlagen sollten also zukünftig weiter ausgebaut werden. In der Frage nach der Bekanntheit von EE-Anlagen in der Region gaben jedoch 42 % der Befragten an, keine Anlage in ihrer unmittelbaren Umgebung zu kennen. Bei der Werbung für die Besichtigungsmöglichkeiten der Anlagen sollte also zukünftig immer im Blick behalten werden, dass sich womöglich fast die Hälfte der Bürger über die Existenz einer spezifischen Anlage nicht im Klaren ist.

c) Umweltkommunikation für Kinder und Jugendliche –
Fundamente für die Zukunft legen

Der Bereich der Sensibilisierung, Informationsvermittlung und Befähigung zur eigenen Meinungsbildung wurde bereits in den vorangegangenen Forschungsergebnissen als zentrales Moment der Beteiligung von

Bürgern herausgestellt. Der Bereich der Umweltbildung – auch bereits in jungem Alter – stellt folglich eine wichtige Maßnahme dar, um Energienachhaltigkeit langfristig zu fördern und im Denken der Menschen der Region zu verankern. Gemeinsam mit Bildungseinrichtungen und Institutionen, die sich im Bereich Bildung für nachhaltige Entwicklung engagieren, wurden geeignete Anknüpfungspunkte gesucht, um das Wissen über nachhaltiges Handeln im Alltag, erneuerbare Energien und Stromsparpotenziale zu erhöhen, um die Relevanz dieser Themen ins Bewusstsein zu rücken und die Begeisterung für Möglichkeiten, die sich auch für die Region durch die neuen Technologien ergeben, zu wecken. In einem Vernetzungstreffen mit Vertretern verschiedener Bildungsinstitutionen der Region wurden zunächst mehrere Zielgruppen und Ansätze zu Umweltkommunikationsmaßnahmen erarbeitet. Als eine wichtige und breit erreichbare Zielgruppe wurde die Sekundarstufe von Schulen festgelegt. Schüler dieser Schulen stehen kurz vor dem Eintritt ins Berufsleben, in dem auch erneuerbare Energien eine zukunftsreiche Option bieten können. Da die Themen Klimaschutz und erneuerbare Energien bislang nicht Bestandteil des Lehrplans sind und Lehrer bei der zu unterrichtenden Themenauswahl in ihren Fächern häufig eingeschränkt sind, ist die eigeninitiative Umsetzung der Thematik im laufenden Unterricht mitunter nur schwer möglich. Als geeigneter Rahmen wurde daher das Angebot eines 3-tägigen Projektes im Rahmen jährlich stattfindender Projekttage einer Sekundarschule in der Zielregion identifiziert. Für die Projektidee wurde ein detailliertes Konzept ausgearbeitet und das Projekt mit dem Titel „Ausbildung zum Energiedetektiv" exemplarisch mit 15 Schülern der fünften Klassenstufe durchgeführt, die in kleinere Gruppen eingeteilt mehrere Stationen pro Tag durchliefen. In den Stationen – angelehnt an ein Zirkeltraining – setzten sich die Schüler beispielsweise mit den Lehrthemen „Energieformen und Energieträger", „Der eigene Energieverbrauch", „Energiesünden und Energiesparen" oder „Transportwege von Lebensmitteln und umweltfreundlichere Alternativen" auseinander. Durch die Anwendung verschiedener altersgemäßer Methoden wie Collagen oder Theaterstücke wurde ein kreatives Lernen ermöglicht. Grundlernaufgaben wie das betonte Vorlesen, Atlasarbeit und schriftliche Grundrechenaufgaben wurden ebenfalls in den Stationen abgedeckt. In einem abschließenden Quiz konnten die Kinder ihre Lernerfolge unter Beweis stellen und ein Zertifikat als „Energiedetektiv" erwerben. Um das Projekt dauerhaft zu etablieren, soll die „Ausbildung zum Energiedetektiv" zukünftig der ganzen fünften Stufe dieser Schule angeboten werden, optimalerweise unter Nutzung älterer Schüler als Multiplikatoren im Sinne eines „peer-to-peer-teaching".

Durch eine Kooperation mit dem europäischen Bildungswerk für Beruf und Gesellschaft war eine Annäherung an eine zweite Zielgruppe möglich. Grundschulkinder sollten, in einem durch das Bildungswerk betreuten Hort, ebenfalls durch einen Projekttag an das Thema Klimaschutz herangeführt werden. Da durch das Bildungswerk darüber hinaus die Ausbildung zum staatlich anerkannten Erzieher koordiniert wird, konnte durch einen „Sensibilisierungstag" im Rahmen der Ausbildung direkt bei den zukünftigen Erziehern, die in der Arbeit mit Kindern eine zentrale Multiplikatorenfunktion innehaben, angesetzt werden. Das zu diesem Zweck entwickelte Konzept beinhaltete dabei die zentralen Elemente der Sensibilisierung der künftigen Erzieher selbst, das Aufzeigen beruflicher Notwendigkeit, die Vermittlung von geeigneten Materialen und Best-Practice-Beispielen und die Verstetigung in Form selbstentwickelter Projekte, die über die Ausbildungsjahre fortwährend weiterentwickelt werden.

Als weiterer Kooperationspartner konnte die Hochschule Harz gewonnen werden, die im Landkreis Harz Schulen auf ihrem Weg zu Energieeinsparungen im Sinne eines 50/50-Ansatzes fördert. Es wurden gemeinsam Schulen besucht und in ihren Ideenfindungsprozessen begleitet, wie eine Umsetzung des Energiesparens vor allem auf Verhaltensebene möglich sein könnte. Zur Diskussion in den einzelnen Schulen standen dabei verschiedene Formate, anhand derer die Schüler an den bewussten Umgang mit Energie herangeführt werden, so etwa Projekttage, Arbeitsgemeinschaften oder die Integration des Energiethemas in den Fachunterricht.

IV. Ausblick

Zusammenfassend bleibt festzustellen, dass die Energiewende die Lebenswirklichkeit der gesellschaftlichen Akteure substanziell verändert und dabei gleichermaßen Chancen wie auch Konfliktrisiken mit sich bringt. Dabei wird deutlich, dass die innerhalb der Transformation des Energiesystems stattfindenden Umsetzungsmaßnahmen auf unterschiedlichen Ebenen ansetzen und somit möglichst gut verzahnt und aufeinander abgestimmt sein müssen, um effektiv wirken zu können.

Für den Bereich der Energieerzeugung zeigt sich, dass auf der Bewertungsebene prinzipiell eine hohe Akzeptanz für den Ausbau von EE innerhalb der Bevölkerung vorhanden ist und ebenso auch der hierfür benötigte Netzausbau prinzipiell befürwortet wird. Diese positive Bewertung gilt es für das Gelingen des gesellschaftlichen Großprojektes Energiewende in eine aktive Unterstützung und Gestaltungsteilhabe zu übertragen. Hierfür sind qualitativ hochwertige Beteiligungsmöglichkeiten innerhalb der Planungs- und Genehmigungsverfahren von EE-Anlagen und Stromtrassen notwendig, um diese technischen Ausbauvorhaben angemessen für und zusammen mit den betroffenen Bürgern planen und durchführen zu können. Die vorhandenen Beteiligungsmöglichkeiten werden zum jetzigen Zeitpunkt von vielen Akteursgruppen als noch nicht ausreichend bewertet. Als eine Herausforderung für die Zukunft besteht daher eine wichtige Aufgabe darin, die existierenden formellen Beteiligungsangebote gezielt um informelle Beteiligungsformen zu ergänzen und diese optimal aufeinander abzustimmen, um ein verstärktes Engagement der Bürger und die Etablierung von fairen, transparenten und gerechten Kooperationsstrukturen zu ermöglichen.

Durch eine frühzeitige und ganzheitliche Umweltbildung nach Vorbild der Bildung für Nachhaltige Entwicklung mit dem Themenschwerpunkt „Energie" sollte zudem das Verständnis für bzw. das Denken über energierelevante Fragen an sich und die Organisation des Energiesystems stattfinden, sowohl in Schulen als auch in öffentlichen Institutionen und Privathaushalten. Das gemeinsame Ziel sollte es sein, eine Sensibilisierung zu mehr Energienachhaltigkeit im Sinne eines bewussten Umgangs mit Energie bis hin zur kontinuierlichen Etablierung suffizienter Lebensstile zu erreichen.[27] Hierfür ist es zudem notwendig, die sich neu ergebenden Handlungsmöglichkeiten für die einzelnen Bürger transparent zu machen, Angebote zielgruppengerecht zu kommunizieren, positive Erfahrungen zu ermöglichen und somit zur aktiven Rollenübernahme zu motivieren.

---

[27] Zur Relevanz von Suffizienzstrategien und des hierfür notwendigen Bewusstseinswandels vgl. auch die Beiträge von Ekardt und Hanke/Best in diesem Band.

Literatur

Abrahamse, W./Steg, L./Vlek, C./Rothengatter, T. (2005): A Review of Intervention Studies Aimed at Household Energy Conservation, Journal of Environmental Psychology, 25 (3), S. 273 ff.

Fechner, A./Schütte, A./Hildebrand, J./Schweizer-Ries, P. (2012): Akzeptanz Erneuerbarer Energien in der Region Harz, Tagungsband, 17. Energiesymposium Kassel, 11./12.10.2012.

Filzek, D. (2011): RegModHarz-Leitszenarien (unveröffentlichter Forschungsbericht).

ForschungsVerbund Erneuerbare Energien (FVEE) (2013): Forschungsziele 2013. Gemeinsam forschen für die Energie der Zukunft, FVEE, Berlin.

Gross, C. (2007): Community Perspectives of Wind Energy in Australia: The Application of a Justice and Community Fairness Framework to Increase Social Acceptance, Energy Policy, 35 (5), S. 2727 ff.

Hildebrand, J./Rau, I./Schweizer-Ries, P. (2012): Die Bedeutung dezentraler Beteiligungsprozesse für die Akzeptanz des Ausbaus erneuerbarer Energien. Eine umweltpsychologische Betrachtung, Information zur Raumentwicklung, 9/2012, S. 491 ff.

Keppler, D./Zoellner, J./Rau, I./Rupp, J./Nolting, K. (2011): Beteiligung als Strategie und Strukturelement einer Energiewende in Ostdeutschland, in: Keppler, D./Nölting, B./Schröder, C. (Hg.), Neue Energie im Osten – Gestaltung des Umbruchs. Perspektiven für eine zukunftsfähige sozialökologische Energiewende, Frankfurt, Berlin, S. 187 ff.

Leprich, U. (2011): Das EEG als Nukleus einer neuen Energiewirtschaftsordnung, in: Müller, T. (Hg.), 20 Jahre Recht der Erneuerbaren Energien, Baden-Baden, S. 815 ff.

Nanz, P./Fritsche, M. (2012): Handbuch Bürgerbeteiligung. Verfahren und Akteure, Chancen und Grenzen, Bundeszentrale für politische Bildung, Bonn.

Rau, I./Schweizer-Ries, P./Hildebrand, J. (2012): Participation strategies – the silver bullet for public acceptance?, in: Kabisch, S./Kunath, A./Schweizer-Ries, P./Steinführer, A. (Hg.), Vulnerability, Risk and Complexity: Impacts of Global Change on Human Habitats, Leipzig, S. 177 ff.

Rau, I./Walter, G./Zoellner, J. (2011): Wahrnehmung von Bürgerprotesten im Bereich erneuerbarer Energien: Von NIMBY-Opposition zu kommunaler Emanzipation, Umweltpsychologie, 15 (2), S. 37 ff.

Schweizer-Ries, P. (2011): Socio-Environmental Research on Energy Sustainable Communities: Participation Experiences of Two Decades, in:

Devine-Wright, P. (Hg.), Public Engagement with Renewable Energy: From Nimby to Participation, London, S. 187 ff.

Simonis, G. (1999): Sozialverträglichkeit, in: Bröchler, S./Simonis, G./Sundermann, K. (Hg.), Handbuch Technikfolgenabschätzung, Bd. 1, Berlin, S. 105 ff.

Steg, L./Vlek, C. (2009): Encouraging pro-environmental behaviour: An integrative review and research agenda, Journal of Environmental Psychology, 29 (3), S. 309 ff.

Steinhorst, J./Schütte, A. (2012): Ergebnisbericht über Befragungen zur Akzeptanz Erneuerbarer Energien, Bürgerbeteiligung am Ausbau Erneuerbarer Energien und dem RegModHarz-Projekt (unveröffentlichter Forschungsbericht).

Volz, R. (2012): Bedeutung und Potenziale von Energiegenossenschaften in Deutschland. Eine empirische Aufbereitung, Information zur Raumentwicklung, 9/2012, S. 515 ff.

Wolsink, M. (2007): Planning of Renewable Schemes: Deliberative and Fair Decision Making on Landscape Issues Instead of Repowerful Accusations of Non-Cooperation, Energy Policy, 35 (5), S. 2692 ff.

Wüstenhagen, R./Wolsink, M./Bürer, M. J. (2007): Social Acceptance of Renewable Energy Innovation: An Introduction to the Concept, Energy Policy, 35 (5), S. 2683 ff.

Zoellner, J./Schweizer-Ries, P./Rau, I. (2011): Akzeptanz Erneuerbarer Energien, in Müller, T. (Hg.), 20 Jahre Recht der Erneuerbaren Energien, Baden-Baden, S. 91 ff.

Zoellner, J./Schweizer-Ries, P./Wemheuer, C. (2008): Public acceptance of renewable energies: Results from case studies in Germany, Journal of Energy Policy, 36 (11), S. 4136 ff.

Zoellner, J./Ittner, H./Schweizer-Ries, P. (2005): Perceived Procedural Justice as a Conflict Factor in Wind Energy Plants Planning Processes. Proceedings of the 5th BIEE Academic Conference: European Energy – Synergies and Conflicts, CD-Rom, Oxford.

Zoll, R. (Hg.) (2001): Energiekonflikte. Problemübersicht und empirische Analysen zur Akzeptanz von Windkraftanlagen, Politische Verhaltensforschung, Bd. 4., Münster.

Der Beitrag des Rechts der erneuerbaren Energien zur Energiewende

Sabine Schlacke und James Kröger

Das Recht der erneuerbaren Energien fügt sich in ein Mehrebenensystem ein, in welchem die nationalen Regelungen maßgeblich durch die völker- und unionsrechtlichen Vorgaben geprägt sind. Es findet neben dem Emissionshandelsrecht Anwendung, das mit Hilfe eines Emissionshandelssystems eine Reduzierung des CO_2-Ausstoßes bezweckt. Für den Strombereich formuliert das Erneuerbare-Energien-Gesetz 2012 ambitionierte Ausbauziele. Neben dem bewährten Modell der Einspeisevergütung sieht es nunmehr das optional ausgestaltete Marktprämienmodell vor, um die System- und Marktintegration erneuerbarer Energien zu stärken. Flankiert werden diese Fördermechanismen durch neue rechtliche Rahmenbedingungen für den Energieleitungsausbau. Im Wärmebereich bezweckt das Erneuerbare-Energien-Wärmegesetz eine Steigerung des Anteils erneuerbarer Energien an der Wärmebereitstellung. Im Kraftstoffbereich wird der Einsatz erneuerbarer Energien weiterhin über die Pflicht zur Erreichung einer bestimmten Biokraftstoffquote gefördert. Erneuerbare Energien sind der zentrale Baustein für eine Transformation hin zu einer nachhaltigen Energieerzeugung. Diese Transformation sollte getragen sein von einer unveränderten Investitionsbereitschaft einerseits und gesellschaftlicher Akzeptanz andererseits. Die Bewältigung dieser zentralen Herausforderungen hat auch das Recht der erneuerbaren Energien konstruktiv zu begleiten.

I. Das Gesetzespaket zur Energiewende

Als unmittelbare Konsequenz des Reaktorunglücks in Fukujima[1] hat die deutsche Politik im Juni 2011 den Ausstieg aus der Atomenergie beschlossen und somit die Energiewende eingeleitet. Diese macht die erneuerbaren Energien doppelt interessant. Bislang wurden sie gefördert, weil sie eine Alternative zum Einsatz fossiler Energieträger darstellen und damit dem Klima- und Ressourcenschutz dienen. Nunmehr kommt ihnen die zusätzliche Rolle zu, die Atomenergie zu ersetzen und das Rückgrat der Energieversorgung in Deutschland zu werden. Rechtlich umgesetzt wurde diese Energiewende in einem umfangreichen Gesetzespaket, das in einer atemberaubenden Schnelligkeit durch den Bundestag verabschiedet wurde.[2]

Zentral ist dabei das 13. Gesetz zur Änderung des Atomgesetzes (AtG)[3]. § 7 Abs. 1a AtG formuliert die Restlaufzeiten der jeweiligen Kernkraftwerke und regelt, dass die Berechtigung zum Leistungsbetrieb für die letzten bestehenden Kernkraftwerke 2022 ausläuft. Darüber hinaus hält § 7 Abs. 1b AtG eine Regelung für die Übertragung von Reststrommengen vor und gemäß § 7 Abs. 1e AtG soll die Bundesnetzagentur ein Kernkraftwerk auswählen, welches künftig einen Reservebetrieb gewährleistet.

Das Gesetz zur Neuregelung energiewirtschaftlicher Vorschriften[4] modifizierte das Energiewirtschaftsgesetz (EnWG)[5] im Hinblick auf die Entflechtungsvorschriften, führte umfassende Regelungen zur Verwendung intelligenter Messsysteme (sog. Smart Metering) ein und ergänzte die §§ 12a ff. EnWG, die nunmehr die Bundesbedarfsplanung im Kontext des Ausbaus der Netzinfrastruktur vorgeben. Das neu erlassene

---

[1] Vgl. hierzu auch den Beitrag von Simonis in diesem Band.

[2] Vgl. ausführlich Sellner/Fellenberg 2011, S. 1025 ff.; Scholtka/Helmes 2011, S. 3185 ff.

[3] Dreizehntes Gesetz zur Änderung des Atomgesetzes vom 31.7.2011 (BGBl. I S. 1704).

[4] Gesetz zur Neuregelung energiewirtschaftlicher Vorschriften vom 26.7.2011 (BGBl. I S. 1554).

[5] Energiewirtschaftsgesetz vom 7.7.2005 (BGBl. I S. 1970, S. 3621), das zuletzt durch Artikel 1 des Gesetzes vom 21.2.2013 (BGBl. I S. 346) geändert worden ist.

Netzausbaubeschleunigungsgesetz (NABEG)[6] regelt die darauf aufbauende Bundesfachplanung sowie das Planfeststellungsverfahren, die jeweils beide von der Bundesnetzagentur durchgeführt werden. Darüber hinaus hat das Gesetzespaket zur Energiewende Änderungen im Baugesetzbuch (BauGB)[7] sowie im Seeanlagenrecht mit sich gebracht. So bestimmt § 35 Abs. 1 Satz 8 BauGB nunmehr eine Privilegierung von Photovoltaik- und Solarthermieanlagen im Außenbereich. Im Hinblick auf die Errichtung von Offshore-Windkraftanlagen sieht der neue § 9 Abs. 1a Seeaufgabengesetz (SeeAufgG)[8] die Einführung eines Planfeststellungsverfahrens in der Ausschließlichen Wirtschaftszone vor.

Das Recht der erneuerbaren Energien hat hingegen seine maßgeblichen Änderungen im Zuge der Energiewende durch das Gesetz zur Neuregelung des Rechtsrahmens für die Förderung der Stromerzeugung aus erneuerbaren Energien erhalten. Die maßgeblichen Regelungen des auf dieser Grundlage novellierten Erneuerbare-Energien-Gesetzes (EEG 2012)[9] sind Gegenstand der nachfolgenden Ausführungen.

II. Das Recht der erneuerbaren Energien im Mehrebenensystem

Das Recht der erneuerbaren Energien kann neben dem Recht des Emissionshandels sowie dem Energieeffizienzrecht als eine zentrale Säule des Klimaschutzrechts angesehen werden. *Klimaschutzrecht* ist ein neuartiger Begriff, der rechtsdogmatisch bislang wenig konturiert ist. Es besteht jedoch Einigkeit hinsichtlich des Schutzguts dieses im Entstehen begriffenen Rechtsgebiets[10]: zum einen die Atmosphäre selbst[11] und zum ande-

---

[6] Gesetz zur Beschleunigung des Netzausbaus Elektrizitätsnetze v. 28.7.2011 (BGBl. I S. 1634), das zuletzt durch Artikel 4 des Gesetzes vom 20.12.2012 (BGBl. 2730) geändert worden ist.
[7] Baugesetzbuch in der Fassung der Bekanntmachung vom 23.9.2004 (BGBl. I S. 2414), das zuletzt durch Artikel 1 des Gesetzes vom 22.7.2011 (BGBl. I S. 1509) geändert worden ist.
[8] Gesetz über die Aufgaben des Bundes auf dem Gebiet der Seeschifffahrt v. 26.7.2002 (BGBl. I S. 2876), das zuletzt durch Artikel 3 des Gesetzes vom 5.2.2013 (BGBl. II S. 42) geändert wurde.
[9] Erneuerbare-Energien-Gesetz vom 25.10.2008 (BGBl. I S. 2074), das zuletzt durch Artikel 5 des Gesetzes vom 20.12.2012 (BGBl. I S. 2730) geändert worden ist.
[10] Schlacke 2010, S. 152 ff.

ren ein stabiles Klima als Grundvoraussetzung für menschliches Leben. Definiert werden kann das Klimaschutzrecht als „die Summe derjenigen Rechtsnormen, die das Klima vor anthropogenen Einwirkungen schützen sollen."[12] Hiernach unterfallen jene Regelungen dem Klimaschutzrecht, die auf eine Vermeidung von Treibhausgasemissionen in die Atmosphäre abzielen, wie insbesondere auch Regelungen zur Abscheidung und Speicherung von Kohlendioxid (CCS). Nicht mehr zum Klimaschutzrecht zählen hingegen Regelungen, die der Anpassung an den Klimawandel dienen, wie beispielsweise die Hochwasserbekämpfung.

Die globale Herausforderung des Klimawandels wurde zunächst auf völkerrechtlicher Ebene erkannt und hat daraufhin eine umfängliche Regulierung auf europäischer Ebene erfahren, die schließlich auf nationaler Ebene umgesetzt wurde. Dem Klimaschutzrecht und somit dem Recht der erneuerbaren Energien kann mithin ein supra- und internationaler Charakter bescheinigt werden. Dies ist beispielhaft für ein sich im Mehrebenensystem entwickelndes Rechtsgebiet.[13] Während auf völkerrechtlicher Ebene insbesondere die UN-Klimarahmenkonvention[14] und das Kyoto-Protokoll[15] von Bedeutung sind, haben sich im Unionsrecht zahlreiche Sekundärrechtsakte gebildet, die die primärrechtlichen Vorgaben an eine europäische Umwelt- und Energiepolitik konkretisieren.[16] Zu nennen sind an dieser Stelle die Emissionshandelsrichtlinie[17], die CCS-Richtlinie[18] oder aber auch die Gebäudeeffizienz-Richtlinie[19] sowie die

---

[11] Kloepfer 2011, § 10 Rn. 5.

[12] Gärditz 2008, S. 324.

[13] Schlacke/Erbguth 2012, § 16 Rn. 3 ff.

[14] BGBl. II 1993, S. 1784.

[15] BGBl. II 1997, S. 130.

[16] Vgl. Art. 191 f., 194 Vertrag über die Arbeitsweise der Europäischen Union.

[17] Richtlinie 2003/87/EG des Europäischen Parlaments und des Rates v. 13. Oktober 2003 über ein System für den Handel mit Treibhausgasemissionszertifikaten in der Gemeinschaft, ABl. Nr. L 275 v. 25.10.2003, S. 32.

[18] Richtlinie 2009/31/EG des Europäischen Parlaments und des Rates v. 23. April 2009 über die geologische Speicherung von Kohlendioxid, ABl. Nr. L 140 v. 5.6.2009, S. 114.

[19] Richtlinie 2010/31/EU des Europäischen Parlaments und des Rates v. 19. Mai 2010 über die Gesamtenergieeffizienz von Gebäuden, ABl. Nr. L 153 v. 18.6.2010, S. 13.

KWK-Richtlinie[20] im Energieeffizienzbereich. Als zentrales unionsrechtliches Regelungsinstrument auf dem Gebiet des Rechts der erneuerbaren Energien gilt hingegen die Erneuerbare-Energien-Richtlinie 2009/28/EG[21], die den Mitgliedstaaten quantitative Ausbauziele für die Stromerzeugung aus erneuerbaren Energien vorgibt und zugleich die Ausgestaltung nationaler Fördersysteme für erneuerbare Energien vorsieht.

Diese unionsrechtlichen Vorgaben spiegeln sich auf mitgliedstaatlicher Ebene in einer großen Gesetzes- und Normenvielfalt wider: Das deutsche Emissionshandelsrecht wird maßgeblich durch das Treibhausgas-Emissionshandelsgesetz (TEHG), das Zuteilungsgesetz (ZUG 2012) sowie das Projekt-Mechanismen-Gesetz (ProMechG) geprägt, während im Energieeffizienzbereich u.a. das Kraft-Wärme-Kopplungsgesetz (KWKG), das Energieeinspargesetz (ENEG), die Energieeinsparverordnung (EnEV) sowie das Energieverbrauchsrelevante-Produkte-Gesetz (EVPG) zu nennen sind. Als Kerngesetze des Rechts der erneuerbaren Energien fungieren hingegen das EEG für den Strombereich und das Erneuerbare-Energien-Wärmegesetz (EEWärmeG)[22] für den Wärmebereich. Der Einsatz erneuerbarer Energien im Kraftstoffbereich wird schließlich durch das in das Bundes-Immissionsschutzgesetz integrierte Biokraftstoffquotengesetz (BioKraftQuG)[23] gefördert.

---

[20] Richtlinie 2004/8/EG des Europäischen Parlaments und des Rates v. 11. Februar 2004 über die Förderung einer am Nutzwärmebedarf orientierten Kraft-Wärme-Kopplung im Energiebinnenmarkt, ABl. Nr. L 52 v. 21.2.2004, S. 50.

[21] Richtlinie 2009/28/EG des Europäischen Parlaments und des Rates v. 23. April 2009 zur Förderung der Nutzung von Energie aus erneuerbaren Quellen, ABl. Nr. L 140 v. 5.6.2009, S. 16.

[22] Erneuerbare-Energien-Wärmegesetz vom 7.8.2008 (BGBl. I S. 1658), das zuletzt durch Artikel 2 Absatz 68 des Gesetzes vom 22.12.2011 (BGBl. I S. 3044) geändert worden ist.

[23] Gesetz zur Einführung einer Biokraftstoffquote durch Änderung des Bundes-Immissionsschutzgesetzes und zur Änderung energie- und stromsteuerrechtlicher Vorschriften vom 18.12.2006 (BGBl. I S. 3180); ausführlich hierzu vgl. Jarass 2007, S. 518 ff.

III. Die rechtliche Regulierung von EE-Strom

Im Strombereich fand frühzeitig eine rechtliche Steuerung erneuerbarer Energien statt. Das Stromeinspeisungsgesetz (StrEG)[24] aus dem Jahr 1991 war der Vorläufer des am 1.4.2000 in Kraft getretenen, international als beispielhaft bewerteten EEG, das nach Novellierungen in den Jahren 2004 und 2009 seine letzte maßgebliche Novelle in Umsetzung der Energiewende zum 1.1.2012 erfahren hat. Das im EEG maßgeblich entwickelte Modell der festen Einspeisevergütung gilt mittlerweile als das effektivste Förderinstrument im Hinblick auf den quantitativen Ausbau erneuerbarer Energien im Strombereich. Bedenken hinsichtlich seiner verfassungs- und europarechtlichen Konformität wurden höchstrichterlich nicht geteilt.[25] Mit dem EEG 2012 wird dieser auf den quantitativen Ausbau abzielende Förderansatz um das die System- und Marktintegration erneuerbarer Energien unterstützende Fördermodell der marktprämien-geförderten Direktvermarktung erweitert.[26]

1. Ziel- und Zwecksetzung des EEG 2012

Zweck des EEG ist es gemäß § 1 Abs. 1 EEG, „insbesondere im Interesse des Klima- und Umweltschutzes eine nachhaltige Energieversorgung zu ermöglichen, die volkswirtschaftlichen Kosten der Energieversorgung auch durch die Einbeziehung langfristiger externer Effekte zu verringern, fossile Energieressourcen zu schonen und die Weiterentwicklung von Technologien zur Erzeugung von Strom aus Erneuerbaren Energien zu fördern." Dabei verfolgt es gemäß § 1 Abs. 2 EEG das Ziel, den Anteil erneuerbarer Energien an der Stromversorgung bis 2020 auf mindestens 35 %, bis 2030 auf mindestens 50 %, bis 2040 auf mindestens 65 % und bis 2050 auf mindestens 80 % zu erhöhen und diese Strommengen in das Stromsystem zu integrieren. Diese Zielsetzung soll gemäß § 1 Abs. 3 EEG dazu dienen, den Anteil erneuerbarer Energien am gesamten Bruttoenergieverbrauch bis zum Jahr 2020 auf mindestens 18 % zu erhöhen. Diese als äußerst ambitioniert einzustufenden Ausbauziele sind rechts-

---

[24] Gesetz über die Einspeisung von Strom aus erneuerbaren Energien in das öffentliche Netz vom 7.12.1990 (BGBl. I S. 2633).

[25] EuGH, Slg. 2001, I-2099 – PreussenElektra.

[26] Vgl. Lehnert 2012, S. 5 ff.

verbindlich, doch bleibt zu hinterfragen, inwiefern sie auch rechtlich durchsetzbar und ggf. einklagbar sind. Das EEG schweigt zu dieser Frage des Rechtsschutzes. Vorstellbar wäre, diese Ausbauziele im Wege der Verbandsklage auch gerichtlich durchzusetzen. Da der Anwendungsbereich der geltenden Verbandsklagebefugnisse[27] hierfür bislang jedoch nicht eröffnet ist, bleiben die in § 1 Abs. 2 EEG formulierten Ausbauziele faktisch nichts mehr als politische Absichtserklärungen.

2. Der EEG-Fördermechanismus

Der Fördermechanismus des EEG basiert maßgeblich auf dem Modell einer festen Einspeisevergütung, welches dem Betreiber einer Anlage zur Stromerzeugung aus erneuerbaren Energien einen Anspruch auf Zahlung einer gesetzlich definierten Mindesteinspeisevergütung einräumt.[28] Anspruchsgegner ist jener Netzbetreiber, in dessen Netz der EE-Strom eingespeist wird. Neben dieser Pflicht zur Zahlung einer festen Einspeisevergütung treffen den Netzbetreiber die Pflichten zum vorrangigen Netzanschluss der EE-Anlage, zur vorrangigen Abnahme sowie zur vorrangigen Übertragung bzw. Verteilung der darin erzeugten Strommengen.

a) Anschluss-, Abnahme-, Übertragungs- und Verteilungspflicht

Das EEG sieht einen umfangreichen Rechte- und Pflichtenkanon im Verhältnis zwischen Anlagenbetreiber und Netzbetreiber vor. § 4 EEG stellt dabei klar, dass die Pflichten aufgrund des Charakters als gesetzliche Schuldverhältnisse nicht vom Abschluss eines Vertrages abhängig gemacht werden können.

Gemäß § 5 EEG sind die Netzbetreiber verpflichtet, Anlagen zur Erzeugung von Strom aus erneuerbaren Energien vorrangig und unverzüglich an ihr Netz anzuschließen. Diese Pflicht zum vorrangigen Netzanschluss ist Teil der Umweltdienstleistungspflichten der Netzbetreiber.[29] Gemäß § 5 Abs. 4 EEG besteht die Netzanschlusspflicht auch, wenn

---

[27] Vgl. §§ 1, 2 UmwRG, § 64 BNatSchG.
[28] Zu Entwicklungen im Bereich der technologieorientierten Projektförderung siehe den Beitrag von Fornahl/Umlauf in diesem Band.
[29] Altrock, in: Altrock/Oschmann/Theobald 2011, § 5 Rn. 11.

diese erst durch die Optimierung, die Verstärkung oder den Ausbau des Netzes realisiert werden kann.

§ 8 EEG verpflichtet die Netzbetreiber, den gesamten angebotenen Strom aus erneuerbaren Energien vorrangig abzunehmen, zu übertragen und zu verteilen. Der Gesamtabnahmepflicht des Netzbetreibers steht gemäß § 16 Abs. 3 EEG eine Gesamtandienungspflicht des Anlagenbetreibers gegenüber. Abweichungen von der Abnahme-, Übertragungs- und Verteilungspflicht des Netzbetreibers sind im Wege des vertraglichen Erzeugungsmanagements nach § 8 Abs. 3a EEG möglich, im Rahmen dessen Netz- und Anlagenbetreiber vertraglich abweichende Vereinbarungen bezüglich der Abnahme des EE-Stroms treffen können. In Fällen mangelnder Netzkapazität regelt Abschnitt 2 des EEG einen Anspruch des Anlagenbetreibers auf Netzerweiterung gemäß § 9 EEG, um die Abnahme, Übertragung und Verteilung des EE-Stroms sicherzustellen. Ergänzend sieht § 10 eine Pflicht zur Zahlung von Schadenersatz infolge einer Verletzung der Pflicht zur Netzerweiterung vor. Im Rahmen des in § 11 EEG geregelten Einspeisemanagements ist der Netzbetreiber zur Vermeidung von Netzengpässen ausnahmsweise berechtigt, an sein Netz angeschlossene EE-Anlagen abzuregeln.[30] Dabei muss jedoch zwingend der Vorrang von Strom aus erneuerbaren Energien gewahrt bleiben. Zugleich sind dem Anlagenbetreiber gemäß § 12 EEG entgangene Einspeisevergütungen zu entschädigen.

b) Feste Einspeisevergütung

Betreiber von Anlagen zur Stromerzeugung aus erneuerbaren Energien haben gemäß § 16 Abs. 1 S. 1 EEG gegenüber dem Netzbetreiber einen Anspruch auf Vergütung der von ihm abgenommenen Strommengen gemäß der in den §§ 17-33 EEG gesetzlich definierten Mindesteinspeisevergütungstarife. Diese sind derart ausgestaltet, dass sie einerseits einen wirtschaftlichen Betrieb der jeweiligen Anlage ermöglichen und andererseits unter Berücksichtigung der technologiespezifischen Investitions- und Stromerzeugungskosten ausreichende Investitionsanreize setzen. Die Höhe der Einspeisevergütungstarife kann darüber hinaus in Abhängigkeit

---

[30] Ausführlich zum Einspeisemanagement im EEG 2012 vgl. Schumacher 2012, S. 17 ff.

von Anlagenstandort bzw. Anlagenleistung variieren. Auch berücksichtigt das Einspeisevergütungsregime verschiedene Umweltauswirkungen der Stromerzeugung aus erneuerbaren Energien insofern, als beispielsweise Biomasse-Anlagen je nach ökologischer Wertigkeit der Einsatzstoffe eine unterschiedliche Vergütung erhalten, bestimmte umweltschutzmotivierte Anspruchsvoraussetzungen an die Nutzung der anfallenden Abwärme gestellt oder aber Boni für eine besonders klimaschonende Aufbereitung von Biogas zu Biomethan gezahlt werden.[31] Der Vergütungsanspruch wird gemäß § 21 Abs. 2 EEG für 20 Jahre gewährt, unterliegt gemäß § 20 EEG jedoch einer steten Degression, wonach die Vergütungssätze in Abhängigkeit der jeweiligen Technologie jährlich um 1-7 % abgesenkt werden, um mit der Zeit sinkende Investitionskosten auch im Vergütungsregime widerzuspiegeln.[32] Mit dem Vergütungsanspruch geht eine Andienungspflicht der Anlagenbetreiber einher, wonach sie den Netzbetreibern den gesamten in ihrer Anlage erzeugten Strom zur Verfügung stellen müssen.[33]

Dieses Einspeisevergütungsregime hat sich als besonders effektiv im Hinblick auf den quantitativen Ausbau der Stromerzeugung aus erneuerbaren Energien erwiesen, sieht sich jedoch zunehmend der berechtigten Kritik[34] ausgesetzt, dass es keine Anreize für eine bedarfsgerechte Stromerzeugung setzt. Hier soll das in der Folge darzustellende neue Marktprämienmodell als Korrektiv fungieren.

c) Marktprämien-geförderte Direktvermarktung

Mit dem EEG 2012 tritt die marktprämien-geförderte Direktvermarktung als zweite, alternative Säule neben die herkömmliche, vom realen Strombedarf losgelöste Einspeisevergütung für erneuerbare Energien. Zentraler Regelungszweck ist dabei die System- und Marktintegration erneuerbarer Energien.[35]

---

[31] Vgl. hierzu §§ 27 und 27c Abs. 3 EEG.
[32] Salje 2012, § 20, 20a Rn. 1.
[33] Vgl. § 16 Abs. 3 EEG; ausführlich zu den Vergütungsregeln für Biomasse-Strom vgl. Müller 2012, S. 23 ff.
[34] Vgl. Gawel/Purkus 2012, S. 587 f.; Wustlich/Müller 2011, S. 381.
[35] Vgl. BMU 2011, S. 8.

aa) Direktvermarktung

Gemäß § 33a EEG beschreibt der Begriff der Direktvermarktung die Veräußerung von Strom an Dritte aus Anlagen, die ausschließlich erneuerbare Energien oder Grubengas einsetzen.[36] Die Direktvermarktung vollzieht sich entweder an der Strombörse oder im außerbörslichen Handel, sog. Over-The-Counter-(OTC)-Geschäfte.[37] Entsprechend sind die Direktvermarktung wählenden Anlagenbetreiber von ihrer Gesamtandienungspflicht aus § 16 Abs. 3 EEG befreit und ihr Anspruch auf die gesetzliche Einspeisevergütung nach §§ 16 ff. EEG entfällt.[38]

Durch die Direktvermarktung soll der Anlagenbetreiber an den Strommarkt herangeführt werden und Erfahrungen sammeln, indem er kooperative und innovative Wechselbeziehungen mit anderen Akteuren auf dem Strommarkt eingeht.[39] Ermöglicht werden soll eine bessere Marktintegration erneuerbarer Energien. Aus wirtschaftlicher Sicht haben Anlagenbetreiber einen Anreiz, ihren Strom direkt zu vermarkten, wenn der Marktpreis für Strom über den Vergütungstarifen liegt.[40] Dies ist insbesondere in Spitzenlastzeiten der Fall. Entsprechend wird die Direktvermarktung als ein Instrument mit entscheidendem Potenzial für eine bedarfsorientierte Stromerzeugung bewertet.[41]

Zugleich soll aber einer befürchteten Fördereineffizienz des EEG vorgebeugt werden, die sich letztlich in höheren Strompreisen auswirken könnte.[42] So bestand das Risiko, dass Anlagenbetreiber ihren Strom in Zeiten hoher Strompreise selbst vermarkten, während dieser in Zeiten niedriger Strompreise unter Inanspruchnahme der gesetzlichen Einspeisevergütung über das EEG abgesetzt wurde.[43] Das EEG 2012 will dem entgegenwirken, indem es den Grundsatz einer optionalen Direktvermarktung verankert: Entsprechend der Voraussetzungen des § 33d EEG

---

[36] Vgl. hierzu im Folgenden auch Schlacke/Kröger 2012, S. 920 f.
[37] Altrock/Oschmann, in: Altrock/Oschmann/Theobald 2011, § 17 Rn. 13.
[38] Vgl. § 33e EEG.
[39] BMU 2007, S. 143.
[40] Sellmann, in: Reshöft 2009, § 17 Rn. 2 f.
[41] Vgl. Wustlich/Müller 2011, S. 381; kritisch hierzu Lüdemann/Ortmann 2012, S. 332 f.
[42] BT-Drs. 16/8148, S. 49; BMU 2007, S. 143 f.
[43] BT-Drs. 16/8148, S. 49; Altrock/Oschmann, in: Altrock/Oschmann/Theobald 2011, § 17 Rn. 2.

können Anlagenbetreiber jeweils zum ersten Kalendertag eines Monats zwischen der Direktvermarktung und dem Vergütungsmodell nach § 16 EEG wechseln.

bb) Marktprämie

Zentrales Instrument zur Förderung der Direktvermarktung soll die vom Fraunhofer-Institut für System- und Innovationsforschung konzipierte und vom EEG-Erfahrungsbericht empfohlene[44] Marktprämie sein. Sie berechnet sich auf Grundlage der Differenz zwischen Marktpreis und gesetzlicher, anlagenspezifischer Einspeisevergütung. Die erhoffte Lenkungswirkung soll dafür sorgen, dass Anlagenbetreiber in Phasen hoher Stromnachfrage viel Strom aus erneuerbaren Energien produzieren und in Phasen niedriger Stromnachfrage ihre Anlagenleistung drosseln.[45] Die Marktprämie wird gemäß § 33g EEG von den Netzbetreibern an die direkt vermarktenden Anlagenbetreiber gezahlt und fließt in den bundesweiten Ausgleichsmechanismus ein. Auf diese Weise erhöht die Marktprämie die faktisch von den Stromverbrauchern zu tragende EEG-Umlage.[46]

Weitere Bestandteile des Marktprämienmodells sind die Flexibilitäts- sowie die Managementprämie:[47] Während die Flexibilitätsprämie gemäß § 33i EEG Biogasanlagenbetreibern zwecks Bereitstellung zusätzlicher installierter Leistung für eine flexiblere und somit bedarfsgerechtere Stromerzeugung gewährt wird, soll die Managementprämie die mit dem Wechsel in die Direktvermarktung einhergehenden Kosten (insbesondere für die Börsenzulassung, die Handelsanbindung, die IT-Infrastruktur sowie die Erstellung von Einspeiseprognosen) abdecken.[48] Ein halbes Jahr nach Einführung des Marktprämienmodells ist zu beobachten, dass dieses

---

[44] BMU 2011, S. 10 ff.

[45] Wustlich/Müller 2011, S. 381; kritisch hierzu Gawel/Purkus, S. 591 ff.; Lüdemann/Ortmann 2012, S. 332 f.

[46] Die Gesetzesbegründung geht von einer „leichten" Erhöhung der EEG-Umlage von maximal 0,3 Cent pro Kilowattstunde sowie mittelfristig geringfügig steigenden Strombezugskosten aus, vgl. BT-Drs. 17/6071, S. 2 f.

[47] Vgl. zur marktprämien-geförderten Direktvermarktung auch die Kommentierung bei Salje 2012 zu §§ 33a -33i EEG.

[48] Vgl. Nr. 1.1 der Anlage 4 zum EEG.

unerwartet gut von den Marktakteuren angenommen wurde. Im Juli 2012 befanden sich bereits 24.000 MW installierter Leistung im Modell der marktprämien-geförderten Direktvermarktung, wobei die Windenenergie mit rund 90 % den größten Anteil ausmacht.[49] Dennoch steht auch das Marktprämienmodell zunehmend in der Kritik, die sich insbesondere auf die unzureichende Lenkungsfunktion sowie auf in der Managementprämie angelegte Mitnahmeeffekte konzentriert.[50] Vor diesem Hintergrund wurde die Managementprämienverordnung (MaPrV)[51] beschlossen, wonach die Managementprämie deutlich abgesenkt und deren Erhalt unter die Bedingung zusätzlicher Anforderungen an die Fernsteuerbarkeit der geförderten EE-Anlagen gestellt wird.

d) Bundesweiter Ausgleichsmechanismus

Die Kosten, die den Netzbetreibern infolge der Zahlung der gesetzlichen Einspeisevergütung sowie der Marktprämie an die Anlagenbetreiber entstehen, werden unter Anwendung eines bundesweiten Ausgleichsmechanismus gleichmäßig auf alle Elektrizitätsversorgungsunternehmen, die Letztverbraucher versorgen, verteilt.[52] § 34 EEG verpflichtet die Netzbetreiber, den vergüteten Strom an den vorgelagerten Übertragungsnetzbetreiber weiterzugeben. Diese sind wiederum zur Vergütung der Netzbetreiber für die nach § 16 EEG einspeisevergüteten Strommengen sowie für die nach § 33g EEG gezahlte Marktprämie verpflichtet. Die Übertragungsnetzbetreiber speichern die vergüteten Strommengen und geleisteten Zahlungen und gleichen diese gemäß § 36 EEG untereinander aus. Vor Inkrafttreten der Ausgleichsmechanismusverordnung (Ausgl MechV)[53] mussten die Strommengen gleichmäßig an die Elektrizitätsversorgungsunternehmen real verteilt werden. Nunmehr sind die Übertragungsnetzbetreiber gemäß § 37 Abs. 1 EEG verpflichtet, den Strom diskriminierungsfrei und transparent am Spotmarkt der Strombörse zu

---

[49] Für eine erste empirische Analyse des Marktprämienmodells vgl. Gawel/Purkus 2012, S. 591; Lüdemann/Ortmann 2012, S. 325 ff.

[50] Gawel/Purkus 2012, S. 592 ff.; Lüdemann/Ortmann 2012, S. 332 f.

[51] Beschluss v. 29.8.2012; vgl. hierzu auch Fraunhofer ISI et al. 2012.

[52] Cosack, in: Frenz/Müggenborg 2011, Einführung §§ 34-39 Rn. 2.

[53] Ausgleichsmechanismusverordnung v. 17.7.2009, (BGBl. I S. 2101), geändert durch Artikel 2 des Gesetzes vom 17.8.2012 (BGBl. I S. 1754).

vermarkten und können von den Elektrizitätsversorgungsunternehmen, die Strom an Letztverbraucher liefern, gemäß § 37 Abs. 2 EEG die Zahlung der EEG-Umlage verlangen. Diese stellt sich als die Differenz zwischen den erzielten Einnahmen infolge der Vermarktung der Strommengen und den Ausgaben infolge der EEG-Förderung dar. Dabei sollen Elektrizitätsversorgungsunternehmen für jede von ihnen an Letztverbraucher gelieferte Kilowattstunde dieselben Kosten tragen. Im Ergebnis werden so alle Elektrizitätsversorgungsunternehmen zu gleichen Anteilen in die Finanzierung der durch die EEG-Umlage verursachten Mehrkosten eingebunden.

Den Elektrizitätsversorgungsunternehmen steht es frei, die Kosten der EEG-Umlage auf die Letztverbraucher umzulegen, da das EEG keine Aussagen über diese sog. „5. Stufe" des bundesweiten Belastungsausgleichs trifft, m.a.W. keine Pflicht zur Überwälzung der EEG-Umlage auf den Verbraucher festschreibt. In der Regel aber werden die Letztverbraucher mit der EEG-Umlage belastet, wodurch sich ihre Stromkosten erhöhen.[54] Die EEG-Umlage wurde von den Übertragungsnetzbetreibern für das Jahr 2012 auf 3,592 ct/kWh und für das Jahr 2013 auf 5,277 ct/kWh festgesetzt.[55] Gesamtwirtschaftlich wurden die EEG-Differenzkosten für das Jahr 2010 auf 8,1 Mrd. Euro bemessen.[56]

e) Besondere Ausgleichsregelung für stromintensive Unternehmen

Abweichend von diesem bundesweiten Ausgleichsmechanismus sieht die besondere Ausgleichsregelung für stromintensive Unternehmen eine Begrenzung der EEG-Umlage für bestimmte stromintensive Unternehmen vor.[57] Nach § 40 Satz 1 EEG begrenzt das Bundesamt für Wirtschaft und Ausfuhrkontrolle auf Antrag für eine Abnahmestelle die EEG-Umlage, die von Elektrizitätsversorgungsunternehmen an Letztverbraucher, die stromintensive Unternehmen des produzierenden Gewerbes mit hohem Stromverbrauch sind, weitergegeben wird. Dieser gebundene Begren-

---

[54] Vgl. zur Entwicklung der EEG-Umlage auch den Beitrag von Möst/Müller/Schubert in diesem Band.
[55] Vgl. http://www.eeg-kwk.net/de/EEG-Umlage.htm (16.4.2013).
[56] Fraunhofer ISI et al. 2011.
[57] Vgl. ausführlich zur besonderen Ausgleichsregelung Kachel 2012, S. 32 ff.

zungsanspruch tangiert unmittelbar das Recht der Elektrizitätsversorgungsunternehmen, die EEG-Umlage an die Letztverbraucher weiterzugeben.[58] Gemäß § 40 Satz 2 EEG erfolgt die Begrenzung, „um die Stromkosten dieser Unternehmen zu senken und so ihre internationale (…) Wettbewerbsfähigkeit zu erhalten, soweit hierdurch die Ziele des Gesetzes nicht gefährdet werden und die Begrenzung mit den Interessen der Gesamtheit der Stromverbraucherinnen und Stromverbraucher vereinbar ist." Liegen die in § 41 EEG aufgelisteten Voraussetzungen an Mindeststromverbrauch und das Verhältnis von Stromkosten zur Bruttowertschöpfung vor, erfolgt eine Begrenzung der EEG-Umlage gemäß § 43 Abs. 3 EEG. Die weitreichendste Privilegierung erfahren Unternehmen mit einem Stromverbrauch von über 100 GWh und einem Verhältnis der Stromkosten zur Bruttowertschöpfung von 14 %; sie zahlen für den Stromanteil über 100 GWh eine begrenzte EEG-Umlage von nur 0,05 ct/kWh. Insgesamt bewirkte diese besondere Ausgleichsregelung im Jahr 2012 eine Umverteilungswirkung von ca. 2,5 Mrd. Euro zugunsten von 730 Unternehmen.[59]

3. Netzausbau

Eine erfolgreiche System- und Marktintegration erneuerbarer Energien setzt zwingend Maßnahmen auf der Ebene der Netzinfrastruktur voraus. Insbesondere erfordert der zunehmende Ausbau der Windenergienutzung massive Leitungsausbaumaßnahmen, um Engpässe auf der Übertragungsnetzebene zu vermeiden.[60] Um die Planungs- und Genehmigungsverfahren für Energieleitungen zu vereinfachen und zu beschleunigen hat das Energieleitungsausbaugesetz (EnLAG)[61] zunächst die Planung von Vorhaben im Bereich der Höchstspannungsnetze dadurch vereinfacht, dass für 24 grundsätzlich nach § 43 Nr. 1 EnWG dem Erfordernis einer Planfeststellung unterliegenden Höchstspannungsleitungen, für die eine energiewirtschaftliche Notwendigkeit im Sinne von § 1 Abs. 1 EnLAG

---

[58] Große/Kachel, in: Altrock/Oschmann/Theobald 2011, § 40 Rn. 2.
[59] BMU 2012b, S. 7.
[60] Monopolkommission 2011, Rn. 46; die Dena-Netzstudie II beziffert den Netzausbaubedarf auf 3.600 km.
[61] Energieleitungsausbaugesetz vom 21.8.2009 (BGBl. I S. 2870), das durch Artikel 5 des Gesetzes vom 7.3.2011 (BGBl. I S. 338) geändert worden ist.

besteht, im Anhang des EnLAG ein Bedarfsplan enthalten ist, der eine ausreichende und nicht anfechtbare Planrechtfertigung bewirkt.[62] Im Zuge der 2011 beschlossenen Energiewende wurde das Planungs- und Genehmigungsverfahren für die Errichtung von länderübergreifenden und grenzüberschreitenden Höchstspannungsleitungen unter dem Dogma der Beschleunigung grundlegend durch Änderungen hinsichtlich der Bundesbedarfsplanung im EnWG sowie dem Erlass des NABEG und der darin vorgesehenen neuen Bundesfachplanung reformiert.

4. Stromspeicherung

Die zunehmende Bedeutung von Stromspeichertechnologien für die Systemintegration erneuerbarer Energien spiegelt sich mittlerweile auch ansatzweise in den Regelungen des EEG sowie des EnWG wider. § 3 Nr. 1 S. 2 EEG stellt „Einrichtungen, die zwischengespeicherte Energie, die ausschließlich aus Erneuerbaren Energien (…) stammt, aufnehmen und in elektrische Energie umwandeln" Anlagen zur Erzeugung von Strom aus erneuerbaren Energien gleich. Entsprechend stellt § 16 Abs. 2 Satz 1 EEG klar, dass die Vergütungspflicht auch dann besteht, wenn der Strom vor der Einspeisung ins Netz zwischengespeichert wurde.[63] Das EEG gewährt damit auch den Betreibern von Anlagen zur Stromspeicherung einen Anspruch auf Abnahme, Übertragung, Verteilung und insbesondere Vergütung gegenüber dem Netzbetreiber.[64] Im Wege einer gesetzlichen Fiktion wird somit der Rückverstromungsprozess dem ursprünglichen Erzeugungsvorgang im Regelungsgefüge des EEG gleichgestellt.[65] In Bezug auf den Netzanschluss von Anlagen zur Speicherung von elektrischer Energie gewährt § 17 Abs. 1 EnWG ihren Betreibern nunmehr ausdrücklich einen Anspruch auf angemessenen, diskriminierungsfreien und transparenten Anschluss ans Netz.

---

[62] Vgl. hierzu ausführlich Schirmer 2010, S. 1350 ff.
[63] Ausführlich zur Zwischenspeicherung von Elektrizität im EEG vgl. Sailer 2011, S. 250 ff.
[64] Vgl. hierzu auch Wieser 2011, S. 242.
[65] Ekardt, in: Frenz/Müggenborg 2011, § 3 Rn. 9.

IV. Die rechtliche Regulierung von EE-Wärme

Im Wärmebereich soll das EEWärmeG gemäß § 1 Abs. 2 EEWärmeG „dazu beizutragen, den Anteil Erneuerbarer Energien am Endenergieverbrauch für Wärme und Kälte bis zum Jahr 2020 auf 14 Prozent zu erhöhen." Zweck des Gesetzes ist gemäß § 1 Abs. 1 EEWärmeG die Ermöglichung einer nachhaltigen Entwicklung der Energieversorgung sowie die Weiterentwicklung von Technologien zur Erzeugung von Wärme aus erneuerbaren Energien „insbesondere im Interesse des Klimaschutzes, der Schonung fossiler Ressourcen und der Minderung der Abhängigkeit von Energieimporten". Das EEWärmeG stellt als Teil des integrierten Klima- und Energiepakets der Bundesregierung ein zentrales Regelungswerk der deutschen Klimaschutzpolitik dar. Das Treibhausgasemissionseinsparpotenzial durch die Nutzung von erneuerbaren Energien für die Wärmeversorgung ist beachtlich, jedoch noch lange nicht ausgeschöpft: 2011 konnte durch die Nutzung erneuerbarer Energien in der Wärmebereitstellung die Emission von 39,1 Mio. t Treibhausgasen vermieden werden.[66] Kernelemente der Regelungssystematik des EEWärmeG sind zum einen die Nutzungspflicht in § 3 EEWärmeG (1. Säule) und zum anderen ein finanzielles Förderprogramm mit einem Umfang von bis zu 500 Mio. Euro gemäß §§ 13 ff. EEWärmeG (sog. „Marktanreizprogramm", 2. Säule). Schließlich enthält das EEWärmeG Regelungen zum Ausbau der Wärmenetzinfrastruktur (3. Säule).

1. Nutzungspflicht in Neubauten

§ 3 Abs. 1 EEWärmeG begründet die ordnungsrechtliche Pflicht des Eigentümers, den Wärmeenergiebedarf von Neubauten anteilig durch die Nutzung erneuerbarer Energien zu decken.[67] Diese anteilige Nutzungspflicht wird in § 5 EEWärmeG in Abhängigkeit vom Energieträger zahlenmäßig konkretisiert. Bei der Nutzung gasförmiger Biomasse i.S.v. § 2 Abs. 1 Nr. 4 EEWärmeG beispielsweise ist die Nutzungspflicht gemäß § 5 Abs. 2 EEWärmeG erfüllt, wenn der Wärmeenergiebedarf hieraus zu mindestens 30 % gedeckt wird. Bei der Nutzung fester oder flüssiger

---

[66] BMU 2012a, S. 29.

[67] Zum Anwendungsbereich der Nutzungspflicht nach § 3 Abs. 1 EEWärmeG vgl. Ekardt/Heitmann 2009, S. 348.

Biomasse muss der Wärmeenergiebedarf mindestens zu 50 % hieraus gedeckt werden (§ 5 Abs. 3 EEWärmeG). Trotz bestehender Nutzungskonflikte[68] ist (gasförmige, flüssige und feste) Biomasse der zur Erzeugung von Raumwärme und Warmwasser überwiegend genutzte erneuerbare Energieträger.[69] Der Einsatz von Biogas wird auch durch die Regelung zur Gasäquivalentnutzung in Nr. II.1 lit. c) der Anlage zum EEWärmeG dadurch gefördert, dass aus dem Erdgasnetz entnommenes Gasgemisch als Biomethan gilt, wenn die entnommene Menge im Wärmeäquivalent der an anderer Stelle ins Erdgasnetz eingespeisten Menge an Biogas entspricht. In Umsetzung der Bioenergiestrategie der Bundesregierung erklärt Nummer II.1 lit. a) der Anlage zum EEWärmeG die Nutzungspflicht nach § 3 Abs. 1 EEWärmeG jedoch nur dann als erfüllt, wenn die Nutzung von gasförmiger Biomasse in einer KWK-Anlage erfolgt. Aus Nummer VI.1 der Anlage zum EEWärmeG ergibt sich die zusätzliche Anforderung der Hocheffizienz der KWK-Anlage im Sinne der Richtlinie 2004/8/EG.[70]

Die Nutzungspflicht gilt gemäß § 7 EEWärmeG auch als erfüllt, wenn der Eigentümer als Ersatzmaßnahme seinen Wärmeenergiebedarf zu 50 % aus Abwärme oder KWK-Anlagen deckt. Gleiches gilt für Maßnahmen der Energieeinsparung oder der Nutzung von Nah- und Fernwärme durch Anschluss an ein entsprechendes Netz.

Die Regelungssystematik des EEWärmeG ist im Kontext der nach dem EEWärmeG in Kraft getretenen EE-Richtlinie zu verstehen, welche insbesondere auch Vorgaben bezüglich der Nutzung von erneuerbaren Energien im Wärmebereich enthält: Die Zielvorgabe in Art. 3 Abs. 1 EE-Richtlinie, bis 2020 mindestens 20 % des Bruttoendenergieverbrauchs durch erneuerbare Energien zu decken, umfasst auch den Wärmebereich und ist damit Ausdruck des integrativen, umfassenden Ansatzes[71] der EE-Richtlinie.

---

[68] WBGU 2008, S. 61 ff.; SRU 2007, S. 2 ff. (auch zu ökologischen Binnenkonflikten); Wustlich 2008, S. 114; Ekardt/Heitmann 2011, S. 150 ff.; Ekardt/Schmeichel/Heering 2009, S. 222 ff.; Ekardt/Heitmann 2009, S. 349 ff.

[69] BMU 2012a, S. 17.

[70] Ekardt/Heitmann 2009, S. 351.

[71] Müller, in: Müller/Oschmann/Wustlich 2010, Einleitung Rn. 141; Cremer 2009, S. 123.

2. Marktanreizprogramm im Gebäudebestand, Ausbau der Wärmenetze und Vorbildfunktion öffentlicher Gebäude

Im Bereich des Gebäudebestands setzt das EEWärmeG allein auf eine indirekte Verhaltenssteuerung mittels finanzieller Anreize.[72] Hierzu sahen die §§ 13 ff. EEWärmeG ein Förderprogramm von 500 Mio. Euro jährlich für die Jahre 2009 bis 2012 vor, mit dem insbesondere die Errichtung oder Erweiterung von solarthermischen Anlagen, Anlagen zur Nutzung von Biomasse, geothermischen Anlagen sowie Nahwärmenetzen und Speichern gefördert werden konnte.

Darüber hinaus beinhaltet das EEWärmeG eine als fragmentarisch zu bezeichnende Regulierung des Ausbaus der Wärmenetzinfrastruktur. In diesem Zusammenhang ist insbesondere § 16 EEWärmeG zu nennen, der einen kommunalen Anschluss- und Benutzungszwang zum Zwecke des Klima- und Umweltschutzes gestattet.[73]

Schließlich schreibt § 1a EEWärmeG öffentlichen Gebäuden nunmehr eine Vorbildfunktion im Wärmebereich zu.[74]

V. Die rechtliche Regulierung von EE-Kraftstoffen

Der Kraftstoffbereich weist gegenüber den Bereichen der Strom- und Wärmeversorgung deutliche Unterschiede hinsichtlich der Struktur, den Marktakteuren, Vertriebsstrukturen und einsetzbaren Energieträgern auf.[75] Insbesondere ist die Versorgung mit Kraftstoffen nicht leitungsgebunden. Einzig einsetzbarer erneuerbarer Energieträger ist Biomasse in Form von Biokraftstoffen. Art. 3 Abs. 4 der EE-Richtlinie formuliert das europaweit einheitliche Mindestziel eines Anteils von 10 % erneuerbarer Energien bei allen Verkehrsträgern. Zentrales Förderinstrument auf nationaler Ebene sind die auf das BioKraftQuG zurückzuführenden §§

---

[72] Die Einführung einer Nutzungspflicht für Altbauten ist gemäß § 3 Abs. 4 Nr. 2 EEWärmeG Ländersache.

[73] Vgl. hierzu Wustlich 2008, S. 119 f.

[74] Hierzu ausführlicher Mechel 2011, S. 189.

[75] Erbguth/Schlacke 2012, § 16 Rn. 51. Zu der geschichtlichen Entwicklung der Fragmentierung des Energiemarktes in Deutschland vgl. auch den Beitrag von Hellige in diesem Band.

37a ff. Bundesimmissionsschutzgesetz (BImSchG)[76]. Diese sehen eine Biokraftstoffzwangsquote vor, die sich aus einer Einzelquote für Otto- und Dieselkraftstoffe sowie aus einer jährlich steigenden Gesamtquote zusammensetzt.[77] Die Biokraftstoffquote verpflichtet die anbietenden Mineralölunternehmen, einen Mindestanteil von Biokraftstoffen in den Verkehr zu bringen. Im Hinblick auf die Gewährleistung einer günstigen Klimabilanz sieht § 7 der 36. BImSchV[78] im Rahmen der Berechnung der Biokraftstoffquote eine doppelte Gewichtung solcher Biokraftstoffe vor, die u.a. aus Abfällen und Reststoffen hergestellt wurden. Die Biokraftstoff-Nachhaltigkeitsverordnung (Biokraft-NachV)[79] aus dem Jahr 2009 setzt die Nachhaltigkeitsvorgaben der Art. 17-19 EE-Richtlinie um und soll eine nachhaltige Erzeugung von Biokraftstoffen sicherstellen.[80] Flankierend fördert das Energiesteuergesetz (EnergieStG)[81] den Einsatz von Biokraftstoffen, die nicht unter die Quote fallen, durch eine steuerliche Privilegierung.[82]

VI. Fazit und Ausblick

Das Recht der erneuerbaren Energien stellt sich somit als ein hoch komplexes Rechtsgebiet dar, das in den drei zentralen Regelungsbereichen Strom, Wärme und Kraftstoffe auf jeweils unterschiedliche Ausgangsbe-

---

[76] Bundes-Immissionsschutzgesetz in der Fassung der Bekanntmachung vom 26.9.2002 (BGBl. I S.3830), das zuletzt durch Artikel 1 des Gesetzes vom 8.4.2013 (BGBl. I S. 734) geändert worden ist.

[77] Vgl. hierzu ausführlich Jarass 2007, S. 518 ff.; Oschmann/Sösemann 2007, S. 1 ff., 4 ff.

[78] 36. Verordnung zur Durchführung des Bundes-Immissionsschutzgesetzes (Verordnung zur Durchführung der Regelungen der Biokraftstoffquote) vom 29.1.2007 (BGBl. I S. 60), die zuletzt durch Artikel 1 der Verordnung vom 26.11.2012 (BGBl. I S. 2363) geändert worden ist.

[79] Biokraftstoff-Nachhaltigkeitsverordnung vom 30.9.2009 (BGBl. I S. 3182), die zuletzt durch Artikel 2 der Verordnung vom 26.11.2012 (BGBl. I S. 2363) geändert worden ist.

[80] Müller 2011, S. 405 ff.

[81] Energiesteuergesetz vom 15.7.2006 (BGBl. I S. 1534; 2008 I S. 660, 1007), das zuletzt durch Artikel 1 des Gesetzes vom 5.12.2012 (BGBl. I S. 2436, 2725; 2013 I 488)) geändert worden ist.

[82] § 50 EnergieStG; Oschmann/Sösemann 2007, S. 4.

dingungen und Marktstrukturen trifft. Entsprechend unterschiedlich sind auch die Regelungsansätze von EEG, EEWärmeG und BioKraftQuG. Gemein ist mithin ihr übergreifendes Ziel, den Übergang in eine klima- und ressourcenschonende Energieversorgung zu gestalten. Dabei gilt es festzuhalten, dass alle Gesetze richtige und wichtige Ansätze verfolgen, ihre Anreiz- und Steuerungswirkung jedoch nicht immer ausreichend ist. Beispielsweise muss der ausschließlich auf indirekte Verhaltenssteuerung mittels finanzieller Anreize setzende Förderansatz im Altgebäudebestand als unzureichende Umsetzung des erheblichen Treibhausgaseinsparpotenzials im Wärmebereich gewertet werden.[83]

Die Novellierung des EEG, flankiert durch die Neuregelungen zum Energieleitungsausbau, soll der neuen Rolle der erneuerbaren Energien als Ersatz für die Atomenergie und künftiges Rückgrat der Energieversorgung in Deutschland gerecht werden. Das neue Marktprämienmodell ist ein Beispiel für den Versuch, erneuerbare Energien zunehmend in das System der Energieversorgung und Marktmechanismen zu integrieren. Wenngleich eine abschließende Bewertung dieses Förderansatzes verfrüht erscheint, belegen Erfahrungen in der ersten Jahreshälfte nach Einführung des Marktprämienmodells, dass sich die gewünschte Steuerungswirkung hin zu einer bedarfsgerechten Stromerzeugung nur unzulänglich realisiert.[84] Zudem konzentriert sich die aktuelle Diskussion auf die damit verbundenen Mehrkosten für die Stromverbraucher.[85] Auch wenn beobachtete Mitnahmeeffekte mit der neuen Managementprämienverordnung nunmehr korrigiert werden, stellt auch das Marktprämienmodell eine Herausforderung für die gesellschaftliche Akzeptanz der Energiewende dar.

Zunehmend werden die mit der Energiewende einhergehenden Mehrkosten für die Stromverbraucher dem ehrgeizigen Projekt entgegen gehalten, während sich auf der Seite der Anlagenbetreiber ständige Gesetzesänderungen, wie beispielsweise die Kürzungen der Förderung für Solarenergie, negativ auf die Investitions- und Rechtssicherheit auswirken. Auch die besondere Ausgleichsregelung für stromintensive Unternehmen mit ihrer Umverteilungswirkung stellt die gesellschaftliche Akzeptanz für den bestehenden EEG-Fördermechanismus auf eine Be-

---

[83] Vgl. hierzu auch Koch 2011, S. 644 f.
[84] Gawel/Purkus 2012, S. 592 f.
[85] Vgl. hierzu auch Gawel/Korte 2012, S. 457 f.

währungsprobe. Dem Eindruck, dass die Energiewende in finanzieller Hinsicht einer sozial ungerechten Umverteilung von unten nach oben gleichkommt, muss auch das Recht der erneuerbaren Energien entgegenwirken, um den Erfolg der Energiewende nicht zu gefährden. Unerlässlich ist jedoch dabei eine sachliche und verantwortungsvolle Kommunikation dieses rechtlichen Rahmens im politisch-gesellschaftlichen Dialog.

Literatur

Altrock, M./Oschmann, V./Theobald, C. (2011): Erneuerbare-Energien-Gesetz, Kommentar, 3. Aufl., München.

BMU (2012a): Erneuerbare Energien in Zahlen 2012, Berlin.

BMU (2012b), Informationen zur Anwendung von §§ 40 ff. EEG (Besondere Ausgleichsregelung) für das Jahr 2012, Berlin.

BMU (2011): EEG-Erfahrungsbericht 2011 (Entwurf), Berlin.

BMU (2007): EEG-Erfahrungsbericht 2007, Berlin.

Cremer, W. (2009): Die Neuordnung des Sekundärrechts zur Förderung Erneuerbarer Energien: Entwicklungen in Europa und Konsequenzen für das Recht der Mitgliedstaaten, in: Schulze-Fielitz, H./Müller T. (Hg.), Europäisches Klimaschutzrecht, Baden-Baden, S. 121 ff.

Ekardt F./Heitmann, C. (2010): Die Förderung von Biomasse-Wärme und die Auflösung der Biomasse-Ambivalenzen, in: Schulze-Fielitz H./Müller, T. (Hg.), Klimaschutz durch Bioenergie, Baden-Baden, S. 139 ff.

Ekardt F./Heitmann, C. (2009): Probleme des EEWärmeG bei Neubauten, Zeitschrift für neues Energierecht, S. 346 ff.

Ekardt F./Schmeichel, A./Heering, M. (2009): Europäische und nationale Regulierung der Bioenergie und ihrer ökologisch-sozialen Ambivalenzen, Natur und Recht, S. 222 ff.

Erbguth, W./Schlacke S. (2012): Umweltrecht, 4. Aufl., Baden-Baden.

Fraunhofer ISI et al. (2012): Anpassungsbedarf bei den Parametern des gleitenden Marktprämienmodells im Hinblick auf aktuelle energiewirtschaftliche Entwicklungen, Kurzgutachten, abrufbar unter http://www.erneuer bare-energien.de/fileadmin/ee-import/files/pdfs/allgemein/application/ pdf/kurzgutachten_markt praemienmodell.pdf (20.3.2013).

Fraunhofer ISI et al. (2011): Einzel- und gesamtwirtschaftliche Analyse von Kosten- und Nutzenwirkungen des Ausbaus Erneuerbarer Energien im deutschen Strom- und Wärmemarkt, Update der quantifizierten Kosten-

und Nutzenwirkungen für 2010, abrufbar unter http://www.erneuerbareenergien.de/fileadmin/ee-import/files/pdfs/allgemein/application/pdf/knee_update_2011_bf. pdf (16.4.2013).

Frenz, W./Müggenborg, H.-J. (2011): Erneuerbare-Energien-Gesetz Kommentar, 2. Aufl., Berlin.

Gärditz, K. (2008): Schwerpunktbereich – Einführung in das Klimaschutzrecht, Juristische Schulung, S. 324 ff.

Gawel, E./Purkus, A. (2012): Markt- und Systemintegration erneuerbarer Energien: Probleme der Marktprämie nach EEG 2012, Zeitschrift für Umweltrecht, S. 587 ff.

Gawel, E./Korte, K. (2012): Verteilungswirkungen des EEG: Ist die Energiewende ungerecht organisiert?, Zeitschrift für Umweltrecht, S. 457 f.

Jarass, H. (2007): Die neuen Regelungen zur Biokraftstoffquote, Zeitschrift für Umweltrecht, S. 518 ff.

Kachel, M. (2012): Die besondere Ausgleichsregelung im EEG als Instrument zur Entlastung der stromintensiven Industrie, Zeitschrift für Umweltrecht, S. 32 ff.

Kloepfer, M. (2011): Umweltschutzrecht, 2. Aufl., München.

Koch, H.-J. (2011): Klimaschutzrecht – Ziele, Instrumente und Strukturen eines neuen Rechtsgebiets, Neue Zeitschrift für Verwaltungsrecht, S. 641 ff.

Lehnert, W. (2012): Markt- und Systemintegration der Erneuerbaren Energien: Eine rechtliche Analyse der Regeln zu Direktvermarktung im EEG 2012, Zeitschrift für Umweltrecht, S. 4 ff.

Lüdemann, V./Ortmann, M. (2012): Hält die Marktprämie, was sie verspricht? Eine Analyse anhand aktueller Zahlen, Zeitschrift für neues Energierecht, S. 325 ff.

Mechel, F. (2011): Immobilien und Klimaschutz – Wärmeschutz und Erneuerbare Energien, Zeitschrift für Umweltrecht, S. 184 ff.

Monopolkommission (2011): Energie 2011: Wettbewerbsentwicklungen mit Licht und Schatten, Sondergutachten 59.

Müller, D. (2012): Mehr Effizienz, weniger Boni – die Förderung von Strom aus Biomasse nach dem EEG 2012, Zeitschrift für Umweltrecht, S. 22 ff.

Müller, D. (2011): Die Umsetzung der europäischen Nachhaltigkeitsstandards für die Nutzung von Bioenergie in Deutschland, Zeitschrift für Umweltrecht, S. 405 ff.

Müller, T./Oschmann, V./Wustlich, G. (2010): Erneuerbare-Energien-Wärmegesetz, Kommentar, München.

Oschmann, V./Sösemann, F. (2007): Erneuerbare Energien im deutschen und europäischen Recht – Ein Überblick, Zeitschrift für Umweltrecht, S. 1 ff.

Reshöft, J. (2009): Erneuerbare-Energien-Gesetz, Handkommentar, 3. Aufl., Baden-Baden.

Sachverständigenrat für Umweltfragen (2007): Klimaschutz durch Biomasse, Berlin.

Sailer, F. (2011): Die Speicherung von Elektrizität im Erneuerbare-Energien-Gesetz, Zeitschrift für neues Energierecht, S. 249 ff.

Salje, P. (2012): EEG 2012, Gesetz für den Vorrang Erneuerbarer Energien, Kommentar, 6. Aufl., Köln.

Schirmer, B. (2010): Das Gesetz zur Beschleunigung des Ausbaus der Höchstspannungsnetze, Deutsches Verwaltungsblatt, S. 1349 ff.

Schlacke, S. (2010): Klimaschutzrecht – ein Rechtsgebiet? Begriffliches, Systematik und Perspektiven, Die Verwaltung, Beiheft 11: Umwelt- und Planungsrecht im Wandel, S. 121 ff.

Schlacke, S./Kröger, J. (2012): Eine verfassungsrechtliche Bewertung der Kennzeichnung von marktprämien-gefördertem Strom als Grünstrom, Neue Zeitschrift für Verwaltungsrecht, S. 919 ff.

Scholtka B./Helmes, S. (2011): Energiewende 2011 – Schwerpunkte der Neuregelungen im Energiewirtschafts- und Energieumweltrecht, Neue Juristische Wochenschrift, S. 3185 ff.

Schumacher, H. (2012): Die Neuregelungen zum Einspeise- und Engpassmanagement, Zeitschrift für Umweltrecht, S. 17 ff.

Sellner, D./Fellenberg, F. (2011): Atomausstieg und Energiewende 2011 – das Gesetzespaket im Überblick, Neue Zeitschrift für Verwaltungsrecht, S. 1025 ff.

Wieser, M. (2011): Energiespeicher als zentrale Elemente eines intelligenten Energieversorgungsnetzes – Rechtliche Einordnung, Zeitschrift für Umweltrecht, S. 240 ff.

Wissenschaftlicher Beirat der Bundesregierung Globale Umweltveränderungen (2012): Finanzierung der globalen Energiewende, Politikpapier 7, Berlin.

Wissenschaftlicher Beirat der Bundesregierung Globale Umweltveränderungen (2011): Welt im Wandel – Gesellschaftsvertrag für eine Große Transformation, Berlin.

Wissenschaftlicher Beirat der Bundesregierung Globale Umweltveränderungen (2008): Zukunftsfähige Bioenergie und nachhaltige Landnutzung, Berlin.

Wustlich, G. (2008): „Erneuerbare Wärme" im Klimaschutzrecht, Zeitschrift für Umweltrecht, S. 113 ff.

Wustlich, G./Müller, D. (2011): Die Direktvermarktung von Strom aus erneuerbaren Energien im EEG 2012 – Eine systematische Einführung in die Marktprämie und die weiteren Neuregelungen zur Marktintegration, Zeitschrift für neues Energierecht, S. 380 ff.

Vulnerabilität und Resilienz von Energiesystemen

*Stefan Gößling-Reisemann, Sönke Stührmann,
Jakob Wachsmuth und Arnim von Gleich*

Die Versorgungssicherheit und die von Energieversorgungssystemen ausgehenden gesellschaftlichen und technologischen Risiken geraten in den letzten Jahren vermehrt in den Blick. Eine umfassende Bewertung der mit der Energiewende verbundenen Risiken stößt jedoch immer auf Wissensprobleme hinsichtlich der unsicheren Entwicklung der komplexen Energiesysteme und ihres sozio-technischen und sozio-ökonomischen Umfelds. In diesem Artikel wird die Notwendigkeit einer erweiterten Analysemethodik zur Beurteilung der Verwundbarkeit von Energiesystemen begründet und ein Vorschlag zur Ausgestaltung einer solchen Methodik unterbreitet. Weiterhin werden exemplarische Ergebnisse aus der Analyse eines regionalen Energiesystems präsentiert, die Schlussfolgerungen auch für das nationale Energiesystem erlauben. Schließlich wird das Leitkonzept „Resiliente Systeme" als ein möglicher vorsorgeorientierter Umgang mit Unsicherheiten präsentiert und erste Konsequenzen für die Gestaltung der Transformation der Energiesysteme gezogen.

I. Grenzen der Risikobewertung im Kontext der Energiewende

Die Versorgungssicherheit und die von Energieversorgungssystemen ausgehenden gesellschaftlichen und technologischen Risiken geraten in den letzten Jahren vermehrt in den Blickpunkt: Fukushima[1] und der deut-

---

[1] Siehe hierzu etwa den Beitrag von Simonis in diesem Band.

sche Atomausstieg, brennende Ölförderplattformen, weitreichende Stromausfälle oder die Angst vor dem Blackout durch die Energiewende, Auswirkungen des Klimawandels usw. In den nächsten Jahrzehnten besteht ferner ein erheblicher Transformationsbedarf, um das bestehende Energieversorgungssystem in Einklang mit den globalen und nationalen klimapolitischen Zielen zu bringen, woraus derzeit eine Dynamik erwächst, die Risiken von Fehlentwicklungen und eigenen Pfadabhängigkeiten mit sich bringt.

Wir wollen hier generell zwei Arten von Risiken unterschieden: zum einen Risiken, die im Wesentlichen auf gesellschaftliche Phänomene abheben wie etwa datenschutzrechtliche Probleme bei der Einführung von Smart Grids und Smart Metern, rechtliche Fragen beim Ausbau von Energieinfrastrukturen[2] oder auch die Entwicklung der Energiepreise[3] und ihre Bedeutung für verschiedene Gesellschaftsschichten. Zum anderen stärker auf Technik bezogene Risiken, zum Beispiel mögliche Einschränkungen bei der Versorgungsicherheit in der Elektrizitätsversorgung („Blackouts").

Für eine zukunftsfähige Gestaltung unserer Energiesysteme ist es unerlässlich, die bestehenden und die in der Entwicklung befindlichen Systemkomponenten und ihre gesellschaftliche Einbettung auf ihre Risiken hin zu untersuchen, nicht zuletzt um Fehler der Vergangenheit nicht zu wiederholen. Die Bewertung dieser Risiken stellt sich jedoch als sehr schwierig dar, insbesondere unter der derzeitigen Dynamik und Turbulenz im Energiesektor, wie das Beispiel aus dem letzten Winter zeigt.

Die Schwierigkeiten der Risikobewertung sind im Wesentlichen auf Wissensprobleme auf verschiedenen Ebenen zurückzuführen. Wenn wir nun Risiken vereinfacht als Funktion von Schadenshöhe und Eintrittswahrscheinlichkeit verstehen[4], so lässt sich wenigstens der Grad des Nicht-Wissens anhand dieser Faktoren bemessen und entsprechende Umgangsweisen mit diesem Nicht-Wissen ableiten. Problematisch ist bei der

---

[2] Vgl. hierzu etwa die Beiträge von Bosch und Schlacke/Kröger in diesem Band.

[3] Vgl. hierzu etwa die Beiträge von Möst/Müller/Schubert und Kunze in diesem Band.

[4] Finanzmathematisch ist Risiko definiert als Produkt aus Schadenshöhe und Eintrittswahrscheinlichkeit, es wären aber auch andere mathematische Verknüpfungen denkbar, die der gesellschaftlichen Ablehnung von extrem großen Schadenshöhen besser entsprächen.

> *Exkurs:* Netzüberlastungen im Februar 2012
>
> Die bisherige Versorgungssituation in Deutschland mit einer durchschnittlichen Ausfallzeit von 15,31 Minuten (SAIDI[5]) im Jahr 2011 stellt sich im internationalen Vergleich hervorragend dar. Zugleich ist dieses Niveau an Versorgungsicherheit akut gefährdet, wie insbesondere an der Überlastung verschiedener Netzsegmente (vor allem) in Süd-Deutschland im Februar 2012 deutlich wurde.[6] Die Erklärungen für dieses Netzversagen sind komplexer als sie in den Medien zunächst dargestellt wurden.[7] Wie die Auswertung der Bundesnetzagentur[8] zeigt, wird weder das Schieben dieser Ereignisse auf den Ausbau der erneuerbaren Energien noch der Verweis auf profitorientierte Stromhändler der Problematik gerecht. Es zeigt sich vielmehr, dass ein Zusammenspiel vieler verschiedenen Faktoren zu berücksichtigen ist (u.a. Verzögerungen im Netzausbau, die bedingte Verwendbarkeit von Standard-Lastprofilen in extremen Wetterlagen, mangelnde Kommunikation zwischen Gasnetzbetreibern, Ausschöpfen von Ausspeicherraten, u.U. aber auch ein Fehlverhalten von einzelnen Verteilnetzbetreibern und Stromhändlern).

Bewertung beispielsweise, dass die Höhe eines Schadens wesentlich von seiner räumlichen und zeitlichen Ausdehnung abhängt[9], welche wegen einer Vielzahl von Einflussfaktoren im Bereich der Energieversorgungssysteme kaum vorherzusagen sind (siehe obigen Exkurs). Ein lokal begrenzter Ausfall der Stromversorgung, auf beispielsweise einen Straßenzug für wenige Sekunden, ist in den meisten Fällen entweder tolerierbar

---

[5] Der SAIDI (System Average Interruption Duration Index) gibt die durchschnittliche Versorgungsunterbrechung je angeschlossenem Letztverbraucher für das letzte Jahr wieder. Vgl. Bundesnetzagentur 2012b.

[6] Vgl. Bundesnetzagentur 2012a.

[7] Vgl. Schland 2012.

[8] Vgl. Bundesnetzagentur 2012a.

[9] Vgl. Petermann et al. 2011.

oder durch entsprechende Schutzmaßnahmen auf Seiten der Verbraucher abzupuffern. Deutlich anders ist die Situation zu bewerten, wenn es um einen mehrstündigen Stromausfall in weiten Teilen Europas geht, wodurch unter Umständen auch Menschenleben gefährdet wären. Die Ursache-Wirkungs-Ketten werden hier schnell sehr lang und das Nicht-Wissen über die tatsächlichen Wirkungen entsprechend hoch. Verstärkt wird diese Einschränkung des Wissbaren noch, wenn wir über zukünftige Energiesysteme nachdenken, die wiederum Störungen ausgesetzt sind, von denen wir heute noch nicht viel wissen (z.b. vom Klimawandel ausgelöste Extremereignisse).

Eine umfassende Bewertung der mit der Energiewende verbundenen Risiken stößt darüber hinaus immer auf Wissensprobleme hinsichtlich (a.) der Verbindungen und Wechselwirkungen der verschiedenen Energiesysteme (Strom, Gas, Wärme/Kälte) auf verschiedenen Ebenen (Skalenproblem) und (b.) deren Zusammenspiel mit ihrem komplexen soziotechnischen und sozio-ökonomischen Umfeld. Energiesysteme durchdringen weitgehend den gesellschaftlichen und ökonomischen Raum, und die Abschätzung der Wirkungen von Störungen ist daher mit großen Unsicherheiten verbunden.

Aus den genannten Zusammenhängen erklären sich einige der Schwierigkeiten bei der Bewertung von Risiken. Deutlich wird in den meisten Punkten, dass man es mit unsicherem Wissen zu tun hat. Daraus sollte keinesfalls geschlossen werden, dass daraus keine Handlungsempfehlungen abgeleitet werden können. Je nach Art und Grad der Unsicherheiten sind nur die Handlungsperspektiven und ihre Begründungen sehr unterschiedlich. Wir unterscheiden daher hier die folgenden Arten von Unsicherheit[10]:

- *Ungenauigkeit*: Es sind sowohl die Eintrittswahrscheinlichkeiten als auch die Folgen von Ereignissen abschätzbar. Es bleiben Unsicherheiten im Rahmen der statistischen Abweichungen. In diesem Fall ist eine klassische Risikoanalyse möglich.

- *Unsicherheit*: Es sind die Folgen von Ereignissen abschätzbar, aber nicht deren Eintrittswahrscheinlichkeiten. In diesem Fall ist keine klassische Risikoanalyse mehr möglich, sondern nur noch eine Be-

---

[10] Vgl. Stirling 2003.

trachtung von Verwundbarkeiten (siehe Absatz „Vulnerabilität von Energiesystemen")
- *Ahnunglosigkeit:* Es sind weder die Eintrittswahrscheinlichkeiten noch die Folgen von Ereignissen abschätzbar. Dennoch kann auch in diesem Fall Handeln aus Vorsorge- oder Besorgnisgründen begründet sein (siehe Absatz „Die Umsetzung des Vorsorgeprinzips im Kontext der Energiewende" und folgende).[11]

Im Rahmen der Energiewende treten alle drei Formen von Unsicherheit zu Tage. Vor diesem Hintergrund stellt sich die Frage nach einem angemessenen Umgang mit den Unsicherheiten, die mit der Transformation der Energiesysteme einhergehen.

II. Angemessener Umgang mit unsicherem Wissen

In der Realität wird der Großteil systemischer Innovationsprozesse – und die Energiewende sollte als ein solcher betrachtet werden – nicht von einer intensiven Technikfolgenforschung begleitet. Wie für viele andere Innovationsprozesse lässt sich in der Rückschau auf die letzten Jahre für die Förderung des Ausbaus von erneuerbaren Energien sagen, dass sie in vielen Fällen eher einem Versuch-und-Irrtum-Ansatz folgte als einem gezielten, systematischen Vorgehen. Auch wenn bereits viele verschiedene Analysen zu zukünftigen Energiesystemen vorhanden sind, so ist die Umsetzung in der Realität zumeist nicht an diesen orientiert, sondern vielmehr am ökonomisch Machbaren. Solange dieses Vorgehen unter Berücksichtigung des Imperativs des Vorsorgeprinzips („Handle so, dass Du immer noch korrigierend eingreifen kannst") erfolgt, erscheint dieses Vorgehen als relativ problemlos.

Allerdings hat der Versuch-und-Irrtum-Ansatz auch deutliche Grenzen. Eine dieser klaren Grenzen sind natürlich die Gefahren, die sich für die menschliche Gesundheit ergeben.[12] Aber auch durch für sich genom-

---

[11] Prinzipiell ließe sich noch eine weitere Form des Nicht-Wissens aufführen: das Nicht-Wissen-Wollen (bewusste Ignoranz), der zunächst mit grundsätzlicher Aufklärungsarbeit begegnet werden muss, bevor weitere Analysen oder Handlungsempfehlungen gegeben werden können.

[12] Z.B. durch einen längeren Blackout in Kombination mit einem Ausfall der Notstromversorgung in einem Krankenhaus

men vergleichsweise harmlose Eingriffe können in der Kumulation solche Wirkungen erzielt werden. Prominentestes Beispiel dafür ist der Klimawandel durch Emission von CO_2 aus fossilen Quellen oder das Abholzen von großen Waldgebieten. Auch bei diesen eher schleichenden Veränderungen gerät das Versuch-und-Irrtum-Prinzip an seine Grenzen. Dies gilt auch für die dritte Möglichkeit, derart weit reichende Wirkungsketten auszulösen, nämlich durch (möglicherweise ansonsten völlig harmlose) Eingriffe in besonders stark vorgespannte Systeme.

Eine seit Jahren angewendete Methodik für den Umgang mit unsicherem Wissen in der Umwelt- und Gesundheitspolitik ist das Vorsorgeprinzip (z.B. EU-Chemikalien Verordnung REACH), nach dem im Fall von begründeter Besorgnis für eine Gefährdung auch im Falle großer Unsicherheiten Schutzmaßnahmen, Ge- und Verbote erlassen werden können. Der Berücksichtigung des Vorsorgeprinzips nach Vorgabe der EU-Kommission[13] sollte eine abgestufte Risikoanalyse vorausgehen:

a.) Risikobewertung – Umfassende Analyse, auch unter Einbeziehung des Ausmaßes der wissenschaftlichen Unsicherheit

b.) Risikomanagement – Vor der Umsetzung einer Entscheidung Abschätzen der Risiken und Folgen eines Ereignisses oder einer Maßnahme

c.) Information über die Risiken – Einbeziehen der Betroffenen in die verschiedenen Risikomanagement Optionen

Zur Umsetzung des Vorsorgeprinzips im Kontext der Energiewende bedarf es also Methoden, die mit unsicherem Wissen angemessen umgehen können. Da eine klassische Risikobewertung (im Sinne einer Erhebung der Eintrittswahrscheinlichkeit und der Höhe eines Schadens) nicht möglich ist, bedarf es eines neuartigen Zugangs. Wir schlagen dafür eine Verwundbarkeitsanalyse (Vulnerabilitätsanalyse) vor, die – entlang der Wertschöpfungskette der Energiewirtschaft – gezielt die strukturellen Verwundbarkeiten des Energiesystems im Fokus hat (vgl. dazu die nächsten Absätze). Die Punkte Risikomanagement und Risikokommunikation hingegen können als Teil der Diskussion über die Ziele der Ener-

---

[13] „Ein Rückgriff auf das Vorsorgeprinzip setzt voraus, daß bei einem Phänomen, Produkt oder Verfahren mit dem Eintritt gefährlicher Folgen gerechnet werden muß und daß sich das Risiko durch eine wissenschaftliche Bewertung nicht mit hinreichender Sicherheit bestimmen läßt." Vgl. EU Kommission 2000.

giewende und den Weg zu ihrer Erreichung verstanden werden; wir stellen unter diesem Aspekt das Leitkonzept Resiliente Energiesysteme vor (vgl. dazu den Absatz „Resiliente Systeme als Leitkonzept" und folgende).

III. Vulnerabilität von Energiesystemen

Wir wollen in diesem Abschnitt die Notwendigkeit einer erweiterten Analysemethodik zur Beurteilung der Verwundbarkeit von Energiesystemen motivieren, einen Vorschlag zur Ausgestaltung einer solchen Methodik machen, sowie exemplarische Ergebnisse aus der Analyse eines regionalen Energiesystems präsentieren, die einige Schlussfolgerungen auch für das nationale Energiesystem erlauben, insbesondere in Hinsicht auf eine vorsorgeorientierte Entwicklung. Der Hintergrund ist dabei einerseits die zunehmende Dynamik in der Entwicklung von Energiesystemen, die wachsenden Anforderungen aus technischer, politischer, ökologischer und sozialer Sicht sowie ganz allgemein das Fehlen einer angemessenen Operationalisierung des Vorsorgeprinzips in der Debatte um nachhaltige Entwicklung.

Im Zentrum der Diskussionen um die Energiewende stehen Zieldimensionen wie Versorgungssicherheit, Robustheit, Wirtschaftlichkeit sowie Gesellschafts- und Umweltverträglichkeit. Das Erreichen dieser Ziele ist unter den derzeitigen Bedingungen gefährdet, insbesondere aufgrund der dem System immanenten Dynamik, den wachsenden Anforderungen und der unsicheren Entwicklung der Rahmenbedingungen. So hat beispielsweise das im Sinne des Klimaschutzes sehr erfolgreiche EEG eine Gefährdung der Netzstabilität zur Folge, welche Politik, Regulierung und Netzbetreiber derzeit unter großem Aufwand zu beherrschen versuchen.[14] Dabei ist beispielsweise die Frage der Akzeptanz der potenziellen Lösungen des Netzausbauproblems noch völlig offen[15] und stellt bezüglich der zukünftigen Planung der Energieversorgung der Bundesrepublik einen großen Unsicherheitsfaktor dar. Aus dieser Unsicherheit

---

[14] Siehe Schucht et al. 2012. Vgl. zum EEG den Beitrag von Schlacke/Kröger, zu Netzstabilität und Versorgungssicherheit auch den Beitrag von Möst/Müller/Schubert in diesem Band.

[15] Siehe Gutachten zum Netzentwicklungsplan: Schnettler 2012.

erwächst eine potenzielle zukünftige Auswirkung[16], nämlich die Einschränkung der Versorgung mit elektrischer Energie unter der Vorgabe derzeit als akzeptabel geltender Bedingungen und damit ein potenzieller erheblicher Schaden für Wirtschaft und Gesellschaft. Allerdings reicht eine identifizierte potenzielle Auswirkung allein noch nicht für eine Beurteilung der realen Gefährdung aus, erst wenn dieser keine entsprechenden Anpassungskapazitäten entgegen stehen, resultiert wirklich eine Verwundbarkeit des Systems. Wenn also der als notwendig festgestellte Netzausbau aufgrund von sozialen oder ökonomischen Restriktionen gefährdet ist *und* es keine Anpassungskapazitäten gibt, diese Gefahr zu umgehen, dann erst ist das Energiesystem als verwundbar einzustufen.

Derzeit gibt es keine konsistente Methodik, um sich mit den Fragen der Verwundbarkeit von Energiesystemen auseinanderzusetzen, erst recht nicht, wenn diese Systeme einer großen Dynamik unterworfen sind und zukünftige Optionen evaluiert werden sollen. Vor diesem Hintergrund wurde die Methodik einer Vulnerabilitätsanalyse entwickelt, die hier vorgestellt werden soll.

IV. Zur Methodik der Vulnerabilitätsanalyse

Ausgangspunkt für eine Beurteilung der Verwundbarkeit von Energiesystemen sind ihre Systemdienstleistungen. Klassischerweise ist diese für Energiesysteme auf der Basis von technischen Parametern definiert.[17] In einem engeren Sinne war im dargestellten Beispiel der Netzüberlastungen im Februar 2012 also die Systemdienstleistung des Energiesystems in dem Sinne gefährdet, als die dauerhafte und stabile Versorgung mit elektrischer Energie bei definierten Schwankungsbreiten für Spannung und Frequenz nicht gewährleistet werden konnte. Das Konzept der Systemdienstleitung kann aber sinnvoll erweitert werden, in dem Sinne, dass neben Frequenz, Spannung und Zuverlässigkeit noch weitere Qualitätskriterien in die Definition aufgenommen werden. Damit folgen wir dem Beispiel der Bestimmung von *Ecosystem Services,* wie sie im Zusam-

---

[16] Im Diskurs des Vorsorgeprinzips würde man statt von „potenzieller Auswirkung" eher von „potenzieller Gefährdung" sprechen. Eine genaue Begriffsunterscheidung steht hier noch aus, vorerst werden wir die Begriffe daher synonym verwenden.

[17] Siehe zum Beispiel den Transmission-Code für Übertragungsnetze: VDN 2007.

menhang mit der Beurteilung von Ökosystemschäden verwendet wird.[18] Aufbauend auf der Literatur zu Ökosystemdienstleistungen[19] und erweitert um Aspekte, die insbesondere sozio-technische und ökonomische Systeme betreffen, beziehen wir uns hier auf folgende Definition von Systemdienstleistungen:

> Die verallgemeinerten Systemdienstleistungen von ökologischen, technischen, ökonomischen und sozialen Systemen bestehen aus Strukturen, Produkten und Leistungen, welche diese Systeme einem Empfängerkreis („Nutzer") zur Verfügung stellen und welche für diesen Empfängerkreis einen technischen, ökonomischen bzw. Wohlstand erhaltenden oder vermehrenden Wert haben. Systemdienstleistungen werden dabei über mengen- oder objektartige („was") und qualitätsartige („wie") Kriterien beschrieben[20].

Für das Beispiel elektrische Energie sind dementsprechend weitere Kriterien zur Bestimmung der Systemdienstleistung heranzuziehen, unter anderem ökologische Kriterien (wie Treibhausgasemissionen, Versauerung oder Flächenverbrauch), ökonomische Kriterien (vornehmlich der Preis der Energie), aber auch soziale Kriterien (wie Akzeptanz und Partizipation). Die erweiterte Sicht auf Systemdienstleistungen besteht nun also darin, dass die technisch definierten Leistungen unter Einhaltung der aufgeführten weiteren Kriterien erbracht werden. Es geht also nicht mehr nur um das „Was", das hier geleistet wird, sondern auch um das „Wie".[21] Eine Gefährdung der Systemdienstleistungen kann daher auch dann vorliegen, wenn die Einhaltung dieser erweiterten Kriterien durch äußere Einflüsse oder innere strukturelle Schwächen gefährdet ist, also zum Beispiel die Einhaltung der ökologischen Kriterien wie CO_2-Emissionen oder Flächenverbrauch.

Sowohl innere als auch äußere Störungen können die Systemdienstleistung der Energiesysteme gefährden. Ein verbreitetes Konzept zur Absicherung gegenüber inneren und äußeren Störungen ist die „robuste" Ausgestaltung von Systemen. Robustheit gegenüber internen und externen Störungen ist aber nicht allein entscheidend für das Ausmaß der

---

[18] Vgl. Daily 1997; Bennet/Peterson/Levitt 2005; MEA 2005.
[19] Insbesondere Boyd/Banzhaf 2007.
[20] Siehe Gleich et al. 2010a.
[21] Siehe Gleich et al. 2010a.

Verwundbarkeit (Vulnerabilität) eines Energiesystems, mindestens ebenso wichtig sind seine Anpassungsmöglichkeiten (Adaptivität). Robustheit als Gestaltungskonzept kann unter Hinzunahme von Anpassungsfähigkeit und Innovationsfähigkeit als Gestaltungsziele erweitert werden zu einem Konzept der „resilienten Gestaltung" von Energiesystemen. Die Eigenschaften eines Energiesystems hängen dabei stark von der „Systemarchitektur" ab. Technische Komponenten, wie Redundanzen, Ressourcendiversität, Speicher, zentrale Überwachung, etc. stellen dabei nur einen Teilaspekt dieser Architektur dar. Ebenso wichtig für die Aufrechterhaltung der Systemdienstleistung sind gesetzliche und regulatorische Rahmenbedingungen, Mechanismen der Partizipation und die Strukturen des Marktes. Störungen, Turbulenzen und Überraschungen können nun auf allen hier angesprochenen Ebenen und Skalen auftreten und in verschiedener Weise die Aufrechterhaltung der Systemdienstleistung gefährden. Akute Störungen betreffen meistens technische Elemente, zum Beispiel gefährden Extremwetterereignisse die Netzinfrastruktur. Langfristige Gefährdungen ergeben sich hingegen eher aus strukturellen Schwächen, so wie zum Beispiel die bisher unzureichende Berücksichtigung von Partizipation in der Gesetzgebung und Regulierung. Auch fehlende Marktanreize können ein schnelles Reagieren auf die identifizierten Netzengpässe behindern. Die Verwundbarkeit eines Energiesystems, also die Gefährdung seiner Systemdienstleistung unter Stress, kann demnach adäquat nur unter Berücksichtigung der unterschiedlichen zeitlichen Skalen und der unterschiedlichen Ebenen der Systemhierarchie bestimmt werden.[22]

In der Forschung zu Naturrisiken und Klimawandelauswirkungen hat sich die Vulnerabilitätsanalyse als Methode etabliert, um externe Ereignisse auf ihre potenziellen Wirkungen auf meistens regionale sozio-ökonomische Systeme zu untersuchen.[23] In diesem Kontext ist neben der Exposition, also der Ausgesetztheit der Systeme gegenüber externen Ereignissen und ihrer Sensitivität, welche zusammen die potenzielle Auswirkung bestimmen, auch die schon erwähnte Anpassungskapazität bei der Bestimmung der Vulnerabilität zu berücksichtigen. In Bezug auf

---

[22] Siehe zum Beispiel Droste-Franke et al. 2012 für eine interdisziplinäre und hierarchieübergreifende Analyse der Integrationshemmnisse für Strom aus erneuerbaren Energiequellen.

[23] Siehe Adger 2006; Turner et al. 2003.

Energiesysteme wurde diese grundlegende Methodik einer Vulnerabilitätsanalyse weiter spezifiziert mit Blick auf Klimawandelauswirkungen[24] und die Verwundbarkeit der kritischen Infrastruktur „Stromversorgung".[25] Die konventionelle Art der Vulnerabilitätsanalyse betrachtet die Verwundbarkeit gegenüber konkreten Ereignissen (ereignisbasierte Vulnerabilitätsanalyse), nicht jedoch die strukturellen Schwachstellen und demnach auch nicht die langfristigen, eher schleichenden Verwundbarkeiten, die eher durch eine strukturelle Vulnerabilitätsanalyse erfasst werden können. Wir haben einen methodischen Ansatz beschrieben, wie diese strukturelle Vulnerabilität unter Berücksichtigung der potenziell gefährdeten Systemdienstleistungen analysiert werden kann.[26] Die grundlegende Struktur dieser Methodik ergibt sich dabei aus Abbildung 1.

Bei Wachsmuth et al. findet sich eine erste Anwendung dieser Methodik auf ein regionales Energiesystem.[27] Grundlage dieser Untersuchungen waren strukturelle und statistische Analysen von bestehenden Energiesystemen, eine Wertschöpfungskettenanalyse[28], technologische Modelle und Simulationen[29] sowie Experteninterviews und die partizipative Exploration von möglichen Szenarien zukünftiger Störereignisse. Diese spezifizierte Vulnerabilitätsanalyse erfolgte im Rahmen des Projekts nordwest 2050 zur regionalen Klimaanpassung[30], so dass hier als externe Störungen vor allem solche untersucht wurden, die mit den Folgen des Klimawandels in Verbindung stehen. Die Methodik ist aber nicht auf die Vulnerabilität durch Klimawandel beschränkt, insbesondere nicht die strukturelle Vulnerabilitätsanalyse, die ja eben gerade nicht von konkreten Störereignissen ausgeht. Das Vorgehen bei der Bestimmung der Vulnerabilität und die Einbindung der regionalen Akteure sind in Abbildung 2 und Abbildung 3 dargestellt, eine detaillierte Beschreibung der Methodik ist hier aus Platzgründen leider nicht möglich.

---

[24] Siehe Wachsmuth et al. 2012a.
[25] Siehe Birkmann et al. 2010 für eine Übersicht.
[26] Siehe Gleich et al. 2010a.
[27] Vgl. Wachsmuth et al. 2012a.
[28] Siehe Gabriel/Meyer 2011.
[29] Siehe Wolter/Weidner 2012; Ruth et al. 2012; Wachsmuth et al. 2012b.
[30] nordwest2050, gefördert durch das Bundesministerium für Bildung und Forschung im Rahmen des KLIMZUG Programms (siehe www.nordwest2050.de).

Abbildung 1: Theoretischer Rahmen für die ereignisbezogene (EVA) und die strukturbezogene (SVA) Vulnerabilitätsanalyse.

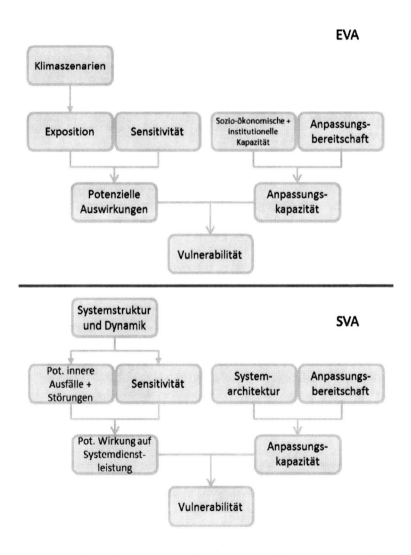

Quelle: eigene Darstellung basierend auf Schuchardt et al. 2011 und Gleich et al. 2010

Abbildung 2: Vorgehen bei einer Ereignisbasierten Vulnerabilitätsanalyse (EVA), hier am Beispiel einer Analyse der Verwundbarkeit eines regionalen Energiesystems gegenüber dem Klimawandel

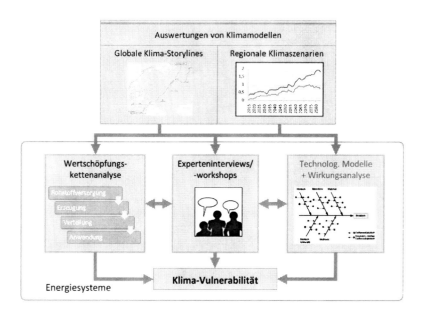

Quelle: eigene Darstellung

Abbildung 3: Vorgehen bei einer Strukturellen Vulnerabilitätsanalyse (SVA), hier am Beispiel einer Analyse der strukturellen Verwundbarkeit eines regionalen Energiesystems. Die Wertschöpfungskettenanalyse fokussierte in diesem Fall auf leitungsgebundene Energieträger und die jeweiligen Vorketten

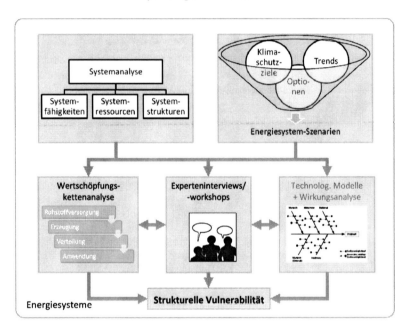

Gabriel/Meyer 2010) (Quelle: eigene Darstellung

Ein augenscheinliches Problem bei der Durchführung der Vulnerabilitätsanalyse, der ereignisbasierten wie der strukturellen, ist, dass die zukünftigen Energieversorgungssysteme strukturell und technisch den heutigen nicht mehr vergleichbar sein werden, eine genaue Beschreibung aber heute noch nicht möglich ist. Gerade in Hinsicht auf die Verwundbarkeit von zukünftigen Energieversorgungssystemen muss diese Art der Analyse daher um eine konsistente Methodik zur prospektiven Bewertung von in der Entwicklung befindlichen Technologien, Systemen und Strukturen erweitert werden. Nichtsdestotrotz liefert die Anwendung auf heutige Systeme bereits wertvolle Hinweise auf Anpassungsbedarfe zur Vermeidung zukünftiger Fehlentwicklungen.

V. Anwendungsbeispiel: Regionales Energiesystem Bremen-Oldenburg

Für die Metropolregion Bremen-Oldenburg wurde eine Vulnerabilitätsanalyse nach oben skizziertem Muster durchgeführt. Die Analyse setzte sich dabei aus folgenden Teilen zusammen[31]:

- Eine Wertschöpfungskettenanalyse (durchgeführt vom Bremer Energieinstitut[32])

- Regionale Klimaszenarien und „story lines" für überregionale Klimawandelereignisse (entwickelt in Zusammenarbeit mit BioConsult[33])

- Ein stochastisches Modell zur Ermittlung der Störanfälligkeit von Verteilnetzen unter Bedingungen des Klimawandels und des gleichzeitigen Ausbaus von fluktuierenden Erzeugungseinheiten (durchgeführt vom Institut für Energieversorgung und Hochspannungstechnik der Universität Hannover[34])

- Weitere technologische Modelle zur Abschätzung des Einflusses des Klimawandels auf Windenergieanlagen, Photovoltaikanlagen und ein optimiertes Erzeugungsportfolio[35]

- Interviews und Workshops mit den regionalen Akteuren der Energieversorgung (Unternehmen, Politik, Verwaltung, Wissenschaft).

Die Analyse wurde dabei inhaltlich getrennt in (a.) Aspekte der Verwundbarkeit aufgrund des Klimawandels und (b.) Aspekte der strukturellen Verwundbarkeit. Die Ergebnisse sind in Tabelle 1 stark zusammengefasst aufgeführt.[36]

---

[31] Vgl. Wachsmuth et al. 2012a.
[32] Siehe Gabriel/Meyer 2010.
[33] Siehe Schuchardt/Wittig 2011.
[34] Siehe Wolter/Weidner 2011.
[35] Siehe Wachsmuth et al. 2012b.
[36] Vgl. auch Gößling-Reisemann et al. (eingereicht).

Tabelle 1: Ergebnisse der Vulnerabilitätsanalyse der regionalen Energieversorgung in der Metropolregion Bremen-Oldenburg

	Primärenergie			Leitungsgebundene Energieverteilung			Anwendungen	
	Kohle	Gas	Biomasse	Strom	Gas	FW	Kälte	Lastmanagement
klimawandelbezogene Vulnerabilität	gering	gering	mittel	mittel	mittel	mittel	gering	gering
strukturelle Vulnerabilität	mittel	mittel	hoch	hoch	mittel	mittel	mittel	gering

Quelle: Wachsmuth et al. 2012

Ganz allgemein lässt sich feststellen, dass die Verwundbarkeiten der betrachteten Elemente des regionalen Energiesystems, die vom Klimawandel ausgehen, also von konkreten Ereignissen, mit denen in der Zukunft zu rechnen ist, vergleichsweise geringer sind, als die Verwundbarkeiten, die von strukturellen Schwächen ausgehen. Dies soll am Beispiel der Versorgung mit elektrischer Energie („Strom" in obiger Tabelle) näher erläutert werden.[37]

Die klimawandelbezogene Verwundbarkeit der regionalen Stromversorgung rührt zum einen aus der zu erwartenden Zunahme an Hitzeperioden und tropischen Nächten her. Diese belasten einerseits die thermischen Kraftwerke (Kühlwasserverfügbarkeit) und andererseits führen steigende Kühlbedarfe zu einer erhöhten Nachfrage in Spitzenlastzeiten (Mittagsspitze). Dem gegenüber stehen aber heute schon verfügbare Anpassungsoptionen, wie beispielsweise Kühltürme, wärmebetriebene Kälteerzeugung und andere technologische Lösungen, so dass die resultierende Vulnerabilität als nur mittel eingestuft wird.

Die hohe strukturelle Vulnerabilität des Bereichs „Strom" rührt von verschiedenen Schwachstellen her. Zum einen ist die Diversität der Stromerzeugung in der Region noch vergleichsweise schwach ausgeprägt. Die Erzeugung besteht nach Abschalten des Atomkraftwerks Unterweser hauptsächlich aus Kohlekraftwerken und Windenergie. Biomassekraftwerke und andere Erneuerbare spielen noch eine untergeordnete

---

[37] Vgl. Gößling-Reisemann et al. 2012a.

Rolle. Der zur Bestimmung der Diversität herangezogene Shannon-Index[38] liegt mit einem Wert von 1,25 deutlich unter dem Wert für Niedersachsen und Bremen (1,48) oder ganz Deutschland (1,71). Zum anderen handelt es sich bei der Stromversorgung um einen Wirtschaftszweig, der stark von politischen Entscheidungen auf Bundes-, Landes- und EU-Ebene abhängt, zugleich sehr stark vermachtet ist, derzeit noch unflexible (Markt-)Strukturen besitzt und zudem durch extreme Pfadabhängigkeiten geprägt ist.[39] Die Verwundbarkeit der regionalen Versorgung mit Strom ist in dieser Weise also eng gekoppelt an überregionale strukturelle Schwachstellen.[40] Ein Beispiel dafür sind die im EEG festgeschriebenen langen Garantiezeiten für eingespeisten Strom, eine sehr sinnvolle Innovation bei der Entwicklung des EEG, die aber nun zu einer die Stabilität der Stromversorgung gefährdenden Inflexibilität führt. Ebenso steht das Fehlen von Marktanreizen für den Aufbau und das Bereithalten von Speichern und Reservekraftwerken im Widerspruch zu den sich schon lange abzeichnenden Bedarfen.[41] Ferner sind etliche aktuelle oder in Zukunft zu erwartende Konflikte noch ohne hinreichende Konfliktlösungsansätze. Dazu zählen vor allem solche um Flächennutzungen beim Ausbau von erneuerbaren Energien sowie Verteil- und Übertragungsnetzen.

Auf der ökonomischen Seite scheinen also Investitionsnotwendigkeiten und Investitionsbedingungen in diesem Sektor noch nicht wirklich zusammenzupassen. So fehlen neben den angesprochenen Anreizen zum Ausbau der Speicher auch wichtige Anreize für die weitere Diversifizierung der Energieversorgung. Gleichzeitig fehlt es an einer entsprechend hohen Anpassungskapazität auf Seiten der Politik. Bisher jedenfalls stehen den multidimensionalen Herausforderungen auf dem Gebiet der Stromversorgung nur isolierte Einzelmaßnahmen gegenüber, eine systematische und strategische Planung fehlt größtenteils. Zwar wird der

---

[38] Der Shannon-Index errechnet sich aus den relativen Anteilen einer Zerlegung einer Gesamtheit und ist wegen seiner vielseitigen Anwendbarkeit ein in vielen Disziplinen verbreitetes Maß für die Diversität.
[39] Siehe Gabriel/Meyer 2010. Vgl. zur historischen Entwicklung der Strukturen im Strommarkt auch den Beitrag von Hellige in diesem Band.
[40] Was nicht heißen soll, dass sich die regionale Energieversorgung nicht ein Stück weit unabhängig von den überregionalen Strukturen anpassen kann.
[41] Vgl. zu Fördermechanismus und Auswirkungen des EEG auch die Beiträge von Schlacke/Kröger und Möst/Müller/Schubert in diesem Band.

Netzausbau auf Übertragungsebene durch das Gesetz zum Ausbau von Energieleitungen (EnLAG) und das Netzausbaubeschleunigungsgesetz Übertragungsnetz (NABEG) vorangebracht[42], die Lösung der im Zuge dieses Ausbaus erwartbaren Konflikte ist aber dadurch noch keineswegs gesichert.[43] Ebenso fehlt es noch komplett an einer vergleichbaren Lösung auf der Verteilnetzebene, auf der ein noch höherer Ausbaubedarf besteht.

VI. Folgerungen für das nationale Energiesystem und die Energiewende

Die meisten der in der regionalen Vulnerabilitätsanalyse aufgedeckten strukturellen Schwächen gelten auch für andere Regionen in Deutschland, insbesondere solche die sich aus den Unsicherheiten der zukünftigen Entwicklung ergeben. Hier sind zunächst die Herausforderungen des Klimawandels zu nennen, die in zweierlei Hinsicht die Planung eines zukünftigen Energieversorgungssystems erschweren. Einerseits sind die direkten Auswirkungen des Klimawandels grundsätzlich nur mit erheblicher Unsicherheit zu bestimmen, allein schon aufgrund der sich fortpflanzenden Unsicherheiten bei der Modellierung des globalen Klimas und der Übertragung auf regionale Skalen. Andererseits aber sind auch die Klimaschutzbemühungen, bzw. deren Ergebnisse, auf nationaler und internationaler Ebene noch weitgehend offen. Mit fortschreitendem Klimawandel muss z.B. auch hier mit Überraschungen gerechnet werden, die ggf. eine starke Beschleunigung beim Klimaschutz hervorrufen können, mit weitreichenden Folgen für Erzeugung, Handel und Verbrauch von Energie.

Speziell für die Stromversorgung sind die regionalen Verwundbarkeiten, wie oben aufgezeigt, vornehmlich durch überregionale strukturelle Schwächen bestimmt, denen zwar einige technische Anpassungsoptionen gegenüberstehen, aber kaum politische und gesellschaftliche. Die entsprechenden Befunde können von daher auch auf andere Regionen und die Stromversorgung in ganz Deutschland übertragen werden.

---

[42] Hierzu kurz der Beitrag von Schlacke/Kröger in diesem Band.

[43] Ebenso ist das Tempo dieses Ausbaus weit hinter die Pläne zurückgefallen, siehe http://www.netzausbau.de/cln_1912/DE/Netzausbau/EnLAG-Monitoring/enlag-monitoring_node.html (letzter Aufruf 30.9.2012).

Als eine Folgerung aus dieser Analyse ergibt sich ganz zweifellos die Notwendigkeit für eine vorausschauende Planung von Energiesystemen, insbesondere in Bezug auf die Versorgung mit elektrischer Energie, welche vor allem auf die großen zukünftigen Unsicherheiten vorbereitet. Hier sind also flexible und adaptive Technologien und politische Instrumente gefragt, um neben der Widerstandsfähigkeit vor allem die Anpassungsfähigkeit und Innovationsfähigkeit des Energieversorgungssystems zu stärken. Die Erarbeitung von Innovationsoptionen auf der Basis einer systematischen und an den Systemdienstleitungen orientierten Vulnerabilitätsanalyse gibt dabei wertvolle Hinweise für eine vorsorgeorientierte Entwicklung des Energiesystems.

VII. Die Umsetzung des Vorsorgeprinzips im Kontext der Energiewende

Im Zuge des mit der Energiewende verbundenen Umbaus von einem zentralen und lange eingespielten System mit wenigen Akteuren zu einem wenig erprobten dezentralen System mit einer Vielzahl von Akteuren stellt sich zunehmend die Frage nach der Verlässlichkeit, mit der die Energiesysteme die von ihnen erwarteten Systemdienstleistungen tatsächlich lückenlos erbringen können. Dabei mag einiges dafür sprechen, dass sich durch die Reduktion des Imports fossiler Rohstoffe einerseits und die Dezentralisierung andererseits langfristig die Versorgungssicherheit auch erhöhen kann.[44] Dennoch ist in einer Übergangszeit von einer Zunahme von Instabilitäten und Störereignissen auszugehen, für die es wenige Erfahrungswerte gibt.

Da es sich bei den Energiesystemen um komplexe sozio-technische Systeme handelt, muss in jedem Fall damit gerechnet werden, dass immer wieder Störungen und Überraschungen auftreten. Es darf also keinesfalls davon ausgegangen werden, dass sich die Transformation präzise steuern lässt. Andererseits ist auch in Anbetracht des gebotenen Tempos in Hinsicht auf Klimaschutz und die Eigendynamik der komplexen Energiesysteme ein eher abwartendes Handeln keine Option. Die Umsetzung des Vorsorgeprinzips verlangt es dabei, den Umbau nicht allein nach Effizienzkriterien zu gestalten, sondern ihn mit Maßnahmen

---

[44] Eine umfangreiche Auflistung von Argumenten dafür findet sich schon bei Lovins/Lovins 1982.

zu flankieren, die, im Fall der mit Sicherheit erwartbaren Engpässe, der Minimierung von Einschränkungen bei der Versorgungssicherheit dienen.

Für das Gelingen der Energiewende spielen technische, organisatorische und gesellschaftliche Innovationen eine zentrale Rolle. Dabei stellt die Komplexität dieser Innovationen eine große Herausforderung dar. Neben den Erfolgsbedingungen für Innovationen gilt es jedoch auch aus einer Nachhaltigkeitsperspektive heraus den Weg, den Innovationen nehmen, hinsichtlich der generellen Entwicklungsrichtung und der Erfüllung der in sie gesetzten Erwartungen kritisch zu hinterfragen. In Situationen, in denen zunächst generell eine große Vielfalt an Lösungsstrategien, Varianten und Szenarien besteht, ist es entscheidend, Innovationen eine bestimmte Richtung zu geben, um die Komplexität zu reduzieren und Orientierung zu ermöglichen. Ein Ansatz, um die Komplexität zu reduzieren und trotz der vielen Unsicherheiten zu geeigneten Maßnahmen zu kommen, ist die leitorientierte Technologie- und Systementwicklung.[45]

Allgemein geht es bei der leitorientierten Technologie- und Systementwicklung darum, vom Prinzip der Nachsteuerung und Nachbesserung einer Technologie bzw. eines Prozesses wegzukommen und von Anfang an eine möglichst risikoarme und nachhaltige Lösung unter Zuhilfenahme einer Leitorientierung zu suchen. Leitorientierungen sind Ausdruck einer wünschenswerten Entwicklung und spiegeln gleichzeitig das Machbare wider. Sie beeinflussen die Wahrnehmung sowie das Entscheiden und Handeln von Individuen und Gruppen.

VIII. Resiliente Systeme als Leitkonzept

Die Antwort auf die Frage, welche Belastungen und Störungen Energiesysteme (verstanden als sozio-technische Systeme) „verkraften" können, hängt stark vom Systemzustand und den Systemarchitekturen ab. Für die Fähigkeit, Belastungen und Störungen auszugleichen bzw. zu assimilieren, steht in der Ökosystemtheorie der Begriff der Resilienz[46], mit dem die Vorstellung verbunden ist, dass Ökosysteme in der Lage sind, auch

---

[45] Vgl. Gleich et al. 2010b.

[46] Er wurde von Holling geprägt und taucht erstmals in Holling 1973 auf.

unter sich rasch verändernden (turbulenten) Rahmenbedingungen ihre wesentlichen Systemleistungen aufrechtzuerhalten. Im Unterschied zum ursprünglichen Ansatz in der Ökosystemtheorie, bei dem der Resilienzansatz vor allem als analytisches Instrument eingesetzt wird, gewann er seit Ende der 1990er Jahre zunehmende Bedeutung als Konzept für den theoretischen und praktischen Umgang mit komplexen verschränkten Mensch-Natursystemen bzw. sozial-ökologischen Systemen.[47] Daraus ergab sich die Notwendigkeit zur sauberen Abgrenzung eines normativen Leitkonzepts „Resiliente Systeme" für die Systemgestaltung. In diesem Zusammenhang wurde Resilienz wie folgt definiert[48]:

> Resilienz beschreibt die Fähigkeit eines Systems, seine Dienstleistungen auch unter Stress und in turbulenten Umgebungen (trotz massiver äußerer Störungen und interner Ausfälle) aufrechtzuerhalten.

Diese Definition lehnt sich eng an eine von Brand vorgestellte Definition[49] an, die sich zwar noch stärker auf Ökosysteme bezieht, dabei aber schon viele Anregungen aus den bisherigen Debatten über Nachhaltigkeit aufnimmt. Eine zentrale Rolle spielen wie schon bei der Vulnerabilitätsanalyse die Systemdienstleistungen. Aus der Untersuchung von Ökosystemen konnten eine Reihe von Gestaltungselementen abgeleitet werden, die zur Resilienz von Ökosystemen beitragen. Sie lassen sich den drei Kategorien Systemfähigkeiten, Systemressourcen und Systemstrukturen zuordnen (siehe Tabelle 2).

---

[47] Vgl. z.B. Folke et al. 2004; Walker et al. 2004.

[48] In Gleich et al. 2010a wurde daher die saubere Abgrenzung eines normativen Leitkonzepts „Resiliente Systeme" für die Systemgestaltung gefordert und erste Schritte zu dessen Spezifizierung unternommen. Die bisher ebenfalls mit dem Resilienzbegriff verbundenen analytischen Aspekte sollen diesem Vorschlag zufolge auf den Vulnerabilitätsbegriff übertragen und durch die darauf aufbauende (oben vorgestellte) Vulnerabilitätsanalyse abgedeckt werden.

[49] Brand 2005, S. 4: „Resilience reflects the capacity (i.e. the underlying mechanisms) of (eco)systems to maintain service in the face of a fluctuating environment and human perturbation."

Tabelle 2: Gestaltungselemente zur Konkretisierung des Leitkonzepts „Resiliente Systeme"

Systemfähigkeiten	Systemressourcen	Systemstrukturen
• Anpassungsfähigkeit • Widerstandsfähigkeit • Innovationsfähigkeit	• Zugang zu Energie, Information und stofflichen Ressourcen • Ressourcenbreite/-diversität • Modulare Komponenten	• Funktionelle Vielfalt/Diversität • Redundanz zentraler Elemente • Rückkopplungsmechanismen • Pufferkapazitäten • Dämpfer • Optionale Vernetzung

Eigene Darstellung in Anlehnung an Gleich et al. 2010a

Für die Arbeit mit dem Leitkonzept Resiliente Systeme ist es wichtig, konkrete Handlungsanleitungen (Gestaltungsleitbilder) zu entwickeln (z.B. ein „Resilientes Energiesystem" oder ein „Resilientes Stromnetz"). Entsprechende Gestaltungsmaßnahmen richten sich auf den Einsatz sowie die die Verbesserung der Quantität und Qualität der genannten Gestaltungselemente, vor allem aber auch auf die Verbreiterung und Diversifizierung der Ressourcenbasis. Die Vielfalt und das Mehrfachvorhandensein (Redundanz) elementarer Strukturen sichern etwaige Systemdienstleistungen auch dann, wenn sich die Rahmenbedingungen drastisch ändern und/oder wenn wesentliche Elemente ausfallen. Speicher und Pufferkapazitäten erhöhen die Widerstandsfähigkeit und gehören ebenso zu den elementaren funktionserhaltenden Strukturen komplexer dynamischer Systeme. Diese zeichnen sich auch durch das Vorhandensein von Rückkopplungsmechanismen aus, insbesondere durch ein ausgewogenes Verhältnis von positiven und negativen Rückkopplungen. Eine ähnlich abfedernde, die Widerstandsfähigkeit erhöhende Funktion haben Dämpfer bzw. Reibung im System. Diese Mechanismen sind elementar für die Resilienz von Systemen und für stabile Zustände fern vom statischen Gleichgewicht. Ob und wie sich allerdings solche stabilen Zustände einstellen können, hängt maßgeblich vom Zusammenspiel der jeweiligen positiven und negativen Rückkopplungsmechanismen ab.

IX. Gestaltungsleitbild „Resiliente Energiesysteme"

Ein wesentlicher Aspekt, der sich im Zusammenhang mit der Energiewende verändert, ist die Beziehung zwischen Energieunternehmen und Verbrauchern, bedingt z.b. durch den steigenden Anteil dezentraler Erzeugung durch private Akteure und den Ausbau der Netze mit Informations- und Kommunikationstechnologie. So werden private Akteure in Zukunft ihre eingespeiste Leistung, aber auch ihren Verbrauch, in Form von virtuellen Verbünden (z.b. in Erzeugungsgemeinschaften oder im Verbund mit Speichern als virtuelle Kraftwerke) auf dem Markt anbieten können. Die genaue Definition der Systemdienstleistungen wird hier eine wichtige Rolle spielen, wenn es darum geht, die notwendigen technischen Rahmenbedingungen und die Ansprüche an eine nachhaltige Energieversorgung (Effizienz, Suffizienz, Konsistenz) miteinander zu verbinden.[50]

Das Ziel von Gestaltungsleitbildern für resiliente Energiesysteme ist es, durch eine entsprechende Systemgestaltung diese Systeme vorsorgeorientiert auf die immensen sozialen, ökonomischen, technischen und klimatischen Unsicherheiten vorzubereiten. Das Leitkonzept „Resiliente Systeme" fasst in gewisser Weise das fortwährende Auftreten von Störungen als den Normalfall auf. Es geht dementsprechend nicht primär darum, das Auftreten von Störungen zu vermeiden, sondern das System so zu gestalten, dass es die Störungen in angemessener Weise verarbeitet. In vielen Bereichen ist das auch beim etablierten zentralisierten Energiesystem schon der Fall, z.b. hinsichtlich des Ausfalls von Erzeugern oder von Leitungen im Stromnetz.[51] Im Rahmen der Energiewende geht es nun einerseits darum, dies beim Übergang in ein dezentraler ausgerichtetes System zu erhalten und andererseits die zusätzlichen Chancen auszunutzen, die sich aus der Dezentralität z.b. hinsichtlich Diversität und Redundanz ergeben.

Für die Gestaltung dieser Prozesse kann das Gestaltungsleitbild „Resiliente Energiesysteme" spezifische Elemente, Strukturen und Fähigkeiten aufzeigen, die es auf dem Weg zur Umsetzung einer dezentralen Ener-

---

[50] Vgl. zu verschiedenen Formen der „Bürgerenergie" in Deutschland den Beitrag von Radtke, zu Effizienz-, Konsistenz- und Suffizienzstrategien die Beiträge von Ekardt und Hanke/Best sowie zu Kombikraftwerksmodellen den Betrag von Bosch in diesem Band.

[51] Vgl. Leyens et al 2012.

gieversorgung aus erneuerbaren Energien zu diskutieren gilt, um einer möglichen übergangsweisen Einschränkung der Versorgungssicherheit und weiterer Systemdienstleistungen vorzubeugen. Ein erster Ansatz zur Konkretisierung von Gestaltungsleitbildern für resiliente Energiesysteme findet sich in Tabelle 3.

Tabelle 3: Konkretisierung der Elemente resilienter Systeme zu Gestaltungsleitbildern für Energiesysteme

Systemfähigkeiten:	
Widerstandsfähigkeit	Dezentrale Erzeugung, Reparaturmechanismen/-routinen
Anpassungsfähigkeit	Lernfähigkeit, Integration unterschiedlicher Energiequellen, Optimierung auf stark schwankende Energieerzeugung und -verbrauch
Innovationsfähigkeit	Systemoffenheit für neuartige Energieträger, Technologien und Infrastrukturen, Rückbau- und Recyclingfähigkeit
Systemressourcen:	
Zugang zu Energie, Information und stofflichen Ressourcen	Sicherer Zugang zu Rohstoffen und Recycling, Smart Metering, Stärkung der regionalen Selbstversorgung
Ressourcenbreite/-diversität	Nutzung von Rest- und Abwärmepotenzialen, sowie Reststoffen
Modulare Komponenten	Standardisierte Schnittstellen, Substituierbarkeit von Systemkomponenten
Systemstrukturen:	
Funktionelle Vielfalt/Diversität	Wandlung zwischen Energieträgern (Power-to-gas, Power-to-heat,...)
Redundanz zentraler Elemente	N-minus-1-Kriterium, Reservekraftwerke, vermaschte Netze
Rückkopplungsmechanismen	Bedarfsgesteuerte Verknüpfung von Erzeugung, Speicherung und Verbrauch
Pufferkapazitäten	Gasspeicher, Stromspeicher, Wärmespeicher
Dämpfung	Regelung großer Verbraucher, Frequenzumrichter, Regulierungsmechanismen, Preise
Optionale Vernetzung	Möglichkeit der Abkopplung von Teilnetzen

Quelle: Eigene Darstellung in Anlehnung an Stührmann et al. 2012

Um resiliente Energiesysteme zu realisieren, wird es allerdings nicht ausreichen, die einzelnen Gestaltungselemente auszudifferenzieren, es muss auch ihr Zusammenspiel verstanden und beschrieben werden.[52] Für die konkrete Anwendung auf das nationale Energiesystem werden darüber hinaus die Modellierung des Systems und eine Betrachtung von Szenarien unumgänglich sein. Dennoch liefert die Ausdifferenzierung schon jetzt Hinweise darauf, wo die Umsetzung des Vorsorgeprinzips Abweichungen von den bisher eingeschlagenen Wegen bei der Energiewende erfordert.

So ist Resilienz deutlich abzusetzen von Effizienz, sei es Kosten- oder sei es Energieeffizienz. Bei der Energiewende rühren einige der Schwierigkeiten daher, dass das alte System u.a. mit dem Ziel der Effizienzsteigerung in seinen zentral organisierten Strukturen immer weiter verfestigt wurde.[53] Beim Umbau ist daher darauf zu achten, dass nicht wieder starre Strukturen ausgebildet werden, sondern die Innovationsfähigkeit erhalten bleibt. Auch wäre die Schaffung von Speichern und Redundanzen höchstens langfristig und auch nur in geringem Kapazitätsumfang effizient. So wurde in jüngerer Vergangenheit immer wieder betont[54], dass es effizienter sei, den Ausgleich zwischen Stromnachfrage und -erzeugung über die Verschiebungspotenziale von Lasten zu realisieren, anstatt Strom – in welcher Form auch immer – zu speichern. In Sinn der Effizienz hat das Demand Side Management sicher auch seine Berechtigung. Durch die erweiterten Möglichkeiten zum Umgang auch mit seltenen Störungen hat die Integration von Speichern aber einen Wert als Vorsorge gegenüber Störungen über den kontinuierlichen Ausgleich von Erzeugung und Last hinaus.

Wichtig bei der Operationalisierung des Gestaltungsleitbilds „Resiliente Energiesysteme" ist die Festlegung des zu betrachtenden Systems und seiner Systemgrenzen. Als eine zusätzliche Komplikation ist dabei die Beschreibung der Systemzustände von Bedeutung, welche sich aus dem Zusammenspiel der Energiesysteme und ihrer Einbindung in vor- und nachgelagerte Systemebenen ergeben. So ist keinesfalls zu erwarten, dass die resiliente Gestaltung von Teilsystemen stets zu einem resilienten

---

[52] Erste Einsichten hierzu auf der Basis von Modellen finden sich bei Kahn 1978 und bei Rößler 2012.
[53] Siehe hierzu auch den Beitrag von Hellige in diesem Band.
[54] Vgl. z.B. Grünwald et al. 2012.

Gesamtsystem führt. Beispielsweise kann eine regionale Selbstversorgung, falls genügend Ressourcen zur Verfügung stehen, zu einem resilienten regionalen Energiesystem führen. Die Rückwirkungen auf das nationale System können dieses aber destabilisieren, z.b. wenn dadurch große Überschüsse bei der Stromerzeugung entstehen, die in die Übertragungsnetze eingespeist werden. Solche Entwicklungen sind schon in Ansätzen bei der Nutzung von Windkraft in Ostdeutschland zu beobachten.[55] Dies spiegelt fehlende Rückkopplungs- und Dämpfungsmechanismen zur Angleichung des Ausbaus der Erneuerbaren an den nötigen Netzausbau im EEG wider.

So lange einerseits die Versorgungssicherheit eine vorwiegend nationale Angelegenheit ist und andererseits auch nur geringe Übertragungskapazitäten in die europäischen Nachbarstaaten bestehen, wäre der Blick hinsichtlich Resilienz zunächst entsprechend auf das nationale Energiesystem zu richten. Langfristig ist jedoch zu erwarten, dass es einen weitreichenden europäischen Verbund geben wird, woraus sich sicher nicht nur Effizienzvorteile ergeben, sondern auch erweiterte Optionen für eine resiliente Gestaltung. Trotz allem gibt es eine Reihe von gut begründeten Argumenten[56], dass der regionalen Ausgestaltung eine besondere Bedeutung zukommt. Zu vorderst sind hier die dezentrale Einspeisung aus erneuerbaren Energien und die Nähe zu den Verbrauchern zu nennen.

Literatur

Adger, W. N. (2006): Vulnerability, Global Environmental Change 16 (3), S. 268 ff.
Bennett, E. M./Peterson, G. D./Levitt, E. A. (2005): Looking to the Future of Ecosystem Services, Ecosystems 8 (2), S. 125 ff.
Birkmann, C./Bach, C./Guhl, S./Witting, M./Welle, T./Schmude, M. (2010): State of the Art der Forschung zur Verwundbarkeit Kritischer Infrastrukturen am Beispiel Strom/Stromausfall, Forschungsforum Öffentliche Sicherheit, Schriftenreihe Sicherheit Nr. 2.

---

[55] Vgl. http://www.faz.net/aktuell/wirtschaft/wirtschaftspolitik/netzueberlastung-der-grosse-stromausfall-kommt-1592887.html (20.3.2013).
[56] Vgl. Lovins/Lovins 1982.

Boyd, J./Banzhaf, S. (2007): What are ecosystem services? The need for standardized environmental accounting units, Ecological economics 63 (2), S. 616 ff.

Brand, F. (2005): Ecological resilience and its relevance within a theory of sustainable development, UFZ-Report 03/2005, Leipzig.

Bundesnetzagentur (2012a): Bericht zum Zustand der leitungsgebundenen Energieversorgung im Winter 2011/2012 vom 3. Mai 2012, Bonn/Berlin, http://www.bundesnetzagentur.de/SharedDocs/Downloads/DE/BNetzA/P resse/Berichte/2012/NetzBericht_ZustandWinter11_12pdf.pdf?__blob=p ublicationFile (25.04.2013).

Bundesnetzagentur (2012b): Große Zuverlässigkeit in der Stromversorgung, Presseerklärung vom 3.9.2012, http://www.bundesnetzagentur.de/cln _1932/SharedDocs/Pressemitteilungen/DE/2012/120903_SAIDI_Wert_St rom.html?nn=65116 (28.9.2012).

Daily, G. C. (1997): Nature's services. Societal dependence on natural ecosystems, Washington DC.

Droste-Franke, B./Paal, B. P./Rehtanz, C./Sauer, D. U./Schneider, J-P. (2012): Balancing Renewable Electricity, Heidelberg.

EU Kommission (2000): Die Anwendbarkeit des Vorsorgeprinzips. Mitteilung der Kommission vom 2.2.2000, Brüssel, http://eurlex.europa.eu/Lex Uri Serv/site/de/com/2000/com2000_0001de01.pdf (27.9.2012).

Gabriel, J./Meyer, S. (2010): Eine vulnerabilitätsbezogene Wertschöpfungskettenanalyse für ausgewählte Wertschöpfungsketten im Cluster Energiewirtschaft, Endbericht für nordwest2050, Bremer Energieinstitut, Bremen.

Gleich, A. v./Gößling-Reisemann, S./Stührmann, S./Woizescke, P. (2010a): Resilienz als Leitkonzept – Vulnerabilität als analytische Kategorie, in: Fichter, K./Gleich, A. v./Pfriem, R./Siebenhüner, B. (Hg.), Theoretische Grundlagen für Klimaanpassungsstrategien, nordwest2050-Berichte 1, Bremen, Oldenburg.

Gleich, A. v./Brand, U./Stührmann, S./Gößling-Reisemann, S./Lutz-Kunisch, B. (2010b): Leitbildorientierte Technologie- und Systemgestaltung, in: Fichter, K./Gleich, A. v./Pfriem, R./Siebenhüner, B. (Hg.), Theoretische Grundlagen für erfolgreiche Klimaanpassungsstrategien, nordwest2050-Berichte 1, Bremen, Oldenburg.

Gößling-Reisemann, S./Gleich, A. v./Stührmann, S./Wachsmuth, J./Gabriel, J./ Meyer, S. (2012a): Klimawandel und Vulnerabilität der Energieversorgungssysteme im Nordwesten Deutschlands – Systematische Analyse unter Unsicherheit, in: Decker, M. (Hg.), Der Systemblick auf Innovation – Technikfolgenabschätzung in der Technikgestaltung, Berlin, S. 337 ff.

Gößling-Reisemann, S./Gleich, A. v./Stührmann, S./Wachsmuth, J.: Climate change and structural vulnerability of a metropolitan energy supply system – the case of Bremen-Oldenburg in Northwest Germany, Journal of Industrial Ecology (eingereicht, akzeptiert).

Grünwald, R./Ragwitz, M./Sensfuß, F./Winkler, J. (2012): Regenerative Energieträger zur Sicherung der Grundlast in der Stromversorgung, TAB-Arbeitsbericht Nr. 147, Berlin.

Holling, C. S. (1973): Resilience and stability of ecological systems, Annual Review in Ecology and Systematics 4, S. 1 ff.

Kahn, E. (1978): Reliability planning in distributed electric energy systems, Energy & Environment Division, Lawrence Berkeley Laboratory.

Leyens, D./Engelhard, P./Reck, H. (2012): Klimaanpassung in der Energiewirtschaft, Energiewirtschaftliche Tagesfragen 9/2012, S. 50 ff.

Lovins, A. B./Lovins L. H. (1982): Brittle power: Energy strategy for national security, Andover.

Millennium Ecosystem Assessment (MEA) (2005): Ecosystems and Human Well-Being: Synthesis, Washington DC.

Petermann, T./Bradke, H./Lüllmann, A./Poetzsch, M./Riehm, U. (2011): Was bei einem Blackout geschieht – Folgen eines langandauernden und großflächigen Stromausfalls, Studien des Büros für Technikfolgen-Abschätzung beim Deutschen Bundestag, Bd. 33, Berlin.

Rößler, J. (2012): Identifizierung von bionischen Gestaltungskriterien zur Erhöhung der Resilienz bei Energiesystemen, Bachelor-Thesis, Hochschule Bremen (unveröffentlicht).

Ruth, M./Blohm, A./Gasper, R./Karlstetter, N./Wachsmuth J./Beermann, M./ Eickemeier, T./Gößling-Reisemann, S./Akamp, M. (2012): Dynamic modeling of regional climate adaptation needs and options: Annual meeting of the Western Regional Science Association, Kauai, Hawaii.

Schlandt, J. (2012): Händler manipulieren den Strommarkt, Berliner Zeitung, Online Ausgabe vom 16.2.2012, http://www.berliner-zeitung.de/energie wende/stromnetz-haendler-manipulieren-den-strommarkt,10808242, 11643284.html (28.9.2012).

Schuchardt, B./Wittig, S./Spiekermann, J. (2011): Klimawandel in der Metropolregion Bremen-Oldenburg, Regionale Analyse der Vulnerabilität ausgewählter Sektoren und Handlungsbereiche, nordwest2050 working paper 11, Bremen.

Schucht, B. et al. (2012): Netzentwicklungsplan Strom 2012, 2. überarbeiteter Entwurf der Übertragungsnetzbetreiber, 50Hertz Transmission GmbH; Amprion GmbH; TenneT TSO GmbH; TransnetBW GmbH, http://www.

netzentwicklungsplan.de/content/netzentwicklungsplan-2012-2-entwurf (30.9.2012).

Schnettler, A. (2012): Stellungnahme des externen Gutachters zum Netzentwicklungsplan 2012, Institut für Hochspannungstechnik, RWTH Aachen.

Stirling, A. (2003): Risk, uncertainty and precaution: Some instrumental implications from the social sciences, in: Scoones, I./Leach, M./Berkhout, F. (Hg.), Negotiating change: Perspectives in environmental social science, London, S. 33 ff.

Stührmann, S./Gleich, A. v./Brand, U./Gößling-Reisemann, S. (2012): Mit dem Leitkonzept Resilienz auf dem Weg zu resilienteren Energieinfrastrukturen, in: Decker, M./Grunwald, A./Knapp, M. (Hg.), Der Systemblick auf Innovation – Technikfolgenabschätzung in der Technikgestaltung, Berlin, S. 181 ff.

Turner, B. L., II/Kasperson, R. E./Matson, P. A./McCarthy, J. J./Corell, R. W./ Christensen, L./Eckley, N./Kasperson, J. X./Luers, A./Martello, M. L./ Polsky, C./Pulsipher, A./Schiller, A. (2003): A Framework for Vulnerability Analysis in Sustainability Science, Proceedings of the National Academy of Sciences of the United States of America 100(14), S. 8074 ff.

Verband der Netzbetreiber e.V. (VDN) (2007): TransmissionCode 2007, Netz- und Systemregeln der deutschen Übertragungsnetzbetreiber, Berlin.

Walker, B./Holling, C. S./Carpenter, S. R./Kinzig, A. (2004): Resilience, Adaptability and Transformability, Ecology and Society 9(2), Art. 5, vgl. http://www.ecologyandsociety.org/vol9/iss2/art5.

Wachsmuth, J./Gleich, A. v./Gößling-Reisemann, S./Lutz-Kunisch, B./Stührmann, S. (2012a): Sektorale Vulnerabilität: Energiewirtschaft, in: Schuchardt, B./Wittig, S. (Hg.), Vulnerabilität der Metropolregion Bremen-Oldenburg gegenüber dem Klimawandel, nordwest2050-Berichte 2, Bremen, Oldenburg, S. 93 ff.

Wachsmuth, J./Blohm, A./Gößling-Reisemann, S./Eickemeier, T./Gasper, R./ Ruth, M./Stührmann, S. (2012b): How will renewable power generation be affected by climate change? – The case of a metropolitan region in Northwest Germany, in: Desideri, U./Manfrida, G./Sciubba, E. (Hg.), Proceedings of the ECOS 2012 – The 25th International Conference on Efficiency, Cost, Optimization, Simulation and Environmental Impact of Energy Systems, Perugia, Italy.

Wolter, M./Weidner, J. (2012): Modellierung der Vulnerabilität des Energiesektors in der Region gegenüber Auswirkungen des Klimawandels, Endbericht für nordwest2050, Institut für Energieversorgung und Hochspannungstechnik, Universität Hannover.

Geographie der erneuerbaren Energien

Räumliche Grenzen eines nachhaltigen Energiesystems

Stephan Bosch

Der vorliegende Beitrag thematisiert die Bedeutung der Ressource Raum für die Umstellung unseres Energiesystems weg von fossilen sowie nuklearen Energieträgern hin zu erneuerbaren Energien und richtet den Fokus dabei zunächst auf die Grenzen der räumlichen Steuerungsmöglichkeiten des Ausbaus von Windenergie- und Photovoltaik-Freiflächenanlagen. Des Weiteren werden Konzepte vorgestellt, die eine ausgeklügelte Vernetzung dezentral angeordneter Technologien anvisieren und es so ermöglichen, der Anforderung einer verlässlichen Stromversorgung – trotz des überwiegenden Einsatzes intermittierender Energiequellen – entsprechen zu können. Das Untersuchungsgebiet bildet im ersten Abschnitt des Beitrages der Freistaat Bayern, da sich hier ein räumlich stark wirksamer und damit für die Geowissenschaften relevanter Paradigmenwechsel in der Windenergiepolitik vollzieht. Im zweiten Abschnitt wird der Blick auf das gesamte Bundesgebiet geweitet, um die z. T. erheblichen regionalen Disparitäten, mit denen sich die Protagonisten der Energiewende konfrontiert sehen, sichtbar machen zu können.

I. Problemstellung

Das ökonomische Wachstumspotanzial des ländlichen Raumes wird generell als gering eingestuft.[1] Standortvorteile wie große Flächen und niedrige Grundstückspreise hätten ihre einstige Bedeutung eingebüßt und würden in keiner Weise mehr ausreichen, Investitionsströme in die Peripherie zu lenken. Es wird jedoch übersehen, dass sich im Zuge der Liberalisierung der Strommärkte 1996 sowie ganz besonders mit der Einführung des Erneuerbare-Energien-Gesetzes im Jahr 2000 die Situation maßgeblich verändert hat, denn die dezentrale Energiegewinnung mittels Photovoltaik, Windkraft und Biomasse benötigt erhebliche räumliche Ressourcen. Es wird nicht zuletzt von „energy from space" gesprochen und auf den bei der Energiegewinnung weitaus größeren Flächenanspruch eines regenerativen gegenüber dem eines konventionellen Energiesystems verwiesen.[2] Immerhin werden für die Produktion von einer Gigawattstunde Endenergie mittels Photovoltaik-Freiflächenanlagen 4,4 ha, mittels Windkraftanlagen 5,7 ha und mittels Biogasanlagen sogar 102 ha benötigt.[3] Ergiebige Ölfelder erreichen hingegen Hektarerträge von durchschnittlich 10.000-40.000 t.[4] Die Energiedichte der erneuerbaren Energien ist damit vergleichsweise gering. Eine dezentrale Anordnung regenerativer Kraftwerke führt jedoch zu erheblich kürzeren und damit verlustärmeren Transportstrecken zwischen Stromeinspeisung und -entnahme, darüber hinaus müssen weniger Spannungsebenen überwunden werden.[5] Davon zu unterscheiden ist ein zentral organisiertes Energiesystem, bestehend aus wenigen Großkraftwerken, die den Strom nicht in die lokalen und regionalen Verteilnetze, sondern in die leistungsstarken überregionalen Übertragungsnetze einspeisen. Die Raumwirksamkeit eines fossil-nuklearen Energiesystems ist während der Energieerzeugung sehr gering. Lagerstätten weisen hohe Energiedichten auf, sie sind jedoch ungleich über den Raum verteilt.[6] Räumliche Kosten entste-

---

[1] Vgl. Henkel 2004, S. 222.

[2] Vgl. Brücher 2008, S. 4 f.; „energy from space" als Gegenentwurf zu „energy for space".

[3] Vgl. Peters 2010, S. 17.

[4] Vgl. Wikipedia 2012; es wurden bereits Hektarerträge von bis zu 300.000 t erzielt.

[5] Vgl. Klagge/Brocke 2013, S. 12.

[6] Vgl. Rempel 2008.

hen somit erst bei der globalen Verteilung des Rohöls oder der Kohle, weswegen dann von „energy for space" gesprochen wird.[7] Sicherlich sind die Übergänge zwischen dezentralem und zentralem Energiesystem fließend[8], denn der Ausbau konzentrierender solarthermischer Kraftwerke in Nordafrika zur partiellen Stromversorgung europäischer Verbraucherzentren geht sowohl während der Energieproduktions- als auch im Zuge der Energieverteilungsphase – in diesem Falle mittels Hochspannungs-Gleichstrom-Übertragung – mit einer hohen Raumwirksamkeit einher.[9]

In jedem Falle führt die gesetzlich garantierte vorrangige Nutzung erneuerbarer Quellen in Deutschland nun dazu, dass die ursprünglich als unbedeutend eingestuften quantitativen Faktoren wie Flächenverfügbarkeit und niedrige Grundstückspreise eine sukzessive Aufwertung erfahren und v. a. strukturschwachen Kommunen zum Standortvorteil gereichen. Der dezentrale Charakter regenerativer Technologien bietet dabei die Gelegenheit, autarke Versorgungsstrukturen aufzubauen und regionale Wirtschaftskreisläufe anzukurbeln.[10] Die Energieversorgungsanlagen müssen nicht nur installiert, sondern auch betrieben und gewartet werden. Daraus ergeben sich lukrative Aufträge für Unternehmen, Servicetechniker und Rohstoffzulieferer aus der Region.

Dieser ökonomische Gewinn für den ländlichen Raum kann jedoch nicht die sozialen und ökologischen Verwerfungen wettmachen, die aus einem überdimensionierten Ausbau von erneuerbaren Energien resultieren. Die Energiewende hat den Nutzungsdruck auf den ländlichen Raum

---

[7] Vgl. Brücher 2008, S. 4 f.; im Rahmen von „energy for space" kommt dem Raum allein bei der Verteilung der Energie, ausgehend von wenigen Großkraftwerken, Bedeutung zu; beim dezentralen Charakter von „energy from space" entfällt dieser Aspekt aufgrund der Nähe von Energieproduktion und -verbrauch.

[8] Vgl. Schmitt 2012, S. 253 ff.; der Autor argumentiert, dass im Rahmen von Desertec die regenerative – ursprünglich dezentrale – Energieproduktion wieder in ein zentrales Korsett gezwungen wird, bspw. auch von „economies of scale" profitiert und deshalb eher als ein spätfordistisches Projekt zu begreifen ist.

[9] Vgl. Walter/Bosch 2012; dieser Beitrag erläutert und visualisiert die Planung von Gleichstromtrassen zwischen Nordafrika und Zentraleuropa. Hierbei wird mittels Geographischer Informationssysteme (GIS) gearbeitet.

[10] Vgl. Bund Naturschutz 2010; die Gemeinde Wildpoldsried (Oberallgäu) deckt bereits mehr als das Dreifache des eigenen Energiebedarfes mittels eines regenerativen Energiemixes. Vgl. zu regionalen und lokalen Ansätzen und Praktiken auch die Beiträge von Radtke und Schuster in diesem Band.

dramatisch erhöht und dabei die Erkenntnis mit sich gebracht, dass der energetische Nutzen die räumlichen Kosten nicht immer aufwiegen kann. Problematisch ist, dass der größte Teil des Ausbaus Deutschland noch bevorsteht. Ende 2012 deckten die erneuerbaren Energien erst 23 % des Stromverbrauchs.[11] Eine umfassende Energiewende scheint damit noch in weiter Ferne zu liegen. Es ist zumindest gelungen, die Bedeutung konventioneller Energieträger zu schmälern, die Dezentralisierung der Energieversorgung voranzutreiben und das bereits lang bestehende Angebotsoligopol aufzubrechen.[12] Um diesen Weg fortzusetzen ist es notwendig, die räumliche Integration der erneuerbaren Energien in den kommenden Jahren mit einer größeren Sensibilität voranzutreiben als dies bisher der Fall war. Dies ist beispielsweise durch einen raumverträglichen Ausbau zu erreichen, der sowohl die Wahl der Technologie als auch ihren quantitativen Einsatz an die jeweiligen räumlichen Voraussetzungen knüpft.[13] Gelingt dies nicht, werden sich die Konflikte zwischen den zahlreichen regionalen Akteuren, die allesamt mit großen Flächennutzungsansprüchen aufwarten, weiter verstärken. Das ursprünglich gute Image der „grünen Technologien" könnte hierdurch weiteren Schaden nehmen.[14] Um dies zu vermeiden, bedarf es zunächst eines tieferen Einblickes in die räumlichen Dimensionen des Ausbaus von erneuerbaren Quellen.

II. Energiepolitischer Neubeginn – Bayern entdeckt die Windenergie

1. Großes Standortpotenzial

Seit dem Beschluss, die verbleibenden neun Atomkraftwerke Deutschlands bis spätestens 2022 abzuschalten, ist v. a. der mit mehr als 50 % von der Kernenergie abhängige Freistaat Bayern darum bemüht, den Ausbau der zuvor eher marginal genutzten Onshore-Windenergie voran-

---

[11] Vgl. BDEW 2012.

[12] Zu Letzterem auch der Beitrag von Hellige in diesem Band.

[13] Vgl. Bosch 2012; die Arbeit offenbart einen raumverträglichen Einsatz regenerativer Technologien am Beispiel des Landkreises Landsberg a. Lech und ist in Anlehnung an Johann Heinrich von Thünen als energetische Landnutzungslehre zu verstehen.

[14] Vgl. hierzu aus umweltpsychologischer Perspektive auch den Beitrag von Hildebrand/Schütte/Fechner/Schweizer-Ries in diesem Band.

zutreiben.[15] Eine Studie des Fraunhofer-Instituts für Windenergie und Energiesystemtechnik (Iwes) hat für Bayern ein theoretisches Flächenpotenzial der Windenergie von 17.000 km² ermittelt.[16] Neben Flächen ohne Restriktionen wurden dabei auch prinzipiell nutzbare Wald- und Schutzgebiete miteinbezogen. Problematisch an dem Ansatz des Iwes ist, dass dieser sich nicht an den Raumpotenzialen für die gesamte Bandbreite an technologischen Optionen orientiert, sondern lediglich für den forcierten Ausbau der Windenergie eintritt. Es handelt sich folglich nicht um ein raumverträgliches Ausbaukonzept, das die regenerativen Technologien in den regionalen Kontext einbettet, vielmehr wird eine vorgegebene Technologie über unterschiedlich ausgeprägte Teilräume übergestülpt. Es ist davon auszugehen, dass Naturschutzverbände und Heimatpflegevereine Anstoß an einer derart einseitigen Studie nehmen werden, denn bereits vor Fukushima[17] wurde die übermäßige Technisierung der Kulturlandschaft durch weithin sichtbare Windkraftanlagen kritisiert.[18] Die Windbranche befürwortet den Ansatz des Iwes, da der Windenergie in Bayern noch zu wenig Flächen zur Verfügung stünden. Kritisiert werden diesbezüglich die regionalen Planungsverbände, die trotz ambitionierter Ausbauziele seitens der Bundesregierung der Windenergie zu wenig Raum verschaffen. Flächen, die sich für die Errichtung von Windkraftanlagen eignen, sollten deshalb aus den Landschaftsschutzgebieten herausgenommen und die Windkraft als Ziel im Landesplanungsgesetz verankert werden. Nicht zuletzt würden zwei Prozent der Landesfläche Bayerns ausreichen, um jährlich 80 TWh Windstrom zu erzeugen.[19] Der Freistaat, der mit gerade einmal 500 errichteten Windkraftanlagen und einer Gesamtleistung von lediglich 684 MW (Stand 2011) noch zu den Schlusslichtern im Bereich Windenergie zu zählen ist, strebt bis zum Jahr 2021 zumindest eine Verfünffachung der für die Windenergie planungsrechtlich gesicherten Fläche an.[20] Laut Windenergieerlass geht dies mit einem Zubau von 1.500 Windkraftanlagen einher. Um dies zu erreichen, ist es notwendig, die zögerlich agierenden regionalen Planungsverbände

---

[15] Vgl. Weinhold 2012.
[16] Vgl. Iwes 2011.
[17] Vgl. hierzu den Beitrag von Simonis in diesem Band.
[18] Vgl. Bosch/Peyke 2011; Nohl 2001/2010.
[19] Vgl. Zimmermann 2011a.
[20] Vgl. Einig et al. 2011.

zur Ausweisung von Vorbehalts- und Vorranggebieten für die Windenergie anzuhalten und dafür Fristen festzusetzen.[21]

2. Regionalplanung in der Pflicht

Die Vermutung, dass den Flächenansprüchen der Windenergiebranche seitens der bayerischen regionalen Planungsverbände nur in unzureichendem Maße Rechnung getragen werde, konnte eine Studie des Bundesinstituts für Bau-, Stadt- und Raumforschung (BBSR) bestätigen. Unter Zuhilfenahme des Raumordnungsplan-Monitors (ROPLAMO)[22] – einer Datenbank, in der sämtliche Raumordnungsgebiete für die Windenergie erfasst werden – konnten Wissenschaftler aufzeigen, dass Anfang 2011 40 der 113 Planungsregionen Deutschlands keine Raumordnungsgebiete für die Windenergienutzung beinhalteten. Die in den Regionalplänen knapp 2.000 ausgewiesenen Raumordnungsgebiete nahmen gerade einmal eine Fläche von 131.679 ha ein (0,37 % der Fläche Deutschlands). Die regionalen Disparitäten sind dabei erheblich und belegen auch die unterschiedlichen Haltungen zum Technologiepfad Windenergie. So wurden in Schleswig-Holstein, das 2011 eine installierte Gesamtleistung von 3.271 MW aufweisen konnte, 0,87 % der Landesfläche als Raumordnungsgebiete für die Windenergie ausgewiesen. In Bayern waren es demgegenüber nur 0,05 %.[23] Diese Diskrepanz ist eben nicht allein darauf zurückzuführen, dass die natürlichen Standortvoraussetzungen für die Windenergie in Bayern wesentlich schlechter sind als jene in Schleswig-Holstein[24], denn die neueste Generation von hocheffizienten Schwachwindanlagen gewährt die Wirtschaftlichkeit der Windenergienutzung mittlerweile auch an bayerischen Standorten. Grundlegend für die immer noch bestehenden erheblichen räumlichen Disparitäten ist vielmehr, dass divergierende landesspezifische Präferenzen hinsichtlich der technologischen Ausrichtung im Bereich der regenerativen Stromerzeugung bestehen. Bayern hatte sein Augenmerk bislang auf die Technologierouten Photovoltaik und Biogas gerichtet und darüber die Option

---

[21] Vgl. StMI et al. 2011.

[22] Vgl. BBSR 2008.

[23] Vgl. Einig et al. 2011; Weinhold 2012.

[24] In diese Richtung etwa auch der Beitrag von Fornahl/Umlauf in diesem Band.

Windenergie vernachlässigt.[25] In räumlicher Perspektive äußerst sich dies dahingehend, dass bis zum Jahr 2011 nur in sieben der 18 bayerischen Planungsregionen gebietsbezogene Nutzungsregelungen zur Windkraft vorlagen.[26] Folglich ist davon auszugehen, dass in Bayern regional noch erhebliche Flächenpotenziale für die Windenergienutzung vorliegen, deren Inwertsetzung durch die regionalen Planungsverbände zu steuern wäre. Bei der Ausweisung von neuen Vorranggebieten sollten die regionalen Planungsverbände jedoch darauf achten, dass der Betrieb von Altanlagen nicht durch neue Windparks gestört wird. Im Zuge der Errichtung von immer größeren Windkraftanlagen sowie der Verringerung von Abstandsflächen könnten ansonsten Probleme aus einer verstärkten Windabschattung sowie einer weiträumigen Bildung starker Turbulenzen in Hauptwindrichtung erwachsen. Diese als „Wake-Effekt" bezeichnete Nachlaufströmung führt bei benachbarten Windkraftanlagen nicht nur zu einer Ertragsminderung von bis zu 30 %, vielmehr ist mit erhöhten Reparatur- und Wartungskosten zu rechnen. Die Ausweisung von neuen Flächen ist unter diesen Umständen als kontraproduktiv zu bezeichnen und muss daher mit Rücksicht auf bereits bestehende Windparks vollzogen werden, andernfalls wird sich die Flächenbeanspruchung durch die Windenergiebranche unverhältnismäßig erhöhen. Dies ist dadurch zu erklären, dass, aufgrund der Gefahr im Windschatten eines benachbarten Windparks zu liegen, Projektentwickler sich mittlerweile auch jene Flächen sichern, die an die eigenen Anlagenstandorte angrenzen.[27]

Abgesehen von der Freisetzung neuer Flächenpotenziale stehen die regionalen Planungsverbände auch in der Verantwortung, Ausschlussgebiete für die Windenergie festzulegen. Hierzu zählen in Bayern Nationalparke, Naturschutzgebiete, Kernzonen von Biosphärenreservaten, geschützte Landschaftsbestandteile, flächenhafte Naturdenkmäler, europäische Vogelschutzgebiete sowie die Alpenplan Zone C. Prinzipiell möglich ist die Errichtung von Anlagen in Fauna-Flora-Habitat-Gebieten. Die Erhaltungsziele dieser Raumkategorie dürfen jedoch nicht gestört werden. Ein sensibler Ausbau ist darüber hinaus in Pflegezonen der Biosphärenreservate, Landschaftsschutzgebieten, Wäldern mit altem Baumbestand oder naturnaher Baumartenzusammensetzung sowie den Alpenplan

---

[25] Vgl. Bosch/Peyke 2009, S. 45.
[26] Vgl. Einig et al. 2011.
[27] Vgl. Zimmermann 2011b, S. 40.

Zonen A und B erforderlich. Des Weiteren gilt es, landschaftsästhetisch sowie kulturhistorisch bedeutsame und damit touristisch relevante Räume vor einer zu starken Technisierung zu bewahren.[28] Eine künftige Entlastung ländlicher Räume von einem überdimensionierten Ausbau der Windenergie rührt aus der Tatsache, dass sich der Flächenverbrauch je erzeugter Energiemenge verringern wird. Einerseits liegt dies am technischen Fortschritt, der sukzessive leistungsstärkere Anlagen hervorbringen und damit auch leistungsschwächere Anlagen ersetzen wird (Repowering). Andererseits ist zu erwarten, dass die Regionalplanungsträger bei der Ausweisung von Vorrang-, Eignungs- und Vorbehaltsflächen ihr Augenmerk stärker auf hochwertige Standorte legen und deren planerische Sicherung anstreben werden. Das BBSR geht folglich von einer durchschnittlichen Verringerung des Flächenbedarfes der Windenergie von 7 ha/MW auf 4,84 ha/MW aus.[29]

3. Landschaftsästhetik

Diskussionen um die scheinbare Dichotomie von Kulturlandschaft und erneuerbaren Energien haben ihrerseits zu einer großen Skepsis gegenüber der regenerativen Energieproduktion beigetragen. Im Zentrum der Kritik stehen dabei die Windenergieanlagen, deren Größendimensionen i. d. R. zu einer starken Beeinträchtigung des Landschaftsbildes führen.[30] Dennoch gibt es auch Anhänger dieser Technologieroute. Nicht zuletzt wird im Zusammenhang mit dem Ausbau der Windenergie in Norddeutschland vom „Windenergiewunder" und einer „Erfolgsstory" gesprochen.[31] Kritisiert wird hingegen der einseitige Pro-Windenergie-Diskurs, der v. a. von den im Bundestag vertretenen Parteien geführt wird und dadurch stärker in der Öffentlichkeit steht als die nicht wenigen kritischen Stimmen, die vor einer erheblichen Überformung der Kulturlandschaft durch immer größere Windenergieanlagen warnen.[32] Der dabei

---

[28] Vgl. StMI et al. 2011.
[29] Vgl. Einig et al. 2011.
[30] Vgl. Nohl 2001.
[31] Vgl. Boeing 2011, S. 30.
[32] Vgl. Leibenath/Otto 2012, S. 128.

oftmals verwendete Ausdruck „Verspargelung der Kulturlandschaft"[33] ist jedoch in der Hinsicht als irreführend zu bezeichnen, wie er den Eindruck erweckt, als würden Windkraftanlagen flächendeckend den Raum beanspruchen und eine Beplanung durch alternative Nutzungen unmöglich machen. Zwar treten Windkraftanlagen mittlerweile in Form von großen sowie auffälligen technischen Anlagen überregional in Erscheinung und verändern hierdurch großräumig die ästhetischen Eigenschaften von Räumen, dennoch werden die Flächenansprüche der Windindustrie seitens der Regionalplanung oftmals zurückgewiesen, teilweise sogar nicht einmal in die Planungen miteinbezogen.[34] Der Zustand einer sog. Verspargelung ist damit raumordnungsrechtlich nicht zu erreichen, vielmehr kann dieser Vorwurf als ein Beleg für die unsachgemäße Diskussionskultur zwischen Windkraftgegnern und -befürwortern verstanden werden.

Es wird darauf hingewiesen, dass eine Ablehnung von Windkraftanlagen i. d. R. auf landschaftsästhetische Aspekte zurückzuführen ist.[35] Dies ist keineswegs verwunderlich, denn bislang hat die Raumordnung landschaftsästhetische Aspekte bei der Festlegung gebietsbezogener Nutzungsregelungen in keiner Weise berücksichtigt und damit dem Gesetzesauftrag der Wiederherstellung bzw. Neugestaltung von Räumen nicht entsprochen. Mittels der sog. Negativplanung, die der Windenergie nur mehr restriktionsfreie und vorbelastete Gebiete – also Restflächen – zuweist, lässt sich kein Bezug zwischen der Technologie und der Landschaft, in die diese eingebettet werden soll, herstellen.[36] Aus der Perspektive der Landschaftsarchitektur wird verdeutlicht, dass die Windenergie nur dann als ästhetisch empfunden werden kann, wenn in ihr ein gelingendes Natur-Kultur-Verhältnis sichtbar wird. Vor dem Hintergrund der gegenwärtigen Planungskultur in Deutschland dürfte dies jedoch schwierig sein, da eine Windkraftanlage bislang nur als ein unvermeidbares Übel und nicht als ein neues, sinnstiftendes Kulturlandschaftselement angesehen wird, das auch einen wertvollen kulturellen Beitrag zu einer historisch gewachsenen Charakterlandschaft leisten kann. Es ist ohnehin fraglich, ob eine Regionalplanung, die zwischen vorbelasteten und hochwertigen Teilräumen unterscheidet, überhaupt noch ihrem Verfassungs-

---

[33] Vgl. Brücher 2008, S. 10; Nohl 2010, S. 4.
[34] Vgl. Bosch/Peyke 2011a/2011b/2011c/2011d; Einig et al. 2011.
[35] Vgl. Hasse 1999, S. 261.
[36] Vgl. Schöbel 2012, S. 21.

auftrag einer ausgewogenen Raumentwicklung nachkommt.[37] Hier muss die Frage gestellt werden, ob nicht auch Menschen in Regionen mit Vorlast ein Recht auf eine schöne Landschaft haben. Wenn dies so ist, dann kann dem Problem der Verunstaltung des Landschaftsbildes allein durch eine landschaftsgerechte Anordnung von Windkraftanlagen Rechnung getragen werden. Landschaftsästhetische Aspekte werden in Planungsprozessen bislang dahingehend berücksichtigt, dass Ausgleichszahlungen zu tätigen sind, die vom Ausmaß des Eingriffes ins Landschaftsbild abhängen.[38] Die Festlegung des Grades der Verunstaltung wird dabei von der Qualität des Landschaftsausschnittes, der Reliefsituation sowie der Höhe der Windkraftanlage gesteuert.[39] Für den Fall der Errichtung einer 200 m hohen 3-MW-Anlage innerhalb eines hochwertigen Landschaftsraumes wurde bspw. eine Ausgleichszahlung von 240.000 € festgesetzt. Diese Zahlungen fließen an regionale Naturschutzverbände, die damit eigene Projekte vorantreiben können. Die Höhe des Ausgleiches ist zu kritisieren, denn die zahlreichen als hochwertig einzustufenden bayerischen Landschaftsräume könnten so einige, ursprünglich lukrative Windprojekte verhindern. Darüber hinaus wird angemerkt, dass eine finanzielle Kompensationsverpflichtung für eine Maßnahme, die im Grunde als ökologisch sinnvoll einzustufen ist, irritiert.[40] Im Übrigen ist zu erwähnen, dass es sich als schwierig herausstellen dürfte, die landschaftsästhetische Wirkung von Windkraftanlagen exakt zu quantifizieren.[41] Die Rechtsprechung geht äußerst selten von einer Verunstaltung des Landschaftsbildes aus. Nur ein außergewöhnlicher, in hohem Maße schützenswerter Kulturlandschaftstyp, innerhalb dessen die Errichtung einer Windkraftanlage zu einer massiven Abwertung des Landschaftsausschnittes führen würde, ist von der Gefahr einer Verunstaltung betroffen. Das bloße Argument einer Beeinträchtigung und Abwertung des Landschaftsbildes aufgrund der markanten Erscheinung – dieser Vorwurf würde nicht zuletzt jede Anlage betreffen – ist nicht ausreichend, um ein im Außenbereich privilegiertes Vorhaben zu verhindern. Auch die optische Gewöhnungsbe-

---

[37] Vgl. Schöbel 2012, S. 22.
[38] Vgl. Zimmermann 2012, S. 25.
[39] Vgl. Knies 2010.
[40] Vgl. Schöbel 2012, S. 19.
[41] Vgl. Karl 2006.

dürftigkeit, die im Grunde genommen jede neuartige Technologie mit landschaftsfremden Baumaterialien hervorruft, ist rechtlich von keiner Relevanz.[42]

4. Minimierung von Flächennutzungskonflikten

Obwohl seit der Änderung des Baugesetzbuches im Jahr 1997 kein Bauleitplanungsverfahren mehr für die Genehmigung von Windkraftanlagen benötigt wird, können Gemeinden den Ausbau der Windenergie durch die Festlegung von Konzentrationszonen im Flächennutzungsplan steuern. Diese Gebiete werden im Rahmen von gemeindeinternen Abwägungsprozessen sowie der Vorlage eines schlüssigen Planungskonzeptes bestimmt. Dieses Vorgehen dient v. a. dazu, den Kommunen Gelegenheiten zur Mitgestaltung der Energiewende zu eröffnen. Darüber hinaus können dadurch lokale Besonderheiten besser in die Planungen mit einbezogen und ein ungeordneter Ausbau im Außenbereich von Gemeinden vermieden werden. Jedoch hat es das Bundesverwaltungsgericht lange Zeit versäumt, eine Mindestanzahl an Windkraftanlagen festzusetzen, die innerhalb einer Konzentrationszone zu realisieren ist. Deshalb wurden seitens einiger Kommunen sehr kleine Flächen ausgewiesen, um nicht etwaige Interessen potenzieller Projektentwickler am Gemeindestandort zu wecken.[43] Hierbei ist anzumerken, dass mit der Festlegung von Konzentrationszonen eine Ausschlusswirkung für die Windenergie im übrigen Gebiet der Gemeinde einherging. Die Wahrscheinlichkeit, dass sich Investoren der Windbranche dann überhaupt noch für die entsprechenden Kommunen interessieren, konnte mittels dieser Taktik minimiert werden. Der Beschluss im Rahmen des bayerischen Windenergieerlasses, die innergebietliche Eignung nicht mehr an einen außergebietlichen Ausschluss zu knüpfen, hebt diesen Nachteil nun zu Gunsten der Windindustrie auf.[44]

---

[42] Vgl. Scheidler 2010, S. 527.
[43] Vgl. Brand/Pöhlmann 2010; es wird diesbezüglich von Verhinderungsplanung gesprochen.
[44] Vgl. StMI et al. 2001.

III. Neuorientierung der PV-Branche

1. Räumliche Zäsur durch EEG 2010

Im Gegensatz zur Windenergie wird die Photovoltaik nicht von den Privilegierungstatbeständen des § 35 Abs. 1 BauGB erfasst, die, solange keine öffentlichen Belange wie beispielsweise Denkmalschutz, Landschaftspflege oder Bodenschutz entgegenstehen, ein Bauen im Außenbereich als zulässig deklarieren.[45] Soll ein Solarpark dennoch als selbstständige Anlage im Außenbereich entwickelt werden, ist hierfür eine gemeindliche Bauleitplanung erforderlich. Vergütungspflicht seitens des Netzbetreibers besteht allein, wenn eine Photovoltaik-Freiflächenanlage im Geltungsbereich eines Bebauungsplanes errichtet wurde.[46] Diese grundlegende räumliche Sanktionierung der Solarbranche hatte sich mit der Novellierung des EEG 2010[47] noch erheblich verstärkt. Dabei handelt es sich jedoch nicht um gesetzgeberische Willkür, vielmehr rühren die einschränkenden Maßnahmen aus den vor 2010 stark gesunkenen Kosten für Solarstromerzeugung und der damit einhergehenden Überförderung der Branche. Zum Zeitpunkt der Novellierung hatte die Photovoltaik einen Anteil von nur 12 % am Ökostrommix, die Branche erhielt jedoch 40 % (1,5 ct/kWh) der gesamten EEG-Umlage.[48] Selbst der Bundesverband Solarwirtschaft erkannte im EEG eine Bevorteilung der Solarbranche und stimmte einer Nachbesserung im Grunde zu, da eine Entkopplung von Angebot und Nachfrage nicht zu leugnen war.[49]

---

[45] Vgl. § 35 BauGB 2012 (Bauen im Außenbereich): Dieses Gesetz legitimiert die Entwicklung von Wind- und Wasserenergieprojekten im Außenbereich von Gemeinden, solange öffentliche Belange (z. B. Natur-, Boden- und Denkmalschutz) nicht entgegenstehen und eine ausreichende Erschließung sichergestellt werden kann.

[46] Vgl. StMI 2009.

[47] Vgl. Erstes Gesetz zur Änderung des Erneuerbare-Energien-Gesetzes vom 11.8.2010 in der am 17.8.2010 im Bundesgesetzblatt (S. 1170) veröffentlichten Fassung. Die erhebliche Raumwirksamkeit dieses Gesetzes entspringt aus der Streichung des Vergütungsanspruches für Ackerstandorte sowie der Strategie, den Ausbau der Solarenergie auf sog. vorbelastete Standorte zu konzentrieren.

[48] Zur Entwicklung der EEG-Umlage siehe auch den Beitrag von Möst/Müller/Schubert in diesem Band; zum Fördermechanismus sowie den wichtigsten Regelungen des EEG siehe auch den Beitrag von Schlacke/Kröger in diesem Band.

[49] Vgl. Müller 2011.

In räumlicher Perspektive sind die Folgen der Novellierung beachtlich. Die Beplanung einer Grünfläche, die innerhalb der letzten drei Jahre als Ackerfläche genutzt wurde, ist im Rahmen des neuen Vergütungssystems nicht mehr förderwürdig. Einem massiven Flächenverbrauch sowie steigenden Pachtpreisen soll dadurch Einhalt geboten werden. Darüber hinaus gilt es, die räumlichen Grundlagen einer auf Nahrungs- und Futtermittelproduktion ausgerichteten Landwirtschaft zu bewahren. Die Novellierung verdeutlicht, dass die Nutzung der Sonnenenergie auf der Freifläche nicht mehr erwünscht ist. Für die Solarbranche erwächst daraus die Notwendigkeit, das Augenmerk nun verstärkt auf gebäudeintegrierte Lösungen zu richten.[50] Aus ökologischer Sicht ist der Wegfall von ehemaligen Ackerstandorten bedenkenswert, denn die Umwandlung von Acker- in Grünland schonte einerseits den zuvor landwirtschaftlich intensiv genutzten Boden, andererseits konnte sich auf diesen Standorten – aufgrund der anzulegenden ökologischen Ausgleichsflächen – eine hohe floristische sowie faunistische Biodiversität etablieren. Des Weiteren ist anzumerken, dass mit dem Ausschluss von Ackerflächen und der Empfehlung, Solarprojekte verstärkt auf vorbelasteten Standorten zu realisieren, zahlreichen Kommunen die Möglichkeit genommen wurde, verbrauchsnahe Solarparks zu errichten. Da große, vorbelastete Flächen v. a. in Ostdeutschland zu finden sind, wird der Schwerpunkt des künftigen Ausbaus von Freiflächenanlagen auch dort zu erwarten sein.[51]

Trotz der Präferenz gebäudeintegrierter Lösungen wurden im Rahmen des EEG 2010 den räumlichen Einschränkungen auf der Freifläche Standortalternativen gegenübergestellt. Der Fokus ist dabei auf jene Flächen gerichtet, die bereits eine erhebliche Vorbelastung aufweisen. An dieser Stelle sei nochmals auf die Tatsache hingewiesen, dass ein derartiges Vorgehen dem Auftrag des Raumordnungsgesetzes (ROG)[52], gleichwertige Lebensbedingungen zu schaffen, zuwiderläuft, da in bereits vorbelasteten Regionen die räumlichen Eingriffe überproportional zunehmen werden. Dennoch wird die Errichtung einer Freiflächenanlage entlang

---

[50] Vgl. Schrödter/Kuras 2011.
[51] Vgl. Heup 2011, S. 52 f.
[52] Raumordnungsgesetz vom 22. Dezember 2008 (BGBl. I S. 2986), das zuletzt durch Artikel 9 des Gesetzes vom 31. Juli 2009 (BGBl. I S. 2585) geändert worden ist. In § 1 ROG wird eine ausgewogene Ordnung des Raumes unter der Prämisse gleichwertiger Lebensverhältnisse als Leitvorstellung der Raumordnung deklariert.

von Bandinfrastruktur mittlerweile als förderfähig eingestuft. Der beplanbare Korridor ist jedoch äußerst schmal. Es steht eine Breite von 110 m vom äußeren Rand des Schienenweges bzw. der Autobahn zur Verfügung.[53] Die von den Landesstraßenbaubehörden prinzipiell vorgegebenen straßenrechtlichen Anbaubeschränkungen im 100-Meter-Bereich sowie das Anbauverbot im 40-Meter-Bereich schließen die Errichtung von Freiflächenanlagen damit nicht mehr kategorisch aus. Voraussetzung für die Aufhebung des Anbauverbotes ist zum einen, dass der äußere Rand der Autobahn im Bebauungsplan exakt definiert wird, denn nur dadurch lassen sich die einzelnen Flächentypen eindeutig unterscheiden. Darüber hinaus gilt es, durch die Bestimmung der überbaubaren Grundstücksfläche zu überprüfen, ob die Sicherheit und Leichtigkeit des Verkehrs nicht beeinträchtigt wird. So ist sicherzustellen, dass von den Anlagen keine verkehrsgefährdenden Blendeffekte ausgehen. Drittens ist es erforderlich, den Träger der Straßenbaulast an der Aufstellung des Bebauungsplanes zu beteiligen. Die Restriktionen im Bereich des 110-Meter-Streifens entlang von Schienenwegen sind wesentlich geringer, denn hier besteht prinzipiell kein Anbauverbot. Es gilt lediglich, schädliche Umwelteinwirkungen und etwaige Blendeffekte zu vermeiden.[54]

Diese Flächen werden jedoch nicht ausreichen, um den erforderlichen Beitrag der Photovoltaik zur Energiewende auch nur annähernd leisten zu können. Daher wurde im Rahmen des EEG noch eine weitere Raumkategorie – die Konversionsfläche – aufgewertet und erweitert.[55] Ursprünglich wurden der Raumkategorie Konversionsfläche militärische oder wirtschaftliche Liegenschaften zugeordnet. Werden durch die Errichtung von Freiflächenanlagen neuerdings auch Konversionsflächen wohnungsbaulicher oder verkehrlicher Art überplant, so besteht gleichermaßen Anspruch auf Vergütung. Ein wesentlicher Beitrag der Solarenergie zum deutschen Energiemix ist jedoch vornehmlich auf militärischen Liegenschaften zu realisieren. Beispielhaft stehen hierfür der ehemalige sowjeti-

---

[53] Vgl. Erstes Gesetz zur Änderung des Erneuerbare-Energien-Gesetzes vom 11.08.2010 in der am 17.08.2010 im Bundesgesetzblatt (S. 1171) veröffentlichten Fassung.

[54] Vgl. Schrödter/Kuras 2011.

[55] Vgl. Erstes Gesetz zur Änderung des Erneuerbare-Energien-Gesetzes vom 11.08.2010 in der am 17.08.2010 im Bundesgesetzblatt (S. 1171) veröffentlichten Fassung.

sche Truppenübungsplatz Lieberoser Heide (Brandenburg)[56], der ursprünglich von der Roten Armee okkupierte ehemalige deutsche Fliegerhorst Brandis-Waldpolenz (Sachsen)[57] sowie der ehemalige Militärflughäfen Eberswalde (Brandenburg)[58], auf denen sich großflächige Freiflächenanlagen mit einer Leistung von 53 MW (162 ha), 40 MW (110 ha) und 84,5 MW (185 ha) befinden. Bemerkenswert ist, dass die Errichtung des Solarparks Lieberose mit einer Bodensanierung einherging, da sich der Projektentwickler Juwi dazu verpflichtet hatte, die Fläche von Kampfmitteln sowie chemischen Altlasten zu befreien. Daraus folgt, dass die Kombination aus Solarpark und vorbelasteter Fläche einen positiven Beitrag für die Umwelt leisten kann und die Aufarbeitung schwerwiegender räumlicher Eingriffe aus der Vergangenheit als realistisch erscheinen lässt. In diesem Fall stellt die Novellierung des EEG 2010 keinen Widerspruch zum Auftrag des ROG[59] dar. Nicht zuletzt konnte anhand eines Monitorings festgestellt werden, dass sich die Lebensbedingungen für bedrohte Vogelarten in der Lieberoser Heidelandschaft sogar verbessert haben. Konfliktträchtig sind Vorhaben jedoch dann, wenn Flächen mit einem hohen Kohlenstoffbestand zerstört werden.[60] Dies gilt es im Sinne des Klimaschutzes zu vermeiden.

2. Photovoltaik nicht zu stoppen

Trotz der 2010 vorgenommenen Kürzungen und räumlichen Einschränkungen im Solarbereich, konnte das starke Wachstum der Branche nicht eingedämmt werden. Allein 2011 wurden in Deutschland zusätzlich 7.500 MW PV-Leistung installiert.[61] Die Onshore-Windenergie verzeichnete im gleichen Zeitraum einen Zubau von nur 2.085 MW.[62] Für das Jahr 2013 soll der Ausbau der Photovoltaik auf 2.500-3.500 MW be-

---

[56] Vgl. First Solar GmbH 2009.
[57] Vgl. SolarServer 2010.
[58] Vgl. Solarhybrid AG 2012.
[59] Vgl. Raumordnungsgesetz (ROG). „Raumordnungsgesetz vom 22. Dezember 2008 (BGBl. I S. 2986), das zuletzt durch Artikel 9 des Gesetzes vom 31. Juli 2009 (BGBl. I S. 2585) geändert worden ist".
[60] Vgl. Heup 2011, S. 51 f.
[61] Vgl. Nikionok-Ehrlich 2012, S. 21.
[62] Vgl. Weinhold 2012, S. 35.

schränkt und in den darauffolgenden Jahren eine jährliche Absenkung von 400 MW eingeleitet werden. Hierzu legten das Bundeswirtschafts- und Bundesumweltministerium im Frühjahr 2012 weitere Sanktionen für die Solarbranche fest. Der Kompromiss besteht darin, die Vergütungssätze mittels einer Einmalsenkung zu reduzieren. Des Weiteren wurde die Verstetigung der Degressionen durch eine monatliche Absenkung der Vergütungssätze beschlossen. Darüber hinaus werden maximal 90 % des erzeugten Stromes zu einem garantierten Preis abgenommen, bei Kleinanlagen sind es nur mehr 85 %. Der verbleibende Strom muss in Eigenregie verbraucht oder vermarktet werden. Schließlich entfällt der Eigenverbrauchsbonus.[63] Diese Sanktionen wurden seitens der ostdeutschen Bundesländer vehement kritisiert, denn gerade dort sorgte die Solarbranche für die Entstehung zahlreicher Arbeitsplätze. Auch Bayern äußerte die Befürchtung, dass die Landwirtschaft, die mit ihren großen Scheunen und Ställen ein enormes Standortpotenzial für die Photovoltaik besitzt, eine alternative Einkommensquelle verlieren könnte.[64]

Wissenschaftler vom Rheinisch-Westfälischen-Institut für Wirtschaftsforschung (RWI) verweisen vor dem Hintergrund der steigenden Kosten für die Energiewende aufgrund des massiven Ausbaus im Bereich Photovoltaik auf die Ineffizienz des planwirtschaftlich ausgerichteten EEG und werben für die Einführung eines marktorientierten Quotenmodells.[65] Diesem rein ökonomischen Ansatz, der sämtliche ökologischen und sozialen Aspekte ausklammert und damit die notwendige Systemperspektive verlässt, fehlt Weitsicht. Einerseits könnte das Quotenmodell keine Planungssicherheit gewährleisten, andererseits werden langfristige Kostenvorteile von Technologien aufgrund von Massenproduktion und Standardisierung nicht in die Überlegungen miteinbezogen. Überhaupt wird übersehen, dass sich die regenerativen Technologien in unterschiedlichen Phasen des Produktlebenszyklus' befinden und dadurch ein Vergleich erschwert wird.

---

[63] Vgl. BMWi u. BMU 2012.

[64] Vgl. Nikionok-Ehrlich 2012.

[65] Vgl. Frondel et al. 2011. In diese Richtung diskutierend auch der Beitrag von Möst/Müller/Schubert in diesem Band.

IV. Stabilisierung von Stromnetzen

1. Energiesystemwechsel birgt Gefahren

Um einen sicheren Netzbetrieb gewährleisten und so einem Blackout vorbeugen zu können, ist es notwendig, Stromerzeugung und -verbrauch aufeinander abzustimmen. Indikator für ein stabiles Netz ist die Netzfrequenz, die um den Sollwert von 50 Hertz schwankt.[66] Wegen der Zuverlässigkeit fossiler und nuklearer Mittel- sowie Grundlastkraftwerke stellten Schwankungen in der Stromerzeugung bislang die Ausnahme dar. Allein Kraftwerksausfälle führten zu nicht absehbaren Fluktuationen im Netzbetrieb, die jedoch durch kompensierende Maßnahmen, wie den Einsatz flexibler, schnell reagierender Spitzenlastkraftwerke, leicht zu beherrschen waren. Dieser stabile Netzbetrieb ist mit dem Systemwechsel hin zu erneuerbaren Energien nicht mehr selbstverständlich.[67] Vielmehr noch wird sich mit jedem weiteren Ausbau von Windkraft- und Solaranlagen die Berechenbarkeit der Stromerzeugung verringern, da die zu erwartenden Strombeiträge aufgrund kurzfristiger (witterungsbedingt), mittelfristiger (saisonal bedingt) und langfristiger (klimatisch bedingt) Schwankungen eine hohe zeitliche sowie räumliche Variabilität aufweisen. Erschwert wird die Stabilisierung der Netze auch durch die Tatsache, dass sich ein regeneratives Energiesystem nicht aus wenigen, zentral gesteuerten, sondern unzähligen, dezentral verteilten Anbietern von Regenerativstrom zusammensetzt.

2. Kombikraftwerke

Es gibt aus geographischer Perspektive bereits vielversprechende Ansätze, um der Komplexität des Netzbetriebes im Falle einer Vollversorgung durch erneuerbare Energien beikommen zu können. Die Forschungsdisziplin Energiemeteorologie hat sich beispielsweise der Aufgabe angenommen, den Übertragungsnetzbetreibern anwendungsspezifische, zeitlich und räumlich hoch aufgelöste meteorologische Informationen zur Verfügung zu stellen, um die zu erwartenden Strombeiträge in-

---

[66] Vgl. Hermann 2012.

[67] Vgl. hierzu auch die Beiträge von Möst/Müller/Schubert sowie von Gößling-Reisemann/Stührmann/Wachsmuth/Gleich in diesem Band.

termittierender Quellen besser vorhersagen zu können. Anhand statistischer Regressionen aus numerischen Wettervorhersagen lassen sich Leistungsvorhersagen für einzelne Wind- oder Solarparks im Bereich von 1-3 Tagen ableiten. Mittels der Auswertung von Satellitendaten und der anschließenden Extrapolation von Wolkenstrukturen ist es auch möglich, die Leistungsbereitstellung von Solaranlagen im Bereich von wenigen Stunden zu präzisieren.[68]

Diese Hilfestellungen seitens der Energiemeteorologie könnten einen wesentlichen Beitrag zu einer intelligenten Kombination von erneuerbaren Energien in Form von Kombikraftwerken leisten. Dabei werden die spezifischen Talente einzelner Technologierouten dazu genutzt, die Nachteile der jeweils anderen auszugleichen.[69] Die räumliche Kombination von Wind- und Solarkraft bietet die Gelegenheit, Regenerativstrom sowohl unter Tief- als auch unter Hochdruckeinfluss produzieren zu können. Wird darüber hinaus der Raum, innerhalb dessen Wind- und Solarkraftwerke miteinander in Verbindung gebracht werden, erweitert, erhöht sich auch die Wahrscheinlichkeit, dass dem Netzbetrieb sowohl Wind- als auch Solarstrom zur Verfügung stehen. Vor dem Hintergrund eines europäischen Verbundnetzes könnten sich die spezifischen regionalen und nationalen Energiepotenziale so hervorragend ergänzen. Die zahlreichen regionalen und nationalen Witterungsphänomene würden sich gegenseitig ausgleichen und so die Netzstabilität vergrößern.[70] Probleme würden erst dann wieder entstehen, wenn beispielsweise aufgrund einer kontinentalen Windflaute während der Wintermonate weder Wind- noch Solarenergie in ausreichendem Maße zur Verfügung stehen würde. Diese Stromlücke könnte jedoch von der grund- und spitzenlastfähigen Bioenergie geschlossen werden, denn Biogasanlagen eröffnen die Möglichkeit, sowohl das Rohbiogas als auch das durch weitere Aufbereitungsschritte zu gewinnende Biomethan zu speichern. Bioenergie lässt sich demnach räumlich und zeitlich versetzt bereitstellen.

Die Kombination von Biogas-, Windkraft- und Solaranlagen würde demnach die Möglichkeit bieten, große Mengen an Regenerativstrom witterungsunabhängig bereitstellen zu können. Ergänzt man das Kombikraftwerk noch durch ein Pumpspeicherkraftwerk, wäre sogar ein

---

[68] Vgl. Heinemann 2006; Luther 2006.

[69] Vgl. Bosch/Peyke 2010; Mackensen et al. 2008.

[70] Vgl. Popp 2010, S. 56.; Popp vertritt das Konzept des sog. Ringwallspeichers.

Stromüberschuss ausgleichbar.[71] Problematisch ist jedoch, dass die Speicherkapazität jener Pumpspeicherkraftwerke, die derzeit Relevanz für den deutschen Strommarkt besitzen, nur 0,04 TWh beträgt und in Gebirgslandschaften kaum Ausbaupotenzial besteht.[72] Auch unter Mitberücksichtigung der Druckluftspeicherung in unterirdischen Kavernen und Poren könnte die langfristig erforderliche Speicherkapazität von etwa 40 TWh nicht bereitgestellt werden.[73] Alternative Speicherkonzepte werden daher dringend benötigt, ansonsten erscheint es notwendig, die Anbindung an skandinavische Pumpspeicherkraftwerke zu forcieren.

3. Räumliche Synergien zwischen Wind- und Bioenergie

Mittlerweile werden große Hoffnungen in die sog. Power-to-Gas-Anlage gesetzt, wobei hiervon bislang nur Pilotanlagen existieren.[74] Diese Technologie soll es ermöglichen, überschüssigen Regenerativstrom speichern und in Form von positiver Regelenergie zeitlich sowie räumlich versetzt wieder bereitstellen zu können. Erreicht wird dies durch eine Kombination aus Elektrolyse, Methanisierung, Gasnetz und Blockheizkraftwerk. In einem ersten Schritt wird beispielsweise durch überschüssigen Windstrom Wasser in Wasserstoff und Sauerstoff gespalten (Elektrolyse). Der Wasserstoff könnte bereits gespeichert und mittels Brennstoffzelle zeitversetzt wieder in Strom und Wärme umgewandelt werden. Darüber hinaus ist es möglich, den Wasserstoff ins Erdgasnetz einzuspeisen, wobei aufgrund empfindlicher Gasturbinen und anderer Endgeräte der Anteil laut Gesetz maximal 5 % betragen darf.[75] Eine bessere Ausnutzung der vorhandenen Erdgasnetzinfrastruktur stellt daher die Methanisierung überschüssigen Windstroms dar. Hierzu wird eine Reaktion zwischen dem Wasserstoff und Kohlendioxid eingeleitet (Sabatier-Reaktion). Dabei entsteht sog. erneuerbares Methan, ein Energiespeicher, der sich problemlos in die bestehenden Erdgasleitungen und Gasspeicher integrieren

---

[71] Vgl. Mackensen et al. 2008; Wiedemann 2011a.
[72] Vgl. Popp 2010, S. 57; Janzing 2010, S. 29.
[73] Vgl. Sedlacek 2009, S. 412.
[74] Vgl. Hüttenrauch/Müller-Syring 2010; Janzing 2011; Rieke 2011; Wächter 2012; Wiedemann 2011b; Petersen 2012.
[75] Vgl. Valentin/v. Bredow 2011, S. 102.

lässt. Nicht zuletzt liegt hier eine Speicherkapazität von 220 TWh vor. Genug, um Deutschland drei Monate lang mit Strom zu versorgen. Wegen der bidirektionalen Verknüpfung von Strom- und Gasnetz lässt sich das Biomethan bei Bedarf wieder rückverstromen. Hierzu wird lediglich ein Gasturbinen- oder Blockheizkraftwerk benötigt. Dem Vorteil einer zeitlichen sowie räumlichen Entkopplung von Energieproduktion und -verbrauch steht jedoch der Nachteil eines geringen Wirkungsgrades gegenüber. Erfolgt bei der Rückverstromung keine Kraft-Wärme-Kopplung, so verringert sich der Wirkungsgrad auf bis zu 35 %.[76] Aus diesem Grund sind weitere Optimierungen grundlegend für das Überleben dieser Technologieroute.

Eine räumliche Optimierung könnte sich aus der Nähe von Biogas- und Windstandorten ergeben, denn als Kohlendioxidquelle für die Sabatier-Reaktion könnten jene Biogasanlagen fungieren, die im Zuge der Biomethanaufbereitung Kohlendioxid vom Rohbiogas abscheiden. Immerhin würde das CO_2-Potenzial aus der Biogasproduktion ausreichen, um dem CO_2-Bedarf von erneuerbarem Methan im Falle einer umfassenden Versorgung mit erneuerbaren Energien entsprechen zu können.[77] Die Windkraftanlagen liefern also die benötigte Energie zum Betrieb der Elektrolyseure, anschließend reagiert der dabei entstehende Wasserstoff mit dem abgeschiedenen Kohlendioxid der Biogasanlagen. Da mit der Marktfähigkeit von erneuerbarem Methan jedoch nicht vor 2040 zu rechnen ist[78], sollten Projekte wie der Ausbau der Stromnetze nicht länger vernachlässigt werden.

4. Unklarheiten beim Netzausbau

Derzeit ist von einem Ausbaubedarf bei den Stromnetzen zwischen 1.700 und 3.600 km sowie der Modifizierung bestehender Leitungen auf einer Gesamtlänge von max. 5.700 km auszugehen.[79] Eklatant ist, dass von den geforderten 850 km Höchstspannungsleitungen bislang nur 100 km realisiert wurden. Engpässe im Stromnetz ergeben sich vorwiegend zwischen

---

[76] Vgl. Lubbadeh/Honsel 2013, S. 70 f.
[77] Vgl. Trost/Jentsch/Holzhammer/Horn 2012, S. 172 ff.
[78] Vgl. Nitsch et al. 2010, S. 78.
[79] Vgl. dena 2012, S. 13; Petersen 2012; Wächter 2012.

West- und Ostdeutschland. Diese sind als ein Relikt aus der wirtschaftspolitischen Abschottung während der Zeit des Kalten Krieges zu verstehen.[80] Der Ausbau von erneuerbaren Energien bietet daher die Gelegenheit, West- und Ostdeutschland noch besser miteinander zu vernetzen. In den Diskussionen um den tatsächlichen Umfang des Ausbaubedarfs wird deutlich, dass die Meinungen bislang weit auseinander gehen. Dies ist dadurch zu erklären, dass noch nicht absehbar ist, ob das künftige regenerative Energiesystem eher einen dezentralen Charakter aufweist oder auf wenigen, zentral gesteuerten Großprojekten – beispielsweise Desertec[81] oder der Offshore-Windenergie[82] – basieren wird.[83] In jedem Fall ist zu berücksichtigen, dass beim Netzausbau nicht nur national sondern auch im Kontext eines europäischen Verbundnetzes gedacht werden muss. Hierzu wäre es angebracht, die Förderinstrumente sowie die Strompreise zu harmonisieren, denn allein dadurch wäre es möglich, beispielsweise einen deutschen Windpark auch an das holländische Netz anzuschließen. Staaten, die sich momentan mit hohen Strompreisen konfrontiert sehen, würde im Rahmen eines länderübergreifenden Netzausbaus der Zugang zu günstigerem Strom ermöglicht. Die norwegischen Verbraucher hingegen, die an niedrige Strompreise gewöhnt sind, müssten hingegen mit Preissteigerungen rechnen. Vor diesem Hintergrund ist es nachvollziehbar, dass sich der Bau der Stromleitungstrasse NorGer zwischen Deutschland und Norwegen verzögert. Demgegenüber wird der Netzausbau zwischen Irland und Wales (Eir Grid Eastwest-Interconnector), zwischen Großbritannien und Belgien (Nemo), zwischen Schweden und Finnland (Fenno-Skan2), zwischen Estland und Finnland (Eastlink 2) sowie zwischen den Niederlanden und Dänemark (Cobra Cable) forciert.[84] Damit wächst Europa zumindest auf der Ebene des Strommarktes immer mehr zusammen.

---

[80] Vgl. Zimmermann/Weinhold 2011, S. 17 ff.
[81] Vgl. Walter/Bosch 2012.
[82] Vgl. Bosch/Peyke 2011a.
[83] Vgl. zur Entwicklung der (De-)Zentralität des Strommarktes auch den Beitrag von Hellige, zu Ausbaunotwendigkeiten den Beitrag von Kemfert in diesem Band.
[84] Vgl. Zimmermann/Weinhold 2011, S. 17 ff.

V. Systemperspektive der Geographie

Die Flächenakquise stellt in Deutschland zweifelsohne die Achillesferse der Energiewende dar, denn die erneuerbaren Energien müssen hier in einen Raum integriert werden, der bereits stark durch konkurrierende Flächennutzungen beansprucht wird. Des Weiteren wird es aufgrund des stetigen Bedeutungsgewinnes intermittierender Energiequellen immer schwieriger, die Stromnetze stabil zu halten. Der Beitrag hat diesbezüglich aufgezeigt, dass raumwissenschaftliche Perspektiven geeignet sind, neue Impulse für einen intelligenten Ausbau regenerativer Technologien zu geben. Die schwindende Akzeptanz dezentraler Energieerzeugung kann als Beleg dafür gedeutet werden, dass es unzureichend ist, den Ausbau erneuerbarer Energien allein den Wirtschafts- und Ingenieurswissenschaften zu überlassen und damit der Energiewende ein technokratisches Joch aufzuerlegen. Ohne die Einbeziehung der Ressource Raum wird die notwendige Systemperspektive, die speziell zur Minimierung der zahlreichen Flächennutzungskonflikte einzunehmen ist, aufgegeben. Die Geographie erfährt eben gerade durch die Rückkehr der Energieversorgung zu „energy from space" eine erhebliche Aufwertung innerhalb der Gemengelage allgemeiner Energieforschung. Dieser Verantwortung kann sie jedoch nur gerecht werden, wenn sie sich auf ihre größte Stärke – die Systemperspektive – besinnt und als Mittler zwischen Ökonomen, Ingenieuren, Landschaftsarchitekten und Naturschützern auftritt. Geographen machen sich nicht nur Gedanken über den optimalen Standort eines regenerativen Kraftwerkes, vielmehr gilt ihr Interesse den über den Kraftwerksstandort hinausreichenden Wirkungen einer technologischen Einbettung. Der Ausbau von erneuerbaren Energien ist im Kontext variierender regionaler Voraussetzungen demnach immer wieder neu zu bewerten.

Literatur

Bayerische Staatsministerien (StMI) (StMWFK) (StMF) (StWIVT) (StUG) (StELF) (2011): Hinweise zur Planung von Windkraftanlagen (WKA), München.

Boeing, N. (2011): Mehr Watt, bitte!, Technology Review – Das M.I.T.-Magazin für Innovation (1), Spezialheft Energie, S. 30 f.

Bosch, S. (2012): Erfassung und Bewertung des Einflusses der Ressource Raum im Rahmen der Förderung von Erneuerbaren Energien sowie Ableitung eines ganzheitlichen Ansatzes zur optimalen Integration von regenerativen Technologien in den ländlichen Raum, Augsburg.

Bosch, S./Peyke, G. (2009): Energiewende durch GIS, GIS.Business (8), S. 44 ff.

Bosch, S./Peyke, G. (2010): Raum und Erneuerbare Energien – Anforderungen eines regenerativen Energiesystems an die Standortplanung, Standort – Zeitschrift für Angewandte Geographie (1), S. 11 ff.

Bosch, S./Peyke, G. (2011a): Erneuerbare Energien und Offshore-Standorte. Rückzug oder Zukunftsperspektive?, Geographische Rundschau (4), S. 51 ff.

Bosch, S./Peyke, G. (2011b): Gegenwind für die Erneuerbaren – Räumliche Neuorientierung der Wind-, Solar- und Bioenergie vor dem Hintergrund einer verringerten Akzeptanz sowie zunehmender Flächennutzungskonflikte im ländlichen Raum, Raumforschung und Raumordnung (2), S. 105 ff.

Bosch, S./Peyke, G. (2011c): Regionalplanerische Einstufung der Windenergie in Deutschland – Visualisierung konkurrierender Flächennutzungsansprüche an On- und Offshore-Standorten mittels GIS, in: Strobl, J./Blaschke, T./Griesebner, G. (Hg.), Angewandte Geoinformatik 2010 – Beiträge zum 23. AGIT-Symposium Salzburg, S. 450 ff.

Bosch, S./Peyke, G. (2011d): Kein Raum für die Erneuerbaren? GIS hilft bei der Suche!, GIS.Business – Zeitschrift für Geoinformation (5), 34 ff.

Brand, C./Pöhlmann, K. (2010): Konzentrationsplanung von Windkraftanlagen durch Flächennutzungsplan – Wo beginnt die Verhinderungsplanung? Zum Urteil des BVerwG v. 20.05.2010 – 4 C 7.09, Zeitschrift für Neues Energierecht (5), S. 476 ff.

Brücher, W. (2008): Erneuerbare Energien in der globalen Versorgung aus historisch-geographischer Perspektive, Geographische Rundschau (1), S. 4 ff.

Bundesinstitut für Bau-, Stadt- und Raumforschung (BBSR) (2008): Raumordnungsplan-Monitor, http://www.bbsr.bund.de/nn_21918/BBSR/DE/Raumentwicklung/RaumentwicklungDeutschland/LandesRegionalplanung/Projekte/Roplamo/roplamo.html (20.8.2012).

Bundesministerium für Wirtschaft und Technologie (BMWi) und Bundesministerium für Umwelt, Naturschutz und Reaktorsicherheit (BMU) (2012): EU-Effizienzrichtlinie und Erneuerbare-Energien-Gesetz. Ergebnispapier, Berlin.

Bundesverband der Energie- und Wasserwirtschaft (BDEW): Anteil der Erneuerbaren Energien steigt auf 23 Prozent – Pressemitteilung vom 18.12.2012, http://www.bdew.de/internet.nsf/id/20121218-pi-anteil-der-erneuerbaren-energien-steigt-auf-23-prozent-de (24.04.2013).

Bund Naturschutz (2010): Kommunen als Klimaschützer gefragt – Vorbildhafte Energieversorgung in der Gemeinde Wildpoldsried, http://www.bundnaturschutz.de/presse/pressemitteilungen/detail/artikel/1602/pm/77b7c4b7aff012ad8ea3f0fc6da95d5e.html (26.9.2012).

Deutsche Energie-Agentur (dena) (Hg.) (2010): dena-Netzstudie II. Integration erneuerbarer Energien in die deutsche Stromversorgung im Zeitraum 2015-2010 mit Ausblick 2025, Berlin.

Einig, K./Heilmann, J./Zaspel, B. (2011): Wie viel Platz die Windkraft braucht, Neue Energie (8), S. 34 ff.

First Solar GmbH (2009): Größtes Solarkraftwerk in Deutschland errichtet, http://www.solarpark-lieberose.de/(27.9.2012).

Fraunhofer Institut für Windenergie und Energiesystemtechnik (IWES) (2011) (Hg.): Studie zum Potenzial der Windenergienutzung an Land, Kassel.

Frondel, M./Schmidt, C. M./aus dem Moore, N. (2011): Explodierende Kosten: Auswirkungen der Photovoltaikförderung in Deutschland, BWK – Das Energie-Fachmagazin (3), S. 136 ff.

Hasse, J. (1999): Bildstörung – Windenergie und Landschaftsästhetik, Wahrnehmungsgeographische Studien zur Regionalentwicklung, Oldenburg.

Heinemann, D. (2006): Energiemeteorologie: Ein Überblick, in: Heinemann, D./Hoyer-Klick, C. (Hg.), Energiemeteorologie, Workshop, 2. November 2006, Berlin, S. 16 ff.

Henkel, G. (2004): Der Ländliche Raum – Gegenwart und Wandlungsprozesse seit dem 19. Jahrhundert in Deutschland, Berlin, Stuttgart.

Heup, J. (2011): Aufruhr auf der Freifläche, Neue Energie (12), S. 50 ff.

Hüttenrauch, J./Müller-Syring, G. (2010): Zumischung von Wasserstoff zum Erdgas, Energie | wasser-praxis (10), S. 68 ff.

Janzing, B. (2010): Kraft auf Vorrat, Neue Energie (7), S. 24 ff.

Janzing, B. (2011): Windgas für jedermann, Neue Energie (7), S. 35 ff.

Karl, F. (2006): Erneuerbare Energien als Gegenstand von Festlegungen in Raumordnungsplänen, in: Akademie für Raumforschung und Landesplanung (Hg.), Arbeitsmaterialien 319, Hannover.

Klagge, B./Brocke, T. (2013): Energiewende vor Ort. Dezentrale Stromerzeugung und die Rolle von Stadtwerken und Regionalversorgern, Geographische Rundschau (1), S. 12 ff.

Knies, J. (2010): Windkraftanlagen in Schottland – Möglichkeiten von Sichtbarkeitsanalysen, in: Strobl, J./Blaschke, T./Griesebner, G. (Hg.), Angewandte Geoinformatik 2010 – Beiträge zum 23. AGIT-Symposium Salzburg, S. 514 ff.

Leibenath, M./Otto, A. (2012): Diskursive Konstituierung von Kulturlandschaft am Beispiel politischer Windenergiediskurse in Deutschland, Raumforschung und Raumordnung (2), S. 119 ff.

Lubbadeh, J/Honsel, G. (2013): Was spricht für, was gegen Windgas?, Technology Review – Magazin für Innovation, Spezialheft Energie, S. 70 f.

Luther, J. (2006): Wege zu einer nachhaltigen Energieversorgung – die Bedeutung der Energiemeteorologie, in: Heinemann, D./Hoyer-Klick, C. (Hg.), Energiemeteorologie, Workshop, 2. November 2006, Berlin. S. 6 ff.

Mackensen, R./Schlögl, F./Rohrig, K./Adzic, L./Saint-Drenan, Y. M. (2008): Das regenerative Kombikraftwerk, Kassel, http://www.iset.uni-kassel.de/abt/FB-I/publication/2008-001_Das_regenerative_Kombikraftwerk_Paper.pdf (18.5.2012).

Müller, B. (2011): Verflixt und zugepflastert, Technology Review (6), S. 62 ff.

Nikionok-Ehrlich, A. (2012): Sein oder Nicht-Sein, Neue Energie (2), S. 20 ff.

Nitsch, J./Pregger, T./Scholz, Y./Naegler, T./Sterner, M./Gerhardt, N./Oehsen, A. v./Pape, C/Saint-Drenan, Y. M./Wenzel, B. (2010): Leitstudie 2010 – Langfristszenarien und Strategien für den Ausbau der erneuerbaren Energien in Deutschland bei Berücksichtigung der Entwicklung in Europa und global, Stuttgart.

Nohl, W. (2001): Ästhetisches Erlebnis von Windkraftanlagen in der Landschaft, Naturschutz und Landschaftsplanung Bd. 33, (12), S. 365 ff.

Nohl, W. (2010): Landschaftsästhetische Auswirkungen von Windkraftanlagen, in: Bayerischer Landesverein für Heimatpflege e.V. (Hg.), Schönere Heimat – Erbe und Auftrag (1), S. 3 ff.

Petersen, N. H. (2012): Run auf den Speicher, Erneuerbare Energien (3), S. 16 ff.

Peters, J. (2010): Landschaft als Energieressource – Biomasseproduktion und die Auswirkungen auf die Kulturlandschaft. Fachtagung „Raumplanung und die steigende Nutzung von Bioenergie", am 28. September 2010 Wetzlar, http://www.na-hessen.de/downloads/10n102biomassekulturland schaft.pdf (15.12.2011).

Popp, M. (2010): Regenerativstrom im Ringwall speichern, BWK – Das Energie-Fachmagazin (12), S. 53 ff.

Rempel, H. (2008): Globale Verfügbarkeit nicht-erneuerbarer Energierohstoffe, Geographische Rundschau (1), S. 22-31.

Rieke, S. (2011): Windstrom wird in Methan gespeichert, Biogas Journal (1), S. 89 ff.

Scheidler, A. (2010): Verunstaltung des Landschaftsbildes durch Windkraftanlagen, Natur und Recht (8), S. 525 ff.

Schmitt, T. (2012): Postfordistische Energiepolitiken? Das Desertec-Konzept als Szenario zur Restrukturierung der Energieversorgung in der EUMENA-Region, Zeitschrift für Wirtschaftsgeographie (4), S. 244 ff.

Schöbel, S. (2012): Windenergie und Landschaftsästhetik. Zur landschaftsgerechten Anordnung von Windfarmen, Berlin.

Schrödter, W./Kuras, M. (2011): Auswirkungen des EEG 2010 auf die Planung von Flächen für Photovoltaikanlagen, Zeitschrift für Neues Energierecht (2), S. 144 ff.

Sedlacek, R. (2009): Untertage-Gasspeicherung in Deutschland, Erdöl Ergas Kohle (11), S. 412 ff.

Solarhybrid AG (2012): FinowTower I+II, http://www.solarhybrid.ag/Die-Entstehung-des-groessten-Solarkraftwerks-Europas.ref_finowtowerii.0.html (27.9.2012).

SolarServer (2010): Energiepark Waldpolenz ist größtes Solar-Kraftwerk der Welt, http://www.solarserver.de/news/news-9035.html (27.9.2012).

Trost, T./Jentsch, M./Holzhammer, U./Horn, S. (2012): Die Biogasanlagen als zukünftige CO2-Produzenten für die Herstellung von erneuerbarem Methan – Power-to-Gas als Langzeitspeicher und alternativer Kraftstoff, gwf-Gas/Erdgas (3), S. 172-179.

Valentin, F./v. Bredow, H. (2011): Power-to-Gas: Rechtlicher Rahmen für Wasserstoff und synthetisches Gas aus erneuerbaren Energien, Energiewirtschaftliche Tagesfragen (12), S. 99 ff.

Wächter, F. (2012): Strom zu Erdgas, Erneuerbare Energien (3), S. 22 ff.

Walter, K./Bosch, S. (2012): Energietransport – GIS-gestützte Identifikation optimaler Stromleitungstrassen zwischen Nordafrika und Europa, in: Strobl, J./Blaschke, T./Griesebner, G. (Hg.), Angewandte Geoinformatik 2012 – Beiträge zum 24. AGIT-Symposium Salzburg, S. 543 ff.

Weinhold, N. (2012): Der Süden dreht auf, Neue Energie (2), S. 35 ff.

Wiedemann, K. (2011a): Einspeisen auf Knopfdruck, Neue Energie (6), S. 58 ff.

Wiedemann, K. (2011b): Der unsichtbare Speicher, Neue Energie (7), S. 30 ff.

Wikipedia (2012): Eintrag „Ölfeld", http://de.wikipedia.org/wiki/%C3%96lfeld (25.9.2012).

Zimmermann, J.-R. (2011a): 50 Prozent plus – Strom aus Landwind, Neue Energie (4), S. 37 ff.

Zimmermann, J.-R. (2011b): Im Windschatten, Neue Energie (10), S. 40 ff.

Zimmermann, J.-R. (2012): Mehr Mühlen erbeten, Neue Energie (2), S. 24 f.

Zimmermann, J.-R./Weinhold, N. (2011): Das Netz wächst zusammen, Neue Energie (12), S. 17 ff.

Kritik und Alternativen: Die deutsche Energiewende, die keine ist

Zugleich zu einigen Friktionen des Nachhaltigkeitsdiskurses

Felix Ekardt

„Die Energiewende" ist in Deutschland ein großes Thema und wird dabei häufig in einer bestimmten Weise debattiert. Dies soll der vorliegende Band abbilden. Häufige Sichtweisen zur Energiewende haben freilich einige Haken: Die Energiewende in Deutschland ist bisher nur eine Stromwende, die Wärme, Treibstoff und stoffliche Nutzungen der fossilen Brennstoffe weitgehend ausblendet. Auch die Instrumentenwahl in der deutschen und europäischen Energie- und Klimapolitik ist oft wenig wirksam und droht die gesetzten Ziele aufgrund von Rebound-Effekten, Verlagerungseffekten, Vollzugsproblemen u.a.m. zu verfehlen. Verkürzt wahrgenommen werden zudem die Hemmnisse oder (positiv gesprochen) Transformationsbedingungen, die weit über politische Interessen oder Wissensfragen hinausgehen. Ebenfalls oft übersehen wird der normative Charakter der Ziele der Energie- und Klimapolitik, wobei „normativ" entgegen einer verbreiteten Ansicht nicht meint, dass diese Ziele nur subjektiv und nicht wissenschaftlich erfassbar seien. All diese Fragen lenken zugleich den Blick auf Friktionen des generellen Nachhaltigkeitsdiskurses, der in Teilen durch Redundanzen, fehlende ernstgemeinte Interdisziplinarität, fehlende Literaturaufarbeitung und begriffliche Unschärfen gekennzeichnet ist.

I. Problemstellung

Der vorliegende Band dokumentiert hervorragend einen in Deutschland stark präsenten Diskurs über die Energiewende. Aus der Sicht der Reihenherausgeber war es das Ziel, jenen Diskurs mit dem vorliegenden Band abzubilden. Deutschland wird darin als Vorreiter porträtiert, und mit Fokus vor allem auf die erneuerbaren Energien und Probleme gerade des Leitungsbaus werden technische und soziale Einzelheiten dieses Gesamtvorgangs diskutiert. An besagtem Diskurs ist viel Weiterführendes und Wichtiges, und die Breite des Schrifttums wie auch der öffentlichen Stellungnahmen, die hieran mitwirken, ist beeindruckend. Freilich hat die so angesprochene Wahrnehmung der „deutschen Energiewende" zentrale Gesichtspunkte, die deutlichen Zweifeln unterliegen. Davon handelt der vorliegende Abschlussbeitrag dieses Sammelbandes. Er kann kurz gehalten werden, da die diesbezüglichen Aspekte in (u.a.) vielen eigenen Abhandlungen bereits zur Sprache kamen.[1]

II. Fehlwahrnehmungen zur Erfolgsbilanz

Dass fossile Brennstoffe endlich sind, dass der (neben Problemen der Landnutzung) aus ihrer Nutzung resultierende anthropogene Klimawandel ein Problem ist und dass Energieeffizienz, erneuerbare Energien und Suffizienz strategische Antworten hieraus wären, ist (vom Punkt Suffizienz abgesehen) weithin bekannt. Die Aussagen zum Klimawandel gehen dahin, dass – wenn gewaltsame Auseinandersetzungen um schwindende Ressourcen, große Migrationsströme, eine gefährdete Nahrungs- und Wasserversorgung, Naturkatastrophen, gigantische ökonomische Schäden und Millionen Tote vermieden werden sollen – globale Emissionsreduktionen von etwa 80 % und in den Industriestaaten von bis zu

---

[1] Vgl. pars pro toto Ekardt 2011; Ekardt/Hennig/Hyla 2010; Ekardt/Hennig/Unnerstall 2012. Gesondert erwähnt seien noch zwei vor dem Abschluss stehende Forschungsprojekte für die Bundesregierung (UBA) und den Bundestag zur Fortentwicklung der Klimapolitik sowie zu ökonomischen Instrumenten für Klimaschutz und Naturschutz im Vergleich, zu denen in näherer Zukunft Abschlussberichte in Buchform vorliegen sollen. – Um nachstehend den Charakter eines kurzen Schlusswortes zu wahren, wird statt ausführlicher Literaturhinweise oft auf eigene Ausarbeitungen verwiesen, die eine breite(re) Literaturübersicht bieten.

95 % bis 2050, gemessen an 1990, angezeigt sind.[2] Dies wird denn auch regelmäßig in politischen Erklärungen auf EU-Ebene artikuliert. Die deutsche Energiewende wird nun als Fortsetzung eines ohnehin schon erfolgreichen energie- und klimapolitischen Weges zur Bewältigung jener Herausforderungen wahrgenommen.[3] Jedoch sind weder der „ohnehin schon bestehende Erfolg" noch dessen „Fortsetzung" durch die Energiewende bei genauer Betrachtung zweifelsfrei gegeben:

Trotz der in Europa und Deutschland oft beanspruchten Rolle als „Klimavorreiter" emittiert etwa ein Deutscher immer noch rund die doppelte Treibhausgasmenge eines Chinesen und das Zehn- bis Zwanzigfache eines durchschnittlichen Afrikaners; und noch mehr gilt diese Ungleichverteilung für die bereits in der Atmosphäre kumulierten Treibhausgase. Dies ist umso bemerkenswerter vor dem Hintergrund, als die Bewohner der Entwicklungsländer (und künftige Generationen) vom Klimawandel vergleichsweise stärker betroffen sein werden. Insgesamt sind die weltweiten Emissionen seit 1990 um über 40 % gestiegen. Auch Deutschland ist nicht der gemeinhin angenommene Klimavorreiter; einerseits wegen der unverändert unvertretbaren Pro-Kopf-Klimabilanz, andererseits weil die angeblichen 25 % Treibhausgasreduktion seit 1990 bereits durch rund 15 % bloße Verlagerungseffekte in die Schwellenländer konterkariert werden. Zieht man ferner die wiedervereinigungs- und finanzkrisenbedingten Emissionsreduktionen ab, kommt man seit 1990 trotz aller internationaler, europäischer und nationaler Klimapolitik auch in Deutschland zu keinesfalls gesunkenen Emissionen.[4]

Die deutsche Energiewende 2011 wird voraussichtlich zwar eine Verstärkung des Klimaschutzes erzielen, allerdings kaum im angemessenen Umfang. Das bereits länger ausgegebene Reduktionsziel an Treibhausgasen (THG) von 40 % bis 2020 gemessen an 1990 bleibt unverändert bestehen, wirkt aber in puncto absolute Pro-Kopf-Emissionen und in puncto relative Tendenz (wenn man die genannten verfälschenden Faktoren herausrechnet) unverändert wenig ambitioniert. Zudem schaut die Energie-

---

[2] IPCC 2007; siehe auch Hansen 2007 zu diesen wissenschaftlich kommunizierten (im Gegensatz zu den teilweise politisch kommunizierten) Zahlen. Zum Folgenden bereits Ekardt 2011, § 1 B. I.

[3] Vgl. zu dieser Perspektive etwa den Beitrag von Jänicke in diesem Band.

[4] Näher zu dem eben genannten sowie den nachstehenden Daten m.w.N. Peters/Minx/Weber/Edenhofer 2011; Ekardt 2011, § 1 B. I.

wende fast ausschließlich auf den Stromsektor, obwohl Wärme, Treibstoff, die stofflichen Nutzungen der fossilen Brennstoffe sowie die Landnutzung für eine wirksame Klimapolitik ebenfalls betrachtet werden müssten. Und auch innerhalb des Stromsektors entsteht der Eindruck, dass ein Teil des wegfallenden AKW-Stroms nicht allein durch erneuerbare Energien (deren Ausbauziel bis 2020 lediglich von 30 auf 35 % erhöht wurde durch das neue EEG), sondern teilweise durch neue fossile Kraftwerke und damit durch zusätzliche THG-Emissionen ersetzt werden soll.

Die aktuelle Strom- und Energiewendedebatte ist ergo teilweise fehlgeleitet, und zwar in zweifacher Hinsicht. Es ergibt wenig Sinn, sich ausschließlich mit Stromthemen zu beschäftigen. Und: Eine ernsthafte und nicht nur rhetorische Klimapolitik mit den allgemein anerkannten Emissionsreduktionszielen um bis zu 95 % bis 2050 erfordert, dass die fossilen Brennstoffe schrittweise aus dem Markt genommen werden, und zwar bei Strom, Wärme, Treibstoff und den sehr zahlreichen stofflichen Nutzungen wie Kunststoffen und Mineraldünger. In Deutschland redet man exklusiv über Strom; zudem fast nur über Atomstrom und erneuerbare Energien, und nicht über Energieeffizienz. Und erst recht spricht kaum jemand über Genügsamkeit respektive Suffizienz.[5]

Dass all dies nicht allein (!) technisch über mehr Energieeffizienz und mehr erneuerbare Energien zu lösen ist, kam in diesem Band schon vielfach zur Sprache, wogegen es in der öffentlichen Debatte meist nur am Rande erwähnt wird. Die Ursachen dafür liegen u.a. in den natürlichen Grenzen jener technischen Optionen (z.B. begrenzte Verfügbarkeit seltener Erden für Erneuerbare-Energien-Anlagen), in der fehlenden technischen Lösbarkeit einiger zentraler Problemfelder (z.B. Fleischkonsum) und in der zu Rebound-Effekten tendierenden Logik rein technischer Fortschritte einschließlich des dadurch fortgeschriebenen Konzepts dauernden Wirtschaftswachstums.[6] Ein – wenngleich als radikale Überspitzung populärer – Fehlgriff wäre es freilich, die Möglichkeiten technischer Optionen rundheraus zu leugnen.[7]

---

[5] Vgl. zu dieser Perspektive auch die Beiträge von Hanke/Best und Kunze in diesem Band.

[6] Vgl. dazu m.w.N. Ekardt 2011, § 1 B. II.

[7] In diesem Punkt problematisch Welzer 2013 und Paech 2011 (wogegen mit letzterem ansonsten in vielen Punkten Übereinstimmung besteht).

III. Fehlwahrnehmungen zu effektiven Steuerungsinstrumenten und Steuerungsproblemen

Um die fossilen Brennstoffe aus dem Markt zu nehmen und eine echte Energiewende zu erreichen, wären eine europaweit schrittweise erhöhte Energiebesteuerung oder ein flächendeckender, auf den Faktor Primärenergie umgestellter EU-Emissionshandel das Mittel der Wahl. Letzterer würde nicht länger nur einzelne Industriezweige erfassen, sondern auch Gebäude und Verkehr vollständig abbilden und damit die Primärenergie-Unternehmen zu jährlichen Reduktionen verpflichten, die als erstes die fossilen Brennstoffe Öl, Gas und Kohle in den Markt bringen. Das käme als Preisdruck auf Strom, Wärme, Treibstoff und stoffliche Nutzungen bei den anderen Unternehmen sowie den Endverbrauchern an und würde schrittweise die fossilen Energien zugunsten von erneuerbaren Energien, Energieeffizienz und Genügsamkeit vom Markt verdrängen. Führt ein Ansetzen beim Preis bei einzelnen Personengruppen wie ALG2-Empfängern tatsächlich zu Härten, könnte man ergänzend über eine Erhöhung der entsprechenden Regelsätze nachdenken. Flankierungen ...

Ein solcher Ansatz bedürfte einiger Flankierungen in planungsrechtlicher und informationsrechtlicher Hinsicht. Auch Technologieförderungsinstrumente blieben (anders als manch anderes Instrument der bisherigen Energiepolitik) fraglos sinnvoll.[8] Das EEG z.B. bliebe auch neben einem solchen Ansatz sinnvoll, weil es neue Technologien erst einmal in den Markt bringt, auf die die Unternehmen und Verbraucher sodann zurückgreifen könnten. Das EEG „ist" aber nicht allein die Energiepolitik, wie man beim Verfolgen des Energiewende-Diskurses zuweilen meinen könnte. Generell ist zudem Zurückhaltung geboten mit immer neuen EEG-Reformvorschlägen, auch mit gut gemeinten Vorschlägen, außer vielleicht was die Rücknahme der Unternehmensfreistellungen angeht. Das EEG ist inzwischen so komplex geworden, dass die Rechtspraxis mit dem Gesetz zunehmend überfordert ist, was wiederum Kosten (etwa durch endlos viele Seminare und Prozesse) verursacht sowie zu Investitionsunsicherheiten führt und damit letztlich den Ausbau erneuerbarer Energien bremst.[9]

---

[8] Vgl. m.w.N. Ekardt 2011, § 6 E. V. 1.

[9] Zu den jüngeren Entwicklungen im Recht der erneuerbaren Energien vgl. etwa den Beitrag von Schlacke/Kröger in diesem Band.

Dagegen verkennt die bisherige deutsche und europäische Energie- und Klimapolitik mit ihrem z.T. wenig koordinierten „Instrumentenmix" einen grundlegenden Zusammenhang. Sowohl bei Ressourcenknappheit in einem weiten Sinne – also unter Einschluss von Biodiversität, Fläche u.a.m. – als auch bei schädlichen Nebenfolgen des Ressourceneinsatzes (Schadstoffe, Lärm, Strahlen, Treibhausgase etc.) geht es im Umweltschutz letzten Endes stets (auch) um eine Mengenproblematik: In aller Regel ist weniger die einzelne Freisetzung und das einzelne Großprojekt vor Ort das eigentliche Problem, sondern der Umstand, dass eine bestimmte Gesamtmenge an Belastungen in einer Gesellschaft (oder in der Welt) vorliegt. Bei Schadstoff-, Lärm- und Strahlungsproblematiken und manchmal auch im Naturschutz können zwar Verbote, Grenzwerte und ein Tätigwerden vor Ort zumindest teilweise (!) helfen, da es hier, anders als z.B. bei Treibhausgasen, nicht gleichgültig ist, wo die Freisetzung auftritt. Jedoch gibt es weltweit und nicht zuletzt auch in westlichen Industriestaaten *insgesamt* eine zu große Schadstoffbelastung, zu viele Treibhausgase und einen zu hohen Naturverbrauch in der Welt. Dem wird der bisherige Steuerungsansatz, der (jenseits des sektoral begrenzten und inhaltlich unambitionierten Emissionshandels von Industriezweigen) stark mit Ge- und Verboten für einzelne Handlungen bzw. Anlagen arbeitet z.b. bezogen auf Gebäude, Autos, elektrische Geräte usw. Insbesondere ergeben sich folgende Probleme[10]:

Handlungs- und anlagenbezogene Verbote und ähnliche Regulierungen lösen nicht per se ein Problem, sondern nur dann, wenn die durch sie aufgestellten inhaltlichen Anforderungen nicht zu schwach sind (Regelungsdefizite) und wenn auch der Vollzug funktioniert (Vollzugsdefizite). Dass die bisherigen Standards zu schwach sind, sieht man z.B. an den geschilderten THG-Emissionen. Und die Existenz beispielsweise von ordnungsrechtlichen Wärmedämmungsregeln für Häuser bedeutet auch noch nicht, dass sie konsequent und flächendeckend vollzogen werden („klassische Steuerungsdefizite").

Weiterhin lenkt das Optimieren oder Verhindern einzelner Projekte oder Produkte davon ab, dass durch den steigenden Wohlstand der modernen Welt in der Gesamtsumme immer mehr Anlagen, Produkte und so

---

[10] Ausführlich dazu Ekardt 2011, § 6 D. IV. und passim; darüber hinausgehend weiter ausgearbeitet wurde dies zuletzt in den beiden laufenden eingangs erwähnten Forschungsprojekten für Bundesregierung und Bundestag.

weiter entstehen. Im Ergebnis überholt dieser Zuwachs das, was bei einem einzelnen Projekt vielleicht an Einsparung erzielt worden ist. Kurz: Die erneuerbaren Energien kommen hinzu, aber die fossilen Energien werden u.u. trotzdem weiter genutzt, einfach weil der Gesamtenergieverbrauch weiter steigt. Werden einzelne Autos und Wohnungen aufgrund entsprechender ordnungsrechtlicher Vorgaben energieeffizienter, die Autos und Wohnungen aber gleichzeitig aufgrund steigenden Wohlstands größer und zahlreicher, sind insbesondere Energieeffizienz-Bemühungen oft wenig geeignet, die fossilen Brennstoffe aus dem Markt zu nehmen. Manchmal kommt dieser Effekt sogar direkt durch eine eigentlich auf Einsparung abzielende Maßnahme zustande. An solchen Problemen leiden auch freiwillige oder lokale (z.b. planungsrechtliche) Aktivitäten, die an einzelnen Stellen ansetzen. Das EEG für sich allein betrachtet hat jenes Problem ebenfalls, weil es nicht verhindern kann, dass die erneuerbare Energien schlicht – teilweise oder schlimmstenfalls in Gänze – zu den fossilen Energien hinzutreten und der Energieverbrauch damit wächst („Rebound-Effekte").

Die diversen eben kurz benannten Steuerungsansätze haben zudem den Nachteil, dass sie ungeplante Verlagerungseffekte in andere Sektoren, in andere geographische Räume oder hin zu anderen Ressourcen auslösen können. Die Nutzung fossiler Brennstoffe, die Konsumgüterproduktion u.a.m. verlagern sich so eventuell einfach in andere Teile der Erde – oder hin zu Schäden bei anderen knappen Ressourcen, z.B. Wald oder Biodiversität („Verlagerungseffekte").[11]

IV. Fehlwahrnehmungen zu Hindernissen und Transformationsbedingungen sowie zur Normativität der Energiewende

Dass die Energiewende und die Klimapolitik – oder auch generell die Nachhaltigkeit – damit schlechter vorankommen als zuweilen angenommen, hat viele Ursachen. Eine weitere typische Verkürzung des Energiewende-Diskurses liegt darin, das Problem allein in mangelndem Wissen oder in „politischen Interessen" respektive „mangelndem politischem

---

[11] Inwieweit – in begrenztem Ausmaß – jene Effekte durch rein nationale Maßnahmen ersetzt werden können, die dann zumindest möglichst breit, möglichst anspruchsvoll und mit absoluten Reduktionszielen ausgestattet ansetzen, ist Gegenstand der Analyse im eingangs erwähnten laufenden Projekt für das UBA.

Willen" zu erblicken. Eine weitere beliebte Verkürzung liegt darin, statt eines allgemeinen Diskurses über die Bedingungen sozialen Wandels und die Motivationsfaktoren menschlichen Verhaltens lediglich zu fragen, wie man „Akzeptanz schaffen kann für neue Technologien und Netze".[12] Übergangen wird dabei, dass das Verhalten von Menschen (mögen es Politiker, Unternehmer oder Bürger sein) durch vielfältige Faktoren jenseits von „Wissen" und „Eigeninteressen" ebenso geprägt wird. Zu nennen sind z.b. Normalitätsvorstellungen, Gefühle (Bequemlichkeit, Gewohnheit, Schwierigkeiten mit raumzeitlich entfernten und kausal komplexen Schädigungszusammenhängen, Verdrängung), Kollektivgutprobleme, Pfadabhängigkeiten, überkommene Werthaltungen u.a.m. Dies wurde andernorts ausführlich dargestellt, wobei für ein Gesamtpanorama die Betrachtung ganz unterschiedlicher Disziplinen und Richtungen innerhalb jener Disziplinen nötig ist, um die gängigen Verkürzungen zu vermeiden.[13]

Ebenfalls oft übersehen wird der normative Charakter der Ziele der Energie- und Klimapolitik, wobei „normativ" entgegen einer verbreiteten Ansicht nicht meint, dass diese Ziele nur subjektiv und nicht wissenschaftlich erfassbar seien (und es meint auch nicht, dass eine ökonomische Bewertung respektive Kosten-Nutzen-Analyse ein gültiger Weg zur Ermittlung von Zielen wäre). Speziell in jenem Diskurs über Normativität findet sich verbreitet eine solche Vielzahl von bereits begrifflichen Missverständnissen, z.b. die kurzschlüssige Gleichsetzung von Objektivität mit Fakten und Subjektivität mit Normen; oder die Verwechslung der Gültigkeit von Normen mit der faktischen Beobachtbarkeit normativer Einstellungen bei Personen; oder die Vermengung von Unsicherheiten über Tatsachenaussagen mit Unsicherheiten über Normaussagen. Dies ist andernorts vielfach breit erörtert worden und sei hier lediglich als allgemeiner Punkt notiert.[14]

---

[12] Vgl. zu umweltpsychologischen Perspektiven auch den Beitrag von Hildebrand/Schütte/Fechner/Schweizer-Ries in diesem Band.

[13] Eine Zusammenfassung der eigenen transdisziplinären Bemühungen des Verfassers (der selbst einen multidisziplinären Hintergrund hat) findet sich zuletzt in Ekardt 2011, § 2; ausführlicher, aber z.T. noch auf einem anderen Stand, siehe auch Ekardt 2001.

[14] Ausführlich dazu z.b. Ekardt 2011, §§ 3, 4, 5.

V. Friktionen des Nachhaltigkeitsdiskurses

Betrachtet man die Gesamtheit des (überbordenden) wissenschaftlichen Wissens geistes- wie auch naturwissenschaftlicher Art über energie- und klimabezogene Zusammenhänge, dann setzen die vorstehenden Erkenntnisse zwar einen breiten Blick auf diverse Disziplinen und innerhalb jener Disziplinen ein genaues Hinsehen auch auf heterodoxe Ansätze voraus, etwas bahnbrechend Neues haben die Aussagen jeweils für sich genommen aber eigentlich nicht. Ferner kann konstatiert werden, dass entsprechende Verkürzungen kein Privileg des Energie- und Klimadiskurses sind, sondern in anderen Nachhaltigkeitsdebatten – etwa zum Naturschutz – in prinzipiell gleicher Weise auftreten.[15]

Die diagnostizierten partiellen Verkürzungen seitens des häufig anzutreffenden Energiewende-Diskurses in Politik, Öffentlichkeit und Wissenschaft mag sich zum einen aus jenen Motivationsfaktoren erklären, die im vorangegangenen Abschnitt kurz angedeutet wurden. Zum anderen sind allerdings wohl auch Eigentümlichkeiten des heutigen Wissenschaftssystems ursächlich. Wenn immer mehr Wissenschaftler, immer mehr Drittmittelprojekte und eine immer größere Publikationslandschaft aufeinander treffen, dann sind Probleme wie gelegentliche Qualitätsverluste, teilweise fehlende Lektüre vorhandenen Materials, Redundanzen, fehlende begriffliche Sorgfalt oder auch das Nacherzählen von Aussagen, die durch Wiederholung nicht unbedingt zutreffender werden (z.B. die, dass die globale Begrenzung der THG-Emissionen pro Kopf der Weltbevölkerung vom WBGU erfunden worden wäre), eine naheliegende Folge. Eine Rolle mag auch das digitale Zeitalter spielen, dass mit Informationsüberflutung, Reizüberflutung, veränderten Arbeitsweisen u.a.m. auch den Wissenschaftsbetrieb (teils sehr positiv, teils aber auch) zweischneidig beeinflusst.

Bevor die zuletzt wiederholt zu vernehmende Forderung nach „mehr Forschung zur Energiewende" weiter erhoben wird, sollte daher der bisherige Diskurs und die bisherige Forschung an einigen Stellen kritisch gegen den Strich gebürstet werden. Wir wissen mehr, als wir denken. Die Frage ist jedoch, ob wir – in der richtigen Stoßrichtung – handeln werden.

---

[15] Näher dazu z.B. Ekardt 2001 sowie das eingangs erwähnte Bundestagsprojekt.

Literatur

Ekardt, F. (2011): Theorie der Nachhaltigkeit. Rechtliche, ethische und politische Zugänge – am Beispiel von Klimawandel, Ressourcenknappheit und Welthandel, Baden-Baden.

Ekardt, F./Hennig, B./Hyla, A. (2010): Landnutzung, Klimawandel, Emissionshandel und Bioenergie. Studien zu Governance- und Menschenrechtsproblemen der völker- und europarechtlichen Klimapolitik im Post-Kyoto-Prozess, Münster.

Ekardt, F./Hennig, B./Unnerstall, H. (Hg.) (2012): Erneuerbare Energien – Ambivalenzen, Governance, Rechtsfragen, Marburg.

Ekardt, F. (2001): Steuerungsdefizite im Umweltrecht, Sinzheim.

Hansen, J.E. (2007): Environmental Research Letters, Scientific Reticence and Sea Level Rise No. 2/2007, http://www.iop.org/EJ/article/1748-9326/2/2/024002/erl7_2_024002.html (20.3.2013).

IPCC (2007): Climate Change 2007. Mitigation of Climate Change.

Paech, N. (2011): Befreiung vom Überfluss, München.

Peters, G./Minx, J./Weber, C./Edenhofer, O. (2011): Growth in emission transfers via international trade from 1990 to 2008. Proceedings of the National Academy of Sciences [doi: 10.1073/pnas.1006388108]

Welzer, H. (2013): Selbst denken: Eine Anleitung zum Widerstand, Frankfurt a.M.

Zu den Autor/innen

Benjamin Best, M.A. ist wissenschaftliche Assistenzkraft am Wuppertal Institut für Klima, Umwelt, Energie. Nach einem Abschluss in Sozialwissenschaften und Geschichte im Jahr studierte er den Masterstudiengang „Sustainability Economics and Management" in Oldenburg und schloss 2010 mit einer Masterarbeit zu Entwicklung der Windenergieenergie in Norddeutschland ab. Best war wissenschaftlicher Assistent am Lehrstuhl für ökologische Ökonomie an der Universität Oldenburg, freier Mitarbeiter des „untertage festivals" für unkommerzielle Kultur und Bildung in Bremen und von 2010 bis 2011 Praktikant im Bereich Wasser, Energie, Transport der Gesellschaft für internationale Zusammenarbeit (GIZ) in Eschborn. Er ist Schriftführer der Vereinigung für ökologische Ökonomie (VÖÖ).

Dr. Stephan Bosch, Diplom-Geograph, Studium an der Universität Regensburg, nun wissenschaftlicher Mitarbeiter am Lehrstuhl für Humangeographie und Geoinformatik der Universität Augsburg. Forschungsschwerpunkte: Geographie der Erneuerbaren Energien, Anwendung Geographischer Informationssysteme (GIS), Standortplanung/Standortmodelle, Nachhaltige Entwicklung.

Prof. Dr. Felix Ekardt, LL.M., M.A., Jurist, Philosoph und Soziologe, Vorstandsmitglied am Ostseeinstitut für Seerecht, Umweltrecht und Infrastrukturrecht der Universität Rostock sowie Leiter der Forschungsstelle Nachhaltigkeit und Klimapolitik (www.nachhaltigkeit-gerechtigkeit-klima.de). Beratung zahlreicher öffentlicher/gemeinnütziger Auftraggeber auf EU-/Bundes-/Landesebene; regelmäßiger Tageszeitungsautor; Mitglied verschiedener Sachverständigenkommissionen. Wichtigste Publikationen: Theorie der Nachhaltigkeit: Rechtliche, ethische und politische Zugänge – am Beispiel von Klimawandel, Ressourcenknappheit und Welthandel (2. Aufl. 2011); Klimaschutz nach dem Atomausstieg – 50 Ideen für eine neue Welt (2. Aufl. 2012); Information, Partizipation, Rechtsschutz (2. Aufl. 2010).

Dipl.-Psych. Amelie Fechner, seit 2012 wissenschaftliche Mitarbeiterin in der Forschungsgruppe Umweltpsychologie (FG-UPSY) an der Universität des Saarlandes. Ihre Forschungsschwerpunkte sind u.a. die Akzeptanz erneuerbarer Energien in der Region Harz sowie die Nutzung von Informations- und Kommunikationstechnologien in Privathaushalten für mehr Energieeffizienz. Weiterhin zählen Umweltbildung sowie Maßnahmen zur BürgerInnen-Aktivierung zu mehr energierelevantem Verhalten zu ihren Forschungsinteressen.

PD Dr. Dirk Fornahl war nach dem Studium der Wirtschaftswissenschaften in Hannover, Dublin und Berkeley als wissenschaftlicher Mitarbeiter am Max-Planck-Institut für Ökonomik in Jena tätig und promovierte dort an der Friedrich-Schiller-Universität. Er war Akademischer Rat an der Universität Karlsruhe (TH) sowie Mitglied der Geschäftsführung am BAW Institut für regionale Wirtschaftsforschung GmbH in Bremen. Die Habilitation für das Fachgebiet Volkswirtschaftslehre mit dem Thema „Die Bedeutung von Wissen für die Entstehung und Entwicklungen von lokalen Clustern" erfolgte an der Universität Bremen. Hier ist er Lehrbeauftragter und Leiter des CRIE Centre for Regional and Innovation Economics, welches er 2011 gründete. Er ist Mitglied in verschiedenen Kommissionen und Expertengremien. Wichtigste Publikationen: From the old path of shipbuilding onto the new path of offshore wind energy? The case of northern Germany, European Planning Studies 2012, Vol. 20, No. 5, S. 835 ff. (mit Robert Hassink, Claudia Klaerding, Ivo Mossig und Heike Schröder); Förderung von Elektromobilität in Bremen unter Einbeziehung verschiedener Handlungsfelder und Akteure im Phasenmodell, Energiewirtschaftliche Tagesfragen 2010, No. 4, S. 70 ff. (mit Matthias Diller).

Prof. Arnim von Gleich, Leiter des Fachgebiets „Technikgestaltung und Technologieentwicklung" am Fachbereich Produktionstechnik der Universität Bremen. Studium der Biologie und Sozialwissenschaften an der Universität Tübingen, Promotion an der Universität Hannover auf dem Gebiet der Wissenschafts- und Technologiepolitik. Vielfältige Beratungs- und Gutachtertätigkeit, u.a. Mitglied der von den Bundesministerien für

Umwelt und Gesundheit eingesetzten Risikokommission. Forschungsschwerpunkte sind die vorsorgeorientierte prospektive Technik- und Systembewertung, die Integration des gesellschaftlichen in den natürlichen Stoffwechsel (Industrial Ecology) und die leitbildorientierte Gestaltung technischer und industrieller Systeme (Bionik, Green Nanotechnologies, Resiliente Systeme).

Dr. Stefan Gößling-Reisemann studierte in Düsseldorf, Seattle und Hamburg Physik. Seine Promotion erhielt er an der Universität Hamburg. Er ist derzeit Leiter der Arbeitsgruppe Energiesysteme und Stoffstromanalysen im Fachgebiet Technikgestaltung und Technologieentwicklung, Fachbereich Produktionstechnik der Universität Bremen. Seine aktuellen Forschungsgebiete sind: Thermodynamik und Ressourcenverbrauch, Erweiterung der Ökobilanzmethodik, Bewertung von Recyclingverfahren, sowie regionale Klimaanpassung im Energiesektor und klimafreundliche und klimaangepasste Energieerzeugung. Leitung der Forschungen zum Energiecluster in nordwest2050.

Prof. Dr. Armin Grunwald, Leiter des Instituts für Technikfolgenabschätzung und Systemanalyse (ITAS) des Karlsruher Instituts für Technologie (KIT), Leiter des Büros für Technikfolgen-Abschätzung beim Deutschen Bundestag (TAB), Inhaber des Lehrstuhls für Technikethik am KIT. Sprecher des KIT-Schwerpunkts „Mensch und Technik". Sprecher des Helmholtz-Programms „Technologie, Innovation und Gesellschaft". Mitglied des Nachhaltigkeitsbeirates der baden-württembergischen Landesregierung, Mitglied der Deutschen Akademie der Technikwissenschaften (acatech) und der Sächsischen Akademie der Wissenschaften. Arbeitsgebiete: Theorie und Methodik der Technikfolgenabschätzung, Technikphilosophie und Technikethik vor allem neuer Technologien, Theorie und Praxis nachhaltiger Entwicklung. Jüngste Monographien: Nachhaltigkeit (2012); Responsible Nanobiotechnology. Philosophy and Ethics (2012); Technikzukünfte als Medium von Zukunftsdebatten und Technikgestaltung (2012); Ende einer Illusion. Warum ökologisch korrekter Konsum uns nicht retten wird (2012); Technikfolgenabschätzung – Eine Einführung (2010).

Gerolf Hanke hat bis 2012 in Freiburg im Breisgau Soziologie, Biologische Anthropologie und Europäische Ethnologie studiert. Sein Interessenschwerpunkt ist die transdisziplinäre Erforschung der Bedingungen gesellschaftlicher Transformation zu nachhaltigen Lebensformen. Für seine Magisterarbeit mit dem Titel „Regionalisierung als Abkehr vom Fortschrittsdenken?" erhielt er 2012 den Kapp-Forschungspreis für Ökologische Ökonomie. Er ist in den Vorständen der Vereinigung für Ökologische Ökonomie sowie des Fördervereins Wachstumswende e.V. tätig.

Dr. Harald Heinrichs, Professor für Nachhaltigkeit und Politik an der Leuphana-Universität Lüneburg. Arbeitsschwerpunkte: Nachhaltigkeit in Politik und Verwaltung; Nachhaltigkeit, Politik und Wirtschaft; Nachhaltigkeit als Kommunikations- und Kooperationsprozess. Wichtige Publikationen: Heinrichs, H./Kuhn, K./Newig, J. (Hg.) (2011): Nachhaltige Gesellschaft – Gestaltung durch Partizipation und Kooperation?; Groß, M./Heinrichs, H. (Hg.) (2010): Environmental Sociology – European perspectives & interdisciplinary challenges; Heinrichs, H. (2011): Soziologie globaler Umwelt- und Nachhaltigkeitspolitik, in: Matthias Gross: Umweltsoziologie.

Prof. Dr. Hans Dieter Hellige (Dr. phil.), Professor für Technikgestaltung und Technikgenese am artec | Forschungszentrum Nachhaltigkeit der Universität Bremen; Studium der Geschichte mit den Schwerpunkten neuere Wirtschafts-, Sozial- und Technikgeschichte; Promotion 1976 an der TU Berlin; 1977-2008 Lehrtätigkeit an der Universität Bremen in den Studiengängen Elektrotechnik, Informatik, Medieninformatik, Geschichte; Habilitation auf dem Gebiet der historischen Technikgeneseforschung; Sprecher der Fachgruppe Informatik- und Computergeschichte in der Gesellschaft für Informatik; Publikationen zur Theorie und Methodik der Technikgeneseforschung, zur Geschichte der Ressourcenschonung und der Nachhaltigkeit, zur Geschichte und Bewertung von Einzeltechniken der Informationstechnik, zur Geschichte des Computing, der Computernetze und der Informatik, zur Unternehmensgeschichte der deutschen Elektroindustrie und Elektrizitätswirtschaft; derzeit Kooperationspartner im Forschungsfeld Energiewirtschaft im Projektverbund *nordwest2050* für eine klimaangepasste Region Metropolregion Bremen-Oldenburg.

Dipl.-Jur. Bettina Hennig, seit 2007 Mitglied der Forschungsstelle Nachhaltigkeit und Klimapolitik. Studium der Rechtswissenschaften in Bremen (Schwerpunkt: Umweltrecht). Derzeit Promotion bei Prof. Dr. Felix Ekardt zur Regulierung der Bioenergie (gefördert von einem Stipendium der Deutschen Bundesstiftung Umwelt). Mitarbeit an zahlreichen Politikberatungs-, Publikations- und Forschungsprojekten im Themenfeld Umwelt-, Klimaschutz- und Energierecht (http://www.nachhaltigkeit-gerechtigkeit-klima.de/de/projekte.html). Wichtigste Publikationen (vgl. http://www.nachhaltigkeit-gerechtigkeit-klima.de/files/texts/Hennig-Publikationen.pdf): Kommentierung zum EEG 2012, §§ 2, 3, 13-22, 27-27c, 33a-33i, 64a-b, in: Frenz/Müggenborg (Hg.), EEG, Kommentar (3. Aufl. 2013, zusammen mit Felix Ekardt); Klimawandel, Emissionshandel und Bioenergie (2010, zusammen mit Felix Ekardt und Anna Hyla); Erneuerbare Energien: Ambivalenzen, Governance, Rechtsfragen (2012, Hg. zusammen mit Felix Ekardt und Herwig Unnerstall).

Dipl.-Psych. Jan Hildebrand, seit 2005 wissenschaftlicher Mitarbeiter in der Forschungsgruppe Umweltpsychologie (FG-UPSY); zunächst an der Otto-von-Guericke-Universität Magdeburg und der Universität des Saarlandes, seit März 2012 am Institut für Zukunftsenergiesysteme IZES gGmbH, Saarbrücken. Zu seinen Forschungsschwerpunkten zählen die Akzeptanz erneuerbarer Energien, Konflikte im Energiesektor sowie Beteiligungsprozesse und deren psychologischen Dimensionen Gerechtigkeit und Vertrauen bei Veränderungen des Energieversorgungssystems (z.B. EE, Netzausbau).

Prof. Dr. Martin Jänicke, Gründungsdirektor des heutigen Zentrums für Umweltpolitik der Freien Universität Berlin, langjähriges Mitglied im Sachverständigenrat für Umweltpolitik. Reviewer mehrerer IPCC-Reports. Derzeit vor allem als Politikberater tätig, 2004 und 2011-12 als Berater der chinesischen Regierung.

Prof. Dr. Claudia Kemfert, Volkswirtin, Energieökonomin, leitet seit April 2004 die Abteilung Energie, Verkehr, Umwelt am Deutschen Institut für Wirtschaftsforschung (DIW Berlin) und ist seit April 2009 Professorin für Energieökonomie und Nachhaltigkeit an der Hertie School of Governance (HSoG). Von 2004 bis 2009 hatte sie die Professur für Umweltökonomie an der Humboldt-Universität inne, zuvor war sie Juniorprofessorin für Umweltökonomie an der Universität Oldenburg. Claudia Kemfert studierte Wirtschaftswissenschaften an den Universitäten Bielefeld und Oldenburg (Promotion 1998) und Stanford. Im Rahmen eines Forschungsaufenthalts war sie an der Fondazione Eni Enrico Mattei (FEEM) in Mailand (1998). Von Januar 1999 bis April 2000 leitete sie die Forschernachwuchsgruppe am Institut für rationelle Energieanwendung der Universität Stuttgart. Sie wurde im Jahr 2006 als Spitzenforscherin im Rahmen der Elf der Wissenschaft von der DFG, der Helmholtz und der Leibniz Gesellschaft ausgezeichnet. Zuletzt erhielt sie die Urania Medaille und den B.A.U.M Umweltpreis in der Kategorie Wissenschaft.

Dipl.-Jur. James Kröger, LL.M., Wissenschaftlicher Mitarbeiter am Institut für Umwelt- und Planungsrecht der Westfälischen Wilhelms-Universität Münster. Studium an der Humboldt European Law School in Berlin, Paris und London. Derzeit Promotion bei Prof. Dr. Sabine Schlacke zur Integration erneuerbarer Energien in den europäischen Elektrizitätsbinnenmarkt.

Dr. Conrad Kunze, Soziologe und Historiker, Promotion 2011 über erneuerbare Energie-Regionen an der TU-Cottbus. Im Jahr 2012 erschien die Monographie „Soziologie der Energiewende". Derzeit Privatdozent, Fachgutachter und Berater. Ausgründung und *Startup* „Büro für demokratische Energiewende".

Dominik Möst ist Professor für Energiewirtschaft an der Technischen Universität Dresden. Zuvor leitete er von 2004 bis 2010 die Arbeitsgruppe *Energiesystemanalyse und Umwelt* an der Universität Karlsruhe (TH). Er bearbeitete zahlreiche Forschungsprojekte zur Entwicklung von Energiemärkten und zu erneuerbaren Energien in Europa und Südostasien sowie Industrieprojekte für Energieunternehmen. Seine Hauptforschungsgebiete umfassen die Energiesystemmodellierung und -analyse, die langfristige Entwicklung von Energiemärkten und -preisen, die Marktintegration erneuerbarer Energien, Energieeffizienz sowie Marktmechanismen und politische Instrumente in der Energiewirtschaft. Für seine wissenschaftlichen Arbeiten hat er einige Auszeichnungen erhalten, u.a. für seine Dissertation und für wissenschaftliche Artikel auf internationalen Konferenzen.

Dipl.-Ing. Theresa Müller ist seit April 2012 wissenschaftliche Mitarbeiterin an der TU Dresden, Lehrstuhl für Energiewirtschaft. Zuvor studierte sie an der Brandenburgisch Technischen Universität in Cottbus Wirtschaftsingenieurwesen mit der Vertiefung Energieversorgung. Die Forschungsschwerpunkte von Frau Müller sind die Modellierung von Elektrizitätsmärkten im Hinblick auf die Systemintegration der erneuerbaren Energien mit Hilfe von Energiespeichern und Netzen.

Jörg Radtke ist seit 2012 wissenschaftlicher Mitarbeiter in der Arbeitsgruppe für Energie und Infrastruktur am Institut für Ethnologie und Kulturwissenschaft der Universität Bremen. Zugleich ist er Doktorand im Fach Politikwissenschaft an der Universität Siegen (Promotion zum Thema „Bürgerenergie in Deutschland" bei Prof. Dr. Sigrid Baringhorst). Studium der Sozialwissenschaften, Germanistik und Geographie an den Universitäten Siegen und Köln. Mitarbeit im DFG-Projekt „Consumer Netizens – Neue Formen von Bürgerschaft an der Schnittstelle zwischen politischem Konsum und Social Web" an der Universität Siegen. Forschungsinteressen: Sozialwissenschaftliche Technik-Forschung, speziell Bürgerbeteiligung, kollaborative Verfahren und soziale Akzeptanz.

Dipl.-Geograph Jens Schippl ist wissenschaftlicher Mitarbeiter am Institut für Technikfolgenabschätzung und Systemanalyse (ITAS) des Karlsruher Instituts für Technologie (KIT). Er hat Geographie, Biologie und Soziologie studiert. Seine Arbeitsschwerpunkte sind Innovationsprozesse in sozio-technischen Systemen und Foresight-Methoden in den Bereichen Energie und Verkehr. Er agiert als Projektleiter in nationalen und internationalen Projekten sowie als wissenschaftlicher Koordinator der Helmholtz Allianz ENERGY-TRANS „Zukünftige Infrastrukturen der Energieversorgung. Auf dem Weg zur Nachhaltigkeit und Sozialverträglichkeit".

Prof. Dr. Sabine Schlacke, Geschäftsführende Direktorin des Instituts für Umwelt- und Planungsrecht, Universitätsprofessorin für das Fach „Öffentliches Recht, insb. Öffentliches Baurecht, Umwelt- und Planungsrecht" an der Westfälischen Wilhelms-Universität, Münster. Sie ist Herausgeberin der Zeitschrift für Umweltrecht und Mitglied im Wissenschaftlichen Beirat der Bundesregierung Globale Umweltveränderungen (WBGU).

Dipl.-Volksw. Dipl-Kfm. Daniel Schubert promoviert seit Juni 2012 am Lehrstuhl für Energiewirtschaft an der TU Dresden. Er ist Stipendiat im Rahmen des Boysen-TU Dresden-Graduiertenkollegs und forscht dort zu Akzeptanzfragen von Energiesystemoptionen. Zuvor arbeitete er als Unternehmensberater für die Energiewirtschaft in Düsseldorf. An der Julius-Maximilians-Universität Würzburg hat er Volkswirtschaftslehre, Betriebswirtschaftslehre und Europäisches Recht studiert.

Dipl.-Ing. Ludwig Schuster, Projektmanager und Berater für soziale Unternehmen mit langjähriger Expertise in der Entwicklung komplementärer Währungen und alternativer Finanzierungsformen; Gründungsmitglied und Koordinator der Wissenschaftlichen Arbeitsgruppe Nachhaltiges Geld (www.geld-und-nachhaltigkeit.de), sowie Mitglied im Fachbeirat des Regiogeld-Verbands. Forschungsschwerpunkt: Monetäre Ursachen des Wachstumszwangs und mögliche (geld-) ordnungspolitische Ansätze für eine nachhaltige Ökonomie. Zuletzt publiziert: Energising Money. An introduction to Energy Currencies and Accounting (nef, 2012), Parallelwährungen für die Eurozone – Überblick und Versuch einer Systematisierung (BVMW, 2012), Wachstumszwänge in der Geldwirtschaft. Zwischenbericht der Wissenschaftlichen Arbeitsgruppe Nachhaltiges Geld (2012), Emissionsrechte als Carbon Currency. Gedanken zu den Währungsaspekten des CO_2-Emissionshandels (Kathy Beys Foundation, 2010).

Dipl.-Psych. Anna Schütte, seit 2008 wissenschaftliche Mitarbeiterin in der Forschungsgruppe Umweltpsychologie (FG-UPSY) an der Universität des Saarlandes. Studium der Sozialwissenschaften an der Carl-von-Ossietzky-Universität Oldenburg sowie Studium der Psychologie an der Otto-von-Guericke-Universität Magdeburg. Zu ihren Forschungsschwerpunkten zählen u.a. die Akzeptanz erneuerbarer Energien sowie die sozial- und verhaltenswissenschaftlichen Aspekte der Kraftstofferzeugung und -nutzung aus Biomasse.

Prof. Dr. Petra Schweizer-Ries, Professorin für Nachhaltigkeits-wissenschaft mit sozialwissenschaftlicher Ausrichtung am Institut für Zukunftsorientierte Kompetenzentwicklung (IZK) an der Hochschule Bochum. Zudem ist sie apl. Professorin für Umweltpsychologie an der Universität des Saarlandes. In zahlreichen nationalen und internationalen

Forschungsprojekten bearbeitete sie Fragen der sozialwissenschaftlichen Energieforschung wie beispielsweise EE-Akzeptanz sowie die Begleitung energienachhaltiger Gemeinschaften. Zu Ihren Forschungsschwerpunkten zählen des Weiteren das Participative Design sowie inter- und transdisziplinäre Forschungsansätze.

Prof. Dr. Dr. h.c. Udo E. Simonis, emeritierter Professor für Umweltpolitik am Wissenschaftszentrum Berlin (WZB); war von 1970 bis 1972 erster Stipendiat der Japanischen Gesellschaft für die Förderung der Wissenschaften (JSPS) und hat zu jener Zeit intensiv über Japan geforscht.

Dipl.-Ing. Sönke Stührmann, seit Ende 2006 Wissenschaftlicher Mitarbeiter am Fachgebiet Technikgestaltung und Technologieentwicklung an der Universität Bremen. Studium der Produktionstechnik in Bremen (Schwerpunkt Ökologische Produktentwicklung). Derzeit Promotion bei Prof. Arnim von Gleich zum Thema Resilienz von technische Systemen mit Fokus auf Energie-Infrastrukturen. Seit Projektbeginn im Jahr 2009 Mitarbeit im Projekt „nordwest2050" im Cluster Energie in verschiedenen Projektbereichen wie z.b. Theorie und Methodenentwicklung, Vulnerabilitätsanalyse, sowie aktuell der Umsetzung der Innovationspfade.

Florian Umlauf, Mitarbeiter am Centre for Regional and Innovation Economics (CRIE) der Universität Bremen/Fachbereich 7 (Wirtschaftswissenschaften). Studium der Volkswirtschaftslehre an der Westfälischen Wilhelms-Universität Münster mit Schwerpunkten im Bereich der Energie- und Umweltökonomik. Mitarbeit im Projekt „Neue Mobilität im ländlichen Raum: Angewandte Elektromobilität – Technologiekonzepte – Mobilitätseffekte" gefördert durch das Bundesministerium für Verkehr, Bau und Stadtentwicklung. Doktorarbeit zum Thema „Kooperative Determinanten staatlicher Förderung". Bisherige Publikationen: Effizienz von Maßnahmen zur Verbrauchseinschränkung bei Erdgasversorgungsstörungen sowie Abschaltszenarien bei industriellen Großverbrauchern einschließlich volkswirtschaftlicher Effekte (2011), Bayerische Energieszenarien 2050 (2011).

Dr. Jakob Wachsmuth, seit Ende 2010 Wissenschaftlicher Mitarbeiter am Fachgebiet Technikgestaltung und Technologieentwicklung an der Universität Bremen. Studium der Mathematik in Bonn, anschließend Promotion in Mathematischer Physik an der Universität Tübingen. Derzeit im Projekt „nordwest2050" mit Resilienz und Klimaanpassung im regionalen Energiesektor und der Modellierung von Energiesystemen beschäftigt.